流程管理标准指南

深圳市格物流程研究院 著

STANDARD GUIDES FOR
PROCESS MANAGEMENT

清华大学出版社
北京

内 容 简 介

本书旨在通过总结标杆组织的成功流程管理经验并结合国际先进的流程理论，打造出一套科学、规范、统一的可供各类组织借鉴和参考的流程管理模式和标准，改变以往单纯依靠"人"的经验来组织流程管理的局限性。

全书分为3部分，合计17章，第1部分介绍了流程管理的基本知识，并对流程运行的环境要求进行了说明。第2部分介绍了流程管理过程，分别对流程规划、流程建设、流程推行、流程运营、流程优化五大过程组所涉及的知识、方法、工具、技术进行了详细阐述，可使流程管理从业者清晰了解流程管理的过程与方法。第3部分作为本书区别于其他同类书籍的主要内容，融合了流程管理先进理论和成功业务实践，并创造性地对涉及组织全部业务领域的流程管理要素进行了提炼与标准化。

本书内容可供企业单位、事业单位、政府机构、非营利组织等各业务管理人员，管理咨询和培训从业人员，以及广大流程爱好者参考和借鉴。

本书封面贴有清华大学出版社防伪标签，无标签者不得销售。
版权所有，侵权必究。举报：010-62782989，beiqinquan@tup.tsinghua.edu.cn。

图书在版编目(CIP)数据

流程管理标准指南 / 深圳市格物流程研究院著 . —北京：清华大学出版社，2021.2（2023.7重印）
ISBN 978-7-302-57468-2

Ⅰ．①流… Ⅱ．①深… Ⅲ．①企业管理—业务流程—标准—指南 Ⅳ．① F272-65

中国版本图书馆 CIP 数据核字 (2021) 第 022710 号

责任编辑：施　猛
封面设计：熊仁丹
版式设计：方加青
责任校对：马遥遥
责任印制：丛怀宇

出版发行：清华大学出版社
　　　　　网　　　址：http://www.tup.com.cn，http://www.wqbook.com
　　　　　地　　　址：北京清华大学学研大厦 A 座　　　　邮　　编：100084
　　　　　社 总 机：010-83470000　　　　　　　　　　　　邮　　购：010-62786544
　　　　　投稿与读者服务：010-62776969，c-service@tup.tsinghua.edu.cn
　　　　　质 量 反 馈：010-62772015，zhiliang@tup.tsinghua.edu.cn
印 装 者：三河市铭诚印务有限公司
经　　销：全国新华书店
开　　本：185mm×260mm　　　印　　张：23.75　　　字　　数：520 千字
版　　次：2021 年 4 月第 1 版　　印　　次：2023 年 7 月第 7 次印刷
定　　价：88.00 元

产品编号：086196-01

前 言

改革开放40多年以来,我国社会经济发展取得了举世瞩目的成就,经济总量已经跃居世界第二。在我们庆祝改革开放成就的同时,也应清醒地认识到,尽管我国已经成为全球第二经济大国,但还算不上真正意义上的经济强国。

展望未来,经济强国必然是科技强国。邓小平同志在1988年明确指出"科学技术是第一生产力"。科学包括自然科学与社会科学,而管理科学属于社会科学范畴,自然就属于科学的一部分。因此,管理水平的提升必将助推经济强国梦的实现。但客观来说,当前我国各类组织的管理水平普遍不高,还没有形成规范、科学的思维、模式、方法和工具,更没有统一的标准,我国各类组织的管理水平正处在由"经验管理"向"科学管理"过渡的过程中。

20世纪90年代初,美国麻省理工学院教授迈克尔·哈默(Michael Hammer)首次提出了"流程再造"理论,这引发了管理的第三次革命,将流程管理对企业的价值提升到了新的高度。

伴随着生产力的发展和经济全球化趋势,尤其是我国加入WTO以来,中国企业逐渐走出国门,参与到全球化的市场竞争中,企业面临着空前的竞争压力。管理大师彼得·德鲁克(Peter F. Drucker)曾经指出:"企业未来的持续竞争优势将更多地来自流程和组织能力提升,企业需投入更多的资源构建面向客户需求的组织与流程构架以适应快速变化的外部商业环境。"实践证明,流程管理已经成为全球,尤其是发达经济体各类企业系统化提升管理水平的"利器"。

20世纪90年代末,"流程"的概念被引入我国。经过二十多年的认识和理解,流程管理的价值已经被我国各类组织接受和认可。通常情况下,组织通过两种方式引进流程管理:一是组织自行学习、理解流程管理知识,并独立建立流程管理体系;二是借助外部咨询顾问的力量,通过咨询顾问的经验和知识,同时结合组织具体情况来建立流程管理体系。无论是哪种方式,都非常依赖流程管理从业人员或咨询顾问的经验和知识。这就使流程引进的效果因"人"而异,带有明显的"碰运气"成分。而打造一套科学的、规范的、统一的可供各类组织借鉴和参考的流程管理模式和流程标准,将在很大程度上规避"人"的经验和知识的局限性,也可以以更快的速度向我国各类组织传播经过标杆组织验证的先进流程管理实践经验。

本书是深圳市格物流程研究院在引进国际先进的流程理论基础上，结合我国标杆企事业单位流程管理实践，经过6年多的研究、总结、提炼而形成的科学化、规范化、标准化的组织级的流程管理模式和流程标准。

深圳市格物流程研究院致力于打造适用于我国各类组织的、通用的流程管理指南和流程标准，希望通过本书，搭建一个供流程管理从业人员或爱好者共同讨论、学习、提高的平台(详见"深圳市格物流程研究院"公众号)。鉴于组织所在行业、组织形态、组织规模等的差异，本书所追求的"通用性"对于作者来说是极大的挑战，所以难免出现纰漏。深圳市格物流程研究院将借助这个平台，持续吸纳各行业专家以及爱好者对指南和标准的意见和建议，借助广大专家和爱好者的力量，持续提高本书的质量，使流程的"持续优化"特性在本书上得以体现。

希望本书能为我国各类组织全面提升管理能力和管理水平提供帮助，为我国从经济大国向经济强国迈进贡献智慧和力量。

深圳市格物流程研究院　　王立中

2021年3月12日(星期五)于深圳福田

目 录

第1部分 流程管理框架

第1章 绪论 2
    1.1 本指南的目的 2
    1.2 什么是流程？ 3
    1.3 什么是流程管理？ 6
    1.4 流程管理的价值 9
    1.5 流程与其他管理要素的关系 11

第2章 流程管理环境 15
    2.1 流程生命周期 15
    2.2 流程管理的机构 16
    2.3 组织对流程管理的影响 18
    2.4 流程关系人 19
    2.5 流程管理需要的一般管理技能 20
    2.6 社会环境对流程管理的影响 22

第2部分 流程管理过程指南

第3章 流程管理过程 26
    3.1 流程管理过程划分 26
    3.2 组织发展的不同阶段对流程管理过程组的应用 27

第4章 流程规划过程组 29
    4.1 什么是流程规划？ 29

4.2	流程规划对组织的价值	29
4.3	流程规划的原则	30
4.4	流程规划的输入、输出	30
4.5	流程规划的步骤	31

第5章 流程建设过程组 39

5.1	关于流程建设	39
5.2	组建团队	39
5.3	流程建模	41
5.4	流程文件编制	59
5.5	流程评审	63
5.6	流程发布	63

第6章 流程推行过程组 66

6.1	关于流程推行	66
6.2	组建流程推行团队	67
6.3	制订推行计划	67
6.4	实施流程推行	68
6.5	流程推行保障制度	72
6.6	实现流程IT化	73
6.7	推行效果呈现	73
6.8	流程推行效果影响因素	74

第7章 流程运营过程组 77

7.1	关于流程运营	77
7.2	流程运营的价值	77
7.3	流程绩效管理	78
7.4	流程监控	89
7.5	流程管理体系有效性维护	96

第8章 流程优化过程组 102

8.1	流程优化的三个层次	102
8.2	流程再造	103
8.3	流程优化	109
8.4	流程活动改善	113
8.5	流程优化的团队及角色	115

第3部分 业务领域流程标准

第9章 战略管理流程标准 ····· 118
- 9.1 战略管理流程研究框架 ····· 118
- 9.2 战略管理流程研究方法 ····· 118
- 9.3 战略管理流程标准指南 ····· 119

第10章 市场管理流程标准 ····· 134
- 10.1 市场管理流程研究框架 ····· 134
- 10.2 市场管理流程研究方法 ····· 134
- 10.3 市场管理流程标准指南 ····· 135

第11章 研发管理流程标准 ····· 160
- 11.1 研发管理流程研究框架 ····· 160
- 11.2 研发管理流程研究方法 ····· 160
- 11.3 研发管理流程标准指南 ····· 161

第12章 销售管理流程标准 ····· 199
- 12.1 销售管理流程研究框架 ····· 199
- 12.2 销售管理流程研究方法 ····· 199
- 12.3 销售管理流程标准指南 ····· 199

第13章 交付管理流程标准 ····· 226
- 13.1 交付管理流程研究框架 ····· 226
- 13.2 交付管理流程研究方法 ····· 226
- 13.3 交付管理流程标准指南 ····· 227

第14章 服务管理流程标准 ····· 255
- 14.1 服务管理流程研究框架 ····· 255
- 14.2 服务管理流程研究方法 ····· 255
- 14.3 服务管理流程标准指南 ····· 256

第15章 财务管理流程标准 ····· 273
- 15.1 财务管理流程研究框架 ····· 273
- 15.2 财务管理流程研究方法 ····· 273
- 15.3 财务管理流程标准指南 ····· 274

第16章 人力资源管理流程标准 ··· 299
16.1 人力资源管理流程研究框架 ··· 299
16.2 人力资源管理流程研究方法 ··· 299
16.3 人力资源管理流程标准指南 ··· 300

第17章 内部控制管理流程标准 ··· 324
17.1 内部控制管理流程研究框架 ··· 324
17.2 内部控制管理流程研究方法 ··· 324
17.3 内部控制管理流程标准指南 ··· 325

参考资料 ··· 356

附录A 《流程管理标准指南》的编制过程 ··· 358
A.1 构建框架,保证指南的专业性和实用性 ··· 358
A.2 来源于实践,并不断地被实践检验和丰富 ··· 358
A.3 精益求精,打造流程管理经典之作 ··· 358
A.4 集思广益,可成长的流程管理标准指南 ··· 359

附录B 《流程管理标准指南》编写团队与贡献者 ··· 360
B.1 《流程管理标准指南》编写委员会 ··· 360
B.2 《流程管理标准指南》内容贡献者 ··· 360
B.3 《流程管理标准指南》内容建议者 ··· 360

附录C 《流程管理标准指南》适用范围说明 ··· 362
C.1 组织类别适用范围说明 ··· 362
C.2 流程标准适用范围说明 ··· 363

附录D 术语表 ··· 364
D.1 缩略语 ··· 364
D.2 定义 ··· 368

第1部分

流程管理框架

- 第1章 绪论
- 第2章 流程管理环境

第1章 绪论

流程管理标准指南是描述流程管理专业知识及各类组织[①]中开展的业务流程管理活动和最佳实践的专业术语总和。与项目管理、质量体系管理一样,流程管理标准来源于对流程管理进行应用的各类组织和个人在实际工作中的持续积累,这与流程本身的"持续优化"有着天然的契合。完整的流程管理标准不仅包括已经在各类组织中得到验证并被广泛应用的经验和知识,而且应包括那些还未被广泛应用的,处于创新初期的理论和实践知识。

本章将介绍流程管理的基本知识,并对本指南其余各章进行概述,包括以下几个部分。

1.1 本指南的目的
1.2 什么是流程?
1.3 什么是流程管理?
1.4 流程管理对组织的价值
1.5 流程与其他管理要素的关系

1.1 本指南的目的

流程管理是一门新兴的领域。本指南的首要目的是定义和描述流程管理知识体系中那些已经被普遍接受的实践和知识。所谓普遍接受是指流程管理标准中所描述的实践和知识在各类组织中被普遍应用,它们的作用和价值已经得到广泛和一致的认可。但是需要明确的一点是,被普遍接受和认可,并不代表流程管理标准所描述的实践和知识能顺利地复制到各类组织中。对于特定的组织,业务流程管理团队依据组织自身特性,对选择的方法和知识负责。

本指南的第二个目的是对国内各类组织的流程管理模式和实践进行总结,形成一套专业的、通用的、统一的流程管理标准。本指南可以为从事流程管理工作的各类组织或专业人士提供一个可讨论、可研究的基础。作为新兴的管理领域,本指南的制定为流程管理相关术语、工具、技术的统一提供了可能。

本指南的第三个目的是为从事流程管理工作或对流程管理有兴趣的人员提供一本参考书。这些人员包括但不限于:

(1) 企业拥有者、首席执行官、总裁。
(2) 流程管理总监、首席信息官、运营总监。
(3) 流程管理经理和流程管理专员。
(4) 企业中各类业务总监、主管。
(5) 政府机关、事业单位、非营利机构负责人。
(6) 政府机关、事业单位、非营利机构部门主管及效率优化主管。

---

① 本指南中的组织未经特指,均包括企业、事业单位、政府机构、非营利性机构。

(7) 传授流程管理和相关领域知识的讲师。

(8) 流程管理和相关领域的咨询顾问。

(9) 开设流程管理知识体系学习课程的培训组织。

本指南可作为流程管理学习的基本参考资料，但它不是完美无缺的，不可能面面俱到。本指南附录C说明了流程管理标准应用的范围。

1.2 什么是流程？

任何组织和个人都需要开展自己的工作。工作通常包括日常运作事项和项目，无论是日常运作事项还是项目，都需要工作人员具有一定工作方式和方法。

任何事物都有其内在的客观规律。因为规律的存在，所以处理任何事情都有最好，或者是相对较好的方法和途径。运用这个方法和途径，我们能把这件事情处理妥善，并实现增值。简单来说，这个实现增值的方法和途径就可以理解为流程，通常我们称之为业务流程。

例如一个企业要开发一款智能手机产品，通常包括以下几个步骤：①收集客户需求；②定义产品概念；③产品设计；④产品开发；⑤产品测试与验证；⑥产品正式发布上市。这6个步骤，就是一个简单的产品开发流程。再比如，一个人去朋友家做客，主人要给客人泡茶，通常也有需要遵循的步骤：①烧水；②清洗茶具；③洗茶；④沏茶；⑤品茶。这5个步骤组成了请客人品茶的流程。

业界对流程的定义有多种，较常见的定义来自国际标准化组织(ISO)和流程再造概念的提出者迈克尔·哈默。ISO认为，流程是一组将输入转化为输出的相互关联或相互作用的活动。迈克尔·哈默认为，流程是把一个或多个输入转换为对顾客有价值的输出的活动。

结合我国流程管理的实践，本指南认为，**流程是为使一项工作或任务更好地被完成，而采取的由一系列具有逻辑关系的活动组成的，能为事情的结果产生价值的过程。**

流程是在组织的所有层面上进行的，完成一件事情的流程，可能仅仅涉及一个人或者几个人，也可能涉及成百上千人；可能仅仅需要两个活动或者几个活动，也可能涉及成千上万的活动；可能短短几分钟就能完成，也可能长达几个月甚至数年才能完成。

流程无处不在，无论在任何组织中，没有脱离流程运行的业务，也没有不在流程中运行的部门。流程是将不同维度事项、不同管理体系整合在一起的基础和根本。

1.2.1 流程的组成要素

依据本指南对流程的定义，无论是为组织直接创造利润的研发、生产、销售、服务等业务流程，还是支撑组织高效运作的财务、人力资源、运营等管理流程，都有着统一的组成要素(见图1-1)：输入(Input)、角色(Character)、活动(Activity)、逻辑(Logic)、工具/方法(Tool/Method)、输出(Output)。

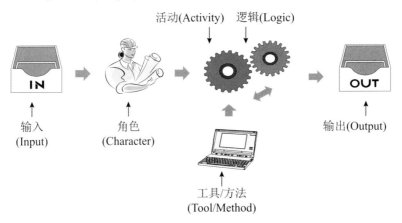

图1-1　流程组成六要素

1. 输入

输入即启动或触发流程的事物，这个事物可以是某个具体的事件，也可以是一个明确的时间，还可以是一份明确的文件、指令或是一句口头通知。通常上游流程的输出可以作为本流程的输入。因为这个事物的出现，流程才得以启动。

2. 角色

流程即业务，而业务活动的开展需要人的参与。在业务活动开展过程中，有些活动需要单个人来完成，而有些活动需要一个团队成员的共同参与；有些活动需要组织内的人或团队来完成，而有些活动需要组织外的人或团队来完成(例如客户、供应商)。无论是组织内还是组织外的个人或团队，在流程中都称之为角色。

3. 活动

一项业务的开展通常需要完成一系列动作，为完成业务而开展的一系列动作，称为流程中的活动。

根据实际需要，流程中的活动可以设置得较为复杂，也可以设置得相对简单。例如，在人员招聘流程中的面试环节，可以设置"面试"一个活动，也可以把"面试"分解为"基本素质面试""专业技术面试""综合能力面试"等几个活动。

4. 逻辑

流程中有多个活动，逻辑关系把流程中的活动有机地组合在一起，因为活动之间存在内在逻辑，才使得流程的价值得以体现。

流程活动之间的逻辑关系大致有4种：①先后关系，也称为串行关系；②并行关系；③错行关系；④反馈关系。(详见本指南第5章　流程建设过程组)

5. 工具/方法

除了需要有明确的执行角色外，流程中的活动还需要有指导角色开展活动的工具和方法。流程角色借助工具和方法，能够很好地执行流程活动，进而为整个流程的顺利执行提供保障。

例如在"电路设计流程"中,工程师需要用到电路图绘制软件,这个软件就是流程中完成活动需要的工具。

6. 输出

输出是流程执行完成后最终的交付。流程的输出可以是一件具体的产品,也可以是给客户/用户提供的完整的一次服务或成果,还可以是为下游流程提供的一份输入(例如一份文件或者报告)。

1.2.2 流程的属性

除了自身的组成要素外,流程还有某些固有属性,包括目标性、普遍适用性、全局性、创造价值性、持续优化性。正是因为这些属性的存在,使得流程具备独特的价值。

1. 目标性

任何业务流程的设置都有其特定的目标,流程的目标是根据业务实际需求(客户需求和流程所有者的管理需求)而确定的。例如,规范业务开展过程,提高产品质量,缩短办事周期,降低生产成本,减小舞弊产生的概率,等等。

不同的流程根据业务需求不同,设置流程的目标也不尽相同。但通常来说,设置一个流程时都本着以下一种或几种目标:正确、快速、容易、便宜。

(1) 正确。业务流程的设置符合事物运行的客观规律,符合流程的客户和流程所有者对流程运行结果的期望。

(2) 快速。通过流程的执行,客户能以最快的速度获取其需要或期望的产品/服务。

(3) 容易。业务流程的设置使得执行此流程的角色更容易开展工作,也使得流程的客户更容易获得其需要的产品或服务。

(4) 便宜。通过正确的流程设置和运营,组织能以较低的成本向流程的客户提供更高价值的产品或服务。

2. 普遍适用性

任何业务流程都有一定的应用范围,流程的应用通常带有普遍适用性。同一类的业务往往可以使用同一个流程。例如开发一款儿童手机与开发一款老人手机的流程是一样的(至少是类似的);护照办理的流程与港澳通行证的办理流程也是一样的。这种普遍适用性不仅仅体现在同一组织内的同类业务中,也体现在不同组织中的同类业务中,例如在不同超市里的购物流程,在不同银行里的取款流程。

流程普遍适用性存在的原因是同类业务的开展模式具有相似性,这也进一步验证了流程即业务的观点。

3. 全局性

流程是为客户/用户创造价值的过程,在这个过程中,评价流程优劣的标准是从全局角度来评判流程的效率和效果,而不仅局限于流程中局部的某个角色或者某些活动。流程追求的是全局最优，而非局部最优。

从整个组织的角度来看，因为流程是分层、分级管理的(见本指南第4章 流程规划过程组)，组织追求的是整个流程体系的运行效率和效果的最优，而非某个流程的最优。

4. 创造价值性

组织的使命是为服务对象创造价值。用较短的时间、较低的成本，提供给客户/用户更优质的产品或服务，为客户/用户创造价值，这恰好就是优秀的流程所发挥的作用。

优秀的流程将成功的组织与其他竞争者区分开来，对于营利性组织(企业)来说，优秀的流程将会为客户带来更大的价值(产品或服务)，同时也会为组织自身带来超额的利润。对于非营利组织(例如政府机关、慈善组织)来说，优秀的流程会为服务对象带来更大的价值(服务)，同时降低组织自身运营成本。

5. 持续优化性

持续优化是流程的一个天然属性。一个流程的规划和设计总是依赖于特定的环境(特定的社会环境、特定的组织、特定的业务)，所以流程总是一种"定制化"的产品，而环境总是不断变化的，例如社会不断进步，行业环境的变化，组织业务模式的优化，客户/用户期望值的提高，这就要求流程根据环境的变化做出相应的调整，这就是流程优化(见本指南第8章 流程优化过程组)。通过持续优化，流程始终满足于环境变化和业务开展的需要，持续为客户创造价值。

1.3 什么是流程管理？

流程管理是一种在各类组织运营管理中，运用知识、技能、工具和技术，以规范化地构造端到端的卓越业务流程为中心，以持续地提高组织业务绩效为目的的系统化方法。流程是组织运作的基础，组织所有的业务都需要流程来驱动，流程管理使组织形成一个完整的运营系统，并依据已经设置好的流程正常运行。就像人体的呼吸系统、消化系统、神经系统等相互合作，协调运行，人才能身体健康，才能正常工作，才能从事各类社会活动。

流程管理包括流程规划、流程建设、流程推行、流程运营、流程优化5个过程。流程管理过程是一个闭环，它随着组织的发展和变化重复地持续开展，从而保持组织持续的竞争力，实现组织的卓越运营。

关于流程管理的知识可以用不同的方式加以组织和呈现，本指南分为三部分，共17章，分别概述如下。

1.3.1 流程管理框架

第1部分是流程管理框架，它为读者理解流程及流程管理的基本结构提供了基础。

第1章　绪论介绍了流程管理的基本知识，勾勒出本指南的整体架构，并对其他部分进行概述。

第2章　流程管理环境描述了流程管理在组织中需要的基本环境，它是流程管理运行的"土壤"。组织中的流程管理团队必须了解到：流程管理环境对流程管理来说是必要的条件，而不是充分条件。

1.3.2　流程管理过程指南

第2部分是流程管理过程指南，本部分共分6章，分别是：

第3章　流程管理过程；
第4章　流程规划过程组；
第5章　流程建设过程组；
第6章　流程推行过程组；
第7章　流程运营过程组；
第8章　流程优化过程组。

它们分别对流程规划、流程建设、流程推行、流程运营、流程优化5个过程所使用的方法、工具、技术进行了描述，是流程管理的基本知识。对流程管理过程知识深入领会并掌握，是进行组织流程管理的必要条件。掌握流程管理过程基本知识也是理解第3部分(业务领域流程标准)的基础。

1.3.3　业务领域流程管理标准

第3部分是组织中各业务领域的流程管理知识，它尽可能地展现各类组织可能涉及的不同业务，并努力形成适用于不同行业、不同类型组织的通用的业务指南。本部分分别对这些业务领域在流程管理方面的基础流程标准和最佳实践标准进行了归纳、提炼与描述。

当然，由于人类科学技术水平、社会及组织形态、业务领域及活动内容的不断发展变化，业务领域流程管理边界及具体内容也在不断发展变化，本指南对业务领域的边界划分可能并不完善或者描述不够精确，这也是本指南将持续优化的宗旨和动力。

通用的组织业务领域流程管理可用图1-2表示。受篇幅所限，本书只对全部业务运营流程和部分管理支持流程按章进行了详细说明，读者如果想了解管理支持流程中的行政后勤管理、公共关系管理、信息技术与知识管理、环境健康安全管理、流程与变革管理，可通过扫描附录C中的二维码进一步阅读。

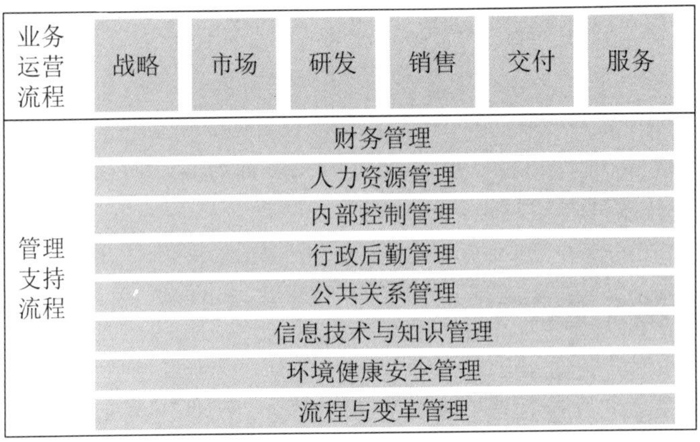

业务运营流程	战略	市场	研发	销售	交付	服务
管理支持流程	财务管理					
	人力资源管理					
	内部控制管理					
	行政后勤管理					
	公共关系管理					
	信息技术与知识管理					
	环境健康安全管理					
	流程与变革管理					

图1-2　通用的组织业务领域流程管理

第9章　战略管理流程标准描述了组织的战略管理业务，主要包括组织愿景与使命、环境分析、长期目标、制定战略、实施战略、战略评价。

第10章　市场管理流程标准描述了组织的市场(营销)管理业务，强调"选择价值"，强调寻找市场上的机会，主要包括分析市场机会、产品与服务构建、制定营销战略、开发与管理营销计划、品牌管理、销售线索管理。

第11章　研发管理流程标准描述了组织产品/服务研发管理全过程，强调"以市场/客户为中心"的研发管理模式，在着重描述产品/服务研发过程管理的同时，对研发管理组织运行模式以及研发能使工具进行详细的提炼和总结，主要包括预研/技术/平台开发、产品开发、研发运营管理。

第12章　销售管理流程标准描述了组织向客户传递价值的过程，强调组织通过销售活动向客户提供产品或服务，实现组织的价值创造，使组织与其利益关系人受益，主要包括管理销售策略、管理客户关系、管理销售资源、销售实现。

第13章　交付管理流程标准描述了组织向客户交付价值的过程，以及为保证顺利交付而采取的必要的确保交付安全和质量的管理活动，主要包括计划管理、订单管理、管理采购、制造管理、执行交付、逆向物流、交付实施与保持。

第14章　服务管理流程标准描述了组织向客户交付产品或服务后的客户关系管理过程，强调组织与客户的沟通。当客户对产品或服务不满意时，良好的沟通能够扭转局面，提升客户的满意度，同时通过客户反馈，反向促进组织的产品或服务的改善。服务管理流程主要包括服务策略、管理客户服务沟通、产品安装与验收、管理售后服务、管理产品召回、评估服务运营。

第15章　财务管理流程标准描述了组织的财务管理业务全过程，遵循着数据的采集、加工、存储和输出的逻辑，并依此逻辑设计出财务各模块(凭证、汇总、明细账、总账、各种报表)的详细流程。财务管理流程主要包括预算管理、资金管理、收入与利润管理、成本与费用管理、财务核算、财务分析、税务管理、融资与投资、财务审计管理。

第16章　人力资源管理流程标准描述了为支撑组织战略而对组织最活跃的因素(人

员)进行管理的过程,主要包括人力资源战略与政策、组织管理、人力资源获取与配置、人才培养与发展、领导力与干部管理、薪酬福利与激励、员工关系管理、人力资源基础服务。

第17章 内部控制管理流程标准描述了组织内部采取的自我调整、约束、规划、评价和控制的一系列方法、手段与措施,确保组织的经营风险可控。内部控制管理流程主要包括内部控制体系建设、内部控制因素、资金活动控制、采购业务控制、资产管理控制、生产与销售控制、研究与开发控制、基建工程管理控制、业务外包控制、财务报告编制与披露控制、合同管理控制、人力资源管理控制、信息系统控制。

1.4 流程管理的价值

一个组织的正常运作离不开对外业务(如销售、服务、采购)和对内业务(如人力资源、财务)的有序进行,所有业务的开展都会涉及人、财、物、工具、信息等元素,这是一个非常复杂的系统工程。为使这个复杂的系统正常且高效地运转,流程管理应运而生。在流程管理诞生之前,没有任何一个工具或管理模式可完整地涵盖组织的人、财、物、工具、信息等元素,进而运营整个组织的所有业务。运用流程管理模式可以把组织中完整的业务以及所有要素整合起来,从而实现组织的正常且高效运转。

同时,流程管理也是业务管理不断发展完善和改进的基础,组织根据内外部条件变化,不断对业务流程进行完善和修正,以持续推进组织战略的实现。

1.4.1 流程在组织中的位置

一个组织需要在社会环境、市场环境、行业环境下进行运作,组织管理水平的高低在很大程度上决定了组织的绩效。影响组织管理水平的要素可用图1-3表示,包括组织的战略、流程、人、运营、IT。

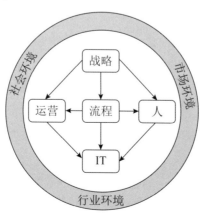

图1-3 影响组织管理水平的要素

(1) 战略。战略明确了组织的发展方向，是组织的最高行动纲领，其他4个要素均以支持战略实现为目标。组织的流程体系必须支撑、服务于组织战略。

(2) 流程。流程支撑战略的落地。为了支撑组织战略目标的达成，流程涵盖了组织应正确开展的所有对内、对外业务。完整的流程体系确保组织运作沿着正确的方向去达成战略，是组织管理的核心。

(3) 人。流程是业务开展的具体模式、方法和过程，而流程中具体的业务活动需要依靠组织内具备一定专业知识、技能和素养的人来完成。

(4) IT。信息技术的出现对流程的顺利实施产生了极大的帮助。IT系统的建立以流程体系的建立为前提，并为流程体系顺利实施服务。IT为组织内不同人员在不同时间和不同地域协同开展工作提供了可能。

(5) 运营。有了正确做事的方式(流程)，合适的执行流程的角色(人)，以及高效的信息化工具(IT)，组织还需要具备能使流程、人、IT有机融合、高效运转的机制，这就是运营。运营管理就像一部汽车的仪表盘，它能及时、准确、系统地反映组织的运行状况，并根据运行状况对支撑组织运行的各要素提出改进和完善的措施，使得组织始终处于一种健康的运行状态中。

1.4.2 按正确的方式做事

流程的设置通常有4个目标：正确、快速、容易、便宜(见本章1.2.2)。各类流程设置过程中一般都会满足其中的一种或几种，但是任何流程的设置都必须满足一个目标——正确。

一个组织在其明确的战略下所进行的任何管理活动都是为了正确地做事。流程的设置只有遵循了"正确"这个目标，组织才能按照正确的方式做事，组织战略才能通过业务流程的执行得以实现。

1.4.3 提高工作效率

无论是何种类型的组织，工作效率的提升都是组织始终追求的目标。效率的提升可以通过各种途径来实现，例如人员技能的进步、生产设备的更新。这些措施的实施在一定程度上都能提高工作的效率，但往往又带有一定的局限性。例如人员技能进步不带有普遍性，往往是某个人或某些人的技能进步，而且人通常都有一定的生理极限，不能无止境地提升人的效率；再如生产设备的更新在带来效率提升的同时，通常也会带来生产成本的增加。

一个优秀的业务流程在设计之初就考虑了它的效率(见本章1.2.2)，不但要考虑某个活动、某个角色的效率，而且要考虑整个业务端到端的全面效率提升。另外，流程具有天然的可复制性，同类型的业务可以使用同样的流程，这将大大降低业务模式探索的成本和时间,也将极大地降低业务开展对人的能力及设备性能的要求。

所以说流程是提升组织工作效率的根本。

1.4.4 把个人能力转化为组织能力

在社会环境、市场环境、行业环境背景下,组织之间的竞争就是管理能力的竞争。管理能力的高低不是体现在组织中的个人身上,而是体现在组织的整体能力上。

"组织能力"和"个人能力"是相对应的两个概念,"个人能力"是指依赖组织中某个人而存在的能力,这种能力大多以潜在而非显性的形式存在,不能很好地被传播和复制,如果个人离开组织,那么组织也将失去这种能力。"组织能力"是指组织所具有的、不依赖于任何个人而存在的能力,这种能力以显性的形式存在,容易被学习、传播和复制。

流程是组织能力的存在形式,流程的执行水平体现了组织的管理能力和组织的执行力。如果流程的执行是一流的,那么一个普通的员工经过流程培训,按照该流程的要求执行任务也能产生一流的绩效,一流的流程可以培养一流的员工。组织的长期发展必须更多地依赖"组织能力"而非"个人能力"。

流程可以把个人的优秀变成多人的优秀,将多人的优秀变成组织的优秀。如果一个组织依靠某个人,推崇个人英雄主义,那么,一旦所谓的"能人"离职了或者组织规模增大了,这个组织的整体工作就会受到影响,会逐渐发展为落后的组织;如果一个组织依靠流程,那么,只要流程在,组织的核心竞争力就不会消失,这个组织会逐渐发展为优秀的组织。

💡 1.5 流程与其他管理要素的关系

1.5.1 流程与业务的关系

首先,引入"业务流"的概念,组织为实现价值创造,从输入客户/用户需求开始到提供产品或服务给客户/用户,获得客户/用户满意并实现组织自身价值的业务过程就是业务流。一项业务的开展,一定会由一系列的活动组成,所以业务流是客观存在的。每个组织在设计自身业务流程时都应想办法找到真实合理的业务流,去适配这个业务。

只要组织制定了战略,选择了业务模式,就确定了其业务流,不论是否用业务流程来描述和定义,业务流是天然存在的,组织中的所有业务部门都工作在业务流中或者支撑着业务流的活动。完成某项业务的过程和方法有多种,但总有一种是相对较好的,找到这条真实客观的业务流,然后围绕这条业务流客观地建设业务流程。

流程是业务运作模式(业务流)的反映,是业务运作的最佳方法和路径。所以,流程就是业务，流程是业务"可视化"的呈现，是对业务进行了解的最简单、最直观的载体。

对于流程与业务的关系，很多人存在误解，认为流程对业务是一种束缚，降低了业务运作的效率。产生这种误解的原因有两个：一是流程本身未能客观、真实地反映业务流本身，导致流程设计与业务脱节，形成"两张皮"现象；二是业务运作过程中各角色不能站在全局角度看待流程，片面强调单个部门或单个角色的活动和运行效率，造成流程在阻碍业务运作的假象。

1.5.2 流程与部门的关系

部门是一个组织内部的细分机构，通常一个组织会分成很多部门。例如某企业内部的人力资源部，再如某非营利性组织内部的对外联络处等。

流程的存在是为了支撑组织战略的顺利实现，流程是整个组织管理的核心。部门是为了支撑业务流程顺利开展而设置的组织内部的机构。从逻辑关系上来看，先有流程后有部门。

但一个组织在创立初期往往还没有业务流程(业务流程没有进行可视化呈现，实际上业务流是客观存在的)，而部门可能已经设立了，那就需要组织在梳理、制定业务流程后，根据业务流程的需要，对部门职责进行一定的调整，甚至是根据流程的要求重新设置组织内部部门。

流程与部门的关系可以用图1-4表示。由图1-4，我们可以看出，流程往往跨越多个部门，关注的是组织整体的目标；部门通常会介入多个流程。

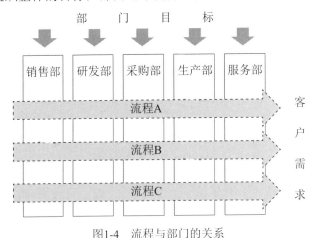

图1-4 流程与部门的关系

1.5.3 流程与IT的关系

任何一项业务的正常运行都包含了信息在业务过程中的流转，信息的载体称为数据，数据即业务流中各活动的输出。对于业务流中的每个活动来说，其输出需要满足下游活动的需要，最恰当的情况是业务流程中每个活动匹配其独特价值，输出下游活动刚好需要的数据，不冗余，不缺失，并满足该活动对于输入的质量要求。所以业务流中信息的梳理是流程制定的前提，是IT应用架构定义的基础，也是IT系统开发的前提。

这里的IT是指用信息技术承载业务流以及数据，运用技术来固化流程并实现业务数据自动传递和集成，以支持流程更高效地运转。IT是流程的有益补充，但并不是所有的流程都需要IT化，因为流程IT化的本质是借助信息技术的力量来提高流程的效率，如果IT化的结果对流程运行的效率没有帮助，甚至会降低流程运行的效率，则IT化就失去了其价值。

所以应先对业务流进行梳理，关注业务流中运行的信息，制定出符合业务流客观规律的业务流程，并根据业务流的实际情况采用适当的信息化技术，实现业务流信息的自动传递和集成。这就明确了流程与IT的关系：IT是指采用技术手段来固化流程；IT是流程高效运行的使能器，先梳理流程，后实现IT化。

1.5.4　流程与内控的关系

内控是组织内部采取的自我调整、约束和控制的一系列方法、手段与措施。通过内控的实施，组织主动对自身可能面临的风险进行控制，以实现组织的运营目标。内控的核心是控制活动，控制活动是组织根据风险评估结果，结合风险应对策略，确保内控目标得以实现的方法和手段。

内控是以事前控制为出发点，通过内控方法和手段的实施来降低风险发生的概率，从而达到风险控制的目的。所以控制活动一定是与业务流融合在一起的，在业务开展的进程中同时开展相关的控制活动，这就必然导致内控以业务流程为载体，内部控制活动融入业务流程中。

风险无处不在，所以内控在一个组织中理应存在于所有业务中。但风险控制会带来一定的成本和效率问题，根据风险应对策略，组织将对控制成本和效率在可接受范围内的风险开展内控工作。在一个组织内，内控工作的开展可能并不像业务流程一样无处不在，而是存在于部分业务活动中。例如内控要求财务职责分离，体现在财务流程中就是会计与出纳职责的分离。再如组织运营数据的安全性可能因为地震的发生而产生风险，条件允许的情况下，组织可以投入大量成本，建立异地的运营数据容灾备份中心，但根据风险应对策略，组织也可能会对地震发生的风险不采取任何应对措施。

1.5.5　流程与项目的关系

项目是为创造独特的产品、服务或成果而进行的临时性的工作[①]。项目是独特的、

---

① 来自美国项目管理协会(PMI)。

临时的，但不同项目(至少是同一类的项目)的项目管理过程却有着近乎相同的程序。把这种近乎相同的项目管理过程程序化后，就形成了项目管理流程。项目管理流程将对各种各样临时性的项目进行指导和提供参考。所以项目是临时的，而项目管理过程却像流程一样，具有普遍适用性。

流程是业务的一种表现形式，业务长期存在，流程也就客观地长期存在。尽管已经推行的业务流程在组织内长期存在并持续运行，但是一个组织在规划、建设、推行一套新的业务流程时，这个事情就变成了一个项目。

所以流程与项目交叉存在，相互补充。一个流程开发事项，可以当作一个项目来进行管理；同样的，一类项目可以采取相近的项目管理流程来进行过程管理。

1.5.6 流程与制度的关系

制度一般指要求组织内成员共同遵守的办事规程或行动准则，而流程是有逻辑关系的活动组成的业务过程。流程和制度都是组织管理过程中常见的形式，两者之间既有区别，又有联系。

(1) 理念的不同。流程就像河流，而制度就是两岸的堤坝。流程强调的是疏通河道，"以导治水"；而制度强调的是加固堤坝，"以堵治水"。

(2) 体系思维不同。制度往往是针对局部问题而制定的规则，众多制度之间可能会有重叠，但制度之间不存在上下游或者层级的关系。流程则是体系化思维，整个组织的价值链可以作为最高层的流程，并按照体系的思维向下细分，流程之间存在从属关系，同级流程之间存在上下游关系。

(3) 制度是流程顺利实施的保障措施。制度因流程而存在，为流程的实施保驾护航。例如制度能规定流程执行角色的运作机制，对流程执行角色进行业绩考核等；通过制度的"强制"推行，组织内人员更主动地关注流程，从而使流程运行得到改善。

流程与制度作为组织重要的管理方式，往往同时存在，有时候甚至会相互转换。当制度具体到了业务的每个步骤时，也可以称其为流程。当流程以手册、管理办法的形式呈现出来，并且作为管理要求在组织中强制推行，即流程制度化，那同样也可以称之为制度。

第2章 流程管理环境

流程与流程管理以组织作为基本的运行环境，它们会受到组织结构、业务特点、管理风格等组织环境的影响。理解流程管理与组织环境的关系，有助于流程执行团队和流程管理团队明晰工作的约束条件，从而保障流程与流程管理更好地执行。本章将介绍与流程管理相关的重要环境因素，主要包括以下几部分。

2.1 流程生命周期
2.2 流程管理的机构
2.3 组织对流程管理的影响
2.4 流程关系人
2.5 流程管理需要的一般管理技能
2.6 社会发展对流程管理的影响

2.1 流程生命周期

流程是业务的客观呈现，它支撑业务流的运转。组织中业务流是客观存在的，是随环境不断变化发展的，那么围绕业务流所建立的流程必然随着业务的变化而发展，必然遵循事物发展的规律：从无到有，持续运行，完善优化，最终废止或者重新建立。流程管理是一个周而复始的过程，从组织引入业务流程管理模式开始，就代表着流程将持续地积累和重复地进行建立、运行、优化、废止等各项活动。

流程从产生至废止的过程称为流程的生命周期，通常情况下流程生命周期可划分为三个阶段：流程产生、流程运行、流程废止。尽管流程废止意味着流程生命周期的结束，但通常情况下，旧流程的废止，往往意味着新流程的产生。相对流程生命周期的阶段，流程管理分为流程规划、流程建设、流程推行、流程运营、流程优化5个过程。流程管理是一个循环往复的过程，它的生命周期通常与组织的生命周期一致。图2-1表示了流程生命周期与流程管理过程的对应关系，流程生命周期的三个阶段对应流程管理5个过程。

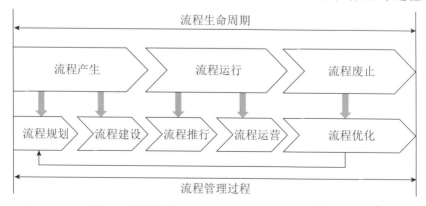

图2-1 流程生命周期与流程管理过程的对应关系

2.2 流程管理的机构

与其他管理活动一样,流程管理工作在组织内也需要由具体的人员和团队来承担,流程管理的相关责任通常情况下可以分为组织的流程管理部门和流程责任部门。

2.2.1 流程管理部门

流程管理部门是组织中业务流程管理工作的组织者和监控者,它统筹负责组织的流程管理工作,通过对组织流程体系的规划、建设、推行、运营以及优化,确保流程与组织战略目标一致,支撑组织战略落地。

根据组织的规模,流程管理部门可以是组织中独立的部门,也可以由负责组织运作管理的部门承担流程管理职责。另外,有些组织以"委员会"的方式对组织的各个业务领域进行管理,委员会是本业务在组织内的最高管理机构。例如流程管理委员会,它从组织战略出发,对组织整体流程构架及关键业务流程做出决策和指导,接受流程管理部的工作汇报,并对流程管理部的工作进行指导。

图2-2是典型的组织架构。一种情况是,流程管理部门作为组织的职能部门存在,它统筹组织的流程管理工作,对组织内负责运营的最高管理者负责。另外一种情况是,随着信息技术的发展,越来越多的组织趋向于将流程管理部与信息部(IT)合并,通过信息技术将流程固化,提升流程管理效率,强化流程与IT的协同关系。

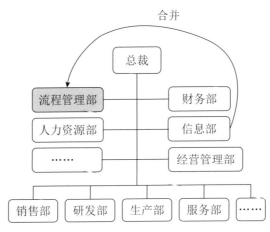

图2-2 流程管理部门在组织架构中的位置(一)

流程管理是为组织的战略落地、组织的经营目标实现而服务的,所以从某种角度上看,组织是按照长期战略、年度经营目标、流程管理的顺序来运营的。组织通过流程的运营来达成组织的年度经营目标,通过多年经营目标的实现,进而达成长期战略目标。图2-3就是遵循上述逻辑而设置的流程管理部门。运营管理部承担组织战略制定、年度经营目标制定以及流程管理的职责,通过流程的运行来实现组织战略、经营目标。

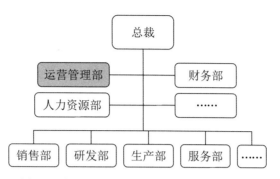

图2-3　流程管理部门在组织架构中的位置(二)

有些组织的规模非常大，业务种类多，人员多，在多个地区甚至多个国家开展业务，组织内单一的流程管理部门不能很好地涵盖组织的所有业务和地域。这就需要组织在进行流程管理部门设置的时候考虑这些因素，对流程管理职责进行分层设置。例如在组织内不同事业部、不同业务领域设置流程管理职能的分支机构，也可以在组织中不同的地域设置流程管理的分支机构。这样既有利于流程管理部门贴近业务，又有利于组织内的流程管理分支机构在流程管理部的统筹下形成一个完整的流程管理体系。图2-4示例正是基于这样的考虑。

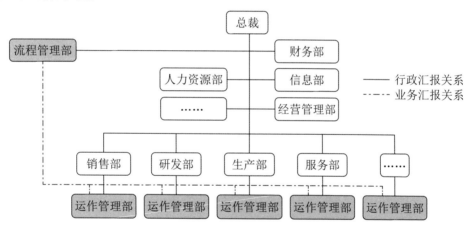

图2-4　流程管理部门在组织架构中的位置(三)

图2-5也是一种常见的组织架构设置方式。在这种模式下组织以"委员会"的模式对组织的各个业务领域进行管理，委员会作为本业务在组织内的最高管理机构。例如薪酬绩效管理委员会、战略管理委员会、变革管理委员会等。

委员会并不是一个实体部门，而是由组织内相关高层管理者组成的虚拟机构。通常情况下，这些虚拟的委员会都会有具体的实体部门来支撑。例如流程管理部就是变革管理委员会的支撑部门。

除上述提到的几种常见的流程管理机构外，在组织流程管理过程中，也经常会根据需要成立临时的流程管理工作团队，例如流程规划小组、流程建设项目组、流程推行小组、流程审计项目组、流程优化项目组等。这些临时性的流程工作团队通常按照项目管理的方式开展工作，在本指南第2部分　流程管理过程指南中将会详细描述。

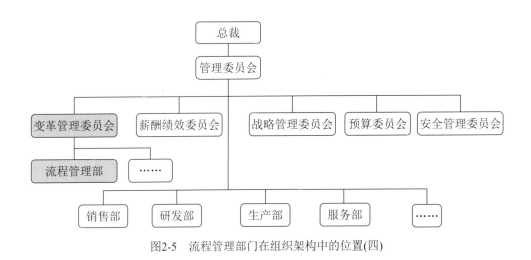

图2-5 流程管理部门在组织架构中的位置(四)

2.2.2 流程责任部门

在很多情况下,人们认为组织的流程运行效果取决于流程管理部门,这种认识存在误区。实际上,流程管理部门是流程管理工作的统筹部门,而业务部门才是具体流程的责任主体。因为流程是业务的呈现,对业务的管理是通过对该业务流程的管理来实现的。这就是为何流程所有者(Owner)是该领域业务的负责人,而不是流程管理部负责人的原因。

流程所有者负有流程规划、建设、推行、运营以及优化的职责,通常情况下,他们在流程管理部的统筹安排下开展相关的流程管理活动。

需要明确的是,组织内的业务流程往往是跨部门存在的,它以业务的端到端作为设计前提,而不是以部门的职责范围为设计前提。流程责任部门的确定并不意味着其他部门就不需要参与本流程的管理工作,而仅仅意味着流程责任部门应承担更大的责任。

💡 2.3 组织对流程管理的影响

本指南中的组织均指有独立经营业务的机构,包括企业、事业单位、政府部门、非营利性机构。流程依托组织业务而运行,势必受到组织的影响,主要表现为组织结构和组织文化两方面。

2.3.1 组织结构

组织结构分为三种类型:职能型组织结构、项目型组织结构、矩阵型组织结构。当前我国常见的组织结构是职能型组织,而较不常见的则是项目型组织。本指南不针对组织结构的优劣进行讨论，而仅关注组织结构类型的不同对流程管理的影响。

职能型组织基于部门的职能而设置，它不考虑客户的关注，而是依据业务活动的相似性对部门进行分类。这种组织结构类型客观上对业务流程进行了人为的"分割"，使得流程被割裂，形成"部门墙"。这种组织结构类型对流程管理开展会产生负面影响。

项目型组织基于业务而设置，这种组织结构的设置基于业务，以客户为中心。项目型组织结构类型与流程管理思想吻合，对流程管理工作的开展会产生积极影响。

矩阵型组织是介于职能型组织与项目型组织之间的一种组织结构形态，被越来越多的组织采用。根据具体情况，矩阵型组织结构又可分为弱矩阵组织结构、强矩阵组织结构、平衡矩阵组织结构。采取矩阵型组织结构往往能更好地满足组织真正的客户(外部客户)对业务的期望，同时又能对组织的内部客户进行专业分类(职能部门)。

2.3.2 组织文化

每个组织都有自己独特的文化，其体现在组织内人员具体的工作方式、行为习惯、组织气氛等方面上。

组织文化对流程管理产生巨大的影响。例如，在一个开放、包容、擅长学习、乐于变革的组织文化氛围中，流程管理模式容易得到组织内人员的接纳，并会使流程管理的推行比较容易。而在抵触变革、故步自封、协作意识薄弱、"部门墙"严重的组织文化氛围中，组织内人员认为，流程管理模式的引进可能会剥夺自己权利、抢夺自己"饭碗"，流程管理的推行困难可想而知。

2.4 流程关系人

流程管理离不开人的参与，参与组织流程管理的可以是个人，也可以是团队。他们可能直接参与流程管理工作，或者因为流程管理工作的开展对他们产生某种影响。这些人或团队称为流程关系人。

识别流程关系人并了解他们对流程的期望，在流程管理过程中关注他们的期望，能使流程运行更加顺畅。通常情况下流程关系人包括以下几种。

(1) 流程所有者(Business Process Owner，BPO)。流程所有者是最重要的流程关系人，他们是流程的所有者，对流程整体负责，包括流程的规划、建设、执行以及生命周期管理。流程所有者通常由业务负责人承担。

(2) 流程客户。流程客户指通过流程获取有价值的产品或服务的个人或团队。流程的客户分为内部客户(组织内部的个人或团队)和外部客户(组织外部的个人或团队)。识别流程客户可以在设计流程时真正站在客户角度，从而使得流程的价值得到充分体现。

(3) 流程执行人。流程执行人即流程活动的执行角色。从流程本身来说，流程活动执行人是最主要的流程关系人,他们是流程具体活动的承担者和实施者,离开这些角色就无法完成流程活动。

(4) 流程管理部门。组织的流程管理部门是流程重要的关系人,一般由流程管理主管和流程专员组成,他们统筹组织流程管理工作,在流程管理过程中往往以流程管理专家、流程变革项目管理者的角色出现。

① 流程管理专家的具体工作包括提供流程管理方法论与工具,提供培训、指导,作为流程专家参与流程规划、建设、优化等项目,从客户导向与增值导向思考,为项目提供流程角度的专业智慧。

② 流程变革项目管理者代表组织对各重点的流程变革项目进行管理,确保项目运作规范,进度可控,变革项目之间协调一致。

(5) 流程赞助人(Sponsor)。在某些重要的业务流程建设过程中,需要组织的高层管理者作为流程赞助人。高层管理者往往有较大影响力,可以为流程的各项管理工作提供帮助。例如协助调配流程建设过程中的各类资源,仲裁和决策流程管理过程中出现的矛盾。

除上述提到的流程关系人外,还有一些个人或团队对流程管理工作产生影响,这些关系人在各个流程中并不完全一致,对流程产生的影响也不同,尽可能地识别出这些关系人对流程管理大有裨益。

例如在组织内部,流程的规划、建设、推行、运营和优化过程中涉及的关系人有流程拟制人、流程评审人、流程推行团队、流程引导者(Facilitator)、流程审计小组、流程优化团队等;在组织外部,关系人还包括组织的外部客户、客户的客户(组织通过流程为客户提供产品,客户再使用这些产品为它的客户提供服务)、客户的其他供应商(组织通过流程为客户提供产品或服务,影响客户对供应商的选择)。

2.5 流程管理需要的一般管理技能

流程管理作为一种新兴的组织管理模式,需要参与者具备一定的管理技能。有些技能并不是流程管理参与者所独有,而是每个领域的管理者需要具备的基本技能,这些基本技能是流程管理者开展工作的基础。

2.5.1 组织协调能力

作为流程管理重要参与者,流程管理主管、流程管理专员以及流程所有者(Owner)需要带领相关团队开展工作。组织中的流程管理是一个相对复杂的管理系统,流程既要分层分级设置,还有定制化分类需求,且涉及组织内包括高层、中层、基层的所有岗位和角色,这就需要他们有较强的组织、协调能力,带领团队协调处理流程管理过程中的各种问题，达成流程管理工作目标。

2.5.2 沟通能力

通常情况下，流程都是跨部门的，流程管理过程中的规划、建设、推行、运营、优化都需要跨部门协作，沟通技能显得尤其重要。组织中的流程管理人员(包括流程管理主管、流程管理专员、流程所有者)不仅是流程管理工作的推动者，同时还是流程的沟通联络者。他们负责与组织高层管理者和其他流程的管理人员进行沟通和联络，以得到组织以及其他流程团队的支持与配合，并化解流程运行中出现的冲突和矛盾，为本流程团队的工作创造一个有利的外部环境。

2.5.3 逻辑思维能力

逻辑思维是人类在认识事物的过程中借助于概念、判断、推理等思维形式能动地反映客观现实的理性认识过程。流程的特点之一是流程活动之间蕴含着一定的逻辑关系，所以流程管理参与者，尤其是在流程规划、流程建设过程中应有极强的逻辑思维能力。逻辑思维能力是流程管理参与者核心管理技能之一。

例如在流程规划过程中，需要通过流程总体框架、流程地图把组织中复杂的业务逻辑呈现(见本指南4.3部分)。在具体流程建设过程中，流程制定者需要从业务本身逻辑分析并制定流程(见本指南4.4部分)。

2.5.4 归纳总结能力

尽管组织的每个流程都与其他流程有不同之处，但在流程管理的过程中，不同的流程之间通常会存在可以借鉴的地方。例如研发流程推行过程中遇到的问题，在销售流程推行过程中也可能会遇到。再如财务管理流程中出现的控制风险，在采购流程中也可能会出现。

所以，作为流程管理参与者，总结、归纳流程管理过程中的经验和教训，对于其他流程的管理工作会有很好的借鉴价值。

2.5.5 项目管理技能

组织的流程管理体系建设和单个流程的制定，在很多情况下是以项目的方式来开展的，例如流程规划项目、重要的流程建设项目、流程审计项目、流程优化项目等。作为流程管理参与者，尤其是这些项目的负责人，需要具有项目管理的能力。同时，组织中的流程管理部门作为流程管理的统筹角色，需要对多个流程项目进行管理(多项目管理)，确保项目之间的协同推进。

2.5.6 学习能力

流程管理作为一个新兴管理领域，参与者应具备两方面的学习能力：一是对流程管理专业技术的学习能力，二是对组织业务的学习能力。

流程管理技术不是一成不变的，它会随着社会的变化而发展。组织的流程管理工作往往需要及时追踪最新的流程管理技术，并在组织内部进行应用。例如流程管理参与者通过对流程管理标杆企业的学习研究(流程管理标杆通常是最新流程管理技术的最佳实践者)，能够明确标杆企业在流程管理新技术应用过程中的经验得失，有助于自身在流程管理过程中开阔眼界，拓展思路，保持正确的方向。

组织的业务也是不断发展变化的，流程是业务的呈现，对业务的学习、了解和掌握是对流程管理参与者的基本要求。让最明白的人做流程，就是让最明白业务本质、最清楚业务发展规律的人参与流程管理。

2.6 社会环境对流程管理的影响

组织运行于社会、行业、市场环境下，流程管理参与者应当知道，除了组织内部环境对流程管理产生影响外，社会环境同样也对流程管理产生重要的影响。本节将对影响流程管理的几个重要社会环境进行描述。

2.6.1 生产力的解放

社会经济的发展对组织的流程管理产生影响。例如随着社会生产力的发展，社会商品极大丰富，供大于求的现象日趋严重，市场由原来的卖方市场转化为买方市场，组织必须顺应这种变化，制定以市场、客户为中心的经营战略，作为战略的承载流程也必将由原来的以生产为中心转向以客户为中心。

2.6.2 经济全球化

如今，世界各地的人们都在享受着经济全球化带来的便利。经济全球化带来了商品全球流通，同时人们也对商品提出了更高标准的要求，从单纯地关注商品本身，到开始关注商品的研发、生产制造过程。这是因为，一种结果(商品)的好坏，往往是过程(流程)

质量所决定的。例如国际标准化组织(ISO)对于企业经营管理过程标准的定义，美国项目管理协会(PMI)对项目管理过程的定义，都对过程(流程)质量提出了要求。

2.6.3 信息技术、互联网经济的发展

流程与信息技术(IT)的关系在1.5.3节做过阐述。信息技术的发展对组织内部效率的提升影响巨大。

借助信息技术、互联网经济的飞速发展，部分组织的商业模式发生变化，商业模式类型更加丰富，例如B2B、B2C、C2C、O2O[①]等；人们的生活方式也发生了巨大的变化，绝大多数商品或服务开始通过互联网进行交易，部分组织的传统销售人员正在逐渐消失，例如传统的语音通信业务增长放缓，数据通信业务正在迅猛发展。

流程服务于业务，故新技术所引发的业务模式变化必将对流程管理产生影响。

2.6.4 国际合作交流

作为一门管理学科，流程管理在不断发展，随着全球信息一体化趋势的到来，各类业务的先进流程管理思想、技术必将在世界各地传播开来，如集成产品开发(Integrated Product Development，IPD)、软件能力成熟度集成模型(Capability Maturity Model Integration，CMMI)、客户关系管理(Customer Relationship Management，CRM)、门径管理系统(Stage-Gate System，SGS)等，随着国际合作交流逐渐传播到世界各地，成为各类组织的学习标杆。

---

① B2B，企业与企业；B2C，企业与顾客；C2C，顾客与顾客；O2O，线上与线下。

第 2 部分

- 第3章　流程管理过程
- 第4章　流程规划过程组
- 第5章　流程建设过程组
- 第6章　流程推行过程组
- 第7章　流程运营过程组
- 第8章　流程优化过程组

流程管理过程指南

第3章 流程管理过程

流程管理以持续提高组织业务绩效，实现组织的卓越运营为目的。对任何一个组织来说，流程管理都是一项复杂的"系统工程"，如何科学地进行流程管理以达成组织目标，是任何组织都必须面临和解决的问题。

流程管理之所以复杂，是因为这项"工程"有多个过程组成，过程中又有多个步骤、活动，在这些过程中，会涉及多个角色、多项工具、多种方法。

为帮助理解组织的流程管理工作，本指南借助于流程管理的过程来介绍流程管理。通过本章的介绍，流程管理专业人员以及流程管理的参与人员能清晰理解流程管理有哪些具体的过程、步骤、活动，流程管理工作会借鉴、应用哪些思想、知识、方法、工具。

3.1 流程管理过程划分

按照流程管理过程中各项工作不同的目的和特性，流程管理工作可分为5个过程，每个过程由多个步骤和活动组成，称为一个过程组。本指南把流程管理过程分为流程规划、流程建设、流程推行、流程运营、流程优化5个过程组。

(1) 流程规划。流程规划是指根据组织战略目标构建流程体系架构，对流程进行分层、分类梳理，理顺业务流程之间的接口关系，明确流程所有者及建设优先级，为流程建设奠定基础的过程。

(2) 流程建设。依据规划过程的输出，按照标准的呈现形式，科学合理地对流程进行建设，使之能清晰、客观地反映业务流，并能准确、高效地指导流程角色开展业务活动。

(3) 流程推行。流程推行是指新建或优化后流程在组织内部被接纳直至全面应用的过程，包括新流程的培训、宣传、引导，以及通过试运行发现流程的问题并给予完善的过程。

(4) 流程运营。流程运营是指在组织内全面推行流程后，对流程绩效指标达成情况、流程角色执行情况、流程与业务契合情况进行实时监督与控制的过程。通过流程运营，组织能够达成绩效目标，并发现流程需要改善之处，这也是流程优化过程的输入。

(5) 流程优化。组织的流程管理工作是一个"周而复始"的过程，而流程优化过程为组织的流程管理工作形成闭环提供了保障。通过流程优化过程，现有流程得到不同程度的改造(流程再造、流程优化、流程活动改善)，使得流程持续优化，始终为组织的客户/用户创造价值。

流程管理5个过程组之间有清晰的顺序和相互依赖关系(见图3-1)，五大过程组形成完美的闭环，在组织的业务流程持续改进中，始终对业务活动的开展起支撑作用。过程组之间的关系适用于所有类型组织的流程管理工作。

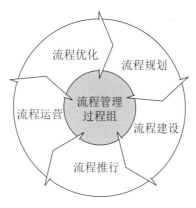

图3-1 流程管理过程组关系图

对于单个流程来说，流程的规划、建设、推行、运营、优化有着比较严格的先后逻辑关系。但对于组织来说，流程管理生命周期与组织的生命周期一致，流程管理涉及组织所有业务流程，组织在开展流程管理工作时，通常情况下五大过程组之间存在一定的交叉(见图3-2)。

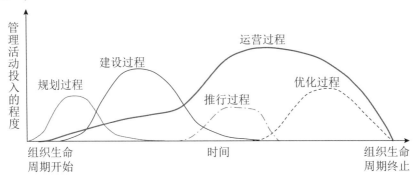

图3-2 流程管理过程组跨越时间示意

3.2 组织发展的不同阶段对流程管理过程组的应用

按照组织生命周期阶段划分，通常情况下可把组织分成以下4类。

(1) 新兴型组织。新兴型组织指刚成立的组织，主要表现为大多业务处在萌芽状态，主要业务还未区分清楚，组织的大多数工作是事件性的，人员分工也尚未明确，主要由负责人临时安排。

(2) 上升型组织。上升型组织指经过了新兴阶段的组织，主要表现为主营业务模式已经清晰，组织的架构基本确定，分工虽未完全到个人，但已明确了具体的部门，有明确的沟通渠道和方式。

(3) 稳定型组织。稳定型组织指发展已经成熟的组织，主要表现为主营业务模式已经发展成熟，组织架构已经稳定，很少出现大规模的调整，人员分工非常清晰，按照工作流程绝大多数事情都能对应到明确的责任人，各业务模块、部门之间沟通顺畅。

(4) 衰退型组织。衰退型组织指组织发展的最末状态，主要表现是主营业务的市场已经逐渐衰退或业务模式已经不适应市场的变化，组织架构对于主营业务来说过于臃肿，有多数岗位出现工作量不饱和或重复工作的现象。

组织的发展是不间断的，对组织类型的识别，不能过于牵强，不能用完全固定的概念来强行划分组织类型，有些组织可能处于两种状态中间，无法完全归结到某一具体的类型中。例如有些组织在某行业中属于衰退型，但又在其他新兴行业内发展了新业务，这时可以对组织进行一定程度的细分，把组织的类型细化到不同的子组织。

组织的流程管理工作围绕五大过程组展开，但是对于不同的组织或者同一个组织的不同发展阶段，流程管理五大过程组的投入也是不同的，这是因为组织在不同的发展阶段有着不同的战略，而流程需要根据组织战略的调整进行相应的调整。通常情况下，这种关系可以用表3-1来表示。

表3-1　流程管理过程组投入与组织发展阶段的关系

流程管理过程	组织发展阶段类型			
	新兴型组织	上升型组织	稳定型组织	衰退型组织
规划过程组	★★★★★	★★★★	★	★★★★★
建设过程组	★★★★★	★★★★★	★	★★★
推行过程组	★★★	★★★★★	★	★
运营过程组	★	★★★	★★★★★	★★★
优化过程组	★	★★	★★★★★	★★★★★

第4章 流程规划过程组

流程管理尽管已经被许多组织作为业务运营的"工具",但很多组织都存在如下现象:
- 对组织业务缺乏全方位的了解,几乎没人能清楚地描述组织的所有业务流;
- 部门经理对所负责的业务无法进行完整描述,对上下游业务关系缺乏系统的认识,接口关系不清晰;
- 有些业务无人负责,有些业务却存在多头管理的现象;
- 部门习惯从自身利益的角度处理业务,经常出现采购与库存、销售与生产、质量与进度的矛盾,没有人对整体业务流程负责,缺乏业务端到端的打通;
- 解决问题更多采用"头痛医头,脚痛医脚"的方式,问题背后的真正原因却无法触及;
- 组织内部的多部门对客户/用户诉求被在互相推诿、扯皮,导致客户/用户满意度低。

之所以会出现上述现象,其根本原因就是组织缺少体系化、结构化的流程规划。因此,组织需要定期按照体系化、结构化思维开展流程规划,保证组织流程体系的完整、各流程范围明确和接口清晰。

4.1 什么是流程规划?

流程规划是流程管理的前提,它基于对组织愿景、目标、战略和商业模式的分析,采用系统的方法,构建一套系统化、结构化、可视化的"组织业务全景图",明确各项业务价值关系和接口,落实流程所有者,为实现以流程管理来运营组织提供基础。

4.2 流程规划对组织的价值

流程规划是组织流程管理的第一个过程组,组织在成立或引入流程管理模式时,首先要做的就是流程规划。流程规划不但能使前面提及的现象得以解决,也为流程管理后续过程组的开展奠定基础。

流程规划能为组织管理能力的提升带来如下价值。

(1) 流程规划是组织战略落地的基石和路径,使组织战略得到承载;

(2) 流程规划可以使组织形成一个完整的运营系统,提升组织的核心竞争力;

(3) 流程规划使组织全员投入流程管理成为可能,使组织的人员层级与流程层级产生对应关系;

(4) 流程规划可以使组织转换管理思维,使组织运营方式转换为以市场和客户为中心。

4.3 流程规划的原则

(1) 对组织战略意图的承接。流程是组织战略的落地和细化，因此流程规划必须与组织的战略保持一致，秉承自上而下垂直分解的原则，从战略到流程，从流程到活动。

(2) 以业务而非部门为导向。流程规划应从业务维度而不是部门维度来思考，以创建业务端到端的流程为基础，充分考虑业务目标，建立起部门间的连带责任和协作关系，保证横向一致性。

(3) 参考和借鉴先进的流程管理模式。依据当今流程管理先进技术，借鉴成功企业的流程管理模式，甚至可以参考竞争企业的流程管理经验。

(4) 以客户为中心的理念。坚持关注内外部客户的需求，根据客户需求来进行流程规划。

(5) 简明、易于理解。图形作为最直接的表达方式，易于理解，不用过多解释或培训，因此使用通用的图形语言输出流程规划结果，有利于组织所有成员理解并达成共识。

4.4 流程规划的输入、输出

流程规划是由上而下将组织战略逐级分解细化的过程。规划过程中除考虑组织的战略外，还需要把组织的业务绩效目标、市场及行业环境的变化、客户需求、最新的流程管理技术、组织高层管理者的关注等信息作为参考输入内容。常见的输入有以下几个。

(1) 组织的战略。组织中开展的任何业务活动都是为了组织战略目标的达成，所以业务流程必须承载组织战略。

(2) 关键领域的业务绩效目标。流程规划要为组织业务目标的达成服务，组织在流程规划时要围绕关键领域的业务目标来设计业务流程管理的模式，并配置相应的功能和资源。

(3) 先进的流程管理模式。与社会的发展和进步一样，业务流程管理技术也在不断发展。例如，当前领先的研发管理领域的IPD(Integrated Product Development)和供应链管理领域的SCOR(Supply-Chain Operations Reference-model)。

通过流程规划，输出包括价值导向清晰的组织流程总体框架、业务接口顺畅的分层分级流程地图、考虑了各类业务特殊要求的流程清单。

流程规划的输入、输出如图4-1所示。

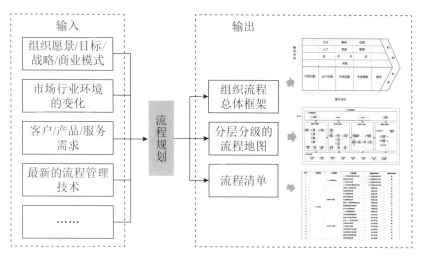

图4-1 流程规划的输入、输出

4.5 流程规划的步骤

流程规划作为五大过程组的第一个过程，在整个组织的流程管理中占有极其重要的地位。流程规划过程组会识别组织的业务范围、业务模式，为整个组织的流程管理工作确定方向。

尽管在社会和行业环境中，组织的类型、行业及规模都不尽相同(类型包括企业、事业单位、政府部门、非营利性组织等；行业包括农林牧业、通信电子、贸易、能源、机械、医疗、教育等；规模包括微型、小型、中型、大型、特大型等)，但无论是哪类组织，在流程规划过程中都可以遵循相同的步骤(见图4-2)。

第一步，组建流程规划团队；
第二步，识别价值链范围及业务模式，制定业务流程总体框架；
第三步，分层分级创建组织的流程框架；
第四步，梳理流程间的协同关系，绘制流程地图；
第五步，识别流程规划的特殊需求；
第六步，编制流程清单，明确流程责任人，确定优先级。

第一步	第二步	第三步	第四步	第五步	第六步
组建流程规划团队	识别价值链范围及业务模式，制定业务流程总体框架	分层分级创建组织流程框架 • Level 0 • Level 1 • Level 2 • ……	梳理流程间的协同关系，绘制流程地图	识别流程规划的特殊需求 • 产品差异化 • 客户差异化 • 业务模式差异化 • 各类管理体系差异化 • 业务核心价值要素 • ……	编制流程清单，明确流程责任人，确定优先级

图4-2 流程规划的步骤

4.5.1 组建流程规划团队

因为流程规划的重要性和复杂性,以及涉及业务的多样性,使得流程规划几乎不能由某一个人来独立完成。通常情况下,组织会成立流程规划项目团队,按照项目的方式来完成流程规划。常见的流程规划项目组结构如图4-3所示。

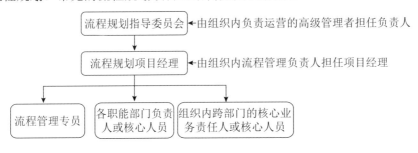

图4-3 常见的流程规划项目组结构

流程规划团队核心成员组成建议如下所述。

(1) 流程规划指导委员会由组织高层管理者组成,并由组织内负责运营的最高管理者(首席运营官COO)作为负责人,负责把控流程规划总体方向,评审流程规划结果,为流程规划提供资源支持等。

(2) 流程规划项目经理由组织内流程管理负责人担任,负责带领流程规划小组全面理解组织战略,梳理组织业务范围,完成流程规划工作。

(3) 流程管理专员运用合适的流程规划技术和工具,协助流程规划项目组组长完成流程规划,并按照组织明确的格式输出流程规划成果。

(4) 各职能部门负责人或核心人员对本部门负责业务最熟悉,并了解本专业业务发展趋势,可以从专业职能的角度对流程规划提出意见和建议。

(5) 组织内跨部门的核心业务责任人或核心人员负责的业务组成了组织的核心价值链,即核心业务流程。他们能从业务端到端的角度考虑问题,能从业务流所服务的客户的角度对流程规划提出建设性的意见和建议。

4.5.2 识别价值链范围及业务模式,制定业务流程总体框架

1. 价值链模型

组织所有业务活动的开展都是为客户/用户提供价值,迈克尔·波特提出的"价值链"(见图4-4)概念可以很好地展现组织的所有业务活动。在价值链模型中,组织直接为客户/用户带来价值的业务活动称为基本活动(本指南中对应"业务运营流程"),不直接给客户/用户带来价值,但这些业务活动的开展能保障基本活动的顺利进行,这些业务活动称为辅助活动(本指南中对应"管理支持流程")。业务运营流程和管理支持流程组成了组织的业务全景图。

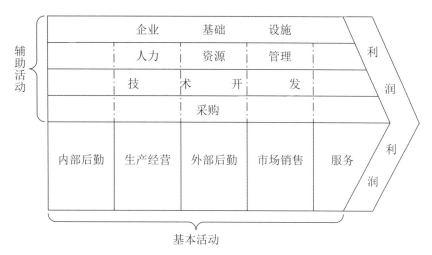

图4-4 组织价值链模型

"价值链"概念为组织梳理自身业务提供了极具价值的参考模型。经过多年的发展，流程管理技术已经从企业扩展到所有的组织，各类组织都可以参照价值链模型来识别出自身的所有业务活动。

2. 理解组织战略，识别战略落地需求

战略作为组织流程规划最重要的输入，包括组织发展战略、竞争战略、产品战略、市场战略、人才战略、战略行动计划等内容。通常情况下，对于组织战略信息的解读来源于以下两个方面：一是对组织战略规划相关文件进行分析。这些文件包括组织内3～5年甚至更长时间的战略规划报告、组织内各业务领域战略规划报告、已经分解到年度的组织经营目标、各部门经营目标等。二是对组织的高层管理者进行访谈。通过访谈进一步理解组织战略及相关行动计划，同时也了解组织高层管理者对流程规划的期望和建议。

流程规划关注的组织战略核心内容及落地需求包括以下几项：组织战略涵盖的区域、行业、市场及关键的客户群；根据目标市场及客户群的实际情况，组织所提供的产品或服务组合；组织为客户提供的产品或服务，其核心竞争力以及差异化的战略制高点；为达成组织战略目标确定的战略举措和行动计划(重点关注业务调整战略、组织调整战略、人员发展战略、流程管理变革战略等)。

3. 借鉴业界标杆流程架构，制定组织的业务流程总体框架

流程管理标杆通常分为两种情况：一是在某个特定领域内的标杆，例如研发领域的IPD(集成产品开发)、供应链领域的ISC(集成供应链)、软件领域的CMMI(软件能力成熟度集成模型)；二是组织的整体流程架构都可以借鉴的标杆，这些标杆不仅可以直接为同行业组织提供学习和借鉴，还可以供不同行业的组织予以研究和参考。

综上，组织流程总体框架以价值链模型作为基础，以组织战略目标作为方向，以业界最佳流程管理实践作为参考，从而完成制定。

特别说明的是，借鉴和参考绝对不是照搬。由于组织类型、行业、业务模式的差别，各类组织的流程总体框架有明显的不同。例如，生产类企业与电商类企业的流程总体框架有较大差别(见图4-5)。所以，"价值链"分析模型和流程管理标杆不能生搬硬套，需要针对特定的组织进行价值链识别，设计出适合该组织的价值链全景图。

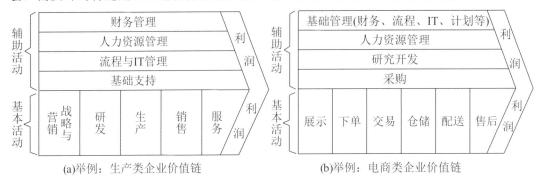

图4-5　生产类企业与电商类企业价值链全景图比较

4. 任命组织一级流程所有者

流程总体框架呈现了组织所有核心业务领域(流程总体框架作为组织的零级流程，其核心业务领域作为组织的一级流程，见本章4.5.3)。这时需要对所有一级流程任命流程所有者，通过对一级流程所有者的任命，明确跨部门一级流程的负责人及其管理责任(包括流程管理的规划、建设、推行、运营、优化五大过程组)。

一级流程的所有者通常由组织内各业务领域高层管理者担任，他们可以借助其在组织内的影响力，促进所负责流程在组织内的顺利运行。

4.5.3　分层分级创建组织的流程框架

流程总体框架(价值链全景图)是组织的零级流程。通常情况下，一个组织只有一个零级流程，但有的组织是集团化运作的，由于其下属组织所处的行业有较大的差异，例如多元化经营集团公司的下属企业有房地产子公司、商品零售子公司、机械制造子公司，这就需要依据下属公司的行业特性来单独制定零级流程，这就使得组织有多个零级流程。

流程总体框架是组织的最高层的流程，但它不能指导具体业务领域的运作，更不能指导下一层的业务活动的开展。为此，流程规划需要以流程总体框架为基础，分层分级地开展组织的业务活动，形成组织流程的"金字塔"(见图4-6)。

一级流程及以下流程规划将由组织任命的一级流程所有者负责，并由4.5.1中提及的流程规划团队在方法及业界最佳标杆参考上给予建议。

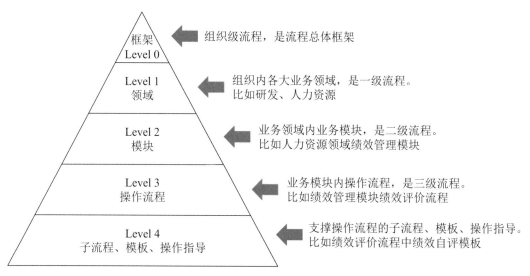

图4-6 流程"金字塔"

(1) 零级(Level 0)——业务框架,零级流程。零级流程是组织的流程总体框架,是组织的"业务全景图"。通过组织的零级流程,我们可以看出组织的主要业务活动是什么,组织通过哪些基本的业务活动为客户/用户带来产品或服务,也可以看出为了保障组织主要业务活动的开展,还需要哪些辅助的业务活动。

(2) 一级(Level 1)——业务领域,一级流程。一级流程是组织中某一领域的端到端流程,它能直接为客户(包括外部和内部客户)创造价值。作为端到端的流程,一级流程通常跨越多个职能部门,其顺利运行能够解决组织中部门各自为政、"部门墙"等问题。例如战略管理、研发、供应链、销售、人力资源管理、财务管理等流程都属于一级流程。

(3) 二级(Level 2)——业务模块,二级流程。二级流程是一级流程中的一个模块,通常由一组有关联关系的业务操作流程组成。例如人力资源管理领域中的人力资源规划、招聘、培训、绩效、薪酬、人事管理等几个业务模块,都属于人力资源二级流程。

(4) 三级(Level 3)——操作流程,三级流程。三级流程是组织的可操作级的流程,它能明确地指导某项业务活动的开展。三级流程有明确的流程角色、具体的流程活动,以及活动之间清晰的逻辑关系。本指南中对流程的定义就是基于可操作的三级流程。例如校园招聘流程、固定资产盘点流程、采购计划制订及下达流程等都属于三级流程。

(5) 四级(Level 4)——子流程、模板、操作指导。四级"流程"并不一定是完全意义上的流程,它支撑可操作级的三级流程的运行,包括三级流程的子流程、活动输出应遵循的模板、指导具体流程活动开展的操作指导等。

在组织的业务流程规划中,通常情况下上述五级流程(Level 0~Level 4)可满足大多数组织运营管理的需求。根据组织业务具体情况也可规划更多的流程层级,但并非层级越多越好,因为较少的流程层级可以简化管理,并提升职能部门以业务为核心的流程意识。

4.5.4 梳理流程间的协同关系，绘制流程地图

通过流程分层分级规划，组织内往往会产生上百个三级流程(Level 3，操作级流程)，有些业务复杂的组织会出现几百个甚至上千个三级流程。

尽管这些流程通常都是跨部门的，但也仅仅是涵盖了某个特定的业务和某些特定的部门，并不涉及整个组织，若要组织整体运行有序，那就需要对组织所有的业务流程进行梳理，明确流程之间的协同关系，形成组织的流程地图(见图4-7)。这就如同仅仅依靠一台机器的某个零部件不能让整台机器顺利运行，而需要所有的零部件都要按照一定的逻辑组成完整的系统，整台机器才能有序运行一样。

通过梳理组织流程间的协同关系，可以使组织的业务流程无遗漏，无重复，无矛盾，可以使组织的流程形成一个有机的管理系统，可以使一个个像机器零部件一样的"普普通通"的流程，同心协力实现组织整体的高效运营，实现1+⋯+1>N的作用。

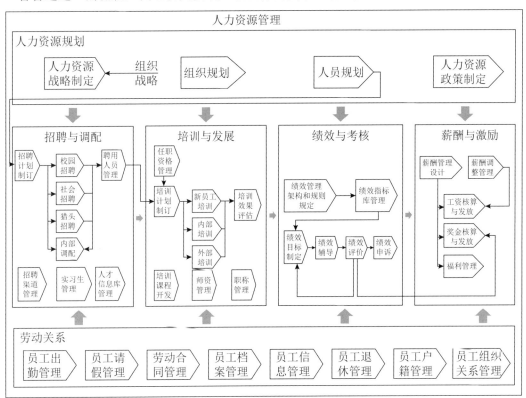

图4-7 某家电制造企业部分流程地图(人力资源部分)

4.5.5 识别流程规划的特殊需求

流程具有普遍适用性(见本指南1.2.2)，同类业务通常情况下都可以使用同一个流程，但有时候因为特殊的需求，组织需要针对这些特殊需求对流程进行"定制化"设计。

相对于流程的分层分级(流程分级是将业务范围不断缩小的过程)，定制化的流程设计是将流程进行分类。流程分类是按照业务特定的场景需求，对流程进行定制化设计，从而使得经过定制化设计的流程更加符合业务的特定场景，提高流程运行的效率和效果。

根据业务场景定制化设计的流程，其起点和终点一样，但是过程不同(通常情况是过程的详略不同)。定制化设计的流程与原有流程保持了同样的业务范围，不同的是完成业务所经过的路径不同(见图4-8)。

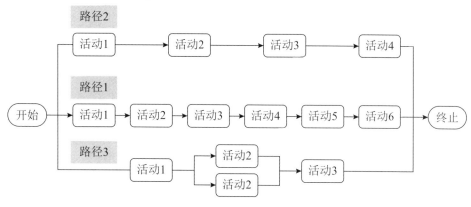

图4-8　定制化流程分类示意

常见的流程分类定制的场景有以下几个。

(1) 产品差异化。因为产品特性差异较大，同一流程不能适用于所有产品。例如纯软件类产品和系统设备类产品(含软件、硬件、结构等的产品)，因为软件类产品开发过程中不涉及硬件、结构、整机等方面的工作，所以在设计纯软件类产品的开发流程中，需要针对性地删减相关的角色和活动，提高软件类产品开发的效率。

(2) 客户差异化。部分组织的客户特性有较大的差异，例如地域的不同，文化的不同，客户决策链的不同，客户规模大小的不同，客户信用等级不同等。销售流程的定制化，就是为满足不同客户的差异而定制。

(3) 业务模式差异化。流程体现了业务开展的具体模式，不同的业务模式，当然需要制定不同的业务流程。例如B2B、B2C、O2O的销售模式；例如制造性企业中的ETO(按单设计)、ATO(按单装配)、MTO(按单生产)与MTS(按库存生产)的生产模式。

(4) 业务核心价值要素差异化。组织在为客户/用户提供产品或服务过程中，需要增强自身的核心竞争力。例如倡导成本领先、技术领先、服务领先等。这些战略"制高点"如若不体现在流程中，就无法实现真正落地。

4.5.6　编制流程清单，明确流程责任人，确定优先级

流程规划的输出包括业务流程总体框架、分层分级的流程地图、流程清单三部分内容，其中流程清单明确了组织操作级流程的明细以及各流程的所有者，并由一级流程

所有者与流程规划小组进行商定，依据业务重要性、紧急性、使用频率、难易程度等因素，确定流程建设的优先级。

编制流程清单的关注点有以下几个。

(1) 流程规划的输出要遵循先制定业务流程总体框架，再形成分层分级流程地图，最后完成流程清单编制的先后顺序。

(2) 流程清单中三级流程(可操作级流程)与流程地图中的三级流程可能并非一一对应。这是因为组织在进行流程规划时应考虑特殊需求(见4.5.5)，即根据业务特殊场景，一项业务可能设计出一个或多个三级流程。

(3) 有些组织业务相对复杂，三级流程不足以支撑业务顺利开展，需要进一步设计下一级流程，表4-1仅仅是流程清单示例。

(4) 组织在流程总体框架完成后任命了一级流程所有者，二级、三级等流程所有者由一级流程所有者进行指定。根据需要，一级流程所有者也可以担任某些二级、三级等流程的所有者。

表4-1 某软件企业人力资源业务部分流程清单示例

序号	一级流程	二级流程	三级流程	流程所有者	建设优先级
1	人力资源	人力资源规划	人力资源战略制定流程	人力资源规划经理	高
2			组织规划流程	人力资源规划经理	高
3			人员规划流程	人力资源规划经理	中
4			人力资源政策制定流程	人力资源规划经理	中
5		招聘与调配	招聘计划制订流程	招聘经理	高
6			校园招聘流程	招聘经理	高
7			社会招聘流程	招聘经理	高
8			猎头招聘流程	招聘经理	低
9			内部调配流程跟踪	招聘经理	中
10			聘用人员管理流程	招聘经理	低
11			招聘渠道管理	招聘经理	中
12			实习生管理	招聘经理	中
13			人才信息库管理	招聘经理	低
14		培训与发展	任职资格管理	培训经理	高
15			培训计划制订流程	培训经理	高
16			新员工培训流程	培训经理	高
17			内部培训流程	培训经理	高
18			外出参训流程	培训经理	中
19			培训效果评估流程	培训经理	高
20			培训课程开发流程	培训经理	低
21			师资管理	培训经理	中
22			职称管理	培训经理	高

第5章 流程建设过程组

通过流程规划,组织已经构建了可视化的、分层分级的业务流程架构和流程清单,业务流程架构清晰地展现了组织价值创造的过程。它定义了业务流程的范围,是流程建设工作的基础和前提。

流程建设是在流程规划的基础上制定具体流程的过程,是流程管理的重要工作之一。组织通过流程建设固化经验,把个人能力转化为组织能力,从而提升组织运作的效率和效果。

5.1 关于流程建设

因为流程建设具有临时性、独特性和渐进明晰的特性,所以适合以项目方式开展。本章将通过对流程建设过程组遵循的步骤(见图5-1)、采用的方法、技术和工具的介绍,详细描述单个流程的拟制、评审和发布的过程,指导组织科学地开展流程建设工作。

图5-1 流程建设步骤

5.2 组建团队

流程的运行通常需要多个角色共同参与,每个角色在流程中承担不同的职责,他们协同工作,使得流程高效运行。与流程相关的各类人员(包括流程执行人员、流程的客户、流程管理专员、流程绩效管理人员等)参与流程建设过程,既能让流程集成各方面的需求、贴合客户意愿,又能使流程符合实际业务,便于操作,还能参考最新的流程管理技术,引进先进方法,同时也能使流程在后续运行过程中容易被监控,更好地发挥流程的效能。

流程所有者对流程绩效承担最终责任,所以通常情况下流程建设团队的负责人由流程所有者来承担。流程所有者在流程建设过程中统筹、协调组织内相关资源,带领团队以项目方式来完成流程建设任务。

5.2.1 识别流程关系人

识别流程关系人即识别所有受业务流程影响的人员或组织,并记录其相关信息的过程。识别流程关系人的途径通常有以下几种。

1. 访谈法

流程所有者根据流程所属业务模块及流程名称(见本指南4.5.6)识别流程的关键人员或角色，对流程的关键角色进行访谈，了解业务现状下的其他关系人，并与各关系人逐一确认。

2. 业务记录查询法

查询业务运作历史记录，比如各类介质(纸质、电子文件、IT系统)中存储的信息，找出流程关系人。

3. 行业最佳实践参照法

参考行业最佳流程实践的案例，标识出流程关系人，并与本组织内相对应的人员进行逐一沟通，确定流程关系人。

实践表明，单独使用以上任何一种方式识别的流程关系人都有可能不完全准确，通常情况下，对三种方式综合使用，相互验证，能识别出绝大多数关键的流程关系人。

5.2.2 团队成员任用原则

并不是所有的业务关联人都适合参与流程建设工作，因为作为一种"变革"项目，流程建设团队成员不仅要有能力，同时也需要有意愿，各成员必须要对团队工作有所贡献。通常在挑选流程建设团队成员时要关注以下几点。

1. 业务骨干人员

业务关联人必须精通所负责的业务。这类人员要么是有着丰富业务经验的员工，要么是管理岗位的业务主管，他们是业务的骨干、专家。精准理解业务是流程建设团队成员任用的基本条件。

2. 有流程意识的人员

流程建设团队成员必须是认同流程管理理念的人员。他们心态开放，有流程意识，非常重视和支持流程工作的开展。任用这样的业务关联人能让这个业务产生更大的价值，也有利于组织效率的提升。

3. 有奉献精神的人员

流程建设是一个总结经验并建立业务运营规则和规范的过程，团队成员应愿意与他人分享自己的专业知识和经验，同时他们也愿意为流程建设工作投入时间和精力。

5.2.3 确定流程建设团队成员

通常，流程建设团队应包括业务专家和流程专家。在明确了流程建设团队成员后，团队负责人需与团队成员进行确认，并记录成员信息(见表5-1)，方便团队成员的沟通。在必要情况下，可由组织内负责运营的高层管理者对团队成员进行任命。

表5-1 流程建设项目人员信息表

角色	姓名	所在部门	联系方式	涉及的业务领域
项目经理	×××	×××	×××	建议由流程所有者担任
业务专家1	×××	×××	×××	流程涉及的业务专家
流程专家1	×××	×××	×××	组织内流程管理专员/主管
流程绩效管理专家1	×××	×××	×××	组织内绩效管理领域专业人士
……				

5.3 流程建模

流程总体框架、流程地图及流程清单已经明确了各个流程在组织业务框架中的位置及所涵盖的业务，流程建设需要在总体框架范围内开展。通过对业务的讨论与分析，运用标准化技术及绘制工具，展现业务运行逻辑的过程，称为"流程建模"。

5.3.1 业务逻辑分析

流程建设团队收集与业务相关的资料和数据，包括但不限于相关制度、业务授权通知、业务数据表格等。作为业务研讨与分析的输入及依据，这些资料必须真实、有效，且尽量完整。团队成员需仔细研究这些资料和数据，同时直接向业务具体操作人员了解业务现状和问题，以便能够更充分、清晰地理解业务。

流程建设团队负责人组织团队成员进行业务分析，结合流程制定的要求，识别出业务流程设计需要关注的7个方面(见图5-2)：流程的客户、流程目的、业务边界、业务活动、流程角色、关键活动及流程KPI。

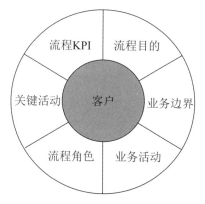

图5-2 流程设计关注的7个方面

1. 识别流程客户

在流程设计之前，我们要先思考一个问题：流程是为谁服务的？

我们知道，流程的核心价值是为客户提供增值的产品或服务，只有明确了流程服务的对象，才能深刻地理解流程的价值。因此在流程设计的过程中流程建设团队成员需换位思考，感受并理解客户的需求和期望，让客户能够通过正确、容易、快速、方便的业务流程获取到其所需的产品或服务，提高客户的满意度。

流程的客户分为两种：外部客户和内部客户。通常情况下，组织的业务运营流程服务的对象是外部客户，例如组织的市场营销流程、研发流程、生产制造流程等；而管理支持流程服务的对象是内部客户，例如组织的培训流程、预算流程等。邀请流程的客户参与流程建设过程对于流程管理工作是一种巨大的成功，尤其是外部客户的参与。

2. 设定流程目的

流程的目的与客户的需求和期望紧密相关，通常情况下，流程目的的设定以客户的需求和期望为中心。但这绝对不是全部，因为组织的存在是要产生经济利益和社会价值的，或者说，组织也有自身的诉求，还需要兼顾组织运营管理的需要及对业务风险的管控。

例如，客户总是期望能在获得高质量的产品或服务的同时，付出更低的价格，甚至是免费。除非是非营利性组织，否则客户的"贪欲"不可能被组织无限度地接受。因此，虽然不同组织中有相同的业务流程，但不同组织的客户需求及组织运营需要决定了业务流程设计的不同目的。

3. 识别业务边界

业务边界即流程所涵盖的业务范围，这需要流程所有者及流程建设团队共同分析和思考，并最终达成一致的意见。清晰的业务边界可以避免与上下游流程的边界产生冲突，或者产生管理的"真空地带"。

首先，要明确流程驱动类型及规则。流程的驱动要考虑两方面的问题：驱动类型及驱动规则。驱动类型一般分为时间驱动和事件驱动，即一旦到了某个明确的时间，流程就应该自动启动；或由某个具体的事件触发流程的启动。若是时间驱动的，需定义时间驱动的频率及具体时间点；若是事件驱动的，需要明确触发流程的具体事件。

其次，识别流程的起始活动和结束活动，即识别流程的起点和终点。识别流程的起始及结束活动时，要结合上下游流程一起考虑，避免上下游流程间出现重叠或中断的情况。通常情况下，起始活动是业务的启动或需求的提出，结束活动设定为对流程目的或需求提出的闭环处理。例如招聘流程，起始活动为招聘需求的提出，结束活动为新员工入职手续的办理完成，招聘需求实现且人员到岗表示招聘需求的闭环。

4. 识别业务活动

业务活动是为完成预定的目的而设定的，一个完整的业务过程由多个角色的多个活动组成，流程所有者与流程建设团队成员应共同识别出流程的所有业务活动。从流程客户的角度来看，业务活动可以分为两类：增值性活动及非增值性活动。增值性活动是指能够为产品或服务直接创造价值的活动，例如产品开发流程中的"详细设计"活动；非增值性活动则是指那些不直接为产品或服务创造价值，但因各种需要而必须存在的活动，例如报销流程中的"单据检查"活动。识别业务活动主要从活动的颗粒度和活动的命名两个方面进行。

1) 活动的颗粒度

实践证明，流程效率的降低大多是由于流程活动之间的传递与等待。在知识密集、技术高速发展的时代，通过对流程角色的培训并辅助以先进的工具，可以使得一个流程角色完成更多的业务活动，可以减少角色之间、活动之间的等待与延误，提升流程运行效率。

因此本指南建议，在不影响活动产出质量、活动效率、管理需要(例如对流程角色工作量的测评)等要素的前提下，流程活动颗粒度的设置应趋向于偏大。但这个原则也并非绝对，需要流程建设团队根据员工能力、工作环境、工作设备等具体情况，综合评估后才能确定。

2) 活动的命名

活动的名称是对该活动详细执行动作的简要描述，要求从活动名称就能了解该活动大致的内容。

(1) 通常流程活动的命名采用"动词+名词"结构，或者"名词+动词"结构。例如"提交请假申请""核对检测数据"；例如"需求基线化""经验教训总结"。

(2) 活动名称应尽量简洁，字数不宜过多，不要试图在活动名称中呈现该活动所需要完成工作的详细描述，而应尽量用简洁的文字概括，同时又能体现活动的大致内容。

(3) 活动间的逻辑关系。每个活动的简要描述涉及活动内容、参与角色、输入和输出、模板、活动逻辑、前置和后续活动。通过对这些内容的思考，明确活动与其执行角色的对应关系、活动之间的逻辑顺序关系、活动执行所依赖的参考信息。

① 活动内容方面。

该活动的内容是什么？为什么需要该活动？如何进行该活动？

是否有规则或标准支持该活动的执行？

完成该活动需要什么资源？

② 参与角色方面。

哪一个角色负责完成该活动？

③ 输入和输出方面。

该活动的输入是什么？如何获得这些输入？输入信息是否完整？

该活动的输出是什么？怎样确保输出的正确性？

④ 模板方面。

输入及输出的信息怎样给到相关角色？有没有标准模板？

⑤ 活动时长方面。

该活动从开始至完成需要多长时间？

⑥ 活动逻辑方面。

该活动与其他活动的逻辑关系是怎样的(串行关系、并行关系、错行关系、反馈关系等)?

活动之间的逻辑关系属于硬逻辑(在当前技术水平和管理模式下不可变更)还是软逻辑(根据组织能力和管理水平可以灵活调整)?

活动间的最佳逻辑关系是怎样的?

⑦ 前置和后续活动方面。

前置活动是什么?哪个角色负责完成?

后续活动是什么?哪个角色负责完成?

5. 识别流程角色

流程角色是指业务流程中各活动的执行者。在识别业务活动时往往需要识别相应的流程角色,并建立活动与角色的对应关系及角色应当拥有的职责与权利。

流程角色不等同于部门或个人,不要用部门名称甚至某个人的名字作为流程中的角色来使用。一个人可以承担多个流程角色,同一个流程角色也可以由多个人来承担。通常流程角色应从承担流程活动的内容上来识别和定义,特别对于适用于不同部门和个人的通用性流程,例如"离职申请人""报销申请人"。为了避免流程中各业务层面的衔接不畅,对于专业化的流程活动,流程角色应尽量细化到岗位,例如"软件工程师""销售工程师",也有可能出现虚拟团队,例如"采购专家团""薪酬管理委员会"。

6. 识别关键活动

通过流程业务活动及其对应角色的识别,业务运作过程已经清晰浮现。但为了保障流程的绩效,需要识别出影响流程绩效的关键活动(见表5-2),包括关键成功因素、关键流程控制点、问题区域,并把它们标识出来。

表5-2 流程关键活动信息表

关键活动	描述
关键成功因素KSF(Key Successful Factor)	对流程绩效有重大影响的关键增值性活动
关键控制点KCP(Key Control Point)	基于风险监控的需要进行决策的关键控制点
问题区域PA(Problem Area)	经常出现问题的活动

7. 设计流程KPI

流程KPI(Key Performance Indication)是通过对某一流程输入、输出的关键参数进行设置、取样、计算、分析,来衡量流程绩效的目标式量化管理指标。流程KPI可以作为业绩考核和评价现行流程效率与效果的指标。

流程KPI的设计应匹配行业标准,根据组织的规模、发展阶段、实际管理能力和水平、管理意愿等因素,并且按照SMART原则建立,即具体的(Specific)、可衡量的(Measurable)、可达成的(Attainable)、相关性的(Realistic)、有时间限制的(Time Bound)原则。

通常情况下,组织内流程KPI一般围绕效率和效果两个维度来进行设计:

(1) 效率。流程周期、流程单位成本、流程决策效率等。
(2) 效果。返工率、缺陷率、客户满意度等。

5.3.2 业务逻辑可视化呈现

通过业务逻辑分析，流程模型已逐渐浮现，但如果没有直观、统一的展现方式，会使得流程的阅读性较差。下面介绍几种常见的流程可视化呈现技术，通过对流程中各要素符号的含义及使用标准进行定义，建立起统一的流程图绘制方式，并用软件工具(例如Microsoft Visio)来对流程进行绘制。

1. 框图

框图是一种比较简单的体现业务过程的方法，它使用方框和箭头两种符号来描述流程，其中方框表示具体活动，箭头表示活动之间的顺序关系，如图5-3所示。

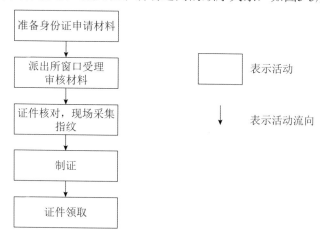

图5-3　框图流程图示例

框图是早期的一种流程表现形式，常应用于组织对外部客户介绍其业务的场景中，其最大的特点是能够简洁、明了地描述业务活动的流转状况，读者通过框图能够快速、大致了解业务流程情况。

2. 纵向流程图

纵向流程图用于描述工作活动在流程中的顺序及逻辑关系，它由一个开始点、一个结束点及若干中间环节组成，中间环节的每个分支也都要有明确的分支判断条件。与框图相比，它明确了开始和结束点，增加了判断和审核功能，并对活动的输出有了明确的标识。纵向流程图示例如图5-4所示。

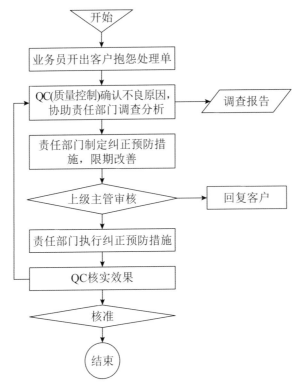

图5-4 纵向流程图示例

纵向流程图中各图标的定义如图5-5所示。

图5-5 图标的定义

3. LOVEM图

LOVEM图(Line of Visibility Enterprise Modeling)是IBM公司开发的流程绘制技术,它适用于流程角色与活动相对较少的流程。

通过LOVEM图,流程能清晰地表明:

- 满足内部客户或外部客户需求的所有活动。
- 活动之间的时间先后顺序。
- 每个活动的输入和输出以及不同活动之间的输入/输出关系。
- 执行活动的部门/角色。
- 确定使用的信息系统及界面关系。

完整的LOVEM流程图(见图5-6)包括以下几个部分:

- 客户区分线:一条水平虚线,用于区分流程客户的活动与组织的业务活动。
- 带状区:几条等高的水平线,用于区分不同角色的活动。

- 角色区：用一条垂直线把角色和活动分开。
- 自动化线：用一条水平线表示流程与IT系统的接口(人机交互在该线的上方空白处，在线操作在该线的上面，批处理在该线的下部空白处)。
- 时间周期线：用一条带箭头的水平线表示时间的进程(现状在该线的上部，目标在该线的下部)。

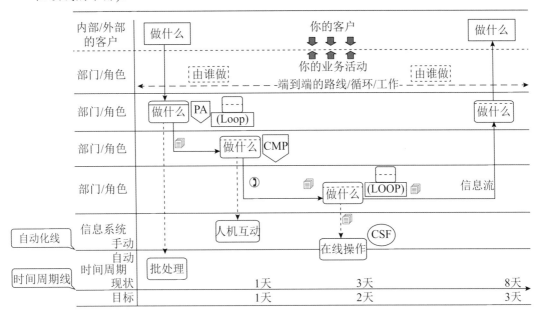

图5-6　LOVEM图示例

下面介绍LOVEM图的拟制方法。

1) 活动框

每个活动用一个活动框表示，如图5-7所示。

(1) 按照活动开展的先后顺序将该活动角色放置于对应的带状区中。

(2) 活动如果需要角色与IT系统协同开展，需要把活动与系统用虚线进行关联。

(3) 对活动开展的时长在时间周期线上进行标注。

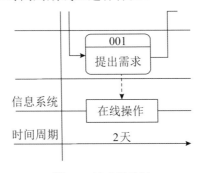

图5-7　活动框示例

2) 活动编号

每个活动都需要设置编号，活动编号示例如图5-8所示。

(1) 根据流程活动数量的多少采用不同的位数，通常使用三位数为活动编号，例如"002"。

(2) 编号顺序从"001"开始，按照活动开展的先后顺序，自左至右，自上而下为活动编号。

(3) 不同的角色共同完成同一活动时，活动框垂直排列，并用相同的活动编号表示；不同的活动在同一时间完成时，活动框垂直排列，并用不同的活动编号表示。

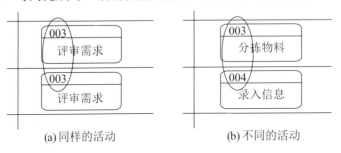

图5-8　活动编号示例

3) 活动连接线

用带箭头的线来表示信息流，用名词来描述在上下游活动中传递的信息(例如申请表、报销单)，并与活动框配合使用，如图5-9所示。

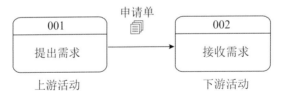

图5-9　活动连接线示例

4) 循环与连接

所有的循环与连接均成对出现，如图5-10所示。

(1) 用一对Loop(循环)连接来表示一个活动返回到前置活动的循环，并用与循环的活动相同的编号来标识Loop连接。

(2) 当在一页图中不能完成流程图的绘制时，使用页与页的连接加以说明。

图5-10　循环与连接示例

5) 分支

一个活动的完成导致多个后续活动发生，用"和"的关系表示；一个活动的完成可能导致多个后续活动的其中之一发生(也可能不止一个)，用"或"的关系表示，并把后续活动发生的条件标注于活动连接线上，如图5-11所示。

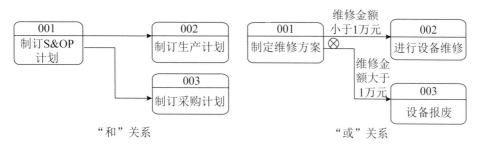

图5-11 分支示例[①]

6) 其他符号

其他符号如图5-12所示。

(1) 关键测评点：需要重点监控、测评，以确保流程满足目标的关键环节。

(2) 问题区域：流程运行中的问题多发区域。

(3) 关键成功因素：使流程顺利运行的关键环节。

图5-12 其他符号

4. DesignFlow图

DesignFlow图是一种用图示法勾画出人们如何工作及交互作用的情形的方法，适用于角色和活动较多的大型流程图的绘制。它通过定义流程中的活动、角色、时间及过程间的相互关系，为按照结构化模式进行流程设计提供了一个原则性的框架。DesignFlow图示例如图5-13所示。

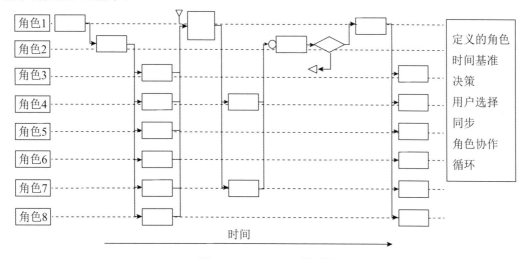

图5-13 DesignFlow图示例

DesignFlow图采用一定的构件及规则来表示流程。这些构件主要包括角色、活动、

---

① S&OP，销售与运作计划。

模板、活动连接线、连接符、选择框、协作、多线程、决策分支、返工/重启、多事例组、等待开始/结束、信号中断/连接、控制点、外部流程、结束等。简要介绍如下。

1) 角色

(1) 这里的"角色"指一类活动的承担者，他们通过完成一系列相关活动来达到确定的目标，如产品开发流程中的"硬件设计工程师"。角色不是个人的名字，不是职位，而强调对职责的描述。一个人可以担任多个角色，同一个角色也可以由多个人来承担。角色确定的原则之一是如果没有这个角色流程就不能执行。

(2) DesignFlow图中通常将客户角色安排在流程图最上方，以体现流程的端到端特性；流程的主要角色安排在中间部位；管理类角色安排在客户与主要角色之间；操作类角色安排在主要角色下面，如图5-14所示。

图5-14 角色[①]

2) 活动

活动指被单一角色在某一时间内完成的任务或任务集，如"系统总体方案设计"。活动在角色所在的水平线上标出，由活动连接线连接，如图5-15所示。

图5-15 活动

3) 模板

模板指执行流程活动时遵循的规范和活动执行后输出的标准格式，如图5-16所示。

图5-16 模板

4) 活动连接线

活动连接线用带箭头的线来表示活动之间的逻辑关系，如图5-17所示。

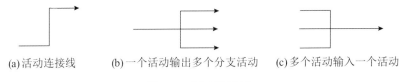

图5-17 活动连接线

5) 连接符

为了避免在同页或不同页的活动之间用长线进行连接，造成浏览和理解的不便，因而采用连接符。连接符成对出现，包括转出符和接入符，如图5-18所示。

---

① Role-01表示一个角色的第一个活动。

图5-18　连接符

6) 选择框

选择框用来表示三个或以上需要决策的情况，且每个选项都不会返回，都将按各自的流程走下去，如图5-19所示。如预研流程在项目立项评审之后，可以有停止预研、重新调研、重写报告、进行预研等多种不同的选择分支，每一分支将对应不同的后续活动或流程。

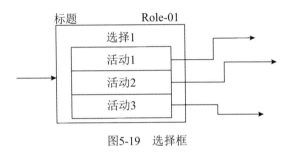

图5-19　选择框

7) 协作

协作指需要几个角色共同完成一个活动，如图5-20所示。

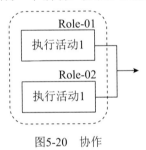

图5-20　协作

8) 多线程

多线程表示在流程中有多个活动同时发生，相当于对多任务的分解，如图5-21所示。每个活动项可以由多个活动组成，活动项之间不分先后顺序，所有的活动执行完毕后，又回到多线程的主活动，结束线表示只有所有的子活动完成后，流程才能继续向下进行。

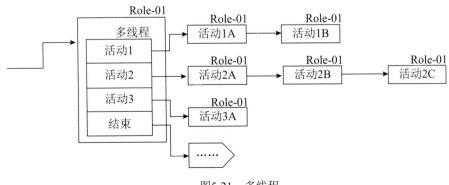

图5-21　多线程

9) 决策分支

决策分支根据当前决策活动的不同结果(Yes/No)决定下一个需要执行的活动(两个分支)，如图5-22所示。

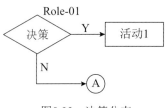

图5-22　决策分支

10) 返工/重启

当满足或不满足一定的条件时，要求返工/重启前序活动。返工/重启的图标成对出现，如图5-23所示。

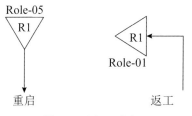

图5-23　返工/重启

11) 多事例组

多事例组用于表示由一个事例衍生出多个事例的情形，如图5-24所示。

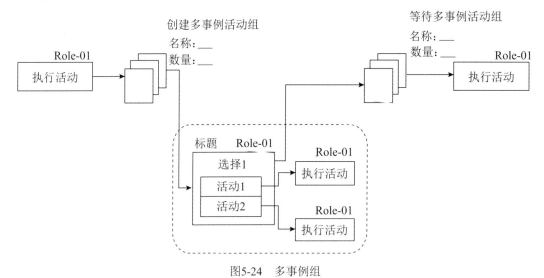

图5-24　多事例组

12) 等待开始/结束

等待开始，即活动需要等前置所有活动完成后才能开始，并用数字来标注需要等待完成的活动数；

等待结束,即活动需要等待其他活动完成后才能结束,用数字标注需要等待活动的数量。等待开始/结束示例如图5-25所示。

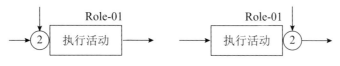

图5-25　等待开始/结束

13) 信号中断/连接

信号中断/连接符成对出现,如图5-26所示。

图5-26　信号中断/连接

14) 控制点

在流程中设置控制点以保证质量,用于对过程进行测量和控制,如图5-27所示。

图5-27　控制点

15) 外部流程

外部流程用于标出在另外一个流程中的工作切入点,如图5-28所示。

图5-28　外部流程

16) 结束

结束用于表示流程的结束,如图5-29所示。

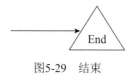

图5-29　结束

5. BLOVM图

BLOVM图(Business Logic of Visibility Modeling)是业务逻辑可视化建模,它是一种关注于各角色间业务运作逻辑关系的可视化的模型(见图5-30)。BLOVM图能够清晰地描述业务的运作过程、角色及活动的匹配、信息及数据的流转等。

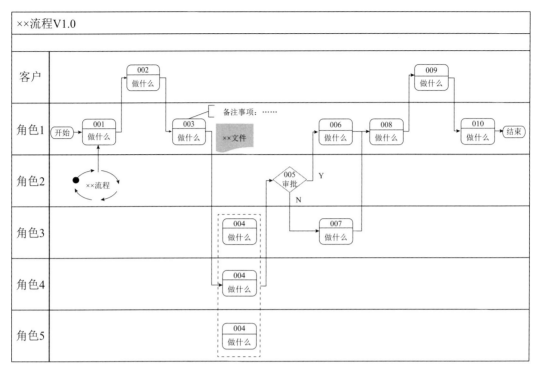

图5-30　BLOVM流程图

BLOVM图由一系列组件按照一定的规则来表达完整的业务逻辑。

1) 泳道

泳道指不同角色的活动区域，流程中每个参与角色都有相应的横向"泳道"，在泳道中，角色按照由左至右的顺序依次完成流程活动，如图5-31所示。

图5-31　泳道

2) 角色栏

角色栏置于泳道的左侧，通常情况下，按照角色在流程中出现的顺序逐次放置，如图5-32所示。角色栏包含组织内部角色，也包括客户。客户角色通常放置在第一条泳道，这样可以让组织更加关注客户需求，强化流程为客户服务的目的。

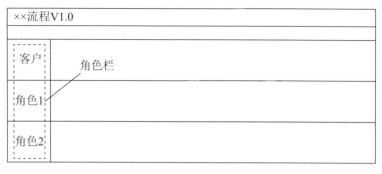

图5-32　角色栏

3) 流程阶段分割线

对于业务复杂、活动较多的流程，通常会对流程划分阶段。阶段的设置可强化对业务风险的控制，同时提高流程的可阅读性。阶段分割线使用纵向虚线来表示，如图5-33所示。

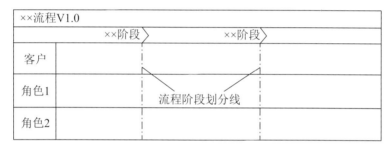

图5-33　流程阶段分割线

4) 活动框

流程中角色在自己的"泳道"内，按照设置的活动开展业务。活动一般分为两类：一类是业务类活动；另一类是决策类活动。两类活动的活动框如图5-34所示。

图5-34　活动框

每个活动都需要设置编号，以明确活动间相对的逻辑先后顺序，并与活动连接线配合使用，如图5-35所示。

(1) 组织中不同的业务复杂度不尽相同，因此流程的活动数量也各不相同。通常情况下，三位数的流程活动编号(最多可表述999个活动)可满足绝大多数业务流程需求。例如001、026、265等。

(2) 依据活动开展的先后顺序，由小到大依次对活动进行编号。有时为方便流程进行后续的优化(例如增加流程活动)，活动编号设置可考虑扩展性，例如活动编号之间间隔5个数字，005、010、015、020。这样的设置可以在流程增加活动的时候，不用改变流程原有活动的编号，减少因活动编号的变化而带来的各种不便。

(3) 流程中同一项活动由多个角色共同参与的，此时对不同角色的活动应赋予相同的编号。例如"召开产品立项评审会议"活动，活动由"项目管理工程师""市场工程师""测试工程师""开发工程师"及"产品评审委员会"等多个角色共同完成，每个角色从各自专业领域分析和评估产品是否可立项，共同完成评审活动。

图5-35 活动编号示例

5) 活动连接线

连接线表述了两个活动之间的顺序关系，使用一端带箭头的直线或折线来表示，如图5-36所示。活动连接线要与活动框配合使用。

图5-36 活动连接线

需要注意的是，为了提高流程图的可阅读性，多个连接线之间尽量不要交叉，若实在无法避免，可使用如图5-37所示正确画法呈现。

图5-37 活动连接线交叉呈现方式

(1) 通常情况下，连接线在活动的放置位置遵循"左进右出"原则，即前置活动输出的连接线从本活动的左端输入，再从本活动右端输出活动连接线到后置活动，如图5-38所示。

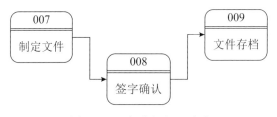

图5-38 "左进右出"原则

(2) 与决策类活动配套使用的方式。由于决策活动一般以"是"或"否"、"同意"或"不同意"等方式体现决策的结果，会产生两种或两种以上的分支，因此可以在连接线上直接用文字标示出决策意见，如图5-39所示。

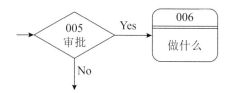

图5-39　用文字标示出决策意见示例

(3) 流向分支。根据活动的条件需要分为多个流向的路径，则可使用流向分支来表示，如图5-40所示。

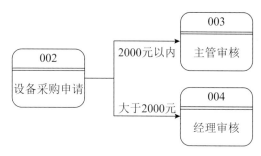

图5-40　流向分支示例

6) 流程起始符与结束符

每个流程有且只有一个起始符和一个结束符，在流程图中只是作为流程起始和结束的标志，以框定流程的范围，如图5-41所示。起始符后连接流程的第一个活动，流程的最后一个活动连接结束符。

图5-41　流程起始符与结束符

7) 文件符号

业务流程的运转过程一定会承载着信息和数据，这些信息和数据就是文件。文件是流程图中非常关键、不可缺失的部分，是强化流程执行力的关键手段之一。流程图中用文件符号表示活动执行的相关文件，如图5-42所示。

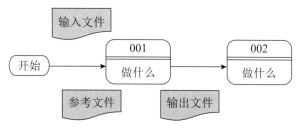

图5-42　文件符号

文件符号需要与活动框符号配套使用，可以在活动框符号四周放置，不同的放置方位表达不同的含义，具体含义如下。

(1) 左上：活动的输入，即执行活动所需要输入的信息。通常情况下，上一个活动的输出即为下一个活动的输入。

(2) 左下：参考文件，即执行该活动所需要依赖和参考的文件信息。例如税务申报及缴纳流程中的"网上申报"活动，为了使用户能顺利完成在网上的申报工作，税务部门制作了"网上申报操作指导书"来指导用户准确、高效地完成申报工作。

(3) 右下：活动的输出，即活动执行完成后的产出文件，通常作为下一个活动的输入。需要注意的是，不是所有的活动输出都要以文件的形式体现出来。

8) 关联流程

业务流转过程中，可能会涉及其他流程(例如子流程、使能流程)，为明晰业务运作过程与其关联流程的关系，在BLOVM图中使用关联流程符号来表示，如图5-43所示。

图5-43 关联流程符号

9) 业务关联

流程运行中因某项任务的开展需要引用其他流程，即产生"业务关联"。例如"出差管理流程"中涉及费用报销事宜，可用图5-44来表示对"费用报销流程"的引用。

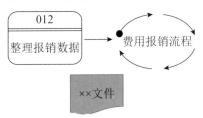

图5-44 业务关联示例

10) 子过程(流程)

流程中某项任务或活动相对较为复杂，可以针对这些复杂的任务或活动单独规划流程(子流程)，用关联流程符号表示该任务或活动由子流程进行支撑，如图5-45所示。

图5-45 子过程(流程)示例

11) 注释框

流程图绘制时，某些流程活动需要额外加以注释说明，这时就需要用注释框表示，以便读者能够更直观地了解活动表达的含义，如图5-46所示。

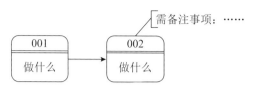

图5-46 注释框

流程图呈现方式有多种,它们之间没有优劣之分,本指南仅对流程管理中常用的5种流程图呈现方式进行了介绍。为方便组织选择适合自身的流程图呈现方式,表5-3对这5种流程图的呈现方式进行简单的比较。

表5-3 5种流程呈现技术比较

比较要素	流程图呈现方式				
	框图	纵向流程图	LOVEM图	DesignFlow图	BLOVM图
构图组件的多少	少	少	多	多	适中
业务流表达顺序	由上至下	由上至下	从左到右	从左到右	从左到右
包含的流程要素	活动、逻辑	角色、活动、逻辑	角色、活动、逻辑、输入、输出	角色、活动、逻辑、输入、输出	角色、活动、逻辑、输入、输出
易于理解程度	一维,易理解	一维,易理解	二维,易理解	二维,易理解	二维,易理解
绘制工具(常用)	Office	Office	Office/Visio	Visio	Office/Visio
适用的业务场景	简单业务	相对简单业务	复杂程度适中业务	复杂业务	复杂程度适中业务

5.4 流程文件编制

通过流程建模,流程所反映的业务逻辑已经清晰地被呈现,但由于流程图承载的信息有限,还不能对流程各角色执行流程活动进行详细的指导,流程中各活动的输出标准也未明确。本环节由流程所有者协调流程建设团队及组织内相关资源,通过对流程包含的各项内容进行描述,形成完整的、可指导业务具体操作的流程文件。

完整的流程文件应该包含流程图、流程说明、模板/操作指导书等。

5.4.1 流程图

流程图即通过流程建模呈现的可视化的业务逻辑图(见本指南5.3.2)。

在流程建模过程中,流程各方面的信息已经明确,为了让所有读者对流程都能有清晰、全面的认知,统一流程图呈现方式非常有必要。需要强调的是,组织可以根据自身情况选择确定适合的流程图呈现技术,不同组织的流程图呈现方式可能不同(例如有的组织使用BLOVM图，有的组织使用DesignFlow图），但对于同一个组织来说，它的所有业务流程图的呈现方式应尽可能保持一致。

5.4.2 流程说明

流程说明是对流程图的进一步细化和说明。为明确流程图与流程说明的逻辑关系，通常又将流程图作为其中的一部分纳入流程说明。一份完整的流程说明文件应包含的信息有流程制定的目的、相关术语/定义、适用范围、流程KPI、角色职责、输入、输出、上下游流程、流程图、流程活动说明、涉及模板等。

1. 流程制定的目的

描述制定流程的目的和初衷，建议组织采取统一的描述方式，例如："为了规范××工作/事项，缩短××工作周期，防范××风险，提升××能力或水平，特制定××流程。"

2. 相关术语/定义

对在流程中出现的相关术语或名词进行解释，使所有流程的阅读者都能对流程中的术语或名词有准确的理解。

3. 适用范围

每个流程都有其适用的范围，这里的"范围"包含两个维度：一是组织范围；二是业务范围，如图5-47所示。

组织范围是指该流程适用于哪个组织，例如政府某个部门、某个企业、某个非营利组织等，还可仅适用于组织内部的某个细分组织，例如企业的某个事业部、某个区域市场等。业务范围是指该流程反映了哪项业务工作。

图5-47 适用范围

4. 流程KPI

流程KPI在本章"5.3.1业务逻辑分析"中第7点已作说明。在流程说明文件中，KPI的描述应包括指标名称、指标定义、计算公式、统计周期、数据来源等信息。

5. 角色职责

流程说明文件应分别对各角色在流程中承担的职责进行描述，以便各角色理解其在该流程中的责任及需要具备的专业技能。需要强调的是，流程角色的职责仅仅是指该角色在本流程中的职责，不应理解为角色在组织中所有工作的职责。

6. 输入

输入指流程的输入，即触发流程启动的条件，在"5.3.1业务逻辑分析"第3点的"驱动类型及规则"中已作说明已经明确。

7. 输出

输出指流程的输出，即流程执行完成后的结果，通常情况下流程的输出有产品、服务、成果、信息等。

8. 上下游流程

某个流程的前端流程即为上游流程，后端流程即为下游流程。通过明确流程的上下游，可以重新审视业务的范围及相关业务流程的衔接关系。

需要说明的是，上下游流程在流程规划中已经明确识别，但在具体流程建设过程中如有变化，则需要同步更新流程框架及流程清单。

9. 流程图

流程图是流程建模的可视化输出，它通过对业务逻辑进行分析，采用标准化的绘制技术完成。流程图最能清晰地表达业务逻辑、参与角色等信息，详见本章"5.3.2业务逻辑可视化呈现"。

10. 流程活动说明

流程图展现的是流程角色、业务逻辑关系、活动大致内容等信息，但这对于某个角色开展所对应活动的指导作用还不够，还缺少各个活动的详细操作说明。流程活动说明就是对流程中每个活动执行过程的详细描述，是对流程图中活动描述的扩展。它按活动序号排序，记录完整的活动执行过程中所需的相关信息，包括"活动编号""活动名称""角色""输入""活动内容""输出"及"模板/标准/工具"等内容(见表5-4)。流程活动说明是流程说明文件中非常重要的内容。

表5-4 流程活动说明模板

活动编号	活动名称	角色	输入	活动内容	输出	模板/标准/工具
001	流程活动的名称	执行活动的角色	完成活动需要的输入	活动执行的具体描述，包括活动有哪些任务、需要哪些步骤等	活动执行后的输出	执行活动需要的模板/标准/工具
002						
003						
……						

这里的"输入"指的是该活动的输入，通常是指上一个活动完成后输出的信息，作为本活动执行所依赖的输入信息，这与"流程的输入"是不同的。

"活动内容"是活动执行的详细操作描述，活动的描述应以更好地指导活动的开展为出发点。活动内容的编写需遵循5W1H原则，即流程活动说明中要包含Who(谁)、When(什么时候)、Where(在哪儿)、What(做什么)、Why(为什么要做)、How(怎么做)。

11. 涉及模板及操作指导书

将本流程涉及的模板、操作指导书(见本章5.4.3)等在流程说明中列出，明确模板、操作指导书的名称及对应编号，作为本流程的下层支撑文件。

5.4.3 模板/操作指导书

通常情况下,流程执行者在参照流程图、流程说明后,能对流程活动如何开展有较清晰的认识。但有些复杂的流程活动或对流程活动的输出有明确的要求时,还需要对执行流程活动进行更加详尽的指导,这就需要制定流程活动的模板或操作指导书。模板/指导书承载了流程相应的信息和数据,它们的作用通常有两个:一是规范流程活动的输出;二是指导流程活动的具体操作。

需要说明的是,流程中模板和操作指导书并不是必需的,某个流程中,可能没有模板或者操作指导书,可能有1份模板或者操作指导书,也可能有多份模板或者操作指导书。需要为流程的哪些活动制定模板/操作指导书应视流程活动的执行者或组织的需求而定。模板/操作指导书的文件类型及格式可根据组织自身习惯选择。表5-5是一份模板的示例。

表5-5 模板示例:转产评审检查表

评审要素	检查结果			评审操作指导	类别	备注
1.1 产品制造工艺流程(含ERP中的工艺路线)经过验证是否满足批量生产的要求?	□是	□否	□免	产品制造工艺流程/工艺路线指从原材料上线开始一直到包装结束(可交付给客户的最终产品)的全过程,包括PCBA(印刷电路板装配)、模块/部件装配与测试、整机装配与测试、产品包装等环节。具体查检内容与要求参见"制造系统验证对照检查表"	A	关联:Sub TR:制造系统验证报告
1.2 生产装配工艺经过验证是否满足批量生产的要求?	□是	□否	□免	生产装配包括PCBA装配、模块/部件装配、整机装配、成品包装。具体查检内容与要求参见"制造系统验证对照检查表"	A	关联:Sub TR:制造系统验证报告
1.3 生产测试与维修工艺经过验证是否满足批量生产的要求?	□是	□否	□免	生产测试与维修包括PCBA工艺测试与维修(AOI/5DX/ICT等)、PCBA功能测试与维修(FT/老化)、模块/部件功能测试与维修(FT/老化)、模块/部件及整机性能测试与维修(ST)、逆向维修。具体查检内容与要求参见"制造系统验证对照检查表"	A	关联:Sub TR:制造系统验证报告
1.4 生产检验操作经过验证是否满足批量生产的要求?	□是	□否	□免	生产检验包括来料检验、过程检验、最终产品检验、逆向维修的检验。具体查检内容与要求参见"制造系统验证与对照检查表"	A	关联:Sub TR:制造系统验证报告
1.5 新工艺/特殊工艺经过验证是否满足批量生产的要求?	□是	□否	□免	产品中是否存在新工艺/特殊工艺,在制造策略/制造计划中应有明确描述。具体查检内容与要求参见"制造系统验证对照检查表"	A	关联:Sub TR:制造系统验证报告

5.5 流程评审

流程评审是流程建设过程中"不增值"的活动，但它是保证流程建设质量的重要手段，所以是流程建设过程中不可缺少的环节。在流程建模及流程文件编制过程中，流程所有者可根据需要组织开展评审工作，参与人员包括流程建设团队成员、相关业务专家、流程管理专家、与流程相关的人士等。通常情况下，至少应在流程建模完成后以及流程文件编制完成后各开展一次评审工作。

通过流程评审可以达到以下两个目的：一是对流程本身质量进行控制，并确保其在流程总体框架中的位置正确合理；二是使参与评审成员理解、认可流程，并对流程的推行积极支持，给予配合。

流程评审通常采取会议评审的方式，一般包括以下三个步骤。

第一步，流程建设团队对流程进行介绍(常由主要的流程拟制者来主讲)，介绍内容包括流程图、流程说明文件以及相关的模板、操作指导书等。

第二步，参与流程评审的专家理解分析流程，提出相关的问题和建议。

第三步，流程建设团队对评审专家的问题进行解答，并与评审专家就流程的修正意见达成一致。

流程评审过程中，评审专家应从以下几个方面进行考虑。

第一，业务逻辑表达是否清晰、准确？

第二，流程所描述的业务活动是否符合实际情况，是否具备可执行性？

第三，与其他业务流程是否重叠、交叉、矛盾(包括上下游流程)？

第四，流程文件的描述是否专业，且足够详细，能否指导具体的流程活动开展？

第五，流程相关文件是否符合组织要求的格式？

评审过程中，对于暂时无法达成一致的意见，流程所有者应从业务需要及组织风险的角度出发，进行平衡取舍。争议较大的，由组织的流程管理部门负责人给出意见，直至由组织负责运营的最高管理者进行决策。评审会后，流程建设团队应及时对各评审专家的建议进行修改和完善，并与评审专家进行确认。

5.6 流程发布

流程发布是流程建设的最后一个环节，发布后即代表流程正式生效。流程所有者评估满足发布条件后，即可向流程管理部门提出发布申请，并由流程管理部门组织发布的相关工作。

5.6.1 发布准备

1. 提交发布申请

流程建设团队向流程管理部门提交发布申请,由流程管理专员检查拟发布流程文件的完整性、合规性,确保满足流程发布的规范性要求。

2. 分配流程文件编号

流程管理专员为拟发布流程(包括流程图、流程说明文件、模板及操作指导书等)分配编号。为了便于流程的管理和维护,所有的流程相关文件都需要被赋予相应的编号,且编号具有唯一性。

(1) 建议的流程编号规则如图5-48所示。

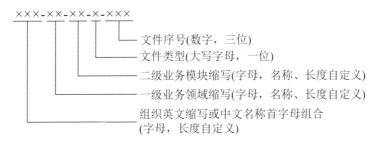

图5-48 流程编号规则

(2) 流程文件类型简称对照表如表5-6所示。

表5-6 流程文件类型简称对照表

文件类型	对照英文	对照缩写
流程	Process	P
模板	Template	T
手册	Handbook	H
操作指导	Guidebook	G
标准/规范	Standard	S
管理办法	Methods	M

3. 赋予流程版本号

因为流程持续优化的属性,随着业务的发展变化,流程也将随之变化。为避免产生混乱,清晰区分在用流程与失效流程,需要对流程进行版本控制。

(1) 流程版本采取"V1.0"作为起始版本,"V"代表版本(Version),数字"1.0"代表流程的版本号。

(2) 当新流程相对于原有流程的变化较大时,流程版本号增加版本号中前面的数字,例如"1.0"变为"2.0";当新流程相对于原有流程的变化较小时,流程版本号增加版本号中后面的数字,例如"1.0"变为"1.1"。

5.6.2 文件审核、审批

尽管有"流程评审"环节来保证流程的质量,但当一个流程拟制完成,准备发布之前,还需要由流程相关部门进行审核确认,因为流程设计质量的好坏并不是流程能否顺利运行的全部决定因素。一个流程不仅仅需要业务主体部门的认可,更重要的是需要得到其他部门的配合,因此流程管理主管需要根据流程涉及的业务领域来明确需要会签的人员(通常是其他业务或者部门的负责人),由其代表专业人士发表意见。要求相关业务领域负责人会签的目的,一方面是获得相关部门对业务流程的认可,另一方面是使相关部门对配合业务流程的运行做出承诺。

流程的审核及审批分为三个层级,需要逐层审核及审批通过后,流程才能够正式生效。

第一个层级,本流程的负责人(流程所有者)审核。流程所有者关注业务逻辑的准确性以及运营管理的要求,需要对流程的成败负有终极责任。

第二个层级,业务的相关流程所有者及流程管理专员并行审核、会签。他们关注业务流程设计的合理性,各角色职责是否清晰,需要本业务领域角色执行的活动是否客观、正确。

第三个层级,流程管理主管审批。流程管理主管关注该流程在组织整体流程架构中的位置以及与其他流程的衔接关系。

审批通过后,流程正式生效。

需要注意的是,若审核及审批过程中存在争议,流程所有者需与问题提出人员进行充分的沟通,如无法达成一致,可由流程管理主管综合评判并给出意见,甚至由组织分管运营的最高管理者进行决策。

5.6.3 流程存档并发布

流程审批完成后,由组织的流程管理部门对流程存档并正式公告流程发布通知。流程管理进入推行过程。

1. 流程文件库及权限

所有已发布的流程都应存放至流程文件库中(建议组织采取信息化手段建设流程文件库,确保组织内所有员工都可以快速找到自己所需要的流程)。流程文件库按照流程总体架构来建立,原则上向组织内所有人员开放阅读权限,提倡跨业务领域的了解与学习;若某些流程因管理、保密需要,可根据实际情况设置读者权限。

2. 流程发布通知

根据流程的适用范围来明确发布的范围(组织、区域、部门或更小的单元),拟制发布通知(包含发布范围、流程生效时间及流程文件存放路径等),通过公告、邮件或其他方式告知相关人员,流程正式发布生效。

第6章 流程推行过程组

流程文件的发布标志着流程建设过程已经完成,流程管理进入推行过程。

流程推行是指运用一定的步骤、方法、技术,完成新流程的上线或新旧流程的切换,确保新流程能够在组织内顺利运行的过程。

组织内的人员按照新的流程来开展业务,通常需要一定的适应过程。流程在推行过程中常遇到以下方面的困难和阻力:

(1) 流程角色已然接受旧的业务模式,熟悉旧的模板和工具,不愿意执行新流程;
(2) 新流程的执行、新模板和工具的使用初期降低了部分工作效率,甚至增加了差错率;
(3) 新流程由于设计缺陷,导致不适应业务实际情况,不能很好地支撑业务;
(4) 流程角色无法获知新流程带来的成果,因而不愿意接受新鲜事物;
(5) 新流程虽然解决了原有业务痛点,但又引起了新的问题。

解决流程推行中的这些问题,确保流程在组织中能顺利运行,是推行过程的主要任务。

流程推行要遵循什么步骤,使用什么方法,借助哪些手段和工具,是流程开发人员需要考虑的事情,也是本章将要说明的内容。

💡 6.1 关于流程推行

1. 流程推行责任

依据在流程管理工作中承担的职责不同,组织中各部门可分为两类:一是流程管理部门;二是流程所有者(Owner)所在的业务部门。与流程建设阶段保持一致,流程推行仍由流程所有者负责,责任主体仍归属流程所有者所在的业务部门。流程管理部门统筹、协调、支持业务部门进行流程推行。

作为某业务领域负责人,流程所有者需对业务流程的成功负责,完成流程推行过程中的主要工作。流程管理部门则对流程推行工作进行统一的指导和管理,对业务部门的流程推行进行方法论指导,支持业务流程所有者开展流程推行工作,对组织整体的流程意识进行培训,为组织的流程推行创造合适的环境。

2. 推行需求评估

推行是流程管理5个过程组之一,但并不是所有的新建流程和优化后流程都需要推行,即使推行,推行力度也不尽相同。因此在流程建设后期,应对流程推行必要性进行评估。通常由流程所有者会同流程建设团队评估、判断新流程是否需要推行,并确定流程推行的负责人。

通常情况下,新流程层级越高,优化后流程变化程度越大,需要进行流程推行的必要性就越大。流程推行需求评估一般遵循以下原则。

(1) 所有新建流程都需要进行流程推行;
(2) Level 1、2级流程因影响范围比较大,所以优化后仍需进行推行;

(3) 优化后的Level 3及以下级别流程是否需要推行，则需要评估流程变动的大小和流程执行者对新流程变化的接受程度。

3. 流程推行步骤

尽管因组织或业务流程不同，流程推行的时间、范围、复杂程度也不尽相同，但流程推行的目的都是一致的。通常情况下的流程推行包括组建推行团队、制订推行计划、实施流程推行(包括宣传、培训、演练、试运行等方式)、评估推行效果、完善流程等步骤(见图6-1)。

在流程推行的同时，为保证流程推行的效果，组织要制定相应的流程推行管理制度，还要考虑实现流程的IT化建设。

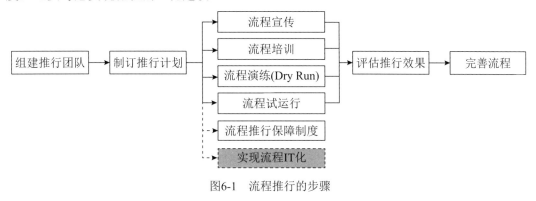

图6-1 流程推行的步骤

6.2 组建流程推行团队

推行团队的负责人可以由流程所有者本人担任，也可以由参与流程建设的主要团队成员担任，还可以从组织内部选取其他人员担任。如果选取未参与流程建设的人员担任推行负责人，则需其提早接触项目，了解相关背景和流程内容，为后续的流程推行做好准备。

流程推行时，首先需要深入了解组织的情况，包括业务情况、人员情况、组织架构和部门职责、组织文化氛围等，然后才能甄选出适合的团队成员，选择恰当的推广方法，以达到良好的推行效果。应尽量避免由外部咨询顾问担任流程推行的负责人。

流程推行负责人根据流程等级、重要程度、新流程接受程度等，选择适合的人员(含业务人员、管理人员)组建推行团队。

6.3 制订推行计划

推行团队负责人依据新流程特性制订推行计划，并重点关注以下4个要素。

1. 推行范围

流程推行的范围包括组织范围和业务范围。推行范围的制定除考虑流程运行周期和业务复杂程度外，同时要考虑组织对新流程出现问题的风险承受度。流程推行期内，直接将推行范围全部覆盖，或有计划地逐步覆盖，最终实现流程推行期内的业务和组织的全覆盖。

2. 推行时间

考虑流程运行周期，并结合流程推行目标，制定明确的流程推行起止时间。在流程推行开始前，应以正式的方式将流程推行时间告知流程推行涉及的部门或人员。

3. 推行方法

根据流程等级和要达到的效果选择恰当的推行方法。

4. 推行效果

明确流程推行效果，并针对所要达到的效果，制定必要的验收标准。

流程推行计划4个要素互相制约、互相影响，在制订流程推行计划时，需协调考虑。

6.4 实施流程推行

实施流程推行是按照流程推行计划，依据推行方法，整合组织内外部资源，实施并监控推行效果的过程。实施流程推行对应流程推行项目的执行、控制和收尾过程，本节不过多累述项目管理的方法，重点介绍流程的推行方法。

6.4.1 流程宣传

宣传是流程推行过程中一个重要的方法，目的是让组织相关人员对新流程有清晰的认识，包括流程发布的时间、范围、关键步骤和活动，新流程与原有流程的主要差异，会给他们工作上带来哪些变化，可能对他们带来哪些影响，从而减少新流程推行所带来的冲击和困难。

为使流程宣传达到上述目的，流程宣传应关注对象、内容、方式三个要素。

1. 宣传对象

流程所涉及和影响的团队或个人，就是流程宣传的对象。团队包括组织内的部门、项目组及各类的虚拟运行团队，甚至包括组织外的各类相关团队或组织。

通常来讲，面向组织全员的流程是需要做大范围流程宣传工作的。例如涉及组织全员的费用报销、考勤管理方面的流程；需要在组织内部形成理解并支持新业务模式的、以客户为中心的产品开发流程。流程的宣传将会为后续流程推行工作创造良好的环境。

对于涉及人员较少或面向专业业务人员的流程，大范围的宣传就没有必要，此时可以有针对性地选择定向流程宣传活动，或者使用本章6.6.2中提到的流程培训来代替和深化流程宣传工作。

2. 宣传内容

流程宣传重点关注的是新流程的理念、模式以及与原有流程的差异，内容上要求简洁明了，能够引起受众对象的兴趣和重视。所以，流程宣传要抓住新流程的变化点，关注受众对象所关心的一些内容(例如新流程为流程角色带来的便利，促进产品质量提高、成本降低等)。

3. 宣传方式

流程宣传的方式有多种，常用的有张贴宣传海报、定制宣传邮件、组织宣讲会议等方式。张贴海报往往是面向组织全员的，而定向的邮件、宣讲会议适合流程推行范围相对较小时采用，流程宣传方式比较如表6-1所示。除这些方式，还可以利用组织公共资源(例如内部刊物、组织的微信公众号、组织的自动化办公系统宣传栏等)开展不同的宣传活动，以达到流程宣传的目的，这里不展开论述。

表6-1 流程宣传方式比较

适用场景	宣传方式		
	海报	邮件	宣讲会议
宣传范围	范围大，面向组织全员	中	范围小，面向特定人员
宣传内容	简单	稍详细	最详细
组织人员分布	集中办公	集中和分散办公兼有	集中和分散办公兼有
流程难易程度	简单	适中	较难

6.4.2 流程培训

流程培训和流程宣传一样，都是流程推行初期重要的手段和方式，流程培训可理解为更深层次的流程宣传。同样，流程培训也需关注培训对象、内容和方式。

1. 培训对象

培训对象主要包括流程角色以及与流程相关的人员(例如流程的上下游业务人员)，培训对象的范围相比流程宣传的范围可以更小一些，但内容以及深度上的要求会更高。

2. 培训内容

流程培训内容以流程业务、流程活动、流程关系人职责和技能等方面的知识为主。通过流程培训，流程角色能够了解新流程的运行原理，明确新流程需要注意的关键点以及在相应活动中需要掌握的知识和技能。

3. 培训方式

组织应根据实际情况灵活选择培训方式，包括线上、线下、录播、多媒体技术等。与流程宣传一样，流程培训通常由流程所有者和流程责任部门来承担。但在某些情况下，例如把原有业务流程优化后移植到新的IT系统中，也可以由负责IT应用推广的部门来负责培训。

为保证流程培训效果,可以针对业务流程中较为复杂的事项/活动编制操作指导书、操作手册等指导性资料,这可以帮助流程角色更好地掌握流程活动的要点。

6.4.3 流程演练

有些业务流程相对复杂,按照流程完成一次业务需要较长时间。例如大型商业飞机的研制流程,通常需要几年,甚至十几年,如果按照实际业务来进行流程的试运行,在时间及付出的成本上可能并不合适。

流程演练(Dry Run)是模拟业务情景,在短时间内使得流程走完一个虚拟的业务过程的流程推行方法。它既可以在较短的时间内完成业务的全过程,又可以让流程演练的参与者体验到业务全过程。与流程试运行相比,流程演练是一种比较经济的流程推行方式。

流程演练需要注意以下事项。

(1) 流程演练重在演练,业务情景的设计应为流程演练服务;

(2) 尽管流程演练是模拟业务情景,但也应考虑周全,尽可能贴近真实业务;

(3) 流程演练需设置对流程非常熟悉的"教练",在"教练"的带领下开展演练活动;

(4) 参与演练的人员作为流程角色参与其中,按照流程要求完成设计的业务过程;

(5) 教练应及时对演练过程中的问题进行总结,并提出问题解决建议。

6.4.4 流程试运行

流程试运行是流程推行阶段常采用的方法,通过在小范围(组织范围或业务范围)内试用来对新流程进行验证。因为流程试运行是在真实业务上的流程实践,所以其推行过程中所遇到的问题对以后流程的全面运行极具价值。

采用小范围流程试运行的方式,可以减小因新流程的不成熟可能给组织和业务带来的冲击,也能使试运行人员逐步理解并认可新流程带来的业务模式或工作方法的变化,同时可以及时了解试运行人员对新流程的意见和反馈,为流程的优化和完善提供输入。

因为流程的试运行比前面提到的流程推行方式更为复杂,所以在确定要对某一个流程进行试运行时,可以遵循以下步骤(见图6-2)来进行。

图6-2 流程试运行工作步骤

1. 选择试运行范围

流程试运行范围可以分为全面试行和小范围逐步试点。通常情况下，对于重要流程，组织最好在一个小范围内试运行。流程试点的选择应遵循以下几点原则。

(1) 选择组织的重点项目(或部门)，但又不能影响组织的业绩表现；

(2) 选择的试点应有代表性，尽可能涵盖组织各种不同的产品或业务；

(3) 尽可能从头至尾完整地对流程进行试用；

(4) 试点项目(或部门)团队成员应具有理解并支持变革的心态，勇于尝试新鲜事物。

2. 成立试运行项目组

流程试运行项目组类似项目管理中的PMO(项目管理办公室)，它的职责是对流程的试运行进行管理和监控。通常情况下由流程所有者担任试运行项目组组长，流程建设团队成员、试点的项目或部门(可能有多个试点项目或多个试点部门)负责人作为试点项目组成员。另外，对于复杂的业务流程，组织可以引入流程引导者(Process Facilitator)制度，引导者作为教练，带领试点项目试运行。流程试运行项目组构成如图6-3所示。

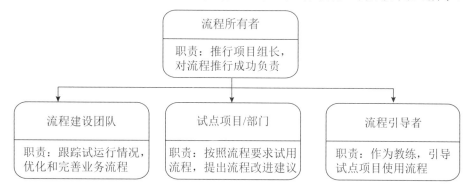

图6-3　流程试运行项目组构成

3. 制订试运行计划

流程所有者和试点项目/部门负责人需制订流程试运行的详细计划和实施要求，包括流程宣传、流程培训、试运行实施、结果记录和问题分析等方面工作的目标和具体内容，并明确流程试运行项目组成员的职责分工。

在试运行实施之前除了要与流程试运行项目组成员确定试运行计划外，还需要与试点项目/部门成员做好沟通和说明，确保试运行计划的顺利实施。

4. 试运行计划实施

流程试运行的主要目的是验证流程，向组织的相关人员宣传流程，所以应当严格按照流程要求来执行，如有执行偏离流程的情况，应当说明原因。若是因为不可抗因素导致不能执行原计划或者换作其他执行方式，需记录原因并取得试运行项目组的认可。

流程在试运行过程中，试运行项目组需检验流程的可操作性以及运行结果是否可以达到流程设计的目的(可以通过特定的测评指标判断)，及时发现流程中存在的问题，并准确记录、分析、解决问题。

通常情况下，流程试运行中的问题有以下三类。

(1) 组织协调或者流程操作方面的问题。在试运行过程中，由于培训不到位、组织不力等原因常影响试运行计划的顺利实施，此时项目组负责人应根据情况做出相应调整。

(2) 流程设计问题。例如，当流程角色职责或流程活动描述不清晰时，试运行项目组需及时与流程建设团队进行问题分析，寻求解决方案，及时修正流程。必要情况下，可在流程调整后重新实施试行计划。

(3) 业务问题。在试运行过程中暴露出实际业务的问题，如运营模式、资源配置、组织架构、组织文化等方面的问题，对这部分问题需进行记录，在试运行结束后分析和优化相应的业务流程，或反馈给组织高层管理者，由高层管理者做出决策。

5. 试运行总结和评估

流程试运行结束后，试运行项目组需对流程试运行整体状况进行评估和总结，对流程是否适合在组织内进行全面运行给出建议和行动计划。试运行评估和总结主要包括以下内容。

(1) 对试运行流程的评估。对在试运行过程中发现的流程缺陷(包括流程、模板、指导书等)进行描述和分析，并提出改进建议。

(2) 对试运行效果的评估。对试运行过程中流程角色履职尽职情况、组织其他人员配合情况、组织全面推行准备度等方面进行评估，理清影响流程执行的关键内因，提出相应的改进意见(包括流程执行管理措施的制定，流程相关KPI制定和测评，以及为保障流程执行推动组织构架和职责调整)，为流程在组织内全面运行做准备。

6. 流程改善

根据试运行评估和总结提出流程改进建议，对于流程本身的问题，由流程所有者组织流程建设团队进行问题分析和讨论，进一步优化和完善流程；对于组织流程运行环境的改善，则需要流程所有者与相关的职能部门沟通协商，落实流程试运行评估提出的改进建议和措施，创造有利的内部环境，保障流程的有效执行。

在推行效果上，流程试运行与流程演练(见本章6.4.4) 相比，各有优劣，如表6-2所示。

表6-2 流程演练与流程试运行对比

流程推行方式	受众范围	业务场景	所需时间	采用方式
流程演练	较大	虚拟情景	短	集中课程演练
流程试运行	小范围	真实业务	长	业务实际过程

6.5 流程推行保障制度

在流程推行过程中，有些流程涉及范围广、参与人员多、流程本身相对复杂需要有相应的激励措施和管理制度来保障推行效果，它们是流程推行成功的必要条件。

为了达到良好的推行效果，充分调动参与者的积极性，适度的激励措施有助于实现推行目标。同时，组织应该制定明确的管理制度，保障流程被遵照执行。保障制度涵盖了组织为流程的推行所采取的资源配置、环境准备、运作模式、沟通机制等内容，也包含流程执行过程中相关的测评指标(KPI)及考核规则。需要强调的是，对于新流程的试点团队，考核规则更多地应以激励为主，这有利于在组织内部形成一个良好的变革氛围，引导组织成员积极面对新流程、新模式的推行。

6.6 实现流程IT化

流程的IT化将大大提升流程运行效率，更为重要的是，因为IT工具的"不通人情"，通常情况下IT化的流程将成为业务开展的"唯一通道"，从而规避了业务人员避开流程寻求其他路径的可能。所以，流程的IT化对流程推行效果助推作用巨大。

本指南第1章已经就流程与IT关系进行了论述(见1.5.3)。通常情况下，流程试运行后，根据试运行结果对流程进行完善，然后实现流程的IT化。但在条件具备的情况下，也可以在流程推行初期就实现IT化，通过IT系统辅助进行流程推广，使得流程的执行更加顺畅和有效。

6.7 推行效果呈现

流程效果呈现是指将流程推行后的效果向组织内部进行直观化或数字化的展示。通常情况下，可以将新流程试点的效果与旧流程执行效果进行比对，以突出新流程的优势。

流程推行效果的及时呈现可以管理组织领导层对新流程效果的预期，为流程使用者塑造愿景，减少流程推行过程中的人为阻碍，从而达到流程推行的目的。

流程推行效果呈现应注意以下两点。

(1) 以明确的业务范围和时间周期选择样本范围和数量，并选择合适的全面的流程效果评价关键指标(包括周期、成本、效率、效果等方面)，确保新旧流程效果具备可比性。

(2) 选择恰当的评价和对比方法，包括定性(流程客户以及使用者的评价)和定量(可收集、可测量、可量化的流程绩效指标)的比较。流程绩效指标的收集必须保证数据的真实性与客观性。

6.8 流程推行效果影响因素

影响流程推行效果的因素有很多，了解这些因素并在制订推行计划和实际推行过程进行积极应对，能有效促进流程推行效果的达成。

6.8.1 最高管理者的变革意愿

流程推行，尤其是关键业务的新流程推行，在组织层面属于变革管理的范畴。变革是"自上而下"的过程，是"一把手工程"，所以高层管理者尤其是组织的最高管理者的变革意愿对流程推行的效果有着决定性的影响。

最高管理者的变革意愿通常有以下两种支持表现：一是对变革有着明确支持的态度，在各类场合中都表达了变革的想法；二是对变革的支持并不只是说说而已，而是发自内心地希望通过变革为组织带来绩效的提升。更重要的是，对变革实施负责人给予实际行动的支持。显然，最高管理者拥有第二种表现更为重要。流程管理人员应该充分认识到这点，并适时对高层管理者进行引导，为流程推行项目创造有利的环境。

对高层管理者的引导，可参照变革管理矩阵(见图6-5)进行。

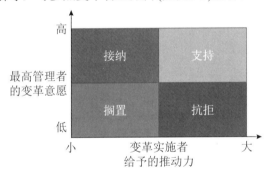

图6-4 变革管理矩阵

变革管理矩阵通过对组织变革环境的分析，为制订变革行动计划提供了一种可能。矩阵中包括"抗拒""搁置""接纳""支持"4个象限，通常是组织变革环境发展的过程。组织中负责变革推动和实施的负责人应努力使组织的变革环境向"支持"象限靠拢，变革是否处于"支持"环境是组织能否变革成功的决定性因素。

(1) "抗拒"象限。此阶段，最高管理者的变革意愿低，变革实施负责人给予的推动力大，这种情景在组织中最不利于变革的推行。最高管理者在强大的变革推动力情况下，有种被"逼迫"的感觉，极易对变革产生逆反心理，进而对变革产生抗拒。

(2) "搁置"象限。此阶段，最高管理者的变革意愿低，变革实施负责人给予的推动力小，最高管理者对变革逐步接触。变革实施负责人应搁置与最高管理者的争议，表面上减弱变革推动力度(这并非阴谋，而是一种策略)，不是强力推动变革，而是采取潜移默化地对最高管理者进行影响的策略，让最高管理者自发地了解新鲜事物，并根据组织的实际情况进行权衡。

（3）"接纳"象限。此阶段最高管理者的变革意愿高，变革实施负责人给予的推动力小，最高管理者理解变革并最终接受变革，对于组织变革的环境来说这是一个质的飞跃。但有时候这种环境的变化只是停留在最高管理者的口头上，是一种意愿和态度，变革实施负责人应静水潜流，继续坚定最高管理者的变革决心。

（4）"支持"象限。此阶段最高管理者的变革意愿高，变革实施负责人给予的推动力大，这种情景在组织中对变革的推行最为有利。尽管"支持"与"接纳"象限中，最高管理者对待变革的意愿都很高，但两者之间有着重大的区别，此时最高管理者对待变革是发自内心的期望，并在实际行动中给予变革实施负责人最大的支持。变革实施负责人需要抓住机会实施变革，变革成功的概率将会大增。

6.8.2 流程设计的质量

人们有对旧习惯的依赖性，如果新流程不能为流程执行角色带来切实的"好处"，或者"好处"还未明显呈现之前，他们会更倾向于保留旧有的惯性。这里的"好处"是指新流程能为流程执行者带来业务绩效的提升，例如提高产品/服务的质量，减少工作时间，降低生产成本等。

如果因为流程设计质量的问题，导致无法为流程执行角色带来这些"好处"，流程的执行角色就不愿意使用新流程。这种情况下，新流程只能依靠行政命令强制推行，执行过程变成了应付差事。

6.8.3 试点项目/部门的选择

流程推行过程中，试点项目/部门的示范作用对流程在组织全面推广的成败至关重要。因此，选择合适的试点项目/部门尤其关键。成功的试点对流程的全面推行将起到事半功倍的作用；相反地，试点选择的失败会使流程的全面推行产生"灾难"。如何选择试点项目，可以参考本章6.6.4部分内容。

6.8.4 流程角色参与度

组织在进行流程建设时，通常由少数人员组成流程建设项目组设计开发未来流程，有时会聘请外部咨询顾问，利用咨询顾问的专业知识和对业界流程管理的了解来设计新流程方案。流程角色在流程建设过程中的参与度不尽相同，甚至个别角色未参与过流程建设过程。

若要使得流程推行的效果达到最佳，最好的办法是吸纳各角色的代表参与流程建设过程，一方面可以博采众长，使得流程更加贴近业务实际，更具备操作性；另一方面，更多的人员参与流程建设过程，能增加他们的责任感，并使他们更好地理解流程内容和操作标准，进而支持流程的推行，自觉改变原有的工作方式和行为习惯。

6.8.5　采取的推行方法

同一流程采取不同的推行方法，取得的效果也不尽相同。流程推行项目组应根据流程层级、重要程度、优化程度大小、流程执行难易程度等选择适合的流程推行方法。通常情况下，流程层级及重要程度越高，新旧流程的差异越大，流程执行难度越大，此时应倾向于选择演练和试运行的流程推行方法。

当然，流程推行方法的选择也不仅仅局限于某种方法，推行项目组应审时度势，综合考虑选择一种推行方法或者是推行方法组合使用。

6.8.6　推行措施力度

通常情况下，推行效果与推行措施执行力度成正比。但要注意一点，推行力度越大，往往所需要投入的成本就越高。同时，在新流程还不完全成熟的情况下，武断、强力地推行可能会导致组织内部氛围的不和谐，甚至对组织业务造成较大的冲击。因此，新流程推行力度应保持适度的柔性，平衡推行力度与推行效果。

第7章　流程运营过程组

组织通过流程运营各项业务，流程运营涵盖了组织的生命周期，它包括流程绩效管理、流程监控、流程体系有效性维护。

本章将对流程运营过程中涉及的活动、方法、工具进行说明。

7.1　关于流程运营

流程运营是组织的5个流程管理过程组之一，它的目的是通过对组织绩效目标的分解和承接，形成支撑组织绩效的各流程绩效，进而分解至部门和个人绩效。通过对各流程运行状况进行持续不断的监测，及时、准确地反映业务运行状况，对出现的偏差给予纠正和控制，组织能够顺利达成战略目标。同时，为达成流程运营支撑组织战略目标的目的，组织持续地对流程管理体系进行维护，确保其有效性。

流程运营是对组织的业务流程体系运行和维护的过程，它贯穿于流程的生命周期，甚至与组织的生命周期一样，只要组织存在，就需要对其业务开展过程(流程)进行实时的运营和监测。

根据组织流程管理分层分级原则，流程运营可以分为三个层次(见图7-1)：组织整体流程体系运营、某业务领域流程运营、单个业务流程的运营。它们分别由组织内部不同的角色来承担流程运营的责任。

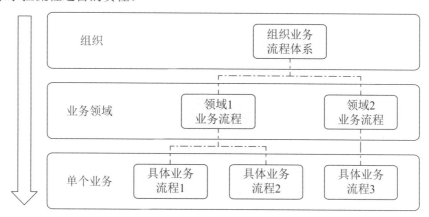

图7-1　组织业务流程运营层次

7.2　流程运营的价值

1. 对组织绩效目标进行科学的承接和分解

流程绩效作为组织绩效与部门/个人绩效之间的桥梁，避免了组织绩效的"硬着陆"，使组织绩效科学地被承接和分解。

2. 作为组织运营的"仪表盘",反映组织运营状况

通过对业务流程运行状况全方位的监测,组织能够及时、准确地掌握各业务流程绩效,例如产品质量、用户满意度、组织内部运行效率等,使得流程运营作为组织运行状况的"仪表盘",为组织运营策略和行动的调整提供输入。

3. 推动流程有效执行

通过流程运营,组织可以实时掌握流程执行状况,让各流程执行者都能按照标准化的要求完成本角色的任务和活动,并对流程执行过程中的偏差和问题给予纠正和解决,使得流程在组织内被真正、有效地执行。

4. 发现流程自身存在的问题,为流程的改善提供输入

流程实践是对流程自身最好的检验,通过对流程运营过程的监控,组织可以及时发现流程本身存在的问题和缺陷,并适时对其进行改善。

5. 发现业务环境和客户需求的变化,为流程的持续优化提供输入

在一定的业务环境下,组织通过流程实现客户期望,满足客户需求,但业务环境和客户需求是不断发展和变化的,这就需要组织实时保持对流程运行环境和客户需求的关注,为流程的持续优化提供输入。

6. 维护业务流程管理体系的有效性

运转顺畅有效的流程管理体系是组织运营的基础,组织业务的流程管理体系分为流程管理主要活动和流程管理支撑活动,流程管理支撑活动又包括流程管理组织架构及职责、宣传与培训管理、流程文件管理、流程指标管理等内容,如图7-2所示。组织通过流程运营的监控可以实时关注流程体系的有效性,有效地根据监控结果对流程体系进行维护。

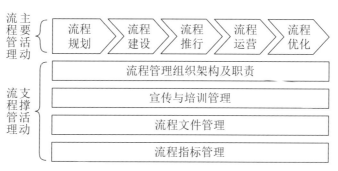

图7-2 组织业务流程管理体系

💡 7.3 流程绩效管理

7.3.1 组织绩效管理

任何管理模式都是以提升组织绩效为目的的,流程管理也不例外。

在国内众多组织的流程管理实践中，有种现象需要被关注：将流程管理引进组织后，经过"轰轰烈烈"的流程建设过程，流程推行后逐渐归于平淡，甚至个别组织的流程管理工作只是完成了流程文件的交付，然后就把文件锁在了文件柜中。流程管理部门逐渐被"边缘化"，流程管理也只是成了组织对外宣传和炫耀的话题，逐渐偏离了用流程来运营组织的根本方向。

导致这种现象的原因有很多，但非常重要的一个原因就是流程管理未能承接组织战略目标，未能对组织绩效达成贡献力量。

1. 传统的组织绩效管理层次

通常情况下，按照对组织战略目标的贡献，我们把组织的绩效管理分成三个层次(见图7-3)。

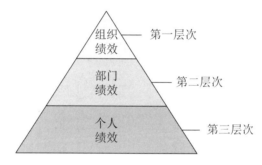

图7-3　传统组织绩效层次

第一层次为组织绩效，其对组织战略目标达成有直接贡献。

第二层次为部门绩效，指具有相同职能的个人或工作集中在一起的群体绩效。

第三层次为个人绩效，指个人在组织业务开展过程中经过努力而产生的绩效。

1) 组织绩效

组织绩效为绩效的第一层次。组织作为在社会环境、市场环境、行业环境中运行的主体，它的存在是为市场客户/用户提供有价值的产品或服务，并为组织的所有者带来经济收益(企业方面)或社会价值(政府部门、非营利性机构方面)。因此，组织的客户/用户、组织的所有者是否实现了他们的期望，是衡量组织绩效的关键(见图7-4)。常见的组织绩效指标有销售收入、销售毛利、成本率、市场占有率、客户满意度等，这些指标也是组织的管理层所关注的。

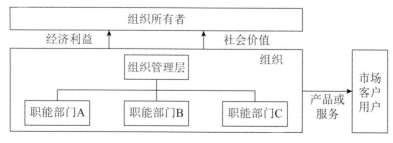

图7-4　衡量组织绩效的关键

2) 个人层次绩效

个人工作在组织中，每个组织中的个人都希望得到好的绩效评价，个人绩效由其工作对组织绩效目标的贡献度决定(见图7-5)。组织中的个人没有统一的绩效指标，而是应根据个人在业务开展过程中承担的职责来分别设置绩效指标。例如，组织里的采购专员，他的其中一个绩效指标可以设置为"采购成本下降率"；组织里的售后服务工程师，他的其中一个绩效指标可以设置为"一次维修成功率"等。

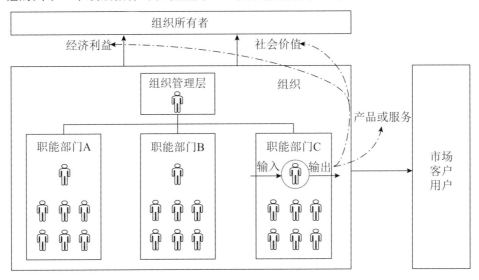

图7-5 个人绩效与组织绩效关系

3) 部门层次绩效

从第一层次到第三层次往往存在比较大的跨越，常见的做法是设置部门的绩效指标。但这种绩效指标设置的模式不仅没有填补组织绩效与个人绩效之间的缝隙，反而拉大了它们之间的距离。

因为组织绩效是将组织看成整体，通过为客户/用户提供价值而产生绩效。个人绩效是把个人在岗位上对组织绩效的贡献度作为绩效评判标准。它们的存在符合以市场、客户为中心的业务运营理念。而部门绩效的设置是从职能角度出发，并非为客户提供完整的价值链来设置，从而人为地把"水平"运营模式，割裂为"垂直"运营模式，与以市场、客户为中心的业务运营理念不相符合。

缩小组织绩效与个人绩效之间缝隙的最佳方式就是设置流程绩效。流程绩效作为组织绩效与个人绩效之间的"桥梁"，完全符合以市场、客户为中心的运营理念。调整的组织绩效层次关系如图7-6所示。

2.组织的绩效管理体系

1) 组织绩效管理逻辑

以市场、客户为中心的绩效管理逻辑是组织绩效目标承载着市场、客户以及组织所有者的期望，流程绩效以组织绩效目标的达成为目标，工作绩效以流程绩效目标的达成为目标。

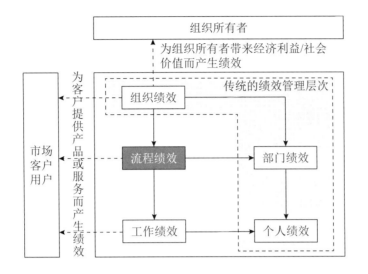

图7-6 组织内绩效层次的关系

以市场、客户为中心的绩效观认为，部门绩效以流程绩效目标的达成为目标，并承接组织对内部管理的绩效要求；个人绩效以工作绩效目标的达成为目标，并承接部门对内部管理的绩效要求。

组织的绩效管理逻辑如图7-7所示。

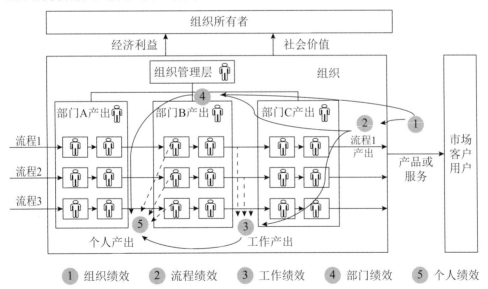

图7-7 组织的绩效管理逻辑

2) 组织绩效管理范围

完整的组织绩效管理体系包括组织的绩效管理逻辑、绩效目标设定、绩效指标测评、绩效诊断及改进。

在组织的三个绩效层次中，虽然流程绩效管理具有"桥梁"作用，但是因为组织大都是按照职能划分部门，而非按照面向市场、客户的业务进行划分的，所以无论在国内还是国外，流程绩效管理都是最薄弱、最容易被忽略的，且因为被忽略而对组织的整体绩效的影响最大。下面将分别对组织业务流程绩效的目标设定、流程绩效指标测评、流程绩效诊断及改进进行论述。

7.3.2 流程绩效目标

1. 绩效层次目标

组织三个层次的绩效目标围绕组织整体目标而建，三个层次目标层层分解，最终使得组织中每项业务、每项工作、每个部门、每个人员都能为组织整体绩效目标的达成而做出贡献。

1) 第一层：组织绩效目标

在组织层次上，绩效目标反映了组织对市场、客户、用户的需求和期望(产品或服务)的满足意愿，同时也反映了组织所有者对组织的期望(经济利益和社会价值)。组织目标可以是组织战略的最终目标，例如愿景目标；也可以是组织阶段性的战略目标，例如年度经营目标。

组织绩效目标体现组织的战略，它是一个组合，通常情况下，包括以下几个方面。

(1) 客户的需求和期望。例如快递公司的送货周期缩短至1天，电子公司的产品返修率降低80%。

(2) 组织所有者的财务诉求。例如销售收入提高一倍，毛利率达到60%。

(3) 组织所有者或社会的非财务诉求。例如客户满意度增加到96%。

(4) 组织满足市场的市场目标。例如产品在中国区域的市场份额提高5%。

(5) 组织价值实现的竞争优势期望。例如品牌竞争力提升至行业前3名。

(6) 组织长期发展需要。例如变革进展指数达到4分。

通常情况下，组织绩效目标都是可以测量的定量指标。制定组织绩效时，我们常常思考以下几个问题：组织的战略是否明确？战略对市场的分析是否全面？分析是否包括机会、威胁、优势、劣势？组织绩效目标是否能支撑组织战略的达成？

2) 第二层：流程绩效目标和部门绩效目标

流程体现了完成业务所需的路径和方法，流程绩效目标反映了组织业务开展的水平和能力，组织追求业务开展能力和水平的不断提升，以促成组织目标的实现。

组织业务运营流程(通常是对外接触市场和客户的流程)的绩效目标受到市场、客户、用户的需求和期望的驱动。组织管理支持流程(通常是对内服务的流程)的绩效目标受到组织内部的部门、人员的需求的驱动。

部门是为实现某个业务流程或多个业务流程的绩效目标而存在的，所以，部门绩效目标应以实现业务流程的绩效目标作为基础，并同时承载组织绩效目标中对部门的绩效要求。

3) 第三层：工作绩效目标和个人绩效目标

如图7-6所示，工作绩效目标是为流程绩效目标的达成而设定的，多项工作的输出形成流程绩效。

工作都由人来完成，人在业务流程活动的输出支撑了工作的绩效，所以个人绩效目标是为工作绩效目标的达成而设定的。流程中某项工作绩效可以由多个个人工作的输出来支撑，同时个人也可以承担多个业务流程中的工作。

个人绩效目标除了来自对工作绩效的支撑外，还需要承载部门绩效目标中对个人的绩效要求。

2. 流程绩效目标

1) 流程绩效目标的确定

组织是否优秀取决于其业务流程绩效，而流程绩效以组织绩效目标的达成为目标流程目标对组织目标承接示例如图7-8所示。通常情况下，流程绩效目标来源于三个方面：客户的需求和期望、组织自身目标、业界流程管理标杆。

(1) 客户的需求和期望。组织存在的价值就是为客户/用户提供满足他们需求和期望的产品或服务，所以流程必须按照客户的需求和期望来设置。客户的需求和期望应转化成为组织的绩效目标，并通过流程目标进一步承载。

(2) 组织自身目标。组织为实现其使命和愿景，通常会制定相应的战略和目标。这些目标总是要通过业务的开展来实现，业务流程绩效目标自然要为组织战略目标的实现而努力。

(3) 业界流程管理标杆。标杆组织的流程绩效目标是组织设置自身流程绩效目标最直接的参考。

组织战略目标 / 组织业务流程	组织目标1	组织目标2	组织目标3	组织目标4	组织目标5
流程1	● 中	● 强	● 弱	● 弱	● 强
流程2	● 强	● 中	● 中	● 强	● 强
流程3	● 强	● 中	● 弱	● 中	● 弱
流程4	● 中	● 弱	● 强	● 强	● 中
流程5	● 弱	● 中	● 强	● 中	● 强

相关性：● 强　● 中　● 弱

图7-8　流程目标对组织目标的承接示例

2) 流程绩效目标的关注点

对于组织来说，每个流程都代表着不同的业务，所以不同流程的绩效目标关注点也不尽相同。通常情况下，制定流程绩效目标时，我们关注流程运行所提供的产品/服务的质量、数量、时效性、成本等。

(1) 质量。高品质、高质量的产品或服务一直是人们追求的目标，客户为所需要的产品或服务付出相应的价格，必然期望得到符合甚至超过其预期的价值体验。因此，组织应把产品或服务的质量作为关注点，融入关键业务流程(例如产品开发流程、生产制造流程、售后服务流程等)的绩效目标中。

(2) 数量。方便地获取或购买所需要的产品或服务是客户的一项基本的需求，例如日常生活中需要的食品、药品，工作环境中需要的低值易耗品等。组织能否提供足量的产品是衡量其绩效的关键点，在组织的制造流程、销售流程绩效目标中应给予考虑。

因组织内部的管理要求，在设置某些流程的绩效目标时也应考虑数量的因素。通常情况下，对流程事件发生的数量会有上下限的要求。例如组织内部的"请假管理流程"，组织要求个人单月请假次数不超过两次，如果超过两次，将启动考勤报警。

(3) 时效性。流程运行周期对流程的绩效影响不言而喻，通常可以从以下方面关注流程的时效性。

① 全流程运行周期。全流程运行周期是指从流程事件开始到流程事件结束的全部时间，包括流程活动中的等待时间。很多流程在设计之初，都设定了全流程运行周期的临界值，以"客户投诉处理流程"为例，为了能迅速地响应并解决客户的问题，提升客户满意度，组织会对客户投诉处理时长有明确的要求。

② 单个流程活动花费时间。单个流程活动花费时间是指流程中完成单个活动所用的时间。通常情况下，组织会对流程中关键活动的执行时间有要求。关注单个流程活动的花费时间，组织可以有效对流程中关键岗位的工作效率及其绩效进行评价。

③ 流程活动之间的等待时间。流程活动之间的等待时间是指流程中两个活动之间因信息传递、耽搁等原因而导致的等待时间。活动之间的等待时间通常是无效的，众多实践表明，流程活动之间的等待时间已经成为制约流程效率的关键因素，关注并尽可能地减少活动之间的等待时间有助于流程绩效的提升。

(4) 成本。流程的执行需要付出成本，包括人力成本和物资成本，通常采用返工、投入产出、资本使用率、库存、人工费用等来描述。优秀的流程应符合"便宜"的特性，可以以较低的成本为客户提供高价值的产品或服务。

在流程运营过程中，我们要科学地分析并计算出执行流程的全过程成本，对流程的成本和收益进行分析和管理。

7.3.3 流程绩效指标测评

流程绩效指标体系是随着流程体系的建设和运营发展起来的，通过对流程绩效指标的监控，了解流程的执行情况，最终完成对员工的评价及考核。用指标来呈现，以考核为杠杆，将组织的战略和绩效落地，是对流程绩效考核指标体系的本质说明。

与绩效目标一样，绩效测评指标也分为三个层次：组织、流程/部门、工作/个人，如图7-9所示。本指南仅就流程绩效测评指标进行描述。

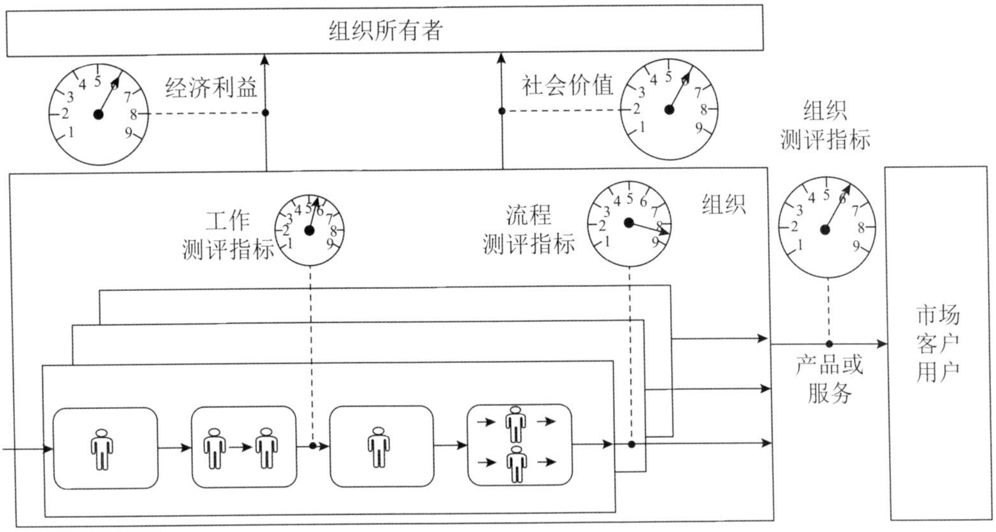

图7-9 绩效测评指标的层次

1.建立测评指标

流程测评指标与流程绩效目标既有联系，又有区别。流程测评指标是为达成流程的绩效目标(最终是为达成组织的绩效目标)而设定的，通常情况下，流程测评指标的监测结果总是在动态变化的。有时测评指标与流程绩效目标涵盖范围并不完全一致，也可能仅是全流程中的局部信息的指标。

例如组织的新产品开发流程，其绩效目标之一是"开发周期缩短30%"，"开发周期"是流程测评指标，而根据产品开发项目的不同，其测评结果也会不同。又如流程中的"工程更改率"仅仅是流程中的绩效测评指标，而非流程绩效目标。

流程绩效指标的建设是在流程建设过程中完成的。流程指标体系(见表7-1)应该包括指标名称、指标所属流程、指标具体内容(涉及活动、指标定义、计算规则和计算周期)、指标提取(提取方法、提取部门、提取岗位)、指标用途(考核角色、考核岗位、考核部门)等信息。

流程指标体系应涵盖组织的所有业务流程，且应随着组织的流程建设不断更新，更新后的流程指标体系应及时知会绩效管理和绩效考核部门，以便他们能对绩效管理工作进行相应调整。

组织的流程指标体系对于组织架构合理性的判断具有价值。如果在流程指标体系中，某一部门没有或很少出现，则需要对此部门对组织的贡献进行分析和评估。总体上，建立测评指标应按照以下原则进行。

表7-1 流程指标体系示例

指标名称	指标所属流程			指标具体内容			指标提取				指标用途	
	一级流程	二级流程	三级流程	涉及活动	指标定义	计算规则	计算周期	提取方法	提取部门	提取岗位	考核角色	考核岗位	考核部门
需求提交数	市场	需求管理流程	需求收集流程	需求提交	需求提交人每季度提交，并审核通过的需求数量	每季度审核通过的需求数量	季度	从需求管理系统获取	IT部	需求管理系统管理员	需求提交人	客户经理	市场部
需求处理及时率	市场	需求管理流程	需求收集流程	需求处理	需求管理工程师在接到需求后，需要两个工作日内完成及时处理，否则视为超期，需求处理及时率是指需求管理工程师收到需求总数的比率	及时处理的需求/需求总数的需求总数	季度	从需求管理系统获取	IT部	需求管理系统管理员	需求管理工程师	产品经理	产品规划部

(1) 测评指标围绕流程客户的满意或者是组织所有者的要求而设定，测评指标为流程绩效目标所要达成的服务。

(2) 流程测评指标是由流程的产出结果来进行驱动的，且容易进行衡量。

(3) 测评指标应是多维度的，包括质量、数量、成本、时效性等，能够客观反映流程绩效。

2. 建立指标测评网络

1) 明确组织内三个层次测评指标的关系

绩效指标测评网络的建立应从组织的测评指标开始，然后将相应的流程测评指标和部门测评指标与组织的测评指标建立关联，进而将流程测评指标和部门测评指标向下分解到工作测评指标和个人日常工作的测评指标上，实现组织中每项工作和每个人都为组织的最终绩效目标而努力，形成完整的、逻辑层次清晰的绩效指标测评网络(如图7-10所示)。

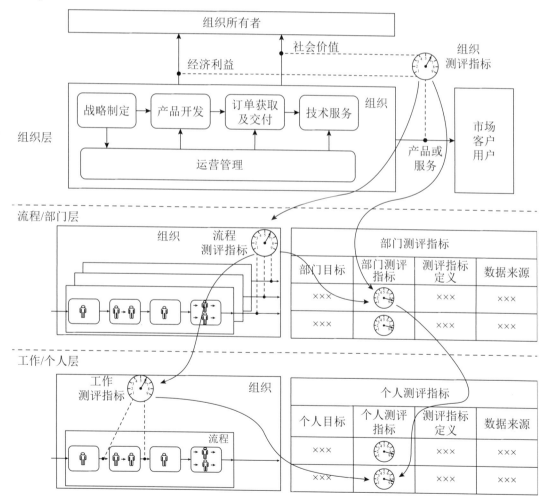

图7-10 组织三层次绩效测评网络

2) 绩效指标测评

图7-9和图7-10中对组织的绩效测评层次及网络做出了说明。在组织的三层次中，第一层次的绩效指标是所有组织的最高管理者都非常关注的(因其重要，所以不会被忽略)；第三层次的绩效指标是个人层面的，组织中的每个人都会关注自己的绩效指标(没有人不关注自己的利益得失)；而第二层次的流程绩效指标常常被组织所忽略。但恰恰流程绩效指标在组织中最能反映组织的运行绩效，是组织绩效管理的核心所在。

流程绩效测评指标首先关注的是流程整体的绩效指标，其次关注的是对整体流程指标有重要影响的子流程指标和流程关键活动的指标(工作绩效指标)。但应注意，为了避免指标的泛滥，一般只对流程整体绩效目标有重要影响的流程活动指标进行监控和测评。通常情况下，以下几种指标是需要监控和测评的。

(1) 能长期监控并直接反映产品或服务问题的指标。例如，通过测评"产品开箱合格率"这个指标组织能够有效对产品包装和运输流程的绩效予以关注和改进；又如，通过测评物业管理公司的"客户月度电话投诉数量"这个指标，物业管理公司能够对物业服务水平进行监控，从而改善服务质量。

(2) 反映系统性问题的指标。例如，通过测评手机制造公司的"产品返修率"这个指标，手机制造公司能够得知该指标的异常状况，进行分析指标异常的原因：①采购系统出现问题，导致手机元器件出现批次质量问题；②生产环节出现系统性问题，导致批量的生产质量问题出现；③产品设计存在缺陷等。

(3) 临时性监测指标。例如，通过测评移动互联网服务提供商为监测春节期间产品服务被应用情况而设置的"红包数量"这个指标，服务提供商能够有效了解用户使用产品的趋势和分布，了解与替代品的竞争情况，但春节后服务提供商往往不再监控和测评此指标。

7.3.4　流程绩效诊断及改进

绩效诊断就如同对人体(相对于组织)进行体检，通过体检(人体健康状况的绩效诊断)可以清晰知晓人体这个组织的健康状况，并根据诊断结果对人体组织提出保持健康的建议和改善措施。

流程绩效管理作为流程运营的核心措施，应做到持续进行监测与改进。流程绩效管理属于组织日常运营的范畴，这不同于流程规划和流程建设(通常作为项目来开展)。组织通过对流程绩效持续的监测、诊断并对诊断结果进行应用，使得流程绩效管理形成闭环，如图7-11所示。

流程绩效诊断应与流程绩效目标与流程绩效指标测评结果进行对照，并定期开展。诊断应以绩效的变化趋势为关注核心。

绩效诊断结果通常有以下三方面的应用。

(1) 发现改进机会，制定适当的绩效改进方案和措施。

(2) 作为员工激励输入，为个人薪酬及职位调整提供参考。

(3) 持续提升流程运营能力，为下一周期的流程绩效目标设定提供输入。

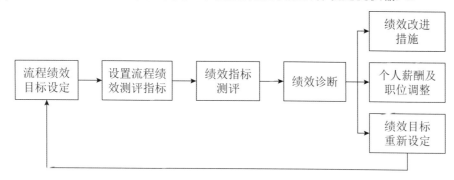

图7-11 流程绩效管理过程

💡 7.4 流程监控

7.4.1 流程监控遵循的原则

1. 流程一定要被监控

监控兼有监测、检查和控制之意，道格拉斯·麦格雷戈提出的X理论认为，只有被检查的工作，才会被认真执行。

2. 流程监控是日常行为

流程监控与组织的运营一样，都是日常行为，它不是临时的有明确时间界限的项目，而是持续不断进行的业务管理活动。

3. 确保重点流程兼顾辅助流程

优先保证直接为客户创造价值的流程，确保组织基本业务活动流程高效运转。

4. 阶段性与常规性结合

流程监控需要日常例行开展，但根据流程所处生命周期的不同阶段，可以采用专项的监控手段(例如流程专项审计)，阶段性地对流程运行状况进行评估和干预。

5. 关注流程关键节点

业务流程本身带有自我监控和完善的功能，流程中关键节点就是为此目的而设。关注流程的关键节点，对于流程监控可以起到事半功倍的作用。

6. 流程监控的范围要大于流程本身

在流程监控过程中，不只是监控流程执行情况，还要监控业务环境的变化、输入信息的变化、技术/工具的发展。

7. 对流程管理体系有效性的维护应持续进行

对流程管理体系有效性的维护应该实时地、持续地进行，做到"润物细无声"，而不能做成一项"运动"。

7.4.2 流程监控的模式

流程监控在流程的整个生命周期都存在，是流程持续不断的运营过程。以"日常运作"和"项目"特性的区别来看，五大过程组中流程规划、流程建设、流程推行、流程优化明显带有"项目化"的特点，而流程运营过程组中的流程监控则带有鲜明的"日常运作"特性。

既然流程监控属于"日常运作"的范畴，它在组织中实时存在，为保证它的系统性，组织需要对流程监控进行详尽的规划和设计，规划和设计的内容包括流程监控的方式、流程监控的责任主体和流程监控系统(含监控内容和范围、监控系统运行机制、问题闭环机制等)。

流程监控是全方位的，既要关注流程绩效对组织的支撑情况，又要关注流程管理体系自身运行情况，还要关注具体业务流程的执行情况。通常情况下，流程监控的方式分为流程运行日常监控和流程审计。

7.4.3 流程日常监控

通过对组织各类流程持续不断的测量和监控，分析和衡量业务流程的性能，实现对标"正确、快速、容易、便宜"，找出关键业务问题，改善业务流程运行的效率和效果，是流程日常监控的目的。

1. 流程日常监控的责任

流程即业务，所以流程监控的主体责任应由业务主管来承担(通常是流程所有者)。组织各级流程所有者对各自流程运行状况承担监控责任。组织的流程管理部门为流程监控提供方法和指导，并监督和控制各级流程的运行监控情况。

2. 流程监控机制

流程所有者应针对所负责业务流程的特点，制定适合的流程监控机制，包括流程运行数据采集、采集周期、采集方式、数据分析方法、问题解决跟踪机制等。流程监控机制应关注以下几个方面。

(1) 流程监控应涵盖所有业务流程，但要根据组织战略方向有所侧重。

(2) 流程监控的数据采集、分析应与流程执行角色分离。

(3) 流程监控除关注组织自身业务和管理发展水平外，还应参照标杆组织的流程运行情况。

(4) 流程监控应保持例行持续运转。

(5) 流程监控应与流程绩效紧密结合，并与个人绩效挂钩。

(6) 组织的流程管理部门不仅承担流程监控的指导责任，还应对影响组织关键战略目标的主要业务流程进行独立监控和测评。

7.4.4 流程审计

审计(Audit)是基于经济监督的需要而产生和发展起来的,起源于经济领域并逐步被应用到其他领域。流程审计是对重点流程和事件开展的临时性的专项流程监控活动,是对流程运作现状进行的客观检查,并依据组织设定的流程标准对实际执行效果进行评价的一种流程监控方式。

流程审计的目的有两个:一是客观地检查流程执行与流程定义的符合性;二是评估流程绩效,发现并改善流程现状与组织期望的差距,提升组织运营绩效。

本着自我发现问题、自我改进和完善的目标,本指南提出的流程审计是指组织内部开展的流程审计工作(与外部审计区分开来)。

1. 流程审计的基本要求

流程审计作为流程自我改进和完善的保证,在组织进行审计时,需要满足以下基本要求。

1) 独立性

(1) 流程审计人员职责独立,一般不应参与组织的具体业务流程活动。

(2) 流程审计人员应有独立的汇报渠道,可以直接向组织高层汇报流程审计中的问题。

2) 客观性

(1) 正直、客观是审计人员的基本职业道德,审计人员在执行流程审计业务过程中应保持客观性。

(2) 流程审计所形成的审计结论应以事实作为唯一的依据。

(3) 审计人员对无法形成客观的专业判断的一些特殊情形,应予以回避。

2. 流程审计的范围

流程审计的范围包括业务范围和组织范围。

1) 流程审计的业务范围

(1) 单一业务流程。

(2) 单一业务模块(例如人力资源培训模块)。

(3) 单一业务领域(例如战略、研发、生产、人力资源)。

(4) 组织整体业务流程体系。

2) 流程审计的组织范围

(1) 组织内单一功能部门。

(2) 组织内独立运作的事业部。

(3) 组织整体。

特殊情况下,流程审计范围会超越组织的范围,例如,某产品联盟内的流程审计包括产品联盟内的多个组织,这些组织形成了产业链。跨越组织的流程审计标志着流程管理已经走向了成熟阶段。

3. 流程审计的步骤

因为流程审计针对某个特定的范围(业务范围或组织范围),有着明确的审计开始时间和结束时间,并且审计过程也是渐进的,所以流程审计工作可以以项目管理的方法来开展。通常情况下为保证流程审计的成功,流程审计应该按照以下步骤进行。

1) 启动审计项目

流程审计项目的启动方式包括时间驱动和事件驱动两种。

(1) 时间驱动。通常情况下,组织会定期进行流程审计工作规划(例如年度流程审计规划)。审计规划由组织的流程管理部门根据组织的战略,结合管理层的期望以及组织在流程管理过程中发现的问题和风险而制订。流程审计规划重点考虑直接为客户带来价值的业务流程,同时又要兼顾对组织的运营产生重大影响的管理支撑流程。流程规划完成后形成组织的流程审计计划,作为流程审计项目的时间驱动因素。

(2) 事件驱动。组织在运营过程中,难免会出现各种问题和异常情况,例如客户重大投诉、产品合格率急剧下降、客户服务满意度降低、舞弊案件的出现等,这些异常情况往往意味着流程出现了问题,需要对流程现状进行审计。因异常情况而启动的审计项目,称为事件驱动流程审计。

2) 组建审计团队

通常情况下,组织的流程管理部门承担了流程审计职责,在组织规模较大的情况下,个别组织还设置了专门的流程审计部门。

每个流程的审计工作都是独特的,作为项目,流程审计在启动后应及时组建项目组,根据具体的审计情况,选择合适的流程审计项目组成员。在遵循流程审计的基本要求的前提下,审计项目团队成员应包括流程管理专员、流程主要责任部门人员和流程主要执行人员等(见图7-12)。审计组组长应由流程管理部门人员或组织专职的审计部门人员担任。

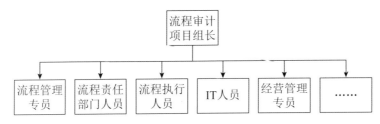

图7-12 流程审计项目组组成

当然,组织的业务流程多种多样,流程审计项目组的构成也会有所不同,例如,有些流程已经实现了IT化,如果审计过程中需要进行数据提取,则需要IT系统管理员参与;有些流程涉及财务票据的获取,则需要财务部门人员参与。

流程审计团队需要的角色明确后,应由流程管理部门与需参加审计项目组的各角色所在部门的负责人进行沟通,说明工作内容、工作时间,请各部门负责人根据审计工作要求及工作安排指定合适人员参加。

项目团队成员确认完成后,应由流程管理部门统一通知团队成员,完成项目组的组建。为保证项目组成员顺利开展流程审计工作,建议组织对流程审计项目组进行任命并公布,这也可以作为流程审计项目正式启动的标志。

3) 制订审计计划

审计计划的制订需要以开展审计的原因、审计目的、审计的流程和配套文件为依据。通常情况下,流程审计计划里应包含以下内容。

(1) 流程审计的背景和目的,即介绍被审计流程的基本情况,明确通过本次审计希望达成的结果。

(2) 流程审计的范围。流程审计范围一方面是被审计业务的时间范围,即业务发生的时间周期,例如2021年1月1日至2021年6月30日;另一方面是被审计流程涵盖的业务范围,例如仅仅审计"费用报销流程"涵盖的因出差产生的费用报销。

(3) 审计工作时间计划,即审计项目组开展本次流程审计的阶段及时间安排。

(4) 审计项目组成员名单及职责。

(5) 制定流程审计检查表(Checklist)。作为实施流程审计的详细检查依据,审计检查表应围绕审计目标及流程来设计,把组织对流程的定义作为检查流程执行状况的标准和依据。表7-2是流程审计检查表示例。

表7-2 流程审计检查表示例

序号	流程活动	活动执行评审要素	评审指导	重要性	检查结果	备注
1	制定产品包需求	市场需求是否清晰,是否依据产品包需求模板进行了整理?	必须依照模板编写,保证内容的全面性	A		
2	制定产品设计需求	产品设计需求是否符合硬件和软件共用模块的策略?	明确本产品选择公司共用模块的策略,也包含产品与上一版本、公司其他产品或其他设备互通、相互兼容,在软硬件平台及接口协议等方面的兼容	B		
3	技术评审	是否按照技术评审操作步骤完成评审工作?	必须按照技术评审操作指导书内容开展技术评审工作,并严格按照技术评审报告模板要求输出评审结果	A		
……						

在开展流程审计工作之前,流程审计项目组应以书面的形式向被审计项目或部门及人员发出审计通知书。审计通知书模板如图7-13所示。

```
┌─────────────────────────────────────────────────────────┐
│                      审计通知书                          │
│               关于对××流程进行审计的通知                  │
│                                                         │
│  _____部门：                                            │
│      根据××批准，决定成立××流程审计项目组，自20××年××月××日起，对××业务流程│
│  进行审计。请给予积极配合并提供有关信息和必要的工作条件。│
│                                                         │
│     审计组长：×××                                      │
│     审计组员：×××、×××                                │
│                                          20××年××月××日│
│                                                         │
│  主送：                                                 │
│  抄送：                                                 │
└─────────────────────────────────────────────────────────┘

图7-13 审计通知书模板

4) 实施审计

审计项目组在组长带领下，按照流程审计方法开展审计工作。常用的流程审计方法有穿行测试、攻击性测试、检查清单/调查表、访谈、流程事例抽样、问卷调查、分析性复核等。

(1) 穿行测试。穿行测试的要点：明确一个事项在业务流程中的全部过程和流转轨迹，或者说，该事项是如何界定的；测定该事项是如何授权和确认的；测定该事项是如何处理的；测定该事项是如何报告的；测定该事项与其他业务循环/系统的数据及接口关系是怎样的。

由追查方法的不同，穿行测试可分为正向测试和逆向测试，穿行测试主要用于流程的符合性测试。穿行测试文档应包含相应的流程图和系统的描述。穿行测试可以完整清晰地反映流程运作的全貌与内部细节，但花费时间较长。

(2) 攻击性测试，即有意识地向流程输入异常的信息，测试流程能否识别并正确处理，从而发现流程运作的符合性，以及流程监控点的有效性。攻击性测试主要用于对流程的符合性测试。

(3) 检查清单/调查表，即审计人员自行或与业务专家共同设计标准化的检查表，通过业务人员填写、访谈、实地观察、抽查文档等方式获取相应的信息。检查清单/调查表方法常用于流程执行的符合性检查或流程绩效指标的定性分析。

检查清单的制定应结合流程图、流程文件、流程指标，涉及的专业较强，需要相关专家参与。检查清单采用标准化、模板化的表格，从而避免调查项的遗漏，同时易于审计人员操作执行。但检查清单/调查表的调查项相对独立，往往不能形成对流程的完整的看法。

(4) 访谈，即对流程的客户、用户、关键执行角色进行访谈，借此了解流程执行情况以及存在的问题。访谈方法常用于流程执行符合度审计，也用于流程绩效指标的定性分析。

引导访谈的通用框架可以用"PROCESS"来概括。

- P——访谈计划(Plan the Interview)。访谈计划是访谈的"向导"。
```

- R——访谈预演(Rehearse the Interview)。访谈预演分为正式的或非正式的。
- O——访谈开始(Open the Interview)。访谈开始即开场。
- C——收集数据(Collect Data)。收集数据是访谈的主体。
- E——访谈结束(End the Interview)。访谈结束即确认。
- S——访谈总结(Summarise the Interview)。访谈总结即为访谈报告。
- S——访谈综合(Synthesize the Interview)。

运用访谈方法时应注意以下问题：重要的访谈应有两人以上在场；及时整理访谈底稿并请被访谈人员确认；事先确定审计过程需访谈的部门、人员，制订访谈计划；尽可能避免对同一对象进行多次访谈；避免遗漏访谈对象和问题。

(5) 流程事例抽样。流程事例是指按照流程规定而发生的实际业务。流程事例抽样审计是通过对审计范围内发生的流程事例按照一定比例进行抽样，并对所抽得样本进行检查、分析，从而发现问题的方法。例如，在审计"合同评审流程"时，组织可以按照合同类别、金额、发生时间段等维度来抽取一定比例的合同进行审计。

流程事例抽样审计的步骤：决定抽样目的；定义审计总体对象与抽样单元；选定抽样方法(包括随机抽样、分层抽样、整群抽样、系统抽样)；决定样本量；选取样本进行审计；评价抽样结果，形成审计结论。

在进行流程事例抽样审计时，需要关注以下几点内容：抽样要保证一定的比例；对于已经IT化的步骤，可以适当地减少抽样的数量；对于问题反馈比较集中、操作比较复杂的步骤，可以适当地增加抽样数量；抽样可以是横向的，只针对流程内的一个活动，也可以是纵向的，针对这个流程事例。

(6) 问卷调查。问卷调查是指向被调查者发出调查问卷，由被调查者填写问卷而获得调查结果的一种方式。这种方式适合调查人员多且调查内容范围相同的调查。

在进行问卷调查时，要关注以下几点内容：问卷内容的设计要具备一定的代表性；问卷发放渠道的选择，要保证所有被调查者都能获得调查问卷；问卷要留有主观项，由被调查者填写对受调查流程的建议；要明确问卷的回收时间，尽可能地保证问卷的回收率。

(7) 分析性复核。分析性复核是审计人员通过报表、系统下载等方式，获取流程相关数据，对流程绩效指标进行分析。按照以下步骤开展分析性复核。

第一步，确定分析性复核的目的。

第二步，明确支撑分析性复核需要的原始数据。

第三步，分析确定原始数据的获取途径。

第四步，分析并计算系统下载/业务报表/同行业数据，得出审计结论。

5) 审计结果汇总，审计问题分析

在现场审计结束后，审计项目组需整理审计工作底稿，对审计过程中发现的问题进行分析和讨论。对于存在模糊或争议的地方，项目组需再次确认，必要情况下需再次返回现场进行核对。项目组将审计工作底稿及审计过程中发现问题的分析和讨论的结果一并提交审计项目组组长。

6) 编制并发布审计报告

这是流程审计的最后阶段，需由审计项目组组长主导拟制审计报告。审计报告应有固定的格式，通常情况审计报告需要包含审计目的、范围，审计的工具和方法，审计过程描述，审计的结论，存在的问题及解决建议等。

编制审计报告过程中，应注意以下几个问题：审计报告应客观、公正，注重证据，不带有主观臆断；语言简单明了，描述事实，尽可能不用夸张的词汇；对发现的问题进行归类整理，重点关注系统性问题和对流程绩效有重大影响的问题；问题解决建议应切实可行，并与业务部门进行充分沟通。

流程审计报告编写完成后，审计项目组内部需要对审计报告进行评审，重点分析内容的合理性、审计问题的客观性、表述的规范性。评审结束后，审计报告须由组织内负有流程审计职责的部门(流程管理部或专职的流程审计部)负责人签字，向被审计流程的关联业务部门及流程负责人、审计报告中提及的改进建议的执行人员、流程审计项目团队发布。

7.5 流程管理体系有效性维护

流程管理体系包括流程管理的过程、流程管理的组织、流程管理的环境、流程文件管理等。之所以流程管理需要进行有效性维护，是因为任何组织都处于变化的社会、行业、市场环境中，而流程管理作为运营组织的重要手段，是否能适应这些变化，是否能有效地支撑组织的运行，是组织始终需要关注的内容。

流程管理体系的有效性维护包括现状回顾、问题分析、整改计划、实施及评估几个步骤。通常情况下，这种维护要求每年至少开展一次，但也可根据组织情况适度调整。

流程管理体系有效性维护是组织流程管理领域的年度事件，一般由组织内负责运营的最高管理者主持，并由组织的流程管理部门负责具体实施。

7.5.1 流程管理过程有效性维护

流程管理过程(流程规划、流程建设、流程推行、流程运营、流程优化)是组织通用的流程管理程序，通过5个过程的有效运作，实现依托流程运营组织的目的。

本指南第2部分是对流程管理过程的描述，它可以作为组织流程管理过程的参考标准。因此，组织在对流程管理过程的有效性进行评估的时候，应重点关注组织对5个流程管理过程的操作标准遵循(通常认为，好的过程将产生好的结果)，一般的关注点如下所述。

1. 流程规划过程

(1) 组织在流程规划过程中是否遵循了既定的程序？

(2) 流程规划是否与组织的战略、商业模式、业务绩效目标进行了匹配？

(3) 流程规划是否按照规划过程输出了流程管理框架、流程地图、流程清单？

2. 流程建设过程

(1) 是否遵循了组织统一的流程建模方式？

(2) 流程建设过程是否有相应的评审？

(3) 流程发布是否遵循了组织统一的发布流程？

3. 流程推行过程

(1) 组织是否对关键业务流程制订了明确的推行计划？

(2) 推行计划是否按照既定步骤进行了实施？

(3) 与业务流程相关人员是否都参与了流程宣传、培训或演练等方式的流程推行活动？相关人员是否清晰掌握自己在流程中的角色和职责？

(4) 流程推行过程中的问题是否都被记录并得到解决？

4. 流程运营过程

(1) 组织绩效目标是否分解到了流程绩效？

(2) 流程绩效目标是否分解到了工作/个人绩效？

(3) 流程绩效指标是否被例行监测？

(4) 流程绩效诊断结果是否被合理地应用？

(5) 流程日常监控机制有无建立？是否持续依靠机制对流程进行监控？

(6) 组织的流程审计项目是否遵循了既定的过程？是否输出了正式的审计报告？审计报告中的问题是否被及时解决？

5. 流程优化过程

(1) 流程持续优化的理念是否在组织范围内被广泛接受？

(2) 流程监控及组织运营过程中出现的问题是否作为流程优化的输入？

(3) 流程管理部门是否对三层次(流程再造、流程优化、流程活动改善)的所有项目进行管理？

7.5.2 流程管理组织有效性维护

组织中的流程管理工作需要各种角色的参与，包括组织的流程最高管理者(常由首席运营官担任)、重大流程建设项目赞助人、流程管理主管、各级业务流程所有者、流程管理部门、各类流程建设小组、各类流程审计项目组等。

流程管理组织的有效性评估常以下列问题的回答作为结论，并针对评估结果做出对应的改善。

(1) 组织是否设置了专门的流程管理部门？或者赋予相关部门流程管理的职责？

(2) 每一层级的流程和每一个业务流程是否都有对应的责任人(Owner)？

(3) 是否对流程管理的各类角色(流程最高管理者、流程管理主管等)进行了任命？

(4) 各类流程管理角色的职责是否清晰？

(5) 流程管理各角色是否正确地履行其职责？

7.5.3 流程管理环境有效性维护

组织环境为流程管理提供合适的"土壤"，环境的是否有效对流程管理能否发挥其效能至关重要。流程管理环境主要是指组织内人员对流程的态度，组织人员是否具有良好的流程意识，属于"软环境"的范畴。

通常情况下，组织评估组织流程管理环境的有效性会关注以下几点。

(1) 组织中高层领导对流程的认识和对流程管理的支持程度；
(2) 组织对流程绩效管理的认知和接纳程度；
(3) 组织内流程宣传与培训的开展程度；
(4) 组织内流程文化、变革意识的认同程度。

流程管理环境的评估一般会采用问卷调查法或访谈法，根据问卷调查或访谈的结果，对环境的有效性进行评价。问卷调查或访谈的问题同样围绕上述几个关注点进行设计。

1. 高层领导的支持程度

(1) 高层领导是否认为流程是组织的核心能力？
(2) 组织战略中是否考虑了流程管理工作？
(3) 高层领导是否乐于参与流程管理工作，并给出具体的指导意见？
(4) 就组织存在的问题，高层领导能否通过流程方式加以解决和预防？
(5) 就流程管理活动，给予言语、行动以及资源上的支持？
(6) 高层领导是否以身作则地按照既定的业务流程规定开展业务？

2. 流程绩效的接纳程度

(1) 组织绩效管理设计中是否考虑并纳入了流程管理绩效？
(2) 组织中各部门是否能以流程绩效(业务整体绩效)最优作为业务工作开展的出发点？
(3) 组织中各部门人员的绩效是否承载了流程绩效目标？

3. 流程宣传与培训的开展程度

(1) 组织是否有流程管理相关知识的宣传与培训计划？
(2) 组织中人员尤其是各级管理者流程培训参与度如何？
(3) 流程宣传计划是否得到正确的实施？

4. 流程文化、变革意识的认同程度

(1) 组织中人员是否认可流程是开展业务工作的基础？
(2) 组织中业务骨干人员是否希望通过对业务经验进行流程固化，从而把个人能力转化为组织能力？流程建设的参与程度如何？
(3) 组织的管理层是否对流程变革持积极支持的态度，是否期望通过变革为组织带来持续的绩效提升？
(4) 管理层是否把变革的压力向下传递？

7.5.4 流程体系文件有效性维护

流程体系文件的有效性维护是指通过定期对组织的流程文件(包括与流程相关的管理办法和管理制度)进行规范性和合理性检查、校验、评估,并根据评估结果,对流程文件进行修订、更新或废除的过程。流程文件进行有效性维护后,确保了各级流程的准确性、实用性、时效性和可获得性。

1. 流程体系文件有效性评估责任

组织的流程文件涉及组织所有业务流,数量众多,单靠流程管理部门无法完成流程文件的有效性评估,需要组织的流程管理部门来统筹各业务流程所有者和其他相关人员参与其中。

流程管理部门在流程文件有效性维护工作中起统筹作用,由其制订统一的行动计划、工作输出标准等,并对整体工作进展进行监控。流程所有者作为责任人,应在流程文件有效性评估中承担主要的责任,特别是在决定当前流程的处理方式的时候,应起到决定性的作用。

流程体系文件有效性评估是对组织的流程文件进行盘点的过程,对组织所有的业务流程都需要进行信息登记、状态评估、行动建议、结果反馈等工作,所以统一的流程体系文件信息评估模板非常重要。组织可依据自身情况,参照表7-3所示模板进行定制化设计。

2. 流程体系文件的有效性评估内容

流程文件有效性评估主要关注文件的准确性、实用性、时效性和可获得性。通常情况下,依据下列问题的回答作为文件有效性评估的结论。

1) 流程及配套文件的可获得性

(1) 流程文件的存储平台是否可以正常登录?(组织的流程存储通常依托IT技术)

(2) 流程文件是否完好?是否可以正常打开?

(3) 流程文件的配套模板、操作手册和相关制度等是否完整?对应关系是否明确?

表7-3 流程体系文件评估信息表模板

序号	流程层级			流程基本信息					文件有效性维护信息				
	一级流程	二级流程	三级流程	文件名称	文件编号	版本	所有者	文件状态	回顾日期	接口人	处理方式	计划完成日期	实际完成日期
1	√			产品研发流程	××-R&D-P-001	2.0	×××	生效	年月日	×××	修订	年月日	年月日
2											废除		
3											沿用		
……													

2) 流程及配套文件的版本、状态信息准确性

(1) 流程及配套文件的版本号在组织内是否唯一？

(2) 各途径可获得的流程及配套文件的版本是否一致？

(3) 流程及配套文件是不是当前适用的最新版本？

(4) 已停用或废除的流程文件是否有明确的标识？

3) 组织成员对流程的熟知性

(1) 组织内人员是否清晰知晓流程文件的存储位置和路径？

(2) 是否清晰知晓流程及配套文件？

(3) 是否了解流程文件的主要内容和关键成功/问题要素？

(4) 是否清晰理解本岗位担任的流程角色及其上下游关系？

(5) 对模板的掌握和使用是否熟练？

4) 流程执行的内部环境适用性

组织环境是流程执行的内部环境，因此在流程有效性评估的时候，要关注组织的内部环境是否有变化，具体包括以下几个问题。

(1) 本流程支撑的组织战略目标是否有变化？

(2) 本流程各角色所处的部门组织架构是否有变化？

(3) 流程涉及角色、岗位的职责分工是否有调整？

(4) 为流程角色匹配人员的技能是否有较大的波动？

5) 流程的外部业务环境适应性

业务环境是企业的外部环境，同时也是流程执行的外部环境。很多流程的优化和变革都是由外部环境的变化引起的，因此在进行流程有效性评估的时候，同样要关注外部业务环境的变化，具有包括以下几个问题。

(1) 行业标准是否发生了变化？

(2) 用户需求及期望是否有较大的变化？

(3) 行业内是否有重要的新技术、新工具产生？

6) 上下游流程的协同性

上游流程的输出通常是本流程的输入，本流程的输出也往往作为下游流程的输入，因此对于上下游流程的协同一致应予以关注。

(1) 上下游流程的业务环境是否仍然存在？上下游流程是否仍在执行？

(2) 上游流程的输出是否有变动？近期有无更新流程的计划？

(3) 下游流程对输入的要求是否有变化？

通常，在流程文件现状有效性评估后，流程及配套文件的处理意见有3种，分别是文件需要更新、文件要废除和文件应沿用。

3. 维护流程体系文件有效性

流程文件有效性评估后，根据3种处理意见分别对流程文件进行维护。

1) 更新

流程所有者制订流程更新计划,并可参照本标准第8章"流程优化过程组"的3种流程优化的方式,开展流程的优化工作。

2) 废除

流程文件不再使用,流程管理部门需对废除的流程文件进行标识,并以恰当的方式通知与本流程相关人员。很多时候,流程的废除是因为有新的流程开始运行,所以组织对新流程的使用也需要一并通知到相关人员。

3) 沿用

流程文件不需要做任何的变动,继续指导业务工作的开展,同时流程所有者和流程管理部门应实时关注流程的使用情况。

第8章 流程优化过程组

流程优化是指通过对组织业务流程进行持续不断的改进、完善、发展来提升组织竞争优势，为客户提供更有价值的产品、服务或成果的过程。流程优化过程组是流程管理五大过程组之一，它的存在使得五大过程组形成完整的闭环。

组织始终处于不断变化的社会、市场、行业环境中，组织若想在不断变化的环境中保持持续的竞争力，就需要在战略、流程、人员、运营、IT等方面不断改善，而流程是组织能力的体现，是组织竞争力的核心所在，持续的流程优化将使组织在不断变化的环境中立于不败之地。

8.1 流程优化的三个层次

根据流程改进的程度，流程优化分为三个层次：流程再造、流程优化、流程活动改善。

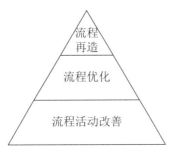

图8-1 流程优化的三个层次

1. 流程再造(Business Process Reengineering，BPR)

针对组织业务流程的基本问题进行反思，并对流程进行彻底的重新设计，称为流程再造。流程再造能够使流程在成本、质量、服务和效率等衡量组织绩效的重要指标上取得显著的进展。

2. 流程优化(Business Process Improvement，BPI)

组织对现有业务流程梳理、完善和改进的过程，称为流程的优化。这里的"流程优化(BPI)"是狭义的，它与流程再造(BPR)、流程活动改善(BPAI)共同组成了广义概念的流程优化过程组。

3. 流程活动改善(Business Process Activity Improvement，BPAI)

流程活动改善是组织对现有业务流程中的活动，从成本、质量、服务和效率上进行的改善，它关注的是流程中单个活动的改善。流程活动的执行角色根据在活动实际开展过程中的体验，从提升流程活动的执行效率和效果方面提出改进建议，改善流程活动，从而达到提升流程整体的效率和效果的目的。

流程再造、流程优化、流程活动改善三者的比较如表8-1所示。

表8-1 流程优化三层次比较

优化方式	对比项				
	面向的对象	实施组织	业务模式	优化层级	对绩效的影响
流程再造(BPR)	流程架构或流程	含"局内人"和"局外人"的团队	重建	高阶	显著的
流程优化(BPI)	单个流程	团队或个人	部分调整或不变	中阶	明显的
流程活动改善(BPAI)	流程中单个活动	通常为个人	不变	低阶	较小的

8.2 流程再造

8.2.1 关于流程再造

任何组织都希望能为客户提供更好的产品或服务，但有时候却事与愿违。一些组织曾为客户提供过非常好的产品或服务但近期的业绩逐渐下滑，究其原因，不是组织内在缺点所导致的，而是因为组织所处的社会环境、行业环境、市场环境已经发生了变化，变得即使组织在局部做出最大限度的调整，也还是不能适应这种变化。

这些组织在设立之初所依据的业务原则只是适用于当时的环境，其目标、方法和基本的组织原则已经过时。要重塑组织的竞争力，不是让职员更加卖力地工作所能解决的，而是要在业务模式上另辟蹊径。这也意味着组织必须抛弃曾经给其带来辉煌成就的许多原则和方法，进行业务流程再造。

流程再造就是探索把组织业务工作重新组织起来的新模式，对业务流程的结构提出与过去大不相同的见解、创意。

流程再造包含4个关键词：基本的、彻底的、显著的、流程。

1. 基本的

组织在进行流程再造时，必须对实施再造的业务提出基本的问题：为什么我们要干这项工作？为什么要这么干？提出业务方面的基本问题，才会促进我们关注业务的本质，因为只有清晰地知道业务是"什么"，我们才能确定"怎么"去做。

2. 彻底的

流程再造不是对组织现有的业务工作进行改善、提高或修补，而是对组织的业务流程进行彻底的重建。"彻底的"意味着抛弃旧流程，重新设计完成业务的新路径。

3. 显著的

组织进行业务流程再造的目的是希望获得组织绩效的跨越式进步，这种进步是显著的，而不是一点点的。点滴的进步并不需要大动干戈，但若希望取得显著的进步，则需要组织彻底改变原有模式，破旧立新。

4. 流程

流程再造的核心是以业务流程为导向，依托流程为客户创造价值。组织应从以任务为基础的管理思路转向以流程为基础的管理思路。

8.2.2 流程再造的触发

流程再造是对业务本质的根本反思，是对组织业务开展模式的彻底改变。组织内某项业务流程再造一定会对组织有重大的影响。所以，通常情况下流程再造在组织内是自上而下发起的，一般有以下三种情况。

1."破釜沉舟"型

组织运行面临困境，局部或者点滴的优化起不到作用，需要彻底地进行改造，这种类型称为"破釜沉舟"型。

2."未雨绸缪"型

组织运行正常，但管理层有极强的危机意识，已经预见到组织将要面临的困难，在组织面临困境前着手进行业务流程再造，避免危机的发生，这种类型称为"未雨绸缪"型。

3."高瞻远瞩"型

组织处于业界领先地位，近期或远期都不存在可能面临的困境，但管理层极其富有进取心，不满足目前取得的成就，主动抛弃当前给组织带来成效的做法，把业务流程再造看作进一步扩大组织优势的机遇，期望通过业务流程再造使组织获取更好的业绩表现，这种类型称为"高瞻远瞩"型。

8.2.3 流程再造的步骤

1. 通过图表来表明组织内业务工作的流动情况

组织内业务流程是与业务活动相对应的，但在大多数的组织中业务流程往往因为部门的存在而被割裂，所以流程在组织内通常都是无形的。实际上就像组织中的部门一样，业务流程也可以通过图表来展示，通过图表展示的业务流程反映了组织内业务工作流程的情况。某通信设备制造企业的业务流程如图8-2所示。

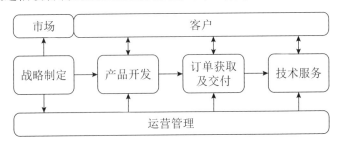

图8-2　某通信设备制造企业业务流程

用图表的形式来描述组织的业务流程在本指南第4章已做探讨。流程总体框架和分层分级的流程地图就是采用图表法来描述组织业务流程的结果。需要说明的是，组织在进行流程再造时，往往期望对业务流程做比较深层次的变革，所以尽管组织在早期已经输出了流程总体框架和各级流程地图，但在通常情况下，组织还会对流程总体框架和组织的流程再造目标进行重新分析，以了解组织最新的业务流程整体状况。

2. 选择要再造的业务流程

通过图表来展示组织的业务流程后，组织就要确定哪些流程需要再造。通常来说，流程再造是一项"浩大的工程"，一个组织不会同时开展所有的一级流程的再造。具体业务中可从以下三个方面进行考虑。

1) 严重性

通常情况下，组织内对哪些业务流程存在严重的问题是能够感知的，因为存在严重问题的流程非常显眼，不易被忽略，经常会因为客户对组织提供的产品或服务不满意而使组织管理层感到"麻烦"。但需要注意的一点是，对有些问题发生的原因，管理层不一定总能正确判断，需要仔细分析，避免误诊。

2) 重要性

组织存在的价值就是为客户提供优质的产品或服务，所以最重要的流程往往是对客户影响最大的流程。

3) 可实现性

流程再造是一个"大工程"，流程涉及的范围越小，其再造的成功率就会越大；流程再造的成本越低，其再造的成功率也会越大；流程再造人员的实力越强，其再造的成功率也越大。

3. 了解现有的业务流程

流程再造之前，组织需要了解现有流程的功能、运行状况以及影响该流程运行的主要问题。需要说明的是，流程再造的目标不是对现有流程进行改善，所以了解现有流程时不必关注流程的所有细节。

流程再造的最终目标是创造能更好地满足客户需求的流程，所以流程再造小组要真正了解客户的需求。例如，客户真正需要的是什么，客户面临哪些业务上的问题。此时，流程再造小组要到客户现场了解情况，这样有助于扩大视野，摆脱原有经验的束缚，甚至还能了解到客户自己忽略的一些情况。流程再造小组到客户现场了解情况，并不是要学习客户的业务操作方法，而是要清晰地理解客户的业务，找到流程再造的方向和想法。

了解客户的真正需求后，流程再造小组需要了解现有流程本身，明确现有流程能为客户提供什么。但始终要注意的是，了解流程本身不是关注其是如何运作的，而是要了解现有流程的内容和来由，进而重新设计流程。

在了解现有业务流程的同时，再造小组可以尝试了解业界最佳标杆(Benchmarking)的做法。之所以说是"尝试了解"，参考业界最佳标杆能启发再造小组的思路，促使再造小组做出更加伟大的创新，但同时也会局限思维，使再造小组一味地参考标杆，有可能造成流程创新性不足的问题。业界最佳标杆方法不要局限于本行业，而应该是跨行业的，甚至是跨地区，跨国家的。例如，能源类制造企业在产品研发模式上可以参考通信类公司产品开发过程。即使有标杆可供参考，也不一定能产生我们想要的流程再造结果，正是因为这样，流程再造才充满了魅力，通过流程再造创造出全球最佳的业务流程是流程再造小组的挑战和梦想。

4. 重新设计业务流程

显然，重新设计业务流程是流程再造过程中最有创意的一个环节，这部分工作最需要想象力、逻辑推理、归纳总结的思维方法和再造小组的坚持不懈。

重新设计业务流程并没有明确的规则可以遵循，在这个环节中没有明确的步骤，也不可能通过几个工作步骤就能产生一个全新的业务流程。但也无须过分担心，因为在全球范围内，已经有很多组织，包括企业，甚至是政府部门开展过流程再造，也有一些成功的方法和技术可供借鉴使用。

正是因为重新设计业务流程没有明确的规则，这种创新的过程更像一场智慧的碰撞，所以最有效的创造过程就是再造小组成员以集中研讨的方法进行脑力激荡，这样，小组成员不仅能够高效地沟通，还能够通过各自想法的分享，迸发出新的灵感。

8.2.4　流程再造原则、方法

流程再造是一项极富有创造性的工作，任何组织在进行一项流程再造工作时，都没有一套明确的、完整的、一成不变的步骤可以完全照搬。流程管理本身是一门科学，但流程再造既是科学，又是艺术。我们在总结全球范围内已经实施过的流程再造组织的经验中，可以提炼出流程再造的原则和方法。

1. 流程再造的原则

1）再造小组突破常规的想象力是流程再造的首要原则

小组成员应暂时放弃原有职位或专业的优越感，使原有业务流程对思维的束缚减少，回归到对业务本质目标的思考，发散思维，产生突破常规的想象力。

2）要围绕业务成果来设计流程，而不是仅仅为了完成任务

流程的结果是为了更好地为客户提供高价值的产品或服务，所以应以流程产生的成果来进行设计，而不能把流程中的各个活动当成任务。

3）参与流程中的角色应尽可能地少

亚当·斯密在18世纪提出了著名的"分工理论"，把工作分割成一个个简单的操作。但社会环境、市场环境、行业环境一直在发生着变化，组织中那些遵循"分工理论"所设计的业务流程在很多场景下已经不能适应当前的变化。例如很多业务流程的时间都花费在业务流转的中间环节，而不是真正花费到业务活动本身，所以重新设计业务流程时，在满足业务流程需要的前提下，应该尽量减少流程参与的角色，减少业务流转

的中间环节。

4) 不必追求再造后流程与原有流程完全的不同

尽管组织希望通过流程彻底改变原有的业务模式，但并不是一定要追求重新设计的业务流程与原有流程完全不同。重新设计出的流程也许保留了原有流程的某些特征，但与流程再造的彻底性和颠覆性并不矛盾，只要有利于组织业务绩效的提升，便是成功的一次流程再造。另外，重新设计出来的流程作为新鲜事物会得到大多数组织和个人的认同，但总有一天也会变得"过时"。

2. 流程再造的方法

1) 自问自答

自问自答是流程再造小组根据上述原则，自己提出问题，然后自己找出这些问题解决方案的过程。因为再造小组工作的出发点是实现突破性的创新，自问自答有助于小组成员从业务的本质出发，进而激发小组成员的创造性，设计出适应新环境下的、回归业务本质的新业务流程。

2) 利用和抛弃假设

很多业务模式的设计都蕴含一些假设在里面，例如"级别越高的人审批权限越大"，这种通常的认识里蕴含着级别高的人更了解业务、更能把控风险的假设。又例如"售楼员不能决定房屋交易的折扣"，这种做法里蕴含着售楼员为获取佣金而把自己利益置于公司利益之上的假设。利用和抛弃这些假设可以使再造小组了解重新设计的流程有哪些方面是被这些假设所影响的。

3) 角色互换

再造小组成员都有着自身原本的角色，站在原本角色上考虑问题不可避免地会出现"本位主义"，而角色互换有助于小组成员从整体业务出发，站在客户的角色思考问题。通过角色互换重新设计出的流程能使流程回归到为客户提供更有价值的产品和服务的正确道路上来。

4) 运用新技术

新技术的运用对于解决问题的效率和效果有质的帮助，例如信息技术。运用这些革命性的新技术有助于打破既有思维，实现流程中角色工作能力的大跨越。例如，公安人员利用互联网技术可以实现全国，甚至是全球范围内的逃犯信息查询；高速公路公司采用ETC(不停车电子收费系统)技术收费，大幅提高了收费速度。

8.2.5 谁来实施流程再造

流程再造是组织中"高阶"的流程优化，一定会对组织产生重大的影响。相比流程再造的内容，谁来实施流程再造更为关键。根据业界实施流程再造组织的经验，通常情况下，实施流程再造的负责人有如下的几种角色。

1. 赞助人 (Sponsor)

赞助人是组织内有权利批准和启动整个再造的高级管理人员。赞助人是组织内流程再造的发起者，其目光远大，高屋建瓴，又能唤起别人的激情，负责任命流程所有者，通常由组织内负责运营的高层管理者担任。因为流程再造始终是自上而下的变革，所以再造成败与赞助人有关键关系。

2. 流程所有者 (Owner)

流程所有者是负责某一项业务及流程再造的管理人员。流程所有者应该是组织内直线业务的高级管理者，通常是实施再造业务的部门主管。流程所有者负责组建流程再造小组，也要对再造后流程的实施全面负责。

3. 流程再造小组 (Reengineering Team)

流程再造小组是由若干个致力于某个特定流程再造的人员组成的团队，负责对流程现状进行调查并重新设计业务流程，监督再造后流程的贯彻和实施。再造小组通常由5~10人组成，由原先与再造的业务流程直接相关的"局内人"以及原先不在再造业务流程相关部门工作的"局外人"组成。这样组合的小组既可以对原有业务流程非常熟悉，又可以不受原有模式的束缚，实现突破性创新。再造小组成员应尽可能全职投入流程再造工作，尤其是"局内人"应切断与原有工作的关系，他们不能再代表部门的利益，而是应代表整个组织的利益来实施流程再造。

4. 指导委员会 (Steering Committee)

指导委员会是由组织内若干高级管理者组成的流程再造决策机构，负责对再造项目进行辅导，监督再造的进展，解决流程再造过程中再造小组无法自行解决的争论和分歧。

5. 流程管理主管 (Process Managing Director)

流程管理主管是组织内流程管理的总体负责人，负责制定流程再造的方式、方法和手段，协助和支持流程所有者及再造小组工作，同时协调组织内各流程再造小组间的工作。流程管理主管直接向赞助人汇报，甚至有时会代替赞助人行使流程再造管理职责。

组织内流程再造的各个角色之间的关系如图8-3所示。用一句话来概括流程再造各角色的关系：赞助人启动流程再造项目并任命流程所有者，流程所有者在流程管理主管的帮助和指导委员会的支持下召集流程再造小组进行流程再造。

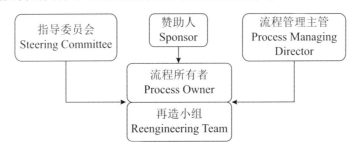

图8-3　流程再造角色关系

8.3 流程优化

8.3.1 关于流程优化

尽管对组织的业务流程进行革命性、彻底性的流程再造将显著提升组织绩效，但流程再造并不是组织流程管理工作的一种常态。大多数情况下，组织绩效的提升是一个"循序渐进"的过程，对组织现有流程进行持续的优化是组织内流程管理工作的重心。

流程优化关注的是组织内单个业务流程的改进，它与流程再造、流程活动改善，一起组成组织流程优化的三个层次。

流程优化围绕效率、成本、质量而开展。通过流程优化，流程不断趋向合理，与运行环境高度匹配，始终保持流程"新鲜"，达到业务开展模式正确、流程执行过程快速、角色操作容易、组织付出成本低的目的。

8.3.2 流程优化的触发

对组织中已有流程的优化是较常见的流程管理工作，组织中不同的业务每天都在持续运行中，哪些流程需要优化，什么时间进行优化，需要流程所有者和流程管理部门持续关注。通常使得业务流程优化触发的情况有以下几种。

1. 客户反馈

流程的客户对流程运行产生的结果不满意，通过投诉、抱怨、调查反馈、消极反应等方式传递意见时，那就意味着流程本身需要优化。

2. 事故检讨

组织运营过程中发生较严重的事故时，通常存在流程优化的必要。

3. 执行人员的建议

流程执行人员(包括流程所有者)对于流程本身最熟悉，他们了解流程运行过程中存在的问题。由流程执行者提出流程优化的建议，是一个组织流程文化的体现，这对组织能力的提升大有裨益。

4. 监控审计

业务流程就像组织的血液一样不断地流淌，流程管理部门应主动对相关业务流程的运作状况进行定期或不定期的检查以及审计(见7.4 流程监控)，发现流程存在的问题，提出优化建议。

5. 年度规划

除上述几种触发流程优化的情况外，组织的流程管理部门还应在年度规划中根据科学技术的发展、流程管理技术的发展、标杆研究、组织战略、中高层管理者的关注点，制定流程优化的年度工作规划，并根据年度规划来适时地启动流程优化工作。

8.3.3 流程优化实施步骤

作为常规的流程管理手段，流程优化相比流程再造有着更为成熟的做法和步骤(见图8-4)，大部分的流程优化都可以按照这个步骤来进行。

图8-4 流程优化步骤

1. 发起阶段

发起阶段主要是分析业务流程问题，在确定优化项目的目标、范围，评估本流程优化项目需要的资源、费用、时间、风险，会获得哪些收益之后，获得流程管理部门批准，正式启动流程优化项目。

2. 关注阶段

在关注阶段，通常评估当前流程现状，包括流程的角色、活动及控制单元，若有相关IT系统则需一起进行评估。在关注阶段，流程优化小组的主要任务是分析业界最佳实践，找出差距，设立优化目标，寻找优化的切入点。

3. 发明阶段

在发明阶段，通常从流程、人员、IT三个主要方面来设计未来流程，关注业务本质的逻辑、执行角色、控制单元以及可能使用的IT系统和技术，并通过模拟仿真(见6.3.3 流程演练)或试运行发现可进一步改良的方案，最终确定未来流程。

4. 推广阶段

推广阶段，即对当前业务流程优化后，付诸实际运行，主要包括流程签署发布、宣传培训、现场指导和检查控制。

(1) 签署发布。改进的新流程完成审批后即可确认发布，同时废止原有流程。(参照第5章 流程建设过程组)

(2) 宣传培训。通过宣传培训，相关各方理解、接受并实际使用新流程。(参照第6章 流程推行过程组)

(3) 现场指导。通过深入现场监督、检查、指导来保障新流程的正确实施。(参照第6章 流程推行过程组)

(4) 检查控制。对新流程试运行过程中的执行情况和实施效果进行检查、监督、纠正，以评估流程改进效果，如出现异常及时进行调整，试运行成熟后使之在操作中固化。(参照第7章 流程运营过程组)

8.3.4 流程优化工具、方法

流程优化的目的就是为了更好地为客户提供更具价值的产品或服务，反映到具体的流程设计上，就是尽一切可能减少流程中非增值活动，增强流程中的核心增值活动。

流程优化的方法有很多，本指南介绍的是组织进行流程优化的常用方法。但这并不代表同一个流程优化项目必须用到所有方法，也不代表必须"按部就班"地套用这些工具和方法。下面分别针对"关注阶段"和"发明阶段"常用方法进行说明。

1. 关注阶段流程评估常用方法(ASME[①]法)

无论是客户还是组织自身，都希望流程简洁、高效。既然流程是"正确地做事"的方法，那么流程中的活动就应该尽可能是必要的，这就需要对现有流程中的活动进行识别(见表8-2)。通常情况下，按照ASME法，将流程的活动分为增值类活动、非增值类活动、控制/检查类活动、传送类活动、耽搁类活动、存储类活动。

(1) 增值类活动，关键的、有效价值的活动。

(2) 非增值类活动，对业务没有起到关键作用的活动，又可分为两类：一类是流程中必须存在的活动；一类是流程中可以删除的活动。

(3) 控制/检查类活动，对业务过程进行数量或质量的控制或检查的活动。

(4) 传送类活动，人员、物料、文件、信息等在业务过程中的流动。

(5) 耽搁类活动，流程中相邻业务操作之间的暂时的停滞、存放或耽搁。

(6) 存储类活动，信息、文件、物品的储藏、归档。

表8-2 流程活动类型

序号	活动名称	执行角色	活动类型					
			增值类	非增值类	控制/检查类	传送类	耽搁类	存储类
1	接收客户订单	订单管理员				●		
2	安排商品出库	订单管理员			●			
3	送货	配送员	●					
4	……	……						

判断流程中的活动是否属于增值类活动，可以从客户增值和业务增值两个方面进行。

判断活动是否为客户增值类活动时，我们通常会提出以下几个问题：

- 该活动是否为产品/服务提供了新的功能/性能？
- 该活动具备竞争优势吗？(为客户提供更快、更便宜、更好质量的产品或服务)
- 客户愿意为此支付更高的价格吗？

判断活动是否为业务增值类活动时，我们通常会提出以下几个问题：

- 该任务是法律或法规所要求的吗？
- 该任务是否降低了所有权人的风险？
- 该任务是支持财务报告要求的吗？
- 如果取消该任务，流程会中止吗？

---

① ASME：美国机械工程师协会(ASME，American Society of Mechanical Engineers)。

2. 发明阶段流程优化常用方法——ECERA法

在通过ASME法对流程中的活动进行增值、非增值判断后，流程优化的方向就明朗了起来。本指南将常用的流程优化方法归纳为清除(Eliminate)、合并(Combine)、增加(Enhance)、调序(Rearrange)、自动化(Automation)，简称"ECERA法"。

(1) 清除。在流程发明阶段，要先找出并彻底清除流程中不必要的活动和内容。有必要取消的工作，自然不必再花时间研究如何改进。对于流程中某个活动、某个环节，首先要研究是否可以取消，这是流程优化的最优方法。清除活动的表示见图8-5。

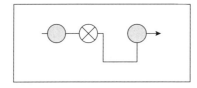

图8-5　清除活动

(2) 合并，即对可以合并的角色、活动、输出进行合并，明确角色权责。为了做好一项工作，通常会有分工和合作。分工的目的或是由于专业需要，为了提高工作效率；或是因工作量超过某些人员所能承受的负担。如果不是这两种情况的分工，就需要合并。有时为了简化工作甚至不必过多地考虑专业分工，减少工作过程中的传递环节，才能提高流程效率。合并活动的表示见图8-6。

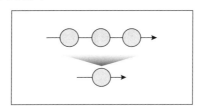

图8-6　合并活动

(3) 增加，即根据客户/管理需要增加创造价值的活动。流程优化并不意味着一味地删减，对于为客户提供更有价值的产品或服务的活动，在流程优化的过程中还是要增加的。例如，产品开发流程中对产品质量是否满足客户要求而进行的"产品测试"过程。增加活动的表示见图8-7。

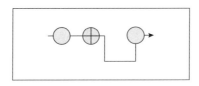

图8-7　增加活动

(4) 调序，即对不合理的活动顺序进行重新排列，利用并行工程缩短流程运行时间。在对现有流程进行删除、合并、增加等优化的方式后，需要对流程所有活动进行重新排序。这样，一方面流程活动会更加符合客观规律，另一方面采用并行工程，缩短流程运行周期。活动调序的表示见图8-8。

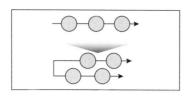

图8-8　活动调序

（5）自动化。最后，充分利用信息技术自动化功能，缩短流程活动间信息传递时间，使个别活动由原来的人工操作变为自动化处理，提升流程处理速度与质量。

8.4　流程活动改善

流程活动是一种转换或操作，通常情况下它接受某种输入，通过流程中某个角色利用某种资源并按照特定规则进行处理，将输入转换为输出。如果说流程是一串项链，那么流程中的一项项活动就是这条项链中的一粒粒珍珠。

组织中流程整体的高效离不开彻底的流程再造和使得单个流程绩效提升的流程优化，同时也离不开流程中每个活动的改善。

流程活动的改善以使流程中的每个活动都以低成本、高效率、高质量的标准来完成为出发点，通过对流程中每个活动的改善，使得每粒"珍珠"都光彩夺目，进而形成一串完美的"项链"。

8.4.1　流程活动改善的触发

在流程优化的三个层次中，流程活动改善是细节层面的优化。通常情况下，流程再造是"自上而下"的变革；流程优化是流程所有者及流程管理部门发起的，来自"中间层"的业务流程改进；而流程活动改善是业务流程中每个活动的执行人所发起的"基础"的改善活动，最能体现组织的全员流程意识。

既然流程活动的改善发起于组织中的每一位角色，所以流程活动改善的发起通常情况下是常态的，组织中在流程担任执行角色的成员都可以随时对业务流程中某个活动提出改善建议。

8.4.2　流程活动改善的方法——STRST

本指南将流程活动改善的常用方法归纳为简化内容(Simplify)、输出标准化(Template)、明晰职责(Responsibilities)、提升技能(Skill)、更新工具(Tool)，即STRST。

1. 简化流程中活动内容

本着为下游活动提供输入的目的,流程活动内容应尽可能简化,超出下游活动对输入的要求的内容是没有意义的。简化流程中活动内容的表示见图8-9。

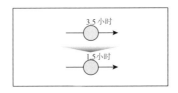

图8-9　简化流程中活动内容

2. 活动输出标准化

业务流程的模板就是为规范活动的输出而设计的,标准化的模板有助于不同的操作者按照同样的标准来完成活动,同时按照标准化模板进行输出有助于后续活动的顺利开展,使得整体流程效率得到提升。活动输出标准化的表示见图8-10。

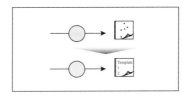

图8-10　活动输出标准化

3. 明晰流程角色的职责

根据业务活动的变化,进一步明确各流程角色的职责和权限,可以使流程活动执行人快速地做出判断,减少活动执行的时间。明晰流程角色的职责的表示见图8-11。

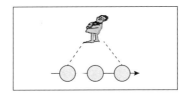

图8-11　明晰流程角色的职责

4. 提升流程活动执行人的技能

最大限度地提升流程活动执行人的技能,使得活动执行人在具体操作过程中游刃有余,高效快捷地完成任务。提升流程活动执行人的技能的表示见图8-12。

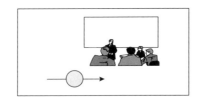

图8-12　提升流程活动执行人的技能

5. 更新执行活动的工具

"工欲善其事,必先利其器",完成活动的工具包括软件、硬件、基础工具。对完成活动的工具进行更新换代是使活动质量提升、缩短执行周期的重要手段。更新执行活动的工具的表示见图8-13。

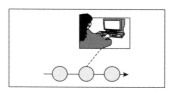

图8-13 更新执行活动的工具

8.5 流程优化的团队及角色

流程优化的三个层次对业务流程变革的程度是不同的,对组织产生影响的程度也是不一样的,根据对组织的影响程度不同,三个层次流程优化的团队和角色也不相同。

1. 流程再造的团队和角色

流程再造对组织的影响是最大的,它需要专职的再造团队,并且团队成员在组织中有较高的影响力。这样设置的目的是确保再造项目能成功实现,并在组织内部得以顺利推广(见本章8.2.5)。

2. 流程优化的团队和角色

流程优化是对单个流程整体的优化,它对组织的局部业务产生影响。组织内的流程管理部门行使对所有流程优化项目的管理职责,视流程优化的复杂度(例如业务复杂度、跨多个职能部门等)决定是否成立专职的流程优化团队。因为流程优化的投入程度远不及流程再造,所以一般情况下,流程优化项目团队成员兼职从事相关工作,通常建议由流程所有者担任流程优化项目组长。

3. 流程活动改善的团队及角色

流程活动改善是对流程中单个活动的优化,它是流程优化三个层次中对组织产生影响最小的一种形式。尽管是细节层面的优化,但因为流程活动的改善可能涉及人员技能、职责、工具等方面的改进,在某些时候也会组织针对性的团队来进行改进,例如很多组织中常有的品管圈(QCC)。在流程文化深入人心的组织中,更多的情况下,流程活动的改善由流程活动的执行人来实施。

表8-3 流程优化三个层次实施的团队和角色

优化类型	优化特点	实施的团队	负责人角色
流程再造	涉及某一系统或某项业务结构的根本性的调整	专职的流程再造工作组	组织高层管理者担任项目赞助人(Sponsor)
流程优化	针对单个流程的问题,特别是接口问题	临时的流程优化小组成员通常兼职从事相关工作	流程所有者担任组长
流程活动改善	针对流程中单个活动改善	团队(类似QCC)或个人	通常由流程活动执行人来负责

第3部分 业务领域流程标准

- 第9章　战略管理流程标准
- 第10章　市场管理流程标准
- 第11章　研发管理流程标准
- 第12章　销售管理流程标准
- 第13章　交付管理流程标准
- 第14章　服务管理流程标准
- 第15章　财务管理流程标准
- 第16章　人力资源管理流程标准
- 第17章　内部控制管理流程标准

第9章 战略管理流程标准

9.1 战略管理流程研究框架

本指南将组织战略管理流程分为6个部分,按照逻辑顺序分别是组织愿景与使命、环境分析、长期目标、制定战略、实施战略、战略评价。对一个组织来说,通常"组织愿景与使命"长期保持稳定,并不需要每年进行更新,且组织愿景与使命将长期指导组织战略的制定、实施与评价,故将"组织愿景与使命"置于战略管理流程框架的顶层。战略管理流程框架如图9-1所示。

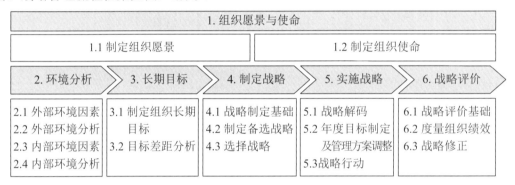

图9-1 战略管理流程框架

9.2 战略管理流程研究方法

很多人,尤其是一些组织的最高管理者都存在一个误区,认为组织的战略就是组织最高管理者对组织发展方向的想法,它的出台并不需要流程来进行指导。实际情况是,组织的战略是顶层设计,它几乎决定了组织的命运。

亚伯拉罕·林肯曾经说过:"如果知道我们现在在哪里,并多少知道我们是如何到达这里的,就可以看出我们将走向哪里——如果我们正走向不可接受的结果,就应及时改变我们的方向。"

"战略的制定比战略本身更重要"正是战略管理流程标准制定的初衷。本指南除采纳了战略管理理论外,更多地将具体的战略制定、管理的方法和工具加以呈现,使得战略管理过程更加具体和可操作。

本指南的战略管理流程标准适用于组织各层级的战略制定过程,既可以运用在组织整体战略制定,也可以运用在组织各业务领域的战略制定过程(例如研发战略、人才战略等)。战略管理流程标准包含的核心要素以及管理方法如下所述。

(1) 组织价值链分析、BSC平衡计分卡、流程再造理论、流程绩效管理理论。
(2) BLM模型、PDCA循环法、SMART方法、差距分析法。
(3) SWOT[①]矩阵、SPACE矩阵、BCG矩阵、IE矩阵、大战略矩阵、QSPM矩阵。
(4) 国内外战略管理标杆企业流程管理实践。

9.3 战略管理流程标准指南

依据战略管理研究框架及方法，本指南将战略管理各层级流程关键要素按照"基础管理流程标准"和"最佳实践流程标准"进行呈现(见表9-1)。

组织依据自身需要对照参考"基础管理"或者"最佳实践"，也可以部分业务对照"基础管理"，部分业务参考"最佳实践"。必须强调的是，对照参考"最佳实践流程标准"时，应首先达到"基础管理流程标准"的要求。此项操作同样适用于本指南第3部分的其他各章(第10～17章)。

表9-1 战略管理流程标准

流程层级		标准等级	
		基础管理流程标准	最佳实践流程标准
1.0 组织愿景与使命			
1.1 制定组织愿景			
1.1.1	陈述愿景	• 采用一句话描述组织期望达到的成就 • 组织创建者制定愿景时，应结合个人期望与组织自身发展方向 • 组织愿景应被组织成员特别是被高层管理者普遍认同	• 组织创建者对组织未来成就的理想定位和蓝图进行简单(通常是一句话)且清晰(能被想象)的描述，作为组织战略管理的基础 • 应当有尽可能多的管理者参与愿景的制定 • 组织愿景高度概括，并能回答"我们要成为什么"的问题 • 组织愿景的制定以组织自身的发展方向为出发点，并考虑组织创建者个人愿景与组织愿景的结合 • 愿景具有激励性、挑战性、引导性
1.2 制定组织使命			
1.2.1	陈述使命	• "为实现组织愿景，组织应开展什么业务"是陈述组织使命必须考虑的问题 • 组织使命指明组织经营的方向、目的和思想 • 向所有组织成员进行阐述和说明，使组织成员产生工作的激情和动力	• 明确组织愿景的基础上，进一步站在组织客户希望获得什么样的产品和服务的角度来陈述组织的使命 • 应当有尽可能多的管理者参与使命的制定 • 组织使命能回答"我们的业务是什么"的问题，且是在组织愿景基础上来思考这个问题 • 组织使命使得组织所有员工产生"使命感"

---

① SWOT，即优势、劣势、机会、威胁

(续表)

流程层级		标准等级	
		基础管理流程标准	最佳实践流程标准
1.2.2	使命陈述的要素	• 组织使命至少包括以下要素： ♦ 组织存在目的定位，说明组织应该满足客户的哪些需求(不是说组织生产哪些产品或提供哪些服务) ♦ 组织经营准则，说明组织的基本价值观和行为准则(包括组织与客户、社会、员工、股东关系的指导思想) ♦ 组织形象定位，说明组织通过产品和服务的提供，获得社会公众和员工对组织的看法和评价	• 组织使命陈述从以下几个方面进行考虑： ♦ 客户方面——组织的客户是谁？ ♦ 产品或服务组织方面——为用户提供的产品或服务是什么？ ♦ 目标市场方面——组织开展业务的地域有哪些？ ♦ 科学与技术方面——组织的科技水平是否处于领先地位？ ♦ 增长及盈利方面——组织是否努力实现规模及利润的增长，并保持良好的财务状况？ ♦ 信念方面——组织的价值观、行为理念是什么？ ♦ 组织能力方面——组织最主要的能力和竞争优势是什么？ ♦ 公众形象方面——组织对社会和公众及环境应负的责任什么？ ♦ 员工关怀方面——组织如何看待员工？
2.0 环境分析			
2.1 外部环境因素			
2.1.1	经济因素分析	• 组织至少应对可直接影响组织经营战略的经济因素进行考虑，包括以下内容： ♦ 进出口环境 ♦ 汇率及变化趋势 ♦ 区域居民可支配收入水平 ♦ 产品与服务需求的变化 ♦ 居民消费模式及消费倾向 ♦ 产品或服务价格波动 ♦ GDP数量及变化趋势 ♦ 税务水平	• 对可能影响组织经营战略的经济因素进行考虑，通常考虑的经济因素包括以下几种： ♦ 经济结构的转变 ♦ 金融证券市场变化趋势 ♦ 融资便利性及成本 ♦ 进出口环境 ♦ 区域居民可支配收入水平 ♦ 产品与服务需求的变化 ♦ 居民消费模式及消费倾向 ♦ 产品或服务价格波动 ♦ 通货膨胀指标 ♦ 劳动力市场形势 ♦ GDP数量及变化趋势 ♦ 财政政策 ♦ 劳动效率水平 ♦ 税率水平 ♦ 汇率及变化趋势 ♦ 其他重要组织/机构的政策
2.1.2	社会、文化、人口、环境因素分析	• 应对社会、文化、人口及环境因素进行分析，包括以下几个方面： ♦ 商业环境 ♦ 社会责任 ♦ 人口结构及变化趋势	• 社会、文化、人口及环境因素及其变化，可能给组织带来机会或威胁，这些因素包括但不限于以下几种： ♦ 商业环境 ♦ 社会责任 ♦ 公众意识、道德倾向

(续表)

流程层级		标准等级	
		基础管理流程标准	最佳实践流程标准
2.1.2	社会、文化、人口、环境因素分析	♦ 受教育水平及文化程度 ♦ 生活方式及变化趋势 ♦ 收入水平及购买习惯 ♦ 对产品或服务的态度 ♦ 对外国人、民族、种族的包容性 ♦ 环境保护意识及状况 ♦ 城市环境	♦ 社会保障 ♦ 受教育水平及文化程度 ♦ 对待职业的态度 ♦ 人口结构及变化趋势 ♦ 价值观 ♦ 生活方式及变化趋势 ♦ 收入水平及购买习惯 ♦ 对产品或服务的态度 ♦ 对外国人、民族、种族的包容性 ♦ 环境保护意识及状况 ♦ 废物管理及环境治理水平 ♦ 出行方式及交通状况 ♦ 城市环境
2.1.3	政治、法律环境因素分析	• 至少应对以下重要的政治、法律环境进行分析，包括以下几个方面： ♦ 政府管制 ♦ 政府国际关系 ♦ 商业活动涉及法律 ♦ 税法及变化 ♦ 财政及货币政策 ♦ 政府对商业垄断的态度和法律 ♦ 知识产权环境	• 重要的政治、法律环境包括以下几个方面： ♦ 政治环境 ♦ 政府稳定性(存在执政不稳定风险的国家) ♦ 政府管制 ♦ 政府国际关系 ♦ 商业活动涉及法律 ♦ 税法及变化 ♦ 财政及货币政策 ♦ 政府对商业垄断的态度和法律 ♦ 知识产权环境 ♦ 政府产业支持政策 ♦ 劳动法及其他就业法律 ♦ 社会安全环境
2.1.4	技术发展因素分析	• 组织始终关注与自身提供的产品和服务相关的技术发展趋势 • 技术负责人应定期向组织战略制定部门提供相关的技术发展报告	• 持续对所在领域新技术及技术发展趋势进行跟踪 • 组织设立CIO(首席信息官)职位，与CTO(首席技术官)协作建立、维持和更新技术信息跟踪系统 • 自行建立新技术跟踪信息库或与专业机构进行合作非常有必要 • 除了组织自身为客户提供的产品与服务所涉及的技术外，对向客户提供产品或服务过程中涉及的相关技术进行跟踪(例如移动互联网技术对销售方式的影响)
2.1.5	竞争因素分析	• 持续关注竞争对手动态，收集和评价竞争对手的相关信息，至少应包括以下内容： ♦ 主要竞争对手的战略、优势、劣势	• 成立专门的部门或岗位负责竞争对手信息的收集、整理与分析 • 借助管理者、雇员、供应商、渠道商、用户、咨询机构、行业管理组织、互联网等合法途径来收集有效的竞争对手信息

(续表)

流程层级		标准等级	
		基础管理流程标准	最佳实践流程标准
2.1.5	竞争因素分析	◆ 行业潜在的竞争者信息 ◆ 组织提供的产品或服务潜在的替代品提供者信息 ◆ 组织所在行业的供应商供应信息 ◆ 行业购买者行为	• 动态持续收集、整理和分析竞争对手信息，主要的竞争对手信息包括以下要素： ◆ 主要竞争对手的优势、劣势 ◆ 主要竞争对手的目标与战略 ◆ 主要竞争对手在面临影响本行业的经济、社会、人口、环境、技术、政策、法律等因素的变化时的反应 ◆ 本组织对主要竞争对手的各种战略承受力 ◆ 主要竞争对手对本组织各种战略的承受力 ◆ 本组织产品或服务相对于主要竞争对手的市场定位 ◆ 新加入的竞争对手情况 ◆ 本行业的主要竞争因素 ◆ 供应商与客户 ◆ 可能的替代产品或服务对本组织的威胁

2.2 外部环境分析

流程层级		基础管理流程标准	最佳实践流程标准
2.2.1	外部信息收集渠道	• 尽管还未能就外部信息收集建立长期、稳定的合作渠道，但在需要时，可以有效地寻找渠道，并能获取有效的外部信息 • 由专人负责对可能的外部信息获取渠道进行跟踪和维护 • 通过互联网获取外部信息已经成为组织越来越倚重的渠道	• 组织自身设有外部信息收集部门，或者有稳定的、长期的外部信息收集合作渠道，包括公开信息和未公开信息 • 组织获取外部信息的公开渠道包括专业报告、政府文件、书籍、公开的出版物 • 未公开的渠道包括市场调查、行业研究、用户访谈、专业人士的演讲和发言、专业人士论坛对话等
2.2.2	分析工具/方法	• 从对组织自身影响程度出发，组织应对收集的外部信息进行排序 • 对组织自身产生关键影响的因素应该： ◆ 对组织实现中长期目标有重大影响 ◆ 可衡量 ◆ 数量不宜过多 ◆ 可分层级，影响范围可能是组织整体，也可能是组织的局部 • 有选择地应用PEST分析法、SWOT分析法、波特五力分析法、波士顿矩阵	• 针对收集到的外部信息进行整理和评价，多次召开集中的管理者会议，集体认定组织面临的最重要的机会和威胁 • 常见的对组织关键的机会和威胁包括以下几项： ◆ 供应商或者销售渠道的关系 ◆ 竞争对手的产品能力 ◆ 知识产权优势 ◆ 成本和价格优势 ◆ 技术优势 ◆ 市场/人口的消费能力 • 选择适合自身的外部因素分析工具，并持续应用工具进行外部因素分析 • 广泛应用PEST分析法、SWOT分析法、波特五力分析法、波士顿矩阵

(续表)

流程层级		标准等级	
		基础管理流程标准	最佳实践流程标准
2.2.3	预测方法/技术	• 根据外部信息的变化趋势(预测)来识别重要的机会和威胁 • 多渠道的外部信息的预测应被综合考虑 • 历史预测的准确率是预测信息是否被采纳的重要参考因素	• 除参考使用外部预测信息外,组织还应建立自身完整的预测系统 • 预测系统采用适合自身行业的预测方法和模型,并适时对预测方法和模型进行修正 • 定量预测方法与定性预测方法结合使用 • 战略制定人员应对外部预测信息和组织自身预测系统的预测信息进行内在逻辑的分析和判断,尽可能减少预测偏差
2.2.4	组织对确定的外部因素的敏感度评估	• 对通过外部因素分析方法确定的外部因素进行组织反应的敏感度评估 • 组织对外部因素(无论是机会,还是威胁)变化的反应程度,是评价组织对外部因素敏感度的标准 • 对外部因素的理解是组织反应敏感度评估的关键	• 尽可能让更多的管理者参与外部因素敏感度评估 • 对外部因素敏感度进行定量的转换,更加清晰地判断组织现有战略的有效性 • 建立适合组织自身的外部因素敏感度评估程序,包括以下步骤: ◆ 整理出通过外部因素分析方法确定的10～20个外部因素(包括影响行业和本组织的机会和威胁) ◆ 依据各因素重要程度赋予权重(0%～100%,所有因素权重和为100%) ◆ 根据组织现有战略对每个因素是否进行有效反应进行评分(1～5分,分数越高,代表反应越有效) ◆ 计算组织对每个因素反应敏感度的加权分数(分数越高,代表组织现有战略对外部因素的反应越有效)
2.3 内部环境因素			
2.3.1	组织管理分析	• 通过回答以下问题来对组织管理的优势和弱点进行评估: • 组织是否有战略规划的理念? • 组织设定的目标是否可衡量?是否进行了层层分解?	• 评估组织内部管理因素,包括规划/计划管理、组织结构及人员管理、流程管理、激励与分配管理、控制管理 • 组织所有管理者以及员工代表参与管理因素评估,并着重评估以下方面: ◆ 规划/计划管理方面,是否有明确的、科学的规划流程?规划流程有没有被严格执行?组织规划/计划管理是否兼顾了中长期及短期目标?规划的目标是否进行了恰当的分解和分配? ◆ 组织架构及人员管理方面,组织架构的设计是否能支撑战略?组织之间的分工及职责是否清晰明确?员工结构是否合理?员工劳动关系状况是否正常?

(续表)

流程层级		标准等级	
		基础管理流程标准	最佳实践流程标准
2.3.1	组织管理分析	◆ 授权是否清晰和充分？ ◆ 组织架构的设计是否恰当？ ◆ 是否明确了为客户创造价值的业务流程？ ◆ 员工职责和工作规范要求是否清晰？ ◆ 组织氛围是否积极向上？ ◆ 绩效管理机制和奖励机制是否有效？	◆ 流程管理方面，是否依据"价值链"模型建立了组织的业务流程体系？流程运行效果如何？是否有专职部门或人员对流程的运营进行监控？流程的有效性如何？ ◆ 激励与分配管理方面，员工的工作与劳动是否得到了尊重并得到了相应的报酬？员工士气如何？员工职业发展路径及可实现性如何？组织现有的激励与分配政策是否符合组织文化？能否对员工的工作热情形成激励？ ◆ 控制管理方面，组织是否有完整的内控体系？内控体系是否已经完整地落实在流程中？内控体系的有效性如何？
2.3.2	市场营销分析	• 至少应从以下方面来对组织的市场营销优势和劣势进行评估： ◆ 销售增长幅度是否大于行业平均增长幅度？ ◆ 销售团队的表现能否达到组织的预期？ ◆ 用户对组织提供的产品或服务的满意度是否在上升？ ◆ 分销渠道的选择是否恰当？成本和费用是否合适？ ◆ 产品或服务的定价是否符合其在市场上的价值？ ◆ 是否有清晰的销售预算和计划？达成情况如何？	• 从市场及用户分析、产品/服务销售、产品/服务升级计划、价格管理、分销渠道、销售团队等方面来评估组织市场营销的优势和劣势 • 通过回答以下问题来分析评估组织市场营销的优势和劣势： ◆ 组织是否对市场进行了合理的细分，并选择了细分市场？ ◆ 组织在细分市场的地位如何？市场份额是否在增长？ ◆ 分销渠道的风险是否可控？渠道费用是否合理？ ◆ 客户对组织提供的产品/服务评价如何？ ◆ 产品或服务的定价是否合适？ ◆ 组织的销售策略和手段是否恰当有效？ ◆ 营销人员是否有丰富的经验并经常接受培训？
2.3.3	研究与开发分析	• 至少应从以下方面，对组织研发的优势和劣势进行分析： ◆ 研发组织的稳定性及产品持续研发能力如何？ ◆ 研发产品是否支撑组织市场战略？ ◆ 研发管理规范性，是否满足ISO关于研发的要求？ ◆ 研发环境、设备、技术路线是否满足组织当前发展的需要？ ◆ 是否有明确的研发流程指导产品或服务的研发过程？	• 对本组织研发的优势和劣势进行分析，通常包括以下方面： ◆ 研发人员能力是否达到组织的期望？ ◆ 研发产品规划是否符合组织市场战略？ ◆ 产品自身研发和委托研发是否恰当？ ◆ 研发环境、设备是否能满足开发需求？ ◆ 组织选择的研发技术路线是否具备竞争力？ ◆ 是否有完整的、跨功能领域的产品研发管理体系？ ◆ 组织中其他部门参与产品研发的程度是否足够？ ◆ 研发资源的使用是否高效？ ◆ 新产品或服务在销售中的占比是否符合组织对研发的预期？

(续表)

流程层级		标准等级	
		基础管理流程标准	最佳实践流程标准
2.3.4	采购与生产分析	• 从以下方面对组织采购和生产的优势和劣势进行分析： ◆ 是否有稳定、可靠的采购供应商？ ◆ 供应商提供的原料是否能满足组织对周期、质量、价格方面的期望？ ◆ 生产环境、设备、场地是否运行良好？ ◆ 生产产品的质量是否能得到有效的控制？ ◆ 库存是否合理？是否有效的库存管理机制？ ◆ 产品包装、运输、物流是否满足组织的要求？ ◆ 生产人员是否有适当的培训？是否有足够的技能满足生产的需要？	• 除要对基础管理流程标准提及的问题进行分析外，还应对以下方面进行分析： ◆ 原料供应商能否对组织新产品、技术的发展提供支撑？ ◆ 生产方式是否适应组织产品及商业模式？ ◆ 生产场所的布局是否满足组织的战略部署？ ◆ 是否可以柔性调整产能及库存？
2.3.5	财务分析	• 对组织的财务管理状况进行如下分析： ◆ 组织现金流管理是否处于正常水平？ ◆ 是否有统一的资金使用制度和流程？ ◆ 财务管理风险是否被较好地规避？ ◆ 是否与筹资渠道保持良好的合作关系？ ◆ 是否与组织的投资者和股东保持良好合作关系？ ◆ 是否符合国家对组织财务管理政策的要求？ ◆ 财务管理人员是否具备相应从业资格？	• 组织财务管理应更好地支撑组织的经营，主要分析： ◆ 财务管理是否能对组织的经营管理起到应有的支撑？ ◆ 财务预测是否定期开展？预测准确性是否能支撑组织经营策略的调整？ ◆ 全面预算管理是否已经在组织内被广泛接受和应用？ ◆ "管理会计"是否在发挥作用？ ◆ 资金规划和股息分配政策是合理？
2.3.6	管理信息系统分析	• 应对组织的信息化管理水平进行分析，包括以下几个方面： ◆ 是否有相对完备的信息管理系统来支撑组织开展业务？ ◆ 是否有专门的部门和人员管理和维护信息管理系统？ ◆ 信息管理系统使用是否正常？ ◆ 组织内各成员对使用信息系统的意愿如何？ ◆ 采用IT系统电子流来实现业务流程运行的覆盖率如何？	• 除基础管理流程标准外，还应分析： ◆ 组织是否有长远的IT管理系统规划？ ◆ 组织是否设有CIO角色？ ◆ 除了管理支撑流程外，组织的主要业务流程是否也逐步实现了IT化？ ◆ 组织信息管理系统是否为组织带来了竞争优势？ ◆ 是否根据当前IT技术的发展，逐步引进移动信息管理系统？

2.4 内部环境分析

2.4.1	组织内部因素分析过程	• 评价过程应对组织的管理、市场营销、采购生产、研究开发、财务管理、信息管理系统等方面进行有效的协调，并取得各领域之间的相互理解 • 收集、理解、评价组织的运作信息，确定关键的影响组织未来发展的10～20个优势和劣势	• 组建由合适的人员进行支持的专门的管理团队，负责确定影响组织未来的10～20个最重要的优势与劣势 • 内部因素分析应尽可能多地让各级管理者和员工代表参与

(续表)

流程层级		标准等级	
		基础管理流程标准	最佳实践流程标准
2.4.2	价值链优势/劣势分析法	• 通过对组织业务开展全过程的成本分析来确定组织的优势和劣势。分析遵循以下步骤： ◆ 将组织的业务运作全程，依托价值链模型分解为特定的活动和过程 ◆ 确定各个活动的成本(时间成本或经济成本) ◆ 与竞争对手进行对比，分析出组织业务活动的成本优势和劣势	• 在运用价值链优势/劣势分析法时，应关注价值链上不同业务活动之间的约束关系 • 除关注主价值链业务活动的成本分析外，还应对组织的辅价值链(重点在时间成本)业务过程进行分析
2.4.3	对内部战略管理分析进行总结	• 对组织内部战略管理的优势和劣势进行总结和评价 • 内部因素的优势和劣势评价应尽可能地采取量化对比方式进行，并根据对本行业有重要影响的内部因素来进行评估 • 对内部因素的透彻理解比对其进行数值的量化更为重要	• 建立适合组织自身的内部因素优势和劣势的量化评价规则，包括以下步骤： ◆ 列出10～20个内部因素(包括影响本组织在行业中成败的优势和劣势) ◆ 依据各因素重要程度赋予权重(0%～100%，所有因素权重和为100%) ◆ 为各因素进行评分(1～5分，分数值低代表劣势，数值高代表优势) ◆ 计算出组织内部因素的加权分数(数值越高，代表组织内部状况在行业中具备优势；反之为劣势)

3.0 长期目标

3.1 制定组织长期目标

3.1.1	设计组织长期目标种类	• 设计组织的长期目标，支撑组织愿景与使命的达成 • 长期目标包含经济性目标(例如收入、利润)和非经济性目标(例如市场、人才) • 高层管理者对长期目标的种类进行取舍，并在组织高层管理者之间达成一致	• 根据组织自身情况及发展阶段，从财务目标及战略目标出发，制定适合自己的长期目标种类。长期目标的种类的选择应以支撑组织愿景及使命的达成为目的 • 对重点关注财务目标(通常为经济性指标，定量衡量)还是战略目标(通常为非经济性指标，可能是定性衡量)进行权衡，并做出决策 • 组织长期目标应至少考虑以下几类： ◆ 利润目标，包括利润额、投资收益率、每股平均收益率等 ◆ 市场目标，包括市场占有率、市场覆盖率、销售量、新市场拓展等 ◆ 产品目标，包括产品质量、种类、产品研发周期、新产品销售占比等 ◆ 竞争目标，包括行业地位、品牌形象、质量排名等 ◆ 发展目标，包括组织规模、资产总量、市值、新投资领域发展等 ◆ 财务目标，包括现金流、资本利润率、流动资金等

(续表)

流程层级		标准等级	
		基础管理流程标准	最佳实践流程标准
3.1.1	设计组织长期目标种类	• 组织的长期目标种类包括财务目标、市场目标、竞争目标、发展目标等	◆ 生产目标，包括产能、生产效率、投入产出比、库存周转率等 ◆ 研发目标，包括新产品开发数量、研发经费、新品开发周期等 ◆ 组织目标，包括适应组织发展的组织架构变革 ◆ 人才目标，包括关键人才数量、人员流动率等 ◆ 社会责任目标，包括节能减排、社会责任等
3.1.2	制定组织长期目标	• 结合最高管理者的期望来制定长期目标，至少制定3年目标 • 长期目标虽具有一定挑战性，但不是不可完成 • 组织长期目标应分解为年度目标，并逐层向组织分支机构或部门分解	• 组织长期目标应至少规划5年 • 长期目标应当可度量、易理解、具有挑战性、可分层级、可实现，并有对应的实现时间 • 组织内各领域、各职能部门都应设立自己的长期目标 • 长期目标应被明确描述，并在组织内广泛宣传 • 组织必须在进行年度考核时关注长期目标的达成情况，层级越高，长期目标所占权重越大，建议长期目标占据权重： ◆ 组织级，长期目标权重75% ◆ 分/子公司机构级，长期目标权重50% ◆ 职能部门级，长期目标权重25%

3.2 目标差距分析

流程层级		基础管理流程标准	最佳实践流程标准
3.2.1	经济性目标差距分析	• 对组织当前战略的经营结果进行预测，预测周期应与战略制定周期保持一致 • 对规划期制定的经济性目标与不改变经营战略的预期结果进行比较，通常比较的经济性目标项目包括以下内容： ◆ 收入类差距 ◆ 利润类差距 ◆ 现金流的差距 • 经济性目标差距必须量化	• 除建议的基础管理流程标准外，组织应针对主要竞争对手的财务指标进行差距分析 • 经营多种业务的组织，应分别对不同的产品或服务领域进行差距分析
3.2.2	非经济性目标差距分析	• 对组织当前战略的经营结果进行预测，预测周期应与战略制定周期保持一致 • 对规划期制定的非经济性目标与不改变经营战略的预期结果进行比较，包括以下内容： ◆ 市场地位类差距(占有率、市场增长率等) ◆ 质量类差距 ◆ 服务类差距 • 非经济性目标差距可能是定量的，也可能是定性的，但应该可衡量	• 重点关注组织能力差距 • 进行非经济性目标差距分析，重点关注组织的学习能力、管理能力

(续表)

流程层级		标准等级	
		基础管理流程标准	最佳实践流程标准
4.0 制定战略			
4.1 战略制定基础			
4.1.1	战略制定过程	• 在充分理解组织使命和愿景并掌握组织内部和外部信息的情况下制定组织战略 • 分析各备选战略的优势、劣势、利弊、成本、收益 • 集中进行讨论、评价,选择适合组织的战略	• 战略制定过程中将分析性判断与直觉性判断相结合 • 鼓励参与人员在思考过程中发挥创造精神 • 组织战略制定者应制定并选择适合组织现状的战略,不能好高骛远
4.1.2	战略制定框架	• 建立一套包括信息输入、评价技术、决策机制等部分的战略制定框架 • 基于组织需要,合适的战略制定和选择工具被选择并进行应用 • 集团化经营的组织应明确组织分部与集团之间的战略制定逻辑	• 注重战略制定过程的分析方法,同时也注重战略制定者的直觉、意见、讨论和对话 • 组织的战略制定框架应严格遵守,并适时进行完善 • 在框架中对组织的战略控制点、控制要素进行单独分析和制定
4.1.3	战略制定输入	• 外部因素分析、内部因素分析以及竞争分析作为战略制定的基本输入 • 组织的使命、愿景、目标及目标差距分析结果作为战略制定的牵引	• 战略制定者应对输入的信息进行重要程度排序 • 根据输入信息的重要性进行取舍,以确定战略制定过程关注哪些信息
4.2 制定备选战略			
4.2.1	内部因素与外部因素进行匹配	• 采取恰当技术对内部因素和外部因素进行匹配,制定组织备选战略 • 组织可参考以下备选战略制定技术,包括SWOT矩阵、SPACE矩阵、BCG矩阵、IE矩阵、大战略矩阵 • 备选战略至少能为达成组织的某一目标而制定	• SWOT矩阵、SPACE矩阵、BCG矩阵、IE矩阵、大战略矩阵等战略制定技术被广泛应用 • 组织备选战略应考虑整体战略和分步战略,并针对性地制定适合的战略类型: ♦ 一体化战略(前向一体化、后向一体化、横向一体化) ♦ 增强型战略(市场渗透、市场开发、产品开发) ♦ 多元化战略(集中多元化、混合多元化、横向多元化) ♦ 防御型战略(收缩、剥离、清算) ♦ 通用性战略(成本领先、差异化、专一化)
4.2.2	SWOT矩阵	• 发挥组织内部优势,利用外部机遇(SO战略) • 利用外部机会来弥补内部弱点(WO战略) • 利用内部优势来回避或减少外部威胁的影响(ST战略) • 减少内部弱点,同时回避外部环境的威胁(WT战略)	• 采用具体的非笼统的描述来建立SWOT矩阵 • 标明备选战略产生的依据(来自内部的优势或劣势,来自外部的机会或威胁) • 备选战略的产生不仅考虑单个S、W、O、T因素,而且进行了系统思考

(续表)

流程层级		标准等级	
		基础管理流程标准	最佳实践流程标准
4.2.3	SPACE矩阵	• 根据组织需要,建立合适的SPACE矩阵,并设定矩阵轴分值上下限 • 依据组织特点,分别制定FS、CA、ES、IS的不同变量 • 对各变量进行评分,依据SPACE矩阵分析过程,得出各类形态战略(进取战略、保守战略、防御战略、竞争战略)	• 结合战略制定者的直觉进行详细的备选战略描述 • 对在矩阵的相同象限内的战略形态进行区别分析及描述
4.2.4	BCG矩阵	• 根据组织内不同的分部/产品在不同的产业中进行竞争,分别制定它们的备选战略 • 对不同的分部/产品从相对市场份额和产业销售增长率方面进行评估 • 制定组织的BCG矩阵 • 根据组织内不同分部/产品所处的象限(问题、明星、金牛、瘦狗)来分别制定备选战略	• 战略制定者集体充分讨论,对分部/产品的相对市场份额和产业销售增长率进行客观的分析和评价 • 重点关注介于象限之间的分部/产品,充分考虑市场、竞争等方面因素制定它们的备选战略
4.2.5	IE矩阵	• 建立组织内各分部/产品的IFE、EFE矩阵,并得出加权分数 • 基于各分部/产品的加权分数,建立组织的IE矩阵 • 根据分部/产品在IE矩阵中所处位置,分别制定备选战略(Ⅰ、Ⅱ、Ⅳ为增长和建立型战略;Ⅲ、Ⅴ、Ⅶ为坚持和保持型战略;Ⅵ、Ⅷ、Ⅸ为收获或剥离型战略)	• 区域和产品的IE矩阵被同时建立 • 根据预测,制定组织"事后"(通常为一年后)的IE矩阵,并与"事前"的IE矩阵进行比较
4.2.6	大战略矩阵	• 组织或组织内的分部/产品按照竞争地位和市场增长两个维度建立大战略矩阵 • 依据在大战略矩阵中的象限不同,制定备选战略	• 对于在同一象限的战略,按照吸引力的大小进行排序
4.3 选择战略			
4.3.1	QSPM矩阵	• 采取QSPM矩阵,对备选战略进行选择 • 各备选战略的总体吸引力,应该依据内外部关键因素的权重与各备选战略在该因素的得分加权计算而成 • 把战略组合的总分作为最终选择战略的重要标准	• 除备选战略五大技术产生的可选战略外,战略制定者还用良好的直觉判断来选择进入QSPM矩阵的备选战略 • 战略制定者应对内外部关键因素的权重及得分进行客观判断和决策
4.3.2	战略选择的其他重要因素	• 组织的文化在战略制定和选择中被充分考虑和尊重,包括价值观、信仰、态度、习惯、规范以及代表组织精神的人物	• 战略制定者应考虑组织内的"政治"因素,充分利用各种力量来达成可最终使得组织目标达成的战略 • 关注组织所能把控的战略控制点对战略选择的影响

(续表)

流程层级		标准等级	
		基础管理流程标准	最佳实践流程标准
5.0 实施战略			
5.1 战略解码			
5.1.1	部门责任定位	• 在战略解码前，对组织内各部门责任进行定位 • 根据部门职责、部门对组织的贡献及对投入资源的控制或影响程度来确定部门责任 • 部门责任定位时应与上级沟通，并由组织统一进行确定	• 明确部门相对责任定位 • 部门定位围绕战略目标进行，并根据战略变化适时进行调整 • 部门职责应清晰、明确，部门间职责允许有交叉，但需明确各自的侧重
5.1.2	制定部门战略牵引方向	• 结合部门独特价值和责任中心定位，分析和提炼组织、上级部门、流程目标和重点中与本部门相关的核心内容 • 依据确定的核心内容，总结出年度战略牵引重点 • 通过讨论和判断，将部门各战略牵引重点用一段话表述清楚	• 部门成员应经过充分研讨，对战略牵引方向达成一致 • 部门战略牵引应能对组织或上级部门战略形成支撑，并经上级批准
5.1.3	战略澄清	• 基于战略牵引方向识别重点的财务策略，并基于此确定可为组织做出的财务方面的贡献(如提高效率、增加收入、规模增长、风险控制等) • 明确目标客户，分析目标客户的价值主张和诉求，确定客户层面的目标(针对目标客户的策略目标，形成差异化的价值主张)	• 确定能对客户层面目标和财务层面目标的实现起决定性作用的核心流程 • 确定为有效支撑核心流程运作，在团队、员工能力提升方面，以及信息基础设施及信息系统建设方面的关键策略 • 确定为保证战略有效实施，在文化、领导力、协调一致、团队工作等方面的关键策略
5.1.4	确定部门衡量指标与重点工作	• 基于部门职责定位、战略牵引方向和战略澄清，确定部门考核指标(KPI) • 识别部门考核指标对应的关键事项，按照优先级排序，形成部门重点工作	• 识别部门在客户层面、内部流程层面和学习与成长层面最重要的要素，将其纳入重点工作
5.1.5	责任分解	• 将组织指标层层向下进行分解，直至岗位和个人 • 根据战略地位和对组织和客户的价值不同，赋予各项指标不同的权重 • 按照定量和定性结合的方式来设置指标和重点工作	• 将组织责任目标分解为流程责任目标和部门责任目标 • 按照流程中角色和岗位将流程责任目标分解为岗位责任目标 • 将岗位责任目标和部门责任目标进一步分解，形成个人责任目标(PBC)
5.2 年度目标制定及管理方案调整			
5.2.1	目标制定过程	• 保证年度目标的恰当合理并能够支撑长期战略目标，年度目标制定应投入更多的时间来进行 • 年度目标制定在上一财务年度结束前完成 • 所有管理者均应参与组织年度目标的制定过程 • 年度目标应当在整个组织内得到传播	• 战略制定者应当引领年度目标制定过程 • 组织的年度目标制定采取项目方式开展 • 具有成熟的年度目标制定流程和方法 • 年度目标制定应包含"自上而下"和"自下而上"两种方式，且是多次反复沟通的过程

(续表)

流程层级		标准等级	
		基础管理流程标准	最佳实践流程标准
5.2.2	年度目标	• 年度目标作为组织战略目标实现的步骤，支撑组织战略目标达成 • 年度目标应可度量、可监控，有明确、合理的时间要求，有挑战性 • 年度目标应按照组织层级进行制定和分解 • 目标可定量描述，也可定性描述 • 客观、准确地收集年度目标完成情况，避免数据偏差，杜绝虚假的目标达成行为	• 年度目标应包括各类指标(财务、客户、内部运营、学习与成长)，不同类目标之间应协调一致 • 年度目标应当与雇员和管理者的价值观相符合，并有明确的政策支持 • 年度目标在组织各领域(研发、销售、生产等)保持协调一致
5.2.3	政策制定与调整	• 制定各类政策(包括准则、方法、程序、规则、形式等)支持和鼓励员工实现年度目标 • 明确的目标达成奖惩制度 • 规定员工在业务活动中的标准、约束，以及组织期望员工的行为和严格禁止的行为	• 除涉及法律和道德层面的政策，应尽可能采取"牵引性"政策 • 政策应以书面形式呈现，且一旦确定必须兑现
5.2.4	资源配置与调整	• 组织资源(人力、物力、财力、技术)按照年度目标的优先顺序给予配置 • 避免因个人原因(个人权力大小、组织政治气氛)对资源配置产生影响	• 通过计划、人员、控制和责任心来发挥资源配置的作用 • 实时监测与评估资源配置的适应性，进行动态调整
5.2.5	组织架构调整	• 依据战略的变化，对组织结构进行调整，以达到合理的资源配置 • 组织结构的调整应与年度目标设定规则及资源配置方向一致 • 应从管理层次、部门协作、控制范围、年度目标等方面来设定合适的组织架构	• 组织架构的调整有利于战略目标的实现 • 组织架构设置应重点考虑以下几种模式：职能模式、事业部模式、总分部模式(区域、产品、用户、生产过程)、综合矩阵式
5.2.6	流程再造	• 围绕战略及年度目标，对核心业务过程进行再造 • 建立以业务流程为核心，以更好满足客户/用户需求为目的的业务过程 • 通过流程再造，打破组织内部的合作壁垒	• 充分应用信息技术对业务流程进行再造 • 以客户/市场为中心实施流程再造 • 形成以业务流程为核心的组织运营模式和组织氛围
5.2.7	制定奖惩规则	• 建立个人业绩与报酬(包括奖金、加薪、职位晋升、培训等)相关的奖励规则 • 奖励规则应能牵引个人努力完成绩效目标 • 应充分沟通，使员工明确自己的努力方向 • 奖励规则应按照结果进行兑现	• 充分考虑长期目标与短期目标在奖励规则中的比例 • 对不同管理层级的管理者应分别设置不同的比例(长期目标与短期目标) • 奖励规则可根据业务实际进行调整，但之前的承诺必须兑现 • 短期激励政策与长期激励政策(ESOP)相结合

(续表)

流程层级		标准等级	
		基础管理流程标准	最佳实践流程标准
5.3 战略行动			
5.3.1	行动计划	• 按照目标及管理方案制订行动计划 • 行动计划应有明确的责任人及完成评价标准 • 行动计划应客观合理，符合实际情况	• 将行动计划与绩效管理进行结合，上下级应就行动计划达成一致 • 将下属行动计划作为过程管理目标
5.3.2	行动问题解决	• 有利于组织战略目标的达成作为战略行动问题解决的指南 • 保持各部门之间的及时、有效的沟通 • 必要的问题协调和决策机制，快速解决战略行动问题	• 采取回避、缓解、正视等方法来解决战略行动中的问题和冲突 • 重视部门及管理者之间的合作 • 培育支持组织战略的文化
6.0 战略评价			
6.1 战略评价基础			
6.1.1	战略评价过程	• 基于固定的程序进行组织战略评价 • 应建立有效的战略评价标准，并监视经营过程，进行准确的评价 • 评价过程应该涵盖对战略行动的纠正措施	• 战略评价过程应持续且不定期进行 • 针对不同战略，设定不同的战略绩效评价标准和周期 • 组织全员(含管理者和员工)应对组织目标实现的进程清晰了解
6.1.2	战略评估框架	• 基于组织内外部因素的变化，建立合适的战略评估框架 • 对比当前与战略制定时的内外部因素，依据变化制定组织的战略反应 • 关注内外部因素变化对组织绩效的影响	• 持续不断地对外部机会与威胁、内部优势和劣势的变化进行监控 • 持续对内外部因素何时、以何种方式发生变化进行监控和判断 • 从短期和长期两方面来对组织战略进行评估
6.1.3	战略评价标准	• 基于可度量的目标(定量或定性)对组织内外部预期目标达成情况进行评价 • 评估战略是否在资源、技能、市场地位上使组织创造和保持了竞争优势 • 评估战略是否在组织内部形成一致的目标和政策 • 依靠组织的人力、物力和财力能否实施战略	• 对战略的评价既要考察个体因素，又要考察组合因素 • 战略评价标准既关注短期目标，又关注组织发展的长期目标
6.1.4	审计/检查	• 设置组织内部与战略制定和执行非强相关的人员开展战略执行的审计与检查 • 审计与检查的结果应传递到相应管理层和员工	• 引进组织外部的第三方审计/检查机构，定期对组织战略执行情况进行审计与检查
6.1.5	战略评价决策	• 有明确的战略评价结果的决策机制 • 基于战略评价结果，对组织既有战略做出是否调整的决策	• 战略决策制定者应将决心和耐心相结合 • 战略评价决策除关注关键的影响因素的变化外，还取决于决策人员的直觉和预见

(续表)

流程层级		标准等级	
		基础管理流程标准	最佳实践流程标准
6.2 度量组织绩效			
6.2.1	战略预期结果与实际结果比较	• 通过对战略执行结果的评估，与预期结果进行比较 • 不仅关注年度绩效目标，也要关注组织长期目标	• 战略预期绩效结果与实际结果比较中，平衡计分卡被广泛采用，比较内容包括财务、用户、内部运营过程、学习与成长等方面 • 组织应高度重视未来业务指标的预测，通过准确的预测与设定目标进行比较
6.2.2	分析实际进程的偏离	• 基于战略预期结果与实际结果的比较，分析战略执行计划的进程偏差，并找出导致偏差的原因	• 基于偏差，不仅要分析导致偏差的单一主要因素，更应重视多重因素共同作用带来的影响 • 对造成偏差的原因，应从缺乏效能(没做该做的事情)和缺乏效率(没做好该做的事情)两方面来进行判断
6.2.3	评价个人绩效进展	• 依据战略解码分解的个人绩效目标对个人的实际绩效结果进行评估 • 既注重个人绩效KPI指标，也需关注个人绩效过程指标	• 个人绩效对战略目标的支撑应该作为优先评价因素 • 依靠个人绩效对支撑战略目标的重点流程绩效贡献进行评判 • 关注个人成长性指标的评价
6.3 战略修正			
6.3.1	修正战略	• 基于战略评估和组织绩效评价，对原有战略进行修正 • 战略修正应基于事实及预测 • 管理层的直觉被充分尊重和讨论	• 修正后，重新制定战略，并进行反思 • 基于事实及预测进行战略修正，并对多个战略进行协同分析，协同修正 • 战略修正者应保持变革精神，基于组织愿景来对待战略修正
6.3.2	修正战略行动计划	• 围绕修正后战略，制订行动计划 • 对组织员工说明战略行动计划，并使员工理解行动计划的变化，达成一致 • 围绕但不限于以下内容来修订战略行动计划：扩张、出售部分业务、修改组织目标、制定新的政策、调整组织结构、关键人员任免、筹资、增加人员、新激励措施等	• 对于既定的战略计划，无论是行动还是结果，只要与预期或者计划不符，都应对战略行动计划进行修正 • 战略行动计划必须在组织内部进行逐级分解
6.3.3	战略应急计划	• 针对非常重要的领域制订战略应急计划 • 应急计划应尽量简单，并基于本领域内在特定关键事件没有按照预期发生的情况下来制订 • 战略应急计划应重点考虑组织的备选战略(战略制定和选择时未被选择的战略)	• 规范的战略应急计划制订过程很有必要，包括以下内容： ◆ 确认可能使现行战略失效的有利的和不利事件 ◆ 评价突发事件的影响，估算事件带来的益处或害处 ◆ 制订可行的战略应急计划 ◆ 评价应急计划对事件的作用和价值 ◆ 确定各关键突发事件的早期征兆并监视这些征兆 ◆ 对于已经显现征兆的即将发生的事件，预先制订行动计划

第10章 市场管理流程标准

10.1 市场管理流程研究框架

传统认知里,人们将市场部门与销售部门的职责常常混淆,大多认为市场部门也是为完成组织的销售目标而服务的,但其实两者有着本质的不同。

市场即营销,是组织的一种科学有序并经过深入思考的市场研究与策划过程。通过分析市场,组织确定并选择需求未被很好满足的消费者群体(目标市场),构建合适的产品和服务,并选择恰当的营销战略和行动计划将产品和服务提供给目标市场,满足组织的业绩追求。

市场强调"选择价值",强调寻找市场上的机会,而销售则强调向客户"交付价值",实现销售收入和利润目标。

本指南将市场部分按照业务逻辑分为分析市场机会、产品与服务构建、制定营销战略、开发与管理营销计划、品牌管理、销售线索管理6个部分(见图10-1)。

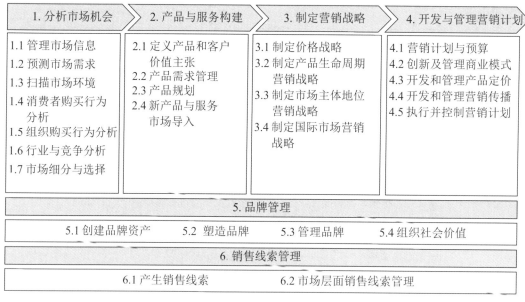

图10-1 市场管理流程框架

10.2 市场管理流程研究方法

市场营销不仅仅是"推销"和"促销",也不是尽力地促成不情愿的消费者来购买不需要的商品。而是从消费者和客户的需要出发,提供满足客户价值主张的产品和服务,并通过组织的努力来宣传价值,达到成功向客户交付价值的目的。

因此,深入了解客户需求,分析市场发展趋势是市场管理的基础。通过市场分析选择适合组织的目标细分市场,制订组织的营销策略和行动计划则是市场管理的重点。通过市场管理流程标准这套系统的方法,组织能够对广泛的市场机会进行选择,制订出一套以市场为中心的、能够为组织带来最佳业务成果的战略与计划,恰恰是本标准的出发点。

本指南的市场管理流程标准采用通用的市场分析与营销战略制定方法,适用于各类组织的市场领域管理,包括企业与非营利组织、传统与现代企业、产品与服务、个人消费者市场、组织消费者市场。市场管理流程标准包含的核心要素以及管理方法如下所述。

(1) 市场空间预测法(连比法、购买力指数法、类比法)。
(2) 消费者购买行为分析法(5W1H)、消费者购买标准$APPEALS法。
(3) 五力模型、市场细分框架、目标市场选择法(SPAN分析、FAN分析、SWOT方法、CSF方法)。
(4) 产品路标制定法(Road Map)。
(5) 产品生命周期管理阶段营销战略指引(产品引入、成长、成熟、衰退)。
(6) 定价目标类型指引、盈利模式选择法、产品定价法。
(7) 营销活动效率/效果评估法。
(8) 品牌管理方法论、品牌活动成本收益分析法。

10.3 市场管理流程标准指南

依据市场管理研究框架及方法,本指南将市场管理各层级流程关键要素按照"基础管理流程标准"和"最佳实践流程标准"进行呈现(见表10-1)。

表10-1 市场管理流程标准

流程层级		标准等级	
		基础管理流程标准	最佳实践流程标准
1.0 分析市场机会			
1.1 管理市场信息			
1.1.1	收集内部销售信息	• 建立组织内部信息报告系统,市场分析人员能正常获取订单、销售量、销售额、销售周期报告、销售预测、产品/服务价格、库存水平、应收付账款等信息	• 采用IT技术,市场分析人员能在第一时间获取组织全面的销售信息 • 定期了解市场分析人员对组织内部的信息需求,并及时反馈 • 主动提供市场分析人员应该了解的信息,与他们的需求进行交叉验证

(续表)

流程层级		标准等级	
		基础管理流程标准	最佳实践流程标准
1.1.2	收集市场情报	• 明确市场情报范围和定义，对市场情报进行分类管理 • 市场情报的收集作为重要输入支撑市场机会分析 • 明确定义各部门在市场情报产生、收集、提交和处置方面的职责 • 鼓励销售人员收集并报告市场情报，给予相应的培训和激励 • 对情报的应用权限、保密措施、资料归档等有明确的规定 • 可能的情况下，向外部市场情报提供商购买信息	• 完善的市场情报管理流程，对情报的收集、产生、提交、整理、流转、统计、分析和应用等活动内容和标准进行定义，明确各角色及责任 • 中间商主动向组织提供市场情报 • 必要的市场情报包括以下内容： ♦ 产品销售类的信息 ♦ 营销策略和竞争规划的信息 ♦ 来自顾客和供应商的技术需求和潜在趋势的信息 ♦ 组织的产品/服务在市场上的表现、反馈和面临的状况及营销趋势的分析 • 采取恰当措施，制定情报在收集、流转、存储和使用过程中各角色权限和保密措施
1.1.3	市场调研	• 针对特定市场问题和机会(行业、经济、价格、产品、分销渠道、消费者购买行为、销售模式等)，设计有针对性的调研过程，并进行研究 • 适当的、经济的调研方法 • 根据需要，与外部组织或人员合作开展 • 恰当的分析模型，及时统计并完成调研结果 • 评估调研结果的可靠性	• 完善的市场调研流程，并有合适的IT平台支撑流程运行 • 市场研究部门提供方法论，指导调研过程 • 以项目方式开展调研，明确调研目标和范围，制订调研计划，配以必要的资源和预算 • 市场主导，销售、服务、研发等部门参与，协同开展调研 • 良好的道德操守，调研过程客观公正，不诱导消费，尊重被调研对象隐私 • 必要时，聘请专业的第三方市场调研机构实施调研
1.1.4	市场调研方法论	• 采取询问、观察、调查或实验等方法，并使用调查表或适当设备进行市场调研资料收集 • 确定准确的抽样对象、样本大小，收集调研信息 • 将一维或二维表数据，进行频率分布分析，计算平均数并衡量分散趋势 • 依据信息分析结果，陈述研究发现，支撑市场决策	• 避免过分依赖一种调研方法，根据问题选择调研方法 • 采用现代通信技术，实现受访者自动信息收集、采集和分类 • 采取合适的统计技术(多元回归、判别分析、多维排列等)和决策模型(新产品预先测试模型、销售反应模型、离散选择模型等)分析信息 • 根据行业特点，不断学习和积累营销调研方法，丰富市场调查、数据分析、报告拟制等方法

(续表)

流程层级	标准等级	
	基础管理流程标准	最佳实践流程标准
1.2 预测市场需求		
1.2.1 市场空间预测	• 对组织提供的产品/服务在一定区域和时间内的市场总需求进行估计 • 采用连比法、购买力指数法、类比法进行产品/服务市场空间预测 • 适当采取购买权威第三方报告形式进行市场空间预测 • 预测涵盖未来3年时间跨度，以国家/地区为基本的预测区域范围 • 财务年度末开展市场空间预测，年度滚动刷新	• 持续分析市场信息，进行市场空间预测，至少半年更新一次预测报告 • 成熟的流程、方法论、模型、IT平台以及充足的数据源支撑市场空间预测 • 从时间(未来3~5年)、区域(省/区/市/州等)、产品(细分产品/服务)等多维度进行预测 • 分析市场空间变化趋势及原因 • 自行预测与购买权威第三方报告方式相结合
1.2.2 估算当前市场需求	• 基于对市场认知，制定总市场潜量计算模型 • 判断并假设模型中各要素数据，估算出总体市场潜量 • 依据组织业务开展区域，采取市场组合法(客户为企业或组织)或指数法(客户为消费者)进行区域市场潜量估算 • 通过行业协会、政府统计部门或第三方统计机构收集并验证行业当前实际销售量/额 • 估算组织市场份额，进行竞争比较	• 企业或组织客户方面： ♦ 采取市场组合法估算区域市场潜量，考虑市场饱和度、竞争者数量、市场增长率等因素 ♦ 辨别区域最可能形成组织销售的企业或组织 • 消费者客户方面： ♦ 采取多因素指数法估算区域市场潜量 ♦ 合理分配各指数权重 ♦ 监测区域各指数变化，合理调整指数权重
1.2.3 预测未来市场需求	• 按宏观经济预测、行业预测、公司销售预测逻辑开展未来市场需求预测 • 宏观经济预测考虑了投资、进出口、政府财政预算、通胀、存储、利率、消费支出等因素 • 采用消费者调查法、销售人员意见法、专家意见法、市场测试法综合进行行业销售预测 • 根据公司的行业市场份额，预测公司未来需求	• 关注国家权威部门发布的经济预测分析 • 参考经销商、分销商、供应商、行业协会分析预测，必要时组建专家团队，采取小组讨论法、个人估计汇总法或德尔斐法进行预测 • 采取IT技术，适度选取合适的数学模型和统计技术进行需求预测 • 公司未来需求按照产品/服务、区域、关键客户维度进行划分
1.3 扫描市场环境		
1.3.1 环境扫描	• 建有简单有效的市场环境信息收集及扫描机制，明确落实市场环境扫描职责 • 实时收集市场信息，并定期进行市场环境扫描，尽早发现各方面环境的变化，以做出及时分析与应对 • 关注并监控人文、经济、自然环境、技术、政治、法律、社会、文化等方面的变化	• 明确的职责与岗位，定期进行环境扫描，监控市场环境的变化 • 通过有效的营销情报系统收集营销环境信息 • 采取IT系统对市场重大环境变化或重大事件进行记录与更新，并发布相关预测

(续表)

流程层级		标准等级	
		基础管理流程标准	最佳实践流程标准
1.3.2	环境分析	• 定期进行环境分析,辨认对组织有重大影响的环境变化 • 尤其关注社会发展、经济发展和市场需求变化趋势 • 通过环境分析,发现宏观环境中还未被满足的需求,识别组织的机会 • 通过趋势分析,识别对组织可能产生的威胁	• 拥有成熟的流程和IT工具,并有专门的责任部门负责环境分析 • 持续进行环境分析,并定期提供分析报告 • 分析报告在组织内部的IT平台上共享,能方便快捷获取;在有需要的时候可以快速与分析师沟通,必要时对分析报告进行解读 • 与宏观经济分析咨询机构建立了长期合作关系,充分利用咨询机构的资源
1.4 消费者购买行为分析			
1.4.1	理解消费者市场	• 清晰理解组织存在的消费者市场由谁构成 • 识别本组织提供的产品、服务分别对应的消费者市场 • 分析、定义所属消费者市场特征,分析消费者规模	• 将组织对应的消费者市场按照地理、人口、心理、文化、行为进行分类,并清晰理解每类市场的特征 • 将本组织产品和服务进行分类,并与市场分类进行对应
1.4.2	消费者购买行为模式分析	• 建立组织对应的消费者购买行为分析模式,并在组织内部固化 • 通过总结销售人员/经销商/分销商日常销售经验,了解消费者购买行为模式 • 按照产品/服务大类分别进行消费者购买行为模式分析	• 采用"5W+1H"的方法分析消费者的购买行为,即分析Who(由谁购买)、What(购买什么)、Why(为什么购买)、How(怎样购买)、When(何时购买)、Where(何地购买)
1.4.3	消费者购买影响因素分析	• 利用消费者对细分产品/服务的购买标准$APPEALS模型,开展购买影响因素分析 ◆ 价格——$Price ◆ 产品/服务的可获得性——Availability ◆ 包装——Packaging ◆ 功能与性能特征——Performance ◆ 易用性——Easy to use ◆ 产品及服务保障——Assurances ◆ 生命周期成本——Life cycle ◆ 社会可接受程度——Social acceptance	• 清晰理解消费者的购买是从刺激到反应的过程,消费者在接收营销和环境的刺激后,经由自身的判断,产生购买行为 • 分析以下因素,判断对消费者购买行为的影响: ◆ 文化因素(文化水平和社会阶层) ◆ 社会因素(关联的群体、家庭、身份、地位) ◆ 个人因素(年龄与性别、职业、经济状况、生活方式、个性) ◆ 心理因素(动机、感觉和知觉、学习、态度与信仰)
1.4.4	消费者购买决策过程分析	• 识别真正的购买决策者,购买决策的类型和购买步骤	• 识别、分析消费者购买过程中充当的5种角色(发起者、影响者、决策者、购买者、使用者)及其购买过程中的作用 • 按照以下消费者购买过程的5个阶段,分析消费者在每个阶段的行为和对购买的影响: ◆ 需求认识 ◆ 收集信息

(续表)

流程层级		标准等级	
		基础管理流程标准	最佳实践流程标准
1.4.4	消费者购买决策过程分析	• 根据产品和服务的不同，识别出不同的购买决策类型(复杂的购买决策行为、减少购买后不协调感觉的决策行为、习惯性的购买决策行为、品牌购买决策行为) • 分析消费者的购买决策行为和影响消费者购买行为的因素，制定组织的营销策略	♦ 备选购买方案评估 ♦ 决定购买 ♦ 购买后行为 • 分析其他影响购买决策的因素，包括消费者周边人员态度、消费者对产品/服务的认知风险、组织售后服务水平以及其他可能的影响因素

1.5 组织购买行为分析

流程层级		基础管理流程标准	最佳实践流程标准
1.5.1	理解组织市场	• 将组织市场和消费者市场区分对待 • 对组织市场进行分类，并与公司所在行业的产品/服务进行对应 • 清晰了解公司所在组织市场的特征(客户数量、客户购买量、客户需求的稳定性、客户采购模式、客户所处区域特征等)	• 按照客户属性将组织市场分为从事直接生产和销售业务的企业、进行系统采购和集成销售的企业、履行社会管理职能的政府部门、非营利的社会团体几部分 • 按照组织市场客户类别区分不同类别客户的市场特征 • 根据20/80原则，对公司关键客户进行单独识别标记
1.5.2	分析组织购买行为	• 按照组织市场分类分析各类组织市场的采购类型(首次采购、直接重复采购、变更采购) • 分析不同采购类型的采购过程参与角色以及各角色的作用 • 分析判断谁是组织市场的采购决策者以及影响决策的因素和人员，并分析决策者的决策依据	• 按照组织市场分类，分析采购过程参与角色，包括购买发起者、产品的使用者、组织的决策者、购买的批准者、采购执行者等 • 分析影响组织市场购买行为的关键因素，包括： ♦ 环境(需求水平、经济前景、技术变化率、法律法规、竞争) ♦ 组织(目标、流程、组织架构和制度) ♦ 人际关系(利益、职权、地位、说服力) ♦ 个人(职位、年龄、性格、风险好恶、文化) • 从组织市场的购买过程阶段(问题识别、确认需求、寻找供应商、选择供应商、执行采购、绩效评价)分析客户的购买行为

1.6 行业与竞争分析

流程层级		基础管理流程标准	最佳实践流程标准
1.6.1	识别竞争者	• 将竞争分析作为市场管理重要的内容 • 设置专门的部门或岗位，持续对竞争对手进行跟踪分析 • 基于生态链，按产品领域绘制组织的竞争格局地图，竞争者包括组织的实际竞争者和潜在竞争者 • 随着市场和技术的发展，定期更新竞争格局地图 • 确定组织的直接竞争者(与组织有相同的目标市场和相同的战略的)	• 建有专职的部门进行持续的竞争分析 • 依据波特的五力模型分类识别竞争者，包括同行业竞争者、潜在的同行竞争者、替代产品竞争者、购买者、供应商 • 根据产品替代思想，识别不同层次的竞争者，包括相同产品或市场定位的品牌竞争者、同行业竞争者、提供相同功能的产品竞争者、相同的目标客户竞争者

(续表)

流程层级		标准等级	
		基础管理流程标准	最佳实践流程标准
1.6.2	竞争分析	• 参照竞争格局地图，选择组织的直接竞争者进行评估 • 分析竞争者的战略、目标、优势和劣势： ♦ 在特定的目标市场中，竞争者推行的战略(产品线的宽窄、产品的成本、产品的服务质量、产品的价格等) ♦ 竞争者在细分市场上追求的目标(短期利润、长期利润、市场占有率、现金流量、技术领先、服务领先中的一种或几种的组合) ♦ 竞争者的优势和劣势(品牌知名度、产品质量、产品利用率、技术支持水平、销售人员的能力等)，并与组织进行比较	• 成熟的、不断完善的竞争分析方法论，定期输出竞争分析报告 • 对主要竞争者，成立竞争小组(成员来自市场分析、战略规划、产品管理、研发、营销、销售和财务等部门)，持续进行跟踪分析，定期输出相关的竞争分析报告(包括竞争动态、事件预警、未来威胁评估、专业领域展望、竞争对手财务分析、竞争对手成本分析等) • 了解、分析竞争者决策人员的心理状态、评估竞争者对竞争的反应模式(从容型、选择型、凶狠型、随机型)
1.6.3	确定竞争策略	• 根据组织的市场定位，基于直接竞争者分析，制定竞争策略 • 对组织的直接竞争者，深度理解其行为模式，并预估其动向，从以下方面制订相应的竞争策略和行动计划： ♦ 战略层面采取行动，如并购、进入新领域等 ♦ 产品层面采取行动，如开发新产品、变更在研产品的设计等 ♦ 营销或销售层面采取行动，如投放更多的广告、促销、价格折扣等 • 组织应根据不同的产品组合，制定不同的竞争策略	• 通过客户价值分析，比较组织与竞争者的优势和劣势 • 围绕客户价值创造，制定竞争策略，形成组织核心竞争优势 • 竞争策略不仅关注当前竞争者，同时对未来竞争者给予适度的关注，并制定长远竞争策略 • 竞争策略应基于"良性竞争"，避免陷入"恶性竞争" • 竞争策略应尽量避免将竞争者赶入"绝路"
1.7 市场细分与选择			
1.7.1	市场细分	• 明确的市场细分框架，包括客户类型和规模、客户购买的产品、客户为什么购买这些产品 • 按照地域(国家/省/市等)、人文统计(年龄/性别/收入/职业/教育/社会阶层等)、心理(生活方式/个性等)或行为(购买时机/用途/使用率/态度等)来细分消费者市场 • 根据需要，增加经营变量、购买方式、环境因素等市场细分方式 • 参考行业通用的市场细分模型 • 描述各细分市场，收集各细分市场的空间、增长率、客户和竞争对手信息以及组织自身在这些细分市场的历史业绩，如收入、份额等信息	• 制定完善的市场细分流程和方法，并依据流程开展市场细分工作 • 梳理市场细分框架(从多个维度细分市场)，长期保持稳定，动态更新 • 选择一种或多种细分方式进行市场细分 • 验证细分市场，保证各细分市场的独特性、重要性、可衡量性、持久性、可识别性 • 建立组织产品/服务以及竞争者提供的产品/服务与各细分市场的对应关系

(续表)

流程层级		标准等级	
		基础管理流程标准	最佳实践流程标准
1.7.2	选择目标市场	• 评估各细分市场的规模、增长率、获利潜力、战略地位以及风险等要素，以判断细分市场的吸引力 • 判断细分市场与组织长期目标是否一致 • 判断组织能力和资源能否在各细分市场获得成功 • 将具备吸引力的细分市场与组织的目标、能力和资源结合考虑，选择细分市场 • 描述选择的目标细分市场，并对未来3年所选择细分市场的财务进行预测 • 综合考虑，确定所选细分市场的优先级	• 判断组织能否在细分市场获取压倒性的竞争优势，确定进入的细分市场 • 采取SPAN(战略地位分析)、FAN(财务分析)、SWOT方法进行细分市场评估和选择 • 采取CSF(客户关键成功要素)或"价值差异化"方法，对各细分市场的组织竞争地位进行评估 • 采取量化数据进行细分市场吸引力评估，并对评估市场吸引力的各要素设计权重 • 选择细分市场，并预测所选细分市场未来5年的财务情况 • 目标细分市场的选择不违背公众道德标准 • 组织内部各部门，协作制订细分市场进入计划，并严格保密

2.0 产品与服务构建

2.1 确定产品和客户价值主张

流程层级		基础管理流程标准	最佳实践流程标准
2.1.1	确定产品/服务定位	• 产品/服务定位以组织所选择的目标市场(市场定位)为前提 • 分析组织与竞争者的产品/服务的差异性 • 在选定的目标市场范围内，比较组织与竞争者的产品/服务满足目标市场需求与期望的差异 • 分析目标市场还未被满足的需求与期望 • 采取适合性原则(产品定位适合目标市场的需求和期望，并且符合组织自身资源配置及竞争优势)和竞争性原则(竞争者产品/服务的市场定位)制定组织的产品/服务定位	• 在目标市场定位基础上，综合采取差异定位、利益定位、使用定位、使用者定位、分类定位、竞争者定位、关系定位、质量/价格定位等方法进行产品/服务定位 • 尽可能寻找目标市场的产品/服务定位的蓝海(未被占领的定位) • 必要时，考虑产品/服务的双重利益定位，甚至考虑多重利益定位 • 协同组织所有产品/服务定位，形成营销定位组合 • 避免出现产品/服务定位的不切实际以及定位混乱
2.1.2	制定营销价值主张和品牌定位	• 洞察目标市场客户的需求、期望、偏好以及痛点 • 对照客户价值主张，分析组织产品/服务满足客户价值主张的状况 • 根据需满足的客户价值主张，选择合适的产品/服务对应客户价值主张，为目标市场客户带来期望的感受，形成营销价值主张。选择的方法有如下几种： ♦ 罗列产品/服务优点 ♦ 宣传有利的差异点 ♦ 与目标市场客户形成共鸣	• 理解和洞察真实的客户价值主张，杜绝想象 • 组织产品/服务最大限度地满足客户价值期望，甚至超过目标市场客户的期望 • 营销价值主张应准确、独特、犀利 • 精准把握目标市场需求，品牌定位清晰准确

(续表)

流程层级		标准等级	
		基础管理流程标准	最佳实践流程标准
2.1.2	制定营销价值主张和品牌定位	• 尽量避免作为后进者且与竞争者有相同的价值主张，除非刻意为之 • 验证营销价值主张 • 制定准确的具有差异化的品牌定位，将产品/服务功能与目标市场客户信息需求进行连接	• 保持品牌定位的稳定，并随着市场的发展与消费需求的变化进行品牌再定位 • 必要时，实施多品牌战略
2.1.3	开发新品牌	• 谨慎采取新品牌开发战略 • 新品牌定位符合为目标市场客户提供价值的产品/服务定位的要求 • 评估开发新品牌的风险、可持续性、为组织带来的收益、新品牌成本与收益 • 采取合适的方式，宣传新品牌	• 新品牌的开发经过品牌化决策、确定品牌使用者、制定品牌名称、品牌宣传等过程 • 对新品牌进行功能和心理方面的测试 • 新品牌与组织公共关系和社会责任形象保持一致
2.2 产品需求管理			
2.2.1	需求管理岗位体系	• 建立需求管理岗位体系，岗位涵盖需求收集、分析、管理各环节 • 需求管理岗位按照组织需求管理流程，行使岗位职责，保证需求在组织内部的顺畅流转	• 建立了各层级需求管理团队，明确各层级需求管理团队的职责范围和冲突处理原则 • 各需求管理团队成员有明确的任职要求，接受过需求管理专业培训，熟悉需求管理流程和IT平台的操作
2.2.2	需求管理流程	• 定义了需求管理过程中的各阶段 • 明确各阶段的具体活动及主要输出 • 明确各活动的主要责任人	• 有成熟的需求管理流程，明确需求管理各阶段活动和各角色的职责 • 需求管理流程至少包含需求收集、需求分析、需求分发、需求实现、需求验证5个阶段 • 清晰定义需求管理各阶段的具体活动、活动的交付件，具有标准的需求管理活动交付模板，并对活动的交付时长和交付标准有明确的要求
2.2.3	需求管理方法论	• 根据组织产品和服务特点，在需求收集、需求分析、需求分发和需求实现方面建立方法论体系	• 有明确的产品需求分层分类模型，定义产品需求与客户问题的映射关系 • 采用$APPEALS模型(包括价格、可获得性、包装、性能、易用性、保证、生命周期成本、社会接受程度8个方面)，定义一个完整产品包需求所包含的要素 • 清晰规划不同类型需求的流向，包括但不限于：产品规划、产品开发、技术开发
2.2.4	需求管理系统	• 建立需求管理系统，对组织的需求进行线上管理 • 通过需求管理系统，保证需求在需求管理流程各阶段顺畅传递	• 有成熟的需求管理IT平台，且这个平台不仅仅面向组织内部 • 需求管理流程所有活动均可在需求管理IT平台上完成 • 需求方法论在IT平台上进行嵌入和固化，各角色可借助IT平台，完成复杂的需求分析、整理等关键活动

(续表)

流程层级		标准等级	
		基础管理流程标准	最佳实践流程标准
2.2.5	需求收集	• 有明确的需求收集指导书，指导需求管理相应角色进行需求收集 • 有通用的模板指导组织成员进行需求的收集和录入 • 需求收集涵盖应有的对象和角色，既包括市场和客户的需求，又包含组织内部相关需求	• 组织内各领域(如市场、销售、服务、供应链等)都可以提交需求 • 对组织成员开展培训，以提升其需求收集的技能 • 根据自身产品设计所需关键属性，设计需求录入模板，指导组织成员进行规范的信息录入 • 通过外部渠道收集需求，包括客户、专业分析师、新闻媒体、竞争对手等 • 拟制需求收集指导书，包括如何发现需求、如何描述需求等内容 • 采用各种形式进行需求收集，包括不限于： ◆ 客户顾问委员会 ◆ 高层交流 ◆ 合作开发 ◆ 用户大会 ◆ 产品试用、标杆测试 ◆ 客户现场支持 ◆ 客户满意度调查 ◆ 投标 ◆ 组织内部沟通会议 ◆ 展会
2.2.6	需求分析	• 对收集的需求进行筛选、分类 • 按照组织既定的需求评价标准，对需求进行评估 • 将评估过的需求进行分类与排序，并按照组织对应的处理方式，按类别对需求进行管理和跟踪	• 建立以产品规划人员或产品管理人员为组长的需求分析团队负责需求分析 • 需求分析团队成员一般来自产品规划/产品管理、销售、研发、营销、服务、制造等部门 • 对需求进行分析、筛选、分类、排序，这个操作包括但不限于如下内容： ◆ 审视需求描述的规范性 ◆ 需求描述的完整性 ◆ 评价需求的合理性 ◆ 判断新需求是否与现在产品已具备的功能或者正在实现的产品功能重复 ◆ 对需求进行拆分和整合 ◆ 对需求进行排序 ◆ 将需求划分为长期、中期和短期需求 ◆ 将需求规划入现有的产品体系
2.2.7	需求跟踪管理	• 通过机制对需求进行跟踪管理 • 需求管理做到可追溯 • 需求的处理结果是明确的，可采纳为长期需求、中期需求或短期需求，也可以予以拒绝，或者明确说明在已有的产品中已具备这个功能	• 建立明确的需求跟踪管理机制，并将流程固化在需求管理IT平台 • 需求的处理状态和处理人员是透明可查的 • 被采纳的需求可以被追踪，可知其在哪个产品或者即将在哪个产品中实现 • 具有使需求提出者清晰获知需求处理结果的渠道或平台

(续表)

流程层级		标准等级	
		基础管理流程标准	最佳实践流程标准
2.3 产品规划			
2.3.1	规划产品结构	• 依据组织的战略规划，制定组织产品结构规划，完成组织的产品体系布局 • 明确组织现在和未来投入市场的产品和服务，并准备向哪个市场投入	• 在价格、外观和性能等因素中，选择一个因素作为产品结构规划的首要因素 • 构建产品组、产品类、产品系列组成的产品结构 • 以产品架构图的形式展示组织的产品架构 • 根据组织战略调整，定期进行产品架构的更新
2.3.2	制定产品路标	• 有明确的机构负责在确定的周期制定并刷新产品路标，确定产品的中长期发展方向 • 采取路标图(Roadmap)方式输出产品路标的开发结果 • 产品路标明确组织未来1～3年各产品或版本的定位、主要特性、产品开发启动时间和上市时间等 • 输出的产品路标经过评审，并由组织的决策者/团队批准后发布	• 在财务年度的第4季度制定产品路标，并且产品路标每年刷新两次 • 有成熟的产品路标制定流程和输出模板，规范管理路标的开发、发布、变更、交流等，路标开发一般包含如下关键活动： ◆ 市场分析，包含行业趋势、技术趋势、产业链和商业模式分析等 ◆ 产品组合现状分析，包括问题和差距 ◆ 竞争分析，主要竞争对手现状和发展趋势分析 ◆ 进行客户需求分析并确定细分市场的市场策略、产品策略 ◆ 产品/版本规划，主要特性、产品开发启动时间和上市时间等 • 有专业的团队负责产品路标的开发，团队成员一般来自产品规划/产品管理、销售、研发、营销、服务、合作等部门，团队成员有明确的任职要求，接受过专业培训
2.3.3	制定产品开发任务书	• 有明确的机构负责在产品路标计划的时间内制定出产品开发任务书 • 产品开发任务书经批准后启动产品开发 • 用简单有效的流程及模板指导产品开发任务书开发 • 产品开发任务书应至少包含如下内容：目标市场和客户、市场机会、产品包需求、预期的收入和利润、预期的投入、营销策略等	• 成熟的流程和输出模板，明确制定产品开发任务书各阶段活动和各角色的职责。制定产品开发任务书流程应该包含如下几个阶段： ◆ 市场分析，含市场评估、竞争分析和技术分析 ◆ 需求定义，含市场需求、初始产品需求包、产品构想 ◆ 确定执行策略，含营销策略、合作策略、服务策略 ◆ 投入产出分析，含收入、利润、投入、成本等评估 • 专业的团队负责制定产品开发任务书，成员来自产品规划/产品管理、销售、研发、营销、服务、合作、财务等部门，团队成员有明确的任职要求，接受过专业培训 • 产品开发任务书评审后报组织的决策团队(包含销售、营销、研发、服务、财务等部门负责人)审批，审批通过后正式组织产品开发团队，启动产品开发

(续表)

流程层级		标准等级	
		基础管理流程标准	最佳实践流程标准
2.4 新产品与服务市场导入			
2.4.1	评估产品市场导入准备情况	• 产品上市前的准备工作有明确的流程 • 通过新产品市场导入流程对产品市场导入准备情况进行评估 • 针对产品自身特点，有针对性地制定产品导入方案，并经管理层批准后实施	• 组织有成熟的流程，明确产品导入阶段的活动和各部门/角色的职责，一般从如下几方面评估产品导入准备情况： ♦ 产品研发准备就绪，产品的功能和性能经验证满足客户要求 ♦ 产品生产准备就绪，产品经过试制验证 ♦ 销售准备就绪，销售人员配置到位并经过培训 ♦ 服务准备就绪，服务人员配置到位并经过培训 ♦ 渠道准备就绪，渠道备货完成 ♦ 营销准备就绪，宣传材料和营销计划已准备 • 建立团队负责产品导入，团队成员一般来自销售、研发、营销、服务、生产等部门，团队成员有明确的任职要求，接受过专业培训 • 市场导入团队经评估，确认产品导入各项工作准备就绪或已有明确的行动计划，报业务单元高层团队评审通过后，方能进行产品的市场导入
2.4.2	确定产品导入目标客户和区域	• 根据市场评估、竞争分析、客户分析等结果，确定产品导入的目标区域和客户 • 制定有时间进度的目标市场和区域导入计划	• 对不同市场的吸引力分别做出评价 • 从以下两个方面开展新产品导入市场调研： ♦ 针对消费者开展试用、购买意向、对产品的印象、可接受的价格等调研 ♦ 产品导入方案及上市方案的研究，关注产品上市的可行性和上市后的前景 • 进行产品导入后的销量预测和竞争对手和替代产品的反应预测
2.4.3	进行导入决策	• 由组织具有相关权限的人员(CMO或CEO)进行新产品导入决策 • 对产品导入时间、产品导入方案等进行决策	• 进行产品导入决策的同时，实时关注市场变化 • 产品导入的决策需要对各个过程进行细分决策： ♦ 新产品的渠道决策，尽量选取宽渠道、短渠道和多渠道的铺货方式 ♦ 媒体促销组合的决策 ♦ 针对竞争对手，进行最有利的价格决策
2.4.4	新产品导入的执行和控制	• 按照导入方案和计划进行产品导入，并对进展进行监控	• 按照导入方案和计划进行产品导入 • 通过团队例会等方式对新产品的导入情况进行跟踪，及时发现异常并解决 • 关注新产品导入的人为因素，关注人员的操作水平和实战经验，采用培训的方式，提升人员的操作水平

(续表)

流程层级		标准等级	
		基础管理流程标准	最佳实践流程标准
3.0 制定营销战略			
3.1 制定价格战略			
3.1.1	制定定价目标	• 依据组织定位及选定目标市场制定产品/服务定价目标 • 充分讨论后确定定价目标，并保持与所选细分市场的匹配 • 参考以下方向，确定组织追求的定价目标： ◆ 组织生存 ◆ 利润最大化 ◆ 收入最大化 ◆ 成长速度最高 ◆ 最大市场撇脂 ◆ 产品/服务质量领先	• 按照组织所选的细分市场分别确定定价目标 • 采取组合方式确定组织不同产品/服务的定价目标 • 评估行业发展、市场周期、社会消费环境，灵活制定组织定价目标 • 定价目标保持相对稳定，并保持定价目标与组织发展的适应性 • 非营利性组织尝试采取"抵消成本"作为组织定价目标
3.1.2	制定定价与折扣原则	• 综合组织内外部因素确定定价原则： ◆ 内部因素包括营销目标、营销组合、产品/服务成本、定价目标 ◆ 外部因素包括市场结构、市场需求的价格弹性、竞争者的产品和价格、国家政策法规、其他外部环境因素 • 确定折扣原则考虑产品生命周期阶段、市场供需、品牌影响力、季节及假日	• 定价原则符合组织长期发展战略 • 定价围绕营销目标的实现 • 评估折扣成本与因折扣所影响的销量确定折扣 • 明确的折扣目的包括及早付清账单、批量购买、淡季采购、竞争需要等
3.2 制定产品生命周期阶段营销战略			
3.2.1	产品引入阶段	• 产品快速推向市场 • 以持续经营为目标的产品价格策略 • 选择性的分销渠道 • 培养早期产品使用者群体中与分销渠道中的产品美誉度 • 大力度的广告和促销活动，以吸引更多消费者	• 适应现代市场的产品引入方式 • 精确的产品目标人群和市场定位 • 产品定价策略与促销协同考虑 • 分级设立产品价格、促销、分销和产品质量的高低水平
3.2.2	成长阶段	• 改善、提高产品功能、性能 • 将快速进行市场渗透作为定价策略 • 扩大分销渠道，进入新的细分目标市场 • 吸引并说服消费者购买产品 • 适度减少促销，以获取利润	• 向市场提供产品相关的配套设备或关联产品 • 广泛密集的分销渠道 • 以占领市场、获得市场的优势地位作为营销目标 • 适度地降价或提供不同价位产品，以吸引价格敏感消费者

(续表)

流程层级		标准等级	
		基础管理流程标准	最佳实践流程标准
3.2.3	成熟阶段	• 向市场提供具有竞争性的产品价格 • 改进产品特性以刺激消费 • 不同的产品配置，吸引更多的价格敏感消费者 • 引入更广泛的分销渠道 • 通过适当的方式引导消费者增加产品的使用频率和使用范围	• 扩大消费者市场，创建新的蓝海 • 扩展产品品牌和产品样式 • 强化品牌的独特性和消费者能够得到的利益 • 鼓励消费者进行品牌升级与转换 • 通过营销组合(产品、价格、分销、促销、服务、广告等)的改进促进销售
3.2.4	衰退阶段	• 明确产品衰退标志和标准，识别组织处于衰退阶段的产品 • 选择性退出目标市场(没有吸引力的市场，且组织的竞争力不强) • 快速收回准备退出市场的产品的现金 • 快速处理准备退出市场的产品资产 • 采取降价或其他优惠方式增加产品销量，回收资金	• 评估行业及组织产品情况，快速确定是否退出或坚持到底 • 增加个别目标市场(组织竞争力较强)或渠道的投资，获取支配性的竞争地位 • 考虑将处于衰退阶段的但市场声誉和竞争力较强的产品进行转售 • 评估并实施应为即将退出市场的产品准备多少库存和维修所需备件 • 加大新产品或品牌的投资，引导消费者向新产品/品牌切换

3.3 制定市场主体地位营销战略

3.3.1	判断组织市场主体地位	• 分析评估市场,判断组织市场主体地位 • 客观评估,避免将现实地位与期望地位混淆 • 从组织规模、业绩、盈利能力、市场占有率、产品市场价格主导地位等因素进行判断 • 将组织市场主体地位等级划分为领先者、挑战者、跟随者、边缘市场领先者 • 定期分析评估组织市场主体地位的变化	• 通过自行评估与权威的市场调查机构评估相结合方式确定组织市场主体地位 • 通过规范的方法论评估组织市场主体地位，这些方法论包括： ◆ 设定行业的关键成功因素、竞争优势和劣势等变量 ◆ 对组织及关键竞争对手进行变量评分 ◆ 加权计算评分 ◆ 确定组织市场主体地位
3.3.2	市场领先者战略	• 通过不断的产品创新、降低成本、提升客户满意度保持领先者地位 • 确认保持市场领先地位的关键领域，集中资源和优势确保持续领先 • 保持危机意识，谨慎应对挑战者的进攻 • 以合适的方式扩大现有的市场份额 • 评估市场份额的获取成本与收益之间的关系，尽可能避免市场份额盲目增长带来利润下滑，除非有其他战略考虑	• 通过市场渗透、拓展新的目标市场以及销售地域扩展方式赢得新的用户 • 发现并推广现有产品新用途，扩大市场需求总量 • 以适当的方式引导消费者增加产品使用量 • 采取产品或品牌组合模式，保持全面的市场领先地位

(续表)

流程层级		标准等级	
		基础管理流程标准	最佳实践流程标准
3.3.3	市场挑战者战略	• 有确定组织营销战略目标 • 针对性地选择竞争对手(市场领先者、实力相当的竞争对手或实力较弱的竞争对手) • 通过价格折扣或提供高性价比的产品抢占竞争对手市场 • 为客户提供更好的服务 • 降低生产制造成本,支撑价格战略的实施 • 密集的促销和广告,以快速扩大市场份额	• 将市场领先地位作为组织营销战略目标 • 采取SWOT方法分析竞争对手优势和劣势,扬长避短地选择恰当的竞争对手 • 提供高质高价的产品,提升品牌声望 • 提供全方位的产品(高、中、低端产品),满足各类消费者需求 • 运用创新性的分销渠道 • 持续地并随时间灵活改进营销组合战略
3.3.4	市场跟随者战略	• 保持较低的生产制造成本,将提高产品质量和服务水平作为市场跟随者的基本战略 • 将市场领先者或个别挑战者作为跟随对象 • 持续关注市场领先者的战略方向,评估后适当跟随 • 遵守法律规定,谨慎制定跟随战略 • 选择部分营销元素(产品、价格、包装、广告、分销、服务等)进行跟进,减少与被跟随者的差距	• 将跟随战略作为组织实现长远战略目标的途径 • 不侵犯被跟随者知识产权,避免遭受恶意的竞争性报复 • 学习模仿被跟随者营销组合元素并持续创新 • 通过跟随战略,转变市场地位,实现营销目标
3.3.5	边缘市场领先战略	• 选择主流市场之外的边缘市场,避免与市场领先者发生直接竞争 • 深入了解边缘市场客户需求,通过创新产品满足客户需求 • 不断积累边缘市场所需技术,高度满足客户定制需求 • 实力强劲的市场领先者重视现有边缘市场后,可专业地细分边缘市场或灵活转向	• 持续不断地发现并创造新的边缘市场 • 成为边缘市场的专业化供应商 • 保持灵活的定制化生产制造模式,满足细分边缘市场特殊需求 • 向边缘化市场提供高质、高价的产品,保持高毛利 • 坚持边缘化市场领导者战略
3.4 制定国际市场营销战略			
3.4.1	选择国际市场	• 评估进入国际市场的必要性(驱动)和可行性,并评估风险 • 初步确定国际市场营销目标 • 采取稳妥的国际市场进入策略 • 将国际业务集中在少数国家或地区 • 国际市场的选择兼顾目标市场的国际地位和发展趋势	• 制定长远国际市场进入路线图,并进行阶段划分 • 详细的目标国家市场分析,包括产品、地理、人文、收入、政治环境、法律法规、竞争态势等因素 • 按照国家市场吸引力、竞争态势、风险水平评估并选择目标市场国家
3.4.2	确定进入国际市场方式	• 评估目标市场政治、商业及法律法规环境,结合组织国际化战略,选择合适的国际市场进入方式 • 评估组织风险承受能力及利润追求目标,选择出口、许可证贸易、与目标国家机构合资合作、独立投资等方式	• 采用循序渐进的国际化方式,逐步实现组织国际市场营销目标,这些方式包括以下几种: ♦ 向周边邻国及具备一定相似度的国家出口 ♦ 发展固定的出口代理商,处理更多国家的出口业务 ♦ 逐步在目标国家建立销售机构 ♦ 与目标国家合资合作或独立投资建厂

(续表)

流程层级		标准等级	
		基础管理流程标准	最佳实践流程标准
3.4.3	国际市场营销战略	• 评估国内市场营销元素在目标国际市场的适用性 • 适度调整营销元素，包括产品、价格、包装、广告、分销、服务等 • 理解并尊重目标国家文化和风俗，采取恰当方式传播产品信息	• 对产品进行适应性改进或创新，以满足目标国际市场客户需求 • 考虑运输成本、关税、进口商的差价、批发零售差价及利润，结合国际市场营销目标，综合制定产品价格 • 关注并适度调整目标国际市场分销渠道

4.0 开发与管理营销计划

4.1 营销计划与预算

流程层级		基础管理流程标准	最佳实践流程标准
4.1.1	年度营销计划	• 采用流程规范营销计划制订过程 • 明确流程角色职责和技能要求 • 营销计划(下年度)在最后一个财务季度制订 • 年度营销计划需明确年度营销活动的实施方案和预算	• 拥有成熟的流程与工具，由具备相关技能的部门与人员完成营销计划的制订 • 保持一贯的营销计划制订日历和评审机制 • 营销部门与销售、研发、交付、财务、人力资源等部门充分沟通 • 年度营销计划包含以下内容： ◆ 营销战略 ◆ 产品路标 ◆ 上市计划(按季度分解) ◆ 上市通路计划(RTM) ◆ 认知度计划(如广告媒体计划等) ◆ 整合营销传播规划及营销活动计划 ◆ 全年重要营销活动日历 ◆ 关键度量指标与计分卡 ◆ 营销预算及人力资源需求
4.1.2	确定营销费用	• 依据会计科目分类，明确营销费用科目 • 将营销活动预计的费用分解至营销各科目 • 采用销售额比例法确定营销费用 • 根据营销战略(积极战略、防御战略、扩张战略等)类型，对营销费用适度增减	• 明确营销费用对应的活动，符合营销战略与目标的达成要求 • 避免营销费用与销售费用混淆，从而避免重复或遗漏 • 提高营销效率，降低营销费用率，尤其针对广告、促销、分销的效率
4.1.3	制定营销预算	• 制定营销预算时参考历史数据 • 采取"自上而下"方式分解营销预算(分解至产品、区域、客户群) • 将营销预算分配至营销组合的各要素中 • 营销预算获得批准	• 采取"自下而上"与"自上而下"方式相结合的预算制定方式(产品、区域、客户群) • 与销售预算(销售收入、销售成本)协同制定营销预算 • 设有全面的营销预算，包括营销目标设定、营销市场规划方案、市场新品上市方案、市场促销和推广方案、市场广告方案、市场产品规划、市场渠道规划、市场价格规划、市场服务规划、市场策略规划、营销组织架构和人员配置以及绩效考核内容

(续表)

流程层级		标准等级	
		基础管理流程标准	最佳实践流程标准
4.2 创新及管理商业模式			
4.2.1	监控市场环境的变化	• 成立市场监控部门，进行竞争对手调研 • 通过多渠道调研竞争对手信息，如竞争对手的网站、媒体报道等 • 调研内容涵盖但不局限于商业模式创新所需的内容	• 有专门的部门或团队负责监控市场环境和进行商业模式创新 • 明确调研范围，重点关注那些引发商业模式创新或即将引发商业模式创新的变化，如客户资源、产品系统、品牌价值、核心技术等方面 • 组织商业模式具有创新性和预见性，做到提前识别市场环境的变化、提早完成商业模式的创新
4.2.2	产品价值的创新	• 探索客户的问题与痛点、客户优先级最高的需求，清晰理解客户承受压力和客户业务重点优先方向 • 理解并分析客户痛点与需求，对照组织现有的产品和服务，寻找解决客户痛点与需求的方案，形成产品卖点	• 采用"以客户为中心"的业务设计，产品的价值是帮助客户解决他们的问题或满足他们的需求 • 从提高自身的价值或降低客户的成本两个方面考虑产品价值创新，做到以下几个方面： ◆ 通过提供附加的活动或服务提高自身的价值 ◆ 通过必要的行动降低客户的成本 ◆ 帮助客户转移成本，从而降低客户的成本 ◆ 取代竞争对手提供的价值，为客户做好增值服务
4.2.3	客户定位及选择	• 选择有溢价能力的行业 • 对客户进行分级管理，清晰理解组织能为哪类客户带来增值，并且以此为组织获取相应的利润 • 对不同客户采取不同的行动，加大对重要客户的投入	• 组织应致力于行业的选择和调整，通过产品创新和客户选择，将组织调整到有溢价能力的行业 • 有明确的责任部门负责客户分类，有明确的客户分类政策和标准，可按组织从客户获取的收入或利润（近几年历史平均值）和组织在客户市场的机会两个维度对客户进行分类 • 按照对客户的分类，选择对应的行动： ◆ 加大对重点客户的投入，包括销售、营销和研发投入等 ◆ 控制为组织带来较低利润的客户的投入，提升客户对组织利润的贡献能力 ◆ 放弃对组织没有利润贡献或负利润的客户
4.2.4	选择盈利模式	• 根据向客户提供的产品/服务和客户分类选择适合的盈利模式 • 对不同类客户，可选择不同的盈利模式 • 对组织的不同产品/服务和产品/服务的生命周期阶段，选取不同的盈利模式	• 分析并理解行业中各参与者如何盈利 • 分析自身优势、劣势，对比竞争者盈利模式，选取组织最合适的盈利模式 • 除常见的盈利模式外，组织应不断创新适合自身的盈利模式，不断丰富组织盈利模式和方法

(续表)

流程层级		标准等级	
		基础管理流程标准	最佳实践流程标准
4.2.5	盈利模式	• "自发"盈利模式占据主导地位 • 常在如下模式中进行选择：客户解决方案模式、市场份额模式、基础产品模式、专业化利润模式、行业标准模式、配电盘模式、价格链定位模式、大额交易模式、地区领先模式、独特产品模式、周期利润模式、后续产品和服务模式、新产品利润模式、利润乘数模式、创业家模式、品牌利润模式、多种成分系统模式、产品金字塔模式、卖座"大片"模式、速度模式、经验曲线模式、低成本业务设计模式	• "自觉"盈利模式占据主导地位，组织通过对盈利实践的总结，对盈利模式加以自觉调整和设计 • 根据市场发展、传播渠道创新、客户理念变化，创造新的盈利模式，突破原有利润水平
4.2.6	运营结构调整	• 根据选择的客户、产品价值的创新以及盈利模型选择/创新的结果，确定组织的业务范围，调整组织运营结构，需要思考： ♦ 销售什么产品、服务或解决方案 ♦ 哪些活动自己执行，哪些活动交由合作伙伴完成(如某些组织只做设计，生产和销售等外包；有些组织只做销售，设计和生产等外包)	• 组织应考虑什么样的运营结构或组织体系能给商业模式创新提供最好的支撑，从而保证商业模式创新的落地，要考虑的要素包含： ♦ 组织结构 ♦ 员工技能和要求 ♦ 绩效评估 ♦ 企业文化等
4.3 开发和管理产品定价			
4.3.1	选择定价方法	• 选择定价方法时应考虑成本、竞争者的价格和代用品价格、独特的产品特点，并考虑选择以下方法： ♦ 成本加成定价法 ♦ 目标利润定价法 ♦ 通行价格定价法，主要基于竞争者的价格定价，较少关注成本和需求 ♦ 密封投标定价法，定价基点取决于预期的竞争者制定怎样的价格	• 除基础管理流程标准中提及的定价方法，组织尝试采取如下定价方法： ♦ 认知价值定价法，定价的关键是买方对价值的认知 ♦ 价值定价法，高价格代表了向消费者供应高价值的产品 • 组织采取适当方法，选定最终定价时，应考虑其他附加因素对定价的影响： ♦ 心理对价格的影响 ♦ 其他营销因素对价格的影响，即品牌质量、竞争者的宣传的影响 ♦ 组织的定价政策对价格的影响 ♦ 价格对其他各方的影响
4.3.2	制定价格	• 在组织内部，规定了定价职责的归属 • 对组织的产品成本、组织的产品市场情况有清晰的认识和掌握	• 有明确的组织承担产品定价的职责，而不是由单一的个人进行产品定价 • 产品和服务的定价，包含了如下阶段和过程： ♦ 确定组织的定价目标(维持生存/获得最高的当期收益/获得最高的市场份额/攫取最高的市场利润/奢侈品的品牌定位/其他的非营利目标) ♦ 预估不同价格下市场对定价产品的需求(估算需求曲线)

(续表)

流程层级		标准等级	
		基础管理流程标准	最佳实践流程标准
4.3.2	制定价格	• 用明确的流程规范定价过程的基本活动，并能有效地指导组织完成产品和服务的定价 • 开展定价方法的研究	• 计算产品或服务的成本，成本应该包括所有生产、分销和推销该产品的成本，另外需要包括资本使用的成本 • 分析对应竞争产品的成本、价格和质量。与本组织的产品进行对比，并进一步分析，一旦产品上市，竞争者可能做出的反应 • 选择合适的定价方法，制定产品和服务的价格方案，产品和服务定价方案经组织高层团队(包括销售、营销、研发、计划、生产、财务等部门负责人)评审后生效
4.3.3	产品价格体系的建设	• 组织应考虑合同条款、保修、促销、运输成本、关税等因素后，建立完整的价格体系，而不仅仅考虑产品和服务的单一价格 • 定义了价格体系的执行标准 • 定义了价格折扣的规则和审批权限	• 组织定义完整的价格体系时，应考虑以下因素： ◆ 地理位置：针对国内外不同地方的市场进行价格的调整 ◆ 为满足资金快速收回、批量购买或者增加淡季销量等目的，实行价格折扣 ◆ 针对一些促销活动进行产品定价 ◆ 针对购买量大小进行产品定价 ◆ 产品组合定价 • 为了支撑价格体系建设，组织应具备： ◆ 完整的业务规则，如合同条款不同如何定价、促销价格折扣如何确定、相应审批者及权限等 ◆ 成熟的核算模型，如运输成本如何计算 ◆ 充足的历史数据 ◆ 必要的IT平台
4.3.4	价格变更的启动及应对	• 建立价格应对机制，监控市场情况，对市场变化做出及时反应，对价格进行合理调整 • 依据市场情况的变化，对产品价格提价(产品成本增加、产品供不应求等)或降价(生产能力过剩、市场份额下降、行业经济衰退等) • 在进行价格调整的时候，充分考虑客户的价格预期和调价后的反应 • 充分预计竞争者的价格变化，然后制定应对策略	• 建立定价变化监控系统，主动监控市场情况，以便及时调整产品价格进行应对。监控内容包括以下几项： ◆ 是否是价格因素导致了客户的转移 ◆ 是否是低价促进了销售 ◆ 是否是高价降低了销量
4.4 营销传播			
4.4.1	确定目标受众及传播目标	• 清晰定义组织营销传播的目标受众 • 评价受众对组织及组织产品的印象，并与受众对竞争对手的印象进行比较	• 有成熟的受众印象分析方法，根据分析方法可以清晰地将受众对组织及产品的印象进行程度划分

(续表)

流程层级		标准等级	
		基础管理流程标准	最佳实践流程标准
4.4.1	确定目标受众及传播目标	• 根据组织期望，设计受众对组织及产品的印象提升目标 • 明确营销传播期望达成的目标	• 组织设计的受众印象提升目标要与组织的印象分析方法和评价规则相对应 • 受众印象提升目标应能使组织及产品在目标市场价值上有明显的优势 • 明确营销传播达成的阶段目标，包括知道、认识、喜爱、偏好、确定、购买
4.4.2	设计传播信息	• 传播信息必须有效，应能引起目标受众注意和兴趣，达成营销传播的目的 • 营销传播信息应避免与受众目标的看法存在本质差别，避免目标受众产生反感 • 营销传播形式必须具有吸引力，以足够引起目标受众的注意	• 组织应在不同国家/区域设计不同的营销传播信息 • 组织设计传播信息时应考虑目标受众的理性诉求、情感诉求、道义诉求 • 选取的营销信息传播者应与组织的产品或服务具有强相关性，信息的传播者应具备专长、可靠性以及足够令目标受众喜爱
4.4.3	传播渠道选择和开发	• 根据设计的营销传播信息，选择适合的传播渠道 • 将多种传播渠道进行组合，组建适合的传播体系 • 开发传播渠道，了解行业规则，建立联系，签订传播合同	• 组织传播渠道的选择本着以下原则： ♦ 导向性原则，即传播渠道要符合组织的形象定位 ♦ 高效性原则，即传播渠道不能面面俱到，要选择最为高效的渠道 ♦ 合法性原则，即选择的传播渠道必须符合法律和法规的要求 ♦ 持久性原则，即传播渠道的建立不是一蹴而就的，要不断地积累和推进 • 在选择传播渠道的时候，充分考虑本组织产品和服务的种类： ♦ 大众传播渠道对于日常用品有良好的传播效果 ♦ 组织传播渠道适用于某些服务类的产品和标准的推广 ♦ 人际传播渠道主要包括电话、短信、口碑、社交网络等，在这些渠道中，基于互联网的微信和微博有良好的传播效果
4.4.4	管理传播渠道	• 有专门的责任人和责任部门对组织的传播渠道进行管理，负责传播渠道的更新和信息维护 • 适时调整组织的传播渠道	• 市场营销部门设有专门的岗位对传播渠道进行管理，负责对传播渠道的信息进行定期的更新维护，包括传播渠道的最新动态、价格变动、联络人等 • 根据组织业务的发展和市场环境的变化，判断是否需要引进新的传播渠道 • 分析原有传播渠道的效果、投入产出比，对于未达成组织营销传播目标的传播渠道应予以及时调整

(续表)

流程层级		标准等级	
		基础管理流程标准	最佳实践流程标准
4.4.5	营销传播预算	• 制订年度组织营销传播计划及预算 • 营销传播预算应匹配组织发展阶段，避免过大起伏 • 传播预算必须获得组织相关权限人审批通过	• 营销传播预算制定方法有量入为出法、销售百分比法、竞争对手法、目标任务法 • 根据组织产品或服务种类、生命周期、竞争态势，分别制定营销传播预算 • 组织应对营销传播预算执行效果进行评估
4.4.6	制订整合营销传播规划	• 根据组织的营销战略和规划、组织品牌建设的需求，制定整合营销传播规划 • 传播规划包含传播事件、传播内容、结果预期、开展时间和投入资源等内容 • 整合营销传播规划与年度营销计划同步开发，并作为年度营销计划的一部分 • 整合营销传播规划能支撑组织年度经营计划、营销战略的落地并与销售计划匹配 • 整合营销传播规划制定过程中，营销部门需要与销售、研发、财务、人力资源等部门充分沟通并达成一致	• 有成熟的流程和模板指导营销部门制订整合营销传播规划 • 整合营销传播规划应包括营销主题、目标客户群、重点产品、营销活动组合包(Campaign)列表、营销目标、投入与预算 • 制定在一定时间向特定客户持续开展的营销活动组合，按如下方式设计： ◆ 对客户分类建档，分析其偏好 ◆ 紧贴客户行为特征和心理阶段，设计多波次多元化的营销活动，如线上(网播、社交媒体等数字化营销方式)和线下(展会、研讨会等)相结合 ◆ 精准的营销内容，结合数据库，按照心理阶段和认知偏好开发内容 ◆ 设定线索生成与转换目标
4.4.7	营销事件策划	• 组织要有营销事件策划流程和交付件模板，对营销事件的策划予以规范 • 营销策划最终要输出营销活动的详细方案和计划 • 营销事件策划方案经过组织相关部门负责人评审，由组织权限人批准后执行	• 采取流程规范营销事件策划，并规定各活动的交付件，通过模板对提交的需求和输出的策划方案进行内容定义 • 以项目形式对营销事件进行管理，组建项目组负责营销事件的策划、执行 • 营销策划方案和计划一般包括如下内容： ◆ 目标受众 ◆ 活动主题 ◆ 量化的目标，如产生的线索数量，提高品牌知晓度到××%等 ◆ 营销渠道的选择 ◆ 活动内容的确定 ◆ 营销事件的时间计划 ◆ 营销事件需要投入的资源和预算
4.5 执行并控制营销计划			
4.5.1	执行营销计划	• 执行营销计划，实现营销目标 • 明确营销计划的执行人员、区域、时间，并策划如何执行计划 • 将营销计划转化为特定的行动和任务 • 评价计划的执行状况，采取适度的控制措施	• 建立营销导向(客户导向)的组织文化，推动组织全员执行营销计划 • 合理利用组织内部或外部资源执行营销计划，实现营销目标 • 增强问题分析能力，准确定位营销问题并修正执行计划

(续表)

流程层级		标准等级	
		基础管理流程标准	最佳实践流程标准
4.5.2	年度目标控制	• 分解年度营销目标至季度/月度，形成周期指标 • 运用适当的监测方式对营销各类指标进行监测 • 针对目标偏差进行分析(销售分析、营销费用分析、财务分析、顾客分析等)，判断出现目标偏差的原因 • 制订并采取改进计划和行动 • 组织高层管理者负责年度目标的控制	• 依据历史数据，结合目标年份特点，合理分解年度营销目标至季度/月度、细分市场、区域、产品、客户群 • 利用定期的(小于营销目标分解最小周期)监测报告，分析及判断营销目标达成趋势 • 设有目标达成差距及目标趋势根本原因分析 • 对细分产品、区域、关键客户进行分析 • 采用平衡计分卡分析，关注组织市场长期健康发展
4.5.3	营销效率和效果控制	• 对营销费用和因此产生的结果进行财务分析 • 制定营销活动效率/效果指标： ♦ 销售人员效率指标，涉及人员成本占比、新增/丢失客户占比、人均销售额等 ♦ 宣传效果指标，涉及广告触发销售占比、目标受众中实际关注信息比例等 ♦ 促销效果指标，涉及赠券回收率、促销收入占所有收入比例等 ♦ 渠道效率指标，涉及客户获取产品周期等 • 分析营销效率/效果指标的变化，制定并采取改进措施和行动	• 设置专业岗位，分析营销效率和效果，促进营销效益改善 • 制定专业、可靠的方法，评价营销活动效率和效果，包括品牌管理效果、促销活动效果、媒体使用成本、区域盈利水平、关键客户盈利水平 • 与外部权威机构合作，改善评价方法，提高评价准确性 • 对组织全员进行宣传与培训，树立成本收益概念和意识
4.5.4	营销战略调整	• 根据行业的发展、市场的变动等进行战略的调整 • 及时根据市场趋势、客户需求以及竞争格局等变化更新营销战略 • 适度简化营销战略制定流程，以适应营销战略调整的快速需求	• 审视营销战略与市场的匹配情况，关注以下内容： ♦ 市场环境、客户需求、竞争态势等出现较大的变化 ♦ 组织战略出现较大调整 ♦ 营销战略和营销计划的执行情况未达成预期的效果 • 采取深入的营销审计，判断是否需要更新营销战略，使新的战略更适合 • 快速的战略调整能力，新营销战略能够得到有效执行

5.0 品牌管理

5.1 创建品牌资产

5.1.1	识别品牌元素	• 理解品牌的价值，明确品牌的作用 • 有专门的人员或部门负责品牌管理 • 经过严谨的识别和不断的开发形成了明确的组织品牌元素	• 有明确的品牌管理流程及相关的业务规则(如视觉识别系统管理规范等) • 有明确的责任部门负责品牌管理 • 确定了组织的品牌战略、品牌结构，并明确组织体系包含哪些品牌元素，如品牌精粹、价值主张、传播口号、品牌定位、品牌属性、品牌故事等

(续表)

流程层级		标准等级	
		基础管理流程标准	最佳实践流程标准
5.1.2	品牌元素选择的方法和原则	• 有系统的方法论，指导组织识别自己的品牌元素 • 品牌元素选择的方法和原则经过实践不断更新	• 组织品牌的选择原则清晰有效，包含但不限于以下原则： ◆ 可记忆原则，即选择的品牌元素要容易被认出，容易记忆 ◆ 有意义原则，即品牌元素可以向消费者传递重要意义，以引导消费者进行联想 ◆ 可爱原则，即在品牌视觉、口碑或其他方面能唤起形象性的想象 ◆ 可转化原则，即品牌元素不仅在现有的产品和现有的市场中发挥作用，还能被转化，介绍新的产品，并不受地域和细分市场的限制 ◆ 可发展原则，即品牌元素适应时代的发展，并可进行不断的更新 ◆ 可保护原则，即品牌元素是能够被保护的，且不容易被复制，或者可以让本品牌成为本类产品的替代名称
5.1.3	开发品牌元素	• 对识别的品牌元素进行开发，甄选出最终的品牌元素，形成品牌 • 采取内部挑选、客户测试两个环节，对品牌元素进行开发 • 进行品牌检索，确保与所选品牌元素相同或相近的品牌元素未被注册 • 品牌元素开发通过评审后提交组织管理层批准发布，并在内部通过公告、宣讲会、培训等合适的方式传播	• 必要情况下，引进专业的营销或品牌策划公司进行品牌元素的开发 • 经过头脑风暴或依靠大数据平台进行数据分析，通过以下测试，验证品牌元素的性能： ◆ 联想测试，即测试品牌元素在消费者心中产生怎样的形象 ◆ 学习测试，即测试品牌元素是否容易被理解 ◆ 记忆性测试，即测试品牌元素是否容易被记忆 ◆ 偏好性测试，即用来测试同类的品牌元素哪个更受欢迎
5.2 塑造品牌			
5.2.1	设计品牌传播活动	• 根据组织的品牌策略，策划全面的品牌宣传活动，包括广告、展会、展厅、研讨会、发布会、直邮、网站等 • 将品牌传播活动，与其他活动整合在一起进行(如针对客户、行业分析师等受众的品牌传播是融合在营销活动中进行的，针对政府、社区等受众的品牌传播是融合在公共关系活动中进行的) • 专项品牌事件策划方案经过评审后，才能执行(通常由品牌、营销、销售、公关、客户管理等部门负责人评审)	• 根据不同的受众(客户、客户的客户、政府、行业组织、行业分析师、意见领袖、媒体、供应商、渠道、合作伙伴、股东、投资者、员工、求职者等)，选择合适的传播内容及传播方式 • 组建项目组负责事件的策划，以项目形式策划纯粹的品牌传播活动，策划方案和计划的内容包括如下几个方面： ◆ 目标受众 ◆ 活动主题 ◆ 活动目标 ◆ 传播渠道的选择 ◆ 活动内容的确定 ◆ 事件的时间计划 ◆ 事件需要投入的资源和预算

(续表)

流程层级		标准等级	
		基础管理流程标准	最佳实践流程标准
5.2.2	执行品牌传播活动	• 各类品牌传播活动(如广告、展会、展厅、研讨会、发布会、直邮、网站)有相应的操作指导书和模板 • 某项品牌传播活动的方案、计划和预算经批准后，由责任部门组建团队按相应的操作指导书执行	• 有明确的营销事件流程指导品牌传播活动 • 组建项目组负责营销事件的执行，成员一般来自品牌、营销、销售、研发、客户管理等职能部门 • 品牌事件的传播按照项目管理方式进行，项目经理依据品牌事件传播项目管理计划执行并监控项目的进展
5.3 管理品牌			
5.3.1	品牌跟踪及评价	• 有明确的程序对品牌管理进行跟踪和评价 • 根据品牌评价结果，制订适当的行动计划，经批准后实施	• 设定具体的品牌提升目标(如品牌价值、品牌认知度、品牌忠诚度、品牌知名度、行业排名等) • 对目标达成情况持续进行跟踪和评估，并根据评估结果采取相应的行动 • 对组织开展的品牌宣传活动、营销活动、公关活动等各类对外传播活动进行检查，评估对外传播是否符合既定的品牌策略、品牌元素应用是否规范、声音是否一致等
5.3.2	品牌管理方法论	• 通过恰当的方法对品牌进行跟踪和评价	• 通过从各种受众(包括客户、媒体、行业组织、政府等)收集消息，组织的品牌管理方法论能从定量的角度为营销者提供及时的信息 • 组织的品牌管理方法至少要明确回答以下问题： ◆ 品牌价值体现在什么地方 ◆ 品牌价值有多少 ◆ 品牌通过什么方式建立
5.3.3	品牌活动成本及收益分析	• 建立适当的方法，对品牌活动进行成本核算及收益分析 • 对品牌活动收益进行定性分析，定性分析参考顾客对品牌的5种态度进行： ◆ 无品牌忠诚，即顾客较易转换品牌，对品牌没有认同，对价格非常敏感 ◆ 顾客满意，没有特别理由不会转换品牌 ◆ 顾客不会因为费用而转换品牌 ◆ 顾客认识到品牌价值，并将之视为朋友 ◆ 顾客愿意为品牌做出贡献 • 对品牌活动收益进行定量分析，参考以下方法进行： ◆ 品牌溢价乘以该品牌与平均品牌相比多增加的销售数量	• 品牌活动成本及收益分析在组织的品牌管理战略框架下进行，而不是仅仅分析某项品牌活动或某段时间品牌活动的投入与产出 • 对品牌开展的一系列营销活动系统进行成本核算与收益分析 • 统计某一时间段或某一类别品牌活动的成本，通过品牌跟踪，分析品牌活动的作用与价值，将投入和效果进行关联 • 组织的品牌管理委员会应对品牌活动的成本及收益做出决策

(续表)

流程层级		标准等级	
		基础管理流程标准	最佳实践流程标准
5.4 组织社会价值			
5.4.1	识别组织的社会责任	• 充分意识到组织是存在于社会的，关注组织发展的同时，也关注组织的社会责任 • 遵守社会法律法规的要求并维护其权威性	• 有针对性地识别组织的社会责任，并把社会责任整理出来，作为组织业务开展的基本准则 • 对社会责任的认知，超过了法律的基本要求，组织承担了环境保护、人权、道德塑造等更多的社会责任 • 有专门的人员识别和管理组织的社会责任 • 定期发布组织的社会责任报告
5.4.2	履行组织的社会职责	• 以法律法规为基线要求履行组织的社会责任，即组织经营合法合规	• 将社会主义核心价值观、关爱、环境、道德等社会责任作为业务开展的基调 • 通过社会责任的识别和履行，为组织创造良好的竞争环境
6.0 销售线索管理			
6.1 产生销售线索			
6.1.1	销售线索的产生和收集	• 通过市场营销活动促进销售线索的产生和转移，在进行市场营销活动的同时收集销售线索 • 培养营销人员敏锐的商业意识 • 简单有效的销售线索反馈和收集渠道 • 有专人对销售线索进行收集和管理	• 有流程规范销售线索的产生、收集、开发和移交等管理过程 • 销售线索的收集被认定为市场营销人员的基本职责 • 针对线索收集进行指导和培训，培养市场营销人员收集销售线索的自觉性 • 定义并使用销售线索收集的专用模板，针对产品特性设置线索收集的信息点，对线索收集工作进行指导 • 有IT平台对销售线索进行管理和分析，后期销售活动以销售线索为契机展开
6.2 市场层面销售线索管理			
6.2.1	销售线索开发	• 对收集到的销售线索进行分类、分级管理 • 根据销售线索的等级和分类，匹配不同的人员进行线索开发 • 通过恰当的机会向客户验证销售线索，并引导形成销售机会	• 有明确的流程和方法论指导员工进行销售线索的开发 • 对于销售线索的开发程度有明确的核准评估和打分机制，设定将线索转销售机会的准入条件 • 将线索开发分为客户回应、有效线索、销售机会三个阶段，满足条件则进入下一阶段
6.2.2	指标牵引	• 将营销事件策划成功率与销售线索产生率挂钩 • 对市场营销部门设置与线索开发相关的考核指标，引导营销人员积极主动开发、收集销售线索	• 线索管理指标在以下指标中进行选取： ◆ 客户回应数量、客户回应到有效线索的转换率 ◆ 有效线索数量、有效线索金额、有效线索到销售机会的转换率 ◆ 销售机会数量、销售机会赢单率 ◆ 有效线索带来的销售收入 ◆ 单个客户回应平均成本、单个有效线索的平均成本等 ◆ 销售线索的销售成功率

(续表)

流程层级		标准等级	
		基础管理流程标准	最佳实践流程标准
6.2.3	销售线索管理	• 对销售线索进行管理和跟进，避免销售线索的丢失和失效 • 收集关键的销售线索要素，形成销售线索信息跟踪矩阵表 • 建立销售线索的分配管理机制，确保在市场营销阶段的销售线索都有对应营销人员进行管理	• 通过对销售线索的跟踪衡量市场营销活动带来的效益，评估市场营销活动的投入产出比，反向指导市场营销活动的开展 • 通过IT平台对销售线索的全程跟踪和管理，统计销售线索的状态和数量，统计销售线索停留在各状态的时长
6.2.4	销售线索转移和跟进	• 建立机制，保障销售线索能由市场营销部门向销售部门传递 • 对线索的后续情况予以跟进 • 有适合的工具支撑销售线索的跟进，并能清晰呈现销售线索的进展	• 有统一的IT平台能支持销售线索由市场营销向销售转移，并能通过平台对线索进行查询统计 • 销售线索转移后，市场营销人员和销售成员可以针对某一线索协同工作 • 市场营销端和销售端都能得知处于销售端线索的进展情况

第11章 研发管理流程标准

11.1 研发管理流程研究框架

本指南将研发流程分为三部分(见图11-1)。第一部分是预研/技术/平台开发流程；第二部分是产品开发流程，也是研发管理流程的主体部分，按照产品实现的逻辑，从开发立项、需求管理、计划管理、设计实现、测试验证、产品发布直至产品的生命周期结束；第三部分是研发运营管理流程，它对研发业务起到支撑作用。

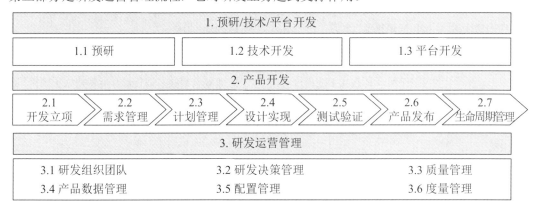

图11-1 研发管理流程框架

11.2 研发管理流程研究方法

研发管理流程标准以"以市场/客户为中心的研发模式"作为核心要义，它集成了多位研发管理专家的实践经验以及多个行业研发标杆组织的流程管理模式。研发管理流程标准包含的核心要素以及借鉴的管理方法如下。

(1) 美国PRTM公司开发的PACE理论(Product and Cycle-time Excellence，产品及周期优化法)。

(2) 国际标准化组织ISO 9000质量管理体系。

(3) CMM(Capacity Maturity Model)软件能力成熟度模型。

(4) 系统工程。

(5) 国内外研发管理标杆企业流程管理实践。

(6) 研发管理流程标准中包含的核心要素有以下几项：将研发作为一种投资进行管理，以市场为中心的流程设计，跨职能、跨系统的组织设计，异步开发模式，技术开发与产品开发分离等。

11.3 研发管理流程标准指南

依据研发管理研究框架及方法，本指南将研发管理各层级流程关键要素按照"基础管理流程标准"和"最佳实践流程标准"进行呈现(见表11-1)。

表11-1 研发管理流程标准

流程层级		标准等级	
		基础管理流程标准	最佳实践流程标准
1.0 预研/技术/平台开发			
1.1 预研			
1.1.1	预研过程管理	• 制定相对固定的预研过程，对预研项目的立项、过程及结项进行管理 • 明确预研项目的立项、结项标准 • 明确预研项目组成员构成，对预研项目组进行任命	• 根据预研种类不同，设置阶段明确的、开放的预研流程 • 由相应的管理团队对预研项目立项和结项进行评审决策 • 明确预研流程与其下游流程(产品开发、技术开发流程)之间的成果移交 • 明确预研团队的构成和职责，并设计预研团队与管理决策团队之间的运作关系
1.1.2	产品预研	• 对产品的关键技术和工艺进行探索，为后续商用产品开发立项奠定基础 • 验证产品可行性，完成原型机开发 • 对产品的市场表现进行分析和验证 • 松散的过程管理，仅仅聚焦结果	• 对尚不明朗的市场需求渐进地进行分析，验证市场/客户潜在的需求 • 根据预研流程以及市场需求，对产品市场营销方案、可行的技术方案、产品需求进行分析，输出分析报告 • 输出产品可行性报告，内容包括市场、技术、经济效益、竞争、风险等方面 • 输出更为清晰的产品需求，包括产品的主要规格、性能指标、测试和验证方法、遵循的标准和第三方认证要求等
1.1.3	技术预研	• 对业界出现的新技术/关键技术进行跟踪、验证 • 通过理论的研究、论证或者实验，对新技术/关键技术的可行性进行判断 • 根据研究成果，制定新技术的应用方案和策略	• 根据技术规划报告，明确技术预研任务，并评估待研究技术是否符合业界发展趋势，是否具备竞争优势 • 技术预研有阶段明确的流程进行指导，按照项目方式进行管理 • 设计关键技术实现的方案，并多方评审和验证技术的可行性 • 关注技术预研过程的保密，制定适当的保密措施 • 评估预研项目成果，并完成技术预研成果的货架策略[①]，或者制定向产品或平台的成果移交计划

---

① 货架策略是指将技术预研成果固化成具有一定完整性、先进性和重复性的知识，就像摆在货架上的货物一样，供产品/平台开发"拿来"使用，从而提高产品/平台开发效率和质量，降低开发时间和成本。

(续表)

流程层级		标准等级	
		基础管理流程标准	最佳实践流程标准
1.1.4	标准预研	• 通过标准研究和技术研究，将成果输出到技术标准中 • 通过技术标准的研究，占领技术制高点，降低产品开发风险 • 与领域相关的标准化组织保持密切沟通	• 根据组织需求，跟踪、研究相应标准化组织的标准发展 • 前瞻性地研究组织自身技术发展方向被纳入标准化组织技术标准的可能性，建立在相应技术领域的IPR(知识产权)攻防能力 • 参与向标准化组织提供技术规范和标准，推动技术规范和标准被标准化组织采纳 • 根据标准化组织的规划，制定本组织内的技术标准和技术规范
1.2 技术开发			
1.2.1	识别新技术	• 组织技术管理部门应通过多种渠道对行业的技术发展保持关注 • 跟踪行业技术标准和产品技术应用的变化趋势 • 与科研机构(包括高校)保持定期的技术沟通和交流	• 建立专门的技术团队，对业界前沿技术保持关注，并有所接触 • 根据产品规划与行业技术的发展趋势，寻找适合规划中产品的新技术和方向，并建立技术和方向的筛选系统 • 与国际技术领先组织建立联合实验室，寻求新技术的突破
1.2.2	规划新技术	• 对识别出的必须拥有的技术进行获取方式评估，制定获取方案 • 实施新技术获取方案，并对新技术与组织产品的匹配进行实时关注 • 保持与技术合作机构的联系，实时修正新技术商业化的计划和进程	• 建立TMT(技术管理团队)，对组织的技术发展进行规划和管理 • 根据技术发展趋势、器件发展趋势、产品战略、平台战略、技术战略、产品/平台应用需求和技术现状，制定组织技术路标规划，明确给出"在哪些合适的时间点必须提供给产品哪些关键的成熟度达到要求的技术或技术平台" • 依据技术路标规划，制定技术开发任务书，并对技术开发过程进行监控
1.2.3	开发新技术	• 明确技术开发流程，依据新技术获取方案，实施"自主开发"的新技术项目 • 聚焦于"需求的实现方案"，输出技术成果，降低或消除产品/平台开发的技术风险 • 与产品开发保持协同	• 建立阶段清晰的技术开发流程，依据技术路标规划，适时启动技术项目开发 • 协同制订应用此技术的产品/平台的开发计划，确保技术开发不会成为产品/平台开发的瓶颈 • 产品/平台作为客户参与技术开发的测试 • 充分利用技术预研成果，考虑技术的应用开放性，生成可广泛应用的货架技术 • 通过新技术开发，主动引导产品/平台开发

(续表)

流程层级		标准等级	
		基础管理流程标准	最佳实践流程标准
1.3 平台开发			
1.3.1	平台可能性提取	• 分析现有产品和已经规划产品的共有因素，评估这些共有因素能否实现共用平台的可能性	• 根据行业、市场以及技术发展趋势，分析判断产品平台的必要性和可行性 • 分析组织的系列产品所需支持的公共需求和可变需求，找出产品之间的共有因素，包括共用的系统架构、子系统、模块/组件、关键零件、核心技术、基本技术 • 整理系列产品共有因素，从技术可实现和经济性角度判断平台实现的可能性
1.3.2	平台规划	• 根据评估的产品共有因素，制定平台的主要功能和实现方案 • 根据各产品发布计划和市场需求，明确平台获取途径，制订平台开发的计划和所需必要资源 • 平台规划的制订由组织顶尖技术专家团队负责	• 根据产品系列差异分析结果，确定产品平台战略和产品平台路标规划，明确平台的数量和优先级、支持的产品型号、平台主要功能以及平台演进过程 • 由组织的规划部门负责，并由各产品技术专家(包括各产品系统工程师)参加，共同进行产品平台规划 • 产品平台规划与产品总体设计需要交叉进行，以了解构成产品平台的组件 • 根据产品系列路标规划、平台技术难度等，确定产品平台开发工作的启动时间、开发周期、开发资源，制定平台项目开发任务书
1.3.3	平台开发	• 执行平台规划确定的获取方案 • 依据清晰的开发流程，实施"自主开发"平台项目，实现平台规划中的功能及其他特性 • 对外购平台，验证其功能、接口、可扩展性、已经协商确定的二次开发能力，并对平台代码的所属权进行明确	• 开发团队依据平台路标规划启动平台开发项目 • 确定所需要支持的公共需求和可变需求，确定平台的关键规格、功能、性能，明确需要提供的二次开发能力，以及平台提供的开发接口及集成方案，并考虑原有平台的兼容性/继承性 • 依据平台开发流程实施项目，并对开发过程进行阶段评审和验收 • 平台的发布应确保所有开发文档移交给产品开发团队，确保平台有效集成到产品中
2.0 产品开发(含有形产品、技术产品、平台产品、服务产品)			
2.1 开发立项			
2.1.1	产品开发立项流程	• 制定角色职责清晰的产品开发立项流程 • 运用适当的手段对拟立项的产品进行分析	• 具有正式发布的、明确的产品开发立项流程，至少包括立项启动、立项准备、立项评审、立项决策等步骤 • 与"研发战略及产品规划流程"有清晰的接口关系，产品规划、产品路标作为立项流程重要的输入

(续表)

流程层级		标准等级	
		基础管理流程标准	最佳实践流程标准
2.1.1	产品开发立项流程	• 通过立项评审后，产品进入研发阶段，依据项目管理方式对产品开发过程进行管控	• 产品开发立项流程有明确的启动标准(可能包括时间、事件、明确的指令等) • 针对拟立项产品进行分析，至少包括： ◆ 产品分析，包括产品在路标规划中的位置 ◆ 市场分析 ◆ 财务指标分析，数据预测 ◆ 成本分析，含人力投入计划 ◆ 进度计划 ◆ 风险 • 产品开发立项评审通过是产品开发工作启动的必要条件 • 产品开发作为一种投资行为，通过立项的产品开发项目应保证后续阶段的资源投入
2.1.2	产品开发立项团队	• 由专门的团队制定产品开发立项材料 • 产品开发立项团队成员，可在产品立项后，作为产品开发团队成员 • 产品开发立项团队成员中应包含营销部门负责产品规划的人员	• 产品开发立项团队的负责人来自产品规划团队，常由产品规划团队负责人或者其授权人员担任 • 产品开发立项团队负责人是产品开发项目立项的责任主体，负责制定、输出产品开发立项材料 • 产品开发立项团队成员来自不同的专业领域，包括市场、销售、研发、财务、服务、标准等，是产品立项阶段临时组建的团队 • 团队按照产品开发立项流程开展工作
2.1.3	新产品需求分析	• 统一约定的需求分析流程 • 新产品开发需求不仅来自内部技术团队，还应关注市场及客户需求 • 需求应有优先级排序	• 客户需求收集已经成为组织的日常例行工作 • 收集客户的需求，并对这些需求进行解释，将客户的需求转换成市场需求，然后用市场需求来驱动产品的具体规格和特性 ◆ 对于消费类产品需求的收集，通过组织内专职的机构来进行消费者需求分析，代替直接面向客户的需求收集 ◆ 对于非消费类产品需求，应尽可能地直接面对客户进行需求收集，输出《市场需求说明》；《市场需求说明》内容完整准确，不仅包括功能、性能需求，还包括价格、包装、易用性、可获得性等方面的需求 ◆ 技术预研项目立项，应在技术规划的基础上，分析技术发展趋势，确定预研发方向 ◆ 技术及平台项目立项，应分析多个应用产品的需求；需求说明内容完整准确，不仅要考虑已规划产品的需求，还要前瞻性地考虑后续产品发展的需求，以保证技术或平台的稳定性和前瞻性

(续表)

流程层级		标准等级	
		基础管理流程标准	最佳实践流程标准
2.1.4	市场评估	• 评估新开发产品的市场定位 • 对开发新产品进行自身以及竞争分析 • 市场评估应客观，不能把组织的期望当做组织自身的优势	• 根据市场需求，重点分析组织可能存在的市场机会： ♦ 产品将解决客户什么问题 ♦ 产品创造了什么市场机会 ♦ 客户如何受益 • 综合市场、环境、竞争、行业、风险分析，给出组织在新产品上的优劣势、机会和威胁 • 确定市场策略和目标市场定位
2.1.5	确定产品开发策略	• 在确定产品市场定位及需求的情况下，对如何成功开发新产品进行策划，明确开发投入、盈利模式、财务评估及业务计划	• 产品立项团队对产品开发的各项能力做提前准备，即"怎样确保新产品能够做出来""明确如何上市盈利""需要获取哪些内外部资源"，并通过投入预估和产出预测，给出初步的财务评估，输出产品开发初步的业务计划 • 技术/平台立项团队对技术/平台开发的各项能力做提前准备，即"怎样确保平台能够做出来""明确如何应用产品""需要获取哪些内外部资源"，并通过投入预估和产出预测，给出初步的财务评估，输出技术/平台开发初步的业务计划
2.1.6	产品开发初步商业计划	• 进行产品开发策划，输出初步的产品开发商业计划，计划内容至少应包括： ♦ 产品市场定位 ♦ 产品的描述，包括功能和性能 ♦ 开发初步投入预算，包括人力、资金、设备 ♦ 产品市场销售预测，产品财务评估	• 针对细分市场的具体机会制订产品开发商业计划，对产品开发的一些关键问题进行权衡分析并基于分析给出建议，为产品开发立项提供决策依据；除基础管理流程标准中提及的内容外，还应包括： ♦ 市场策略及计划 ♦ 采购、生产策略及计划 ♦ 售后服务策略与计划 ♦ 产品质量目标与策略 ♦ 风险管理策略
2.1.7	产品开发任务书	• 明确的项目开发目标，包括财务目标、进度目标、成本目标	• 开发任务书作为组织内部的"契约"，明确开发团队与组织高层管理团队的权利和义务 • 立项团队在产品/技术/平台开发初始业务计划基础上，确定项目目标、项目团队组成、初步的进度和资源计划，形成开发任务书，开发任务书内容包括： ♦ 产品/技术/平台描述(功能描述、产品卖点、目标市场、销售方式、生产方式等)

(续表)

流程层级		标准等级	
		基础管理流程标准	最佳实践流程标准
2.1.7	产品开发任务书	• 明确开发团队成员及角色 • 开发项目在路标规划图中的位置	♦ 开发目标(财务目标、市场份额目标、目标客户、开发里程碑目标、质量目标等) ♦ 开发团队(团队角色及成员) ♦ 资源计划(人员计划、资金计划) ♦ 产品路标(所开发产品/技术/平台在路标图中的位置)
2.1.8	立项评审	• 根据立项材料进行评审，并输出立项评审报告 • 根据情况进行集中会议评审或以其他适合的形式进行评审	• 产品开发立项评审输入包括以下内容： ♦ 产品开发任务书 ♦ 初始产品开发商业计划 ♦ 市场需求说明书 ♦ 立项评审作为决策依据，应该： ♦ 重点关注市场需求是否完整清晰 ♦ 关注产品开发目标是否合理，是否可验收等(对产品目标市场选择、产品定位及产品组合策略、初步财务预测进行评审)
2.1.9	立项决策	• 组织产品开发立项决策团队对立项评审通过的产品开发项目进行决策评审 • 建立合适的产品开发立项决策评审机制，确保产品开发立项决策科学合理 • 没有进行立项决策的产品开发项目不能开展产品开发工作	• 产品开发立项决策应在决策会议前与决策团队成员进行沟通，以使决策团队成员详细了解项目信息，准确决策，同时提高决策效率 • 立项决策应给出明确的决策结论，通常包括以下几种： ♦ 立项通过，立项通过后，产品开发工作正式启动 ♦ 立项终止，直接终止项目立项 ♦ 重新准备立项，重新准备立项材料，再次进行决策
2.1.10	立项决策机制	• 明确产品开发立项决策机制，对立项决策过程和结论进行约束，决策内容包括： ♦ 谁来决策 ♦ 决策通过标准 ♦ 决策结论 • 由团队代替个人进行产品开发立项决策 • 决策沟通充分，严格执行决策结论	• 产品开发立项决策中通过民主程序保证决策的质量和有效性，避免因个人好恶而导致的决策风险 • 组织应根据自身情况制定决策通过的准则，为控制风险，通常情况下决策团队组长有一票否决权，但没有一票通过权 • 决策团队成员和组长共同承担决策责任，组长负主要责任，对于决策过程和投票应真实记录并备案 • 对决策会议出席情况做出规定，明确委托出席决策的比例要求，且明确委托出席决策责任的归属仍为委托人

(续表)

流程层级	标准等级	
	基础管理流程标准	最佳实践流程标准
2.1.11 立项决策关注点	• 关注新产品的立项可能为组织带来的收益，包括市场竞争地位的收益、经济收益、品牌收益等 • 关注组织自身能力与产品市场定位的匹配，关注商业计划的可实现性 • 关注产品开发的成本和可能的风险	• 产品开发作为一种投资行为，其立项决策应关注： ◆ 客户的需求是否明确 ◆ 是否与组织的业务愿景、使命、目标和战略相一致 ◆ 是否符合技术发展方向 ◆ 产品针对的目标市场容量是否可接受 ◆ 产品的竞争力是否足够 ◆ 是否确定了目标成本，目标成本是否满足市场需要，目标成本是否可实现 ◆ 产品销售渠道是否清晰可行 ◆ 产品投资回报水平是否可接受 ◆ 产品开发计划是否客观，是否可实现 ◆ 是否已识别主要风险，且主要风险可接受
2.1.12 组建新产品开发团队	• 立项决策通过，组织应正式组建产品开发团队(PDT) • 产品开发团队不仅有研发人员，还应包含其他领域人员 • 对产品开发团队进行任命，有助于团队工作的顺利开展 • 明确产品开发团队的任务及时间	• 产品开发团队成员应来自不同的职能部门(包括研发、市场、生产、服务、采购、财务、质量、运营等) • 采取强矩阵式团队有助于产品开发项目的目标实现 • 产品开发团队应与组织负责产品投资决策的团队签订产品开发"合同"，明确开发团队的责权，同时对投资决策团队为开发团队提供资源进行约束

2.2 需求管理

流程层级	标准等级	
	基础管理流程标准	最佳实践流程标准
2.2.1 确认市场/客户需求(外部需求)	• 必须在产品开发实施前向市场和关键客户进行需求确认，确保组织对市场和客户的需求理解正确 • 组织应根据产品形态不同、商业模式不同、产品市场定位不同来制定需求确认的方式和过程，获取客观、真实的客户需求 • 在未确认清楚市场和客户对产品的需求前，产品开发工作不得开展	• 项目立项后，产品开发团队应根据初步的"市场需求说明"进一步验证市场/客户需求 • 开发团队成员对初步"市场需求说明"中的疑问进行澄清和需求验证，并由开发团队中的市场人员组织确认和验证，参考以下验证步骤： ◆ 确定验证渠道 ◆ 确定客户代表 ◆ 确定验证方法 ◆ 进行需求验证 ◆ 与产品开发团队沟通验证结果 • 市场/客户需求收集和验证应确保客观、准确，组织应多渠道进行信息收集，包括：客户访谈、客户交流、市场调研、技术支持、市场投标、高层拜访、市场专家访谈、约见行业顾问、媒体信息/图书馆调查、参观展览、标杆分析、分析财务报告、内部调查等

(续表)

流程层级		标准等级	
		基础管理流程标准	最佳实践流程标准
2.2.2	开发内部需求	• 关注那些为满足客户的需求实现而必须考虑的内部需求 • 根据产品特性,关注产品的可获得性 • 关注硬件产品的可制造性需求、软件产品的可测试性需求	• 完整的产品开发需求不仅关注市场/客户需求,同时必须关注来自组织内部的需求,包括: ♦ 可靠性需求 ♦ 可测试性需求 ♦ 可制造性需求 ♦ 可服务性需求 ♦ 兼容性、共用性需求 ♦ 成本有效性需求 • 内部需求来源不仅仅局限于组织内部,客户、竞争对手、供应商、国家及行业标准、新技术等都可作为内部需求的来源
2.2.3	需求分析与评估	• 组织应对内外部需求进行分析和排序 • 所有需求均应明确给出处理意见,通常的处理意见包括接受、暂缓处理、拒绝,并把处理意见反馈至需求提交人 • 所有的需求都应统一进行编号,并对重要性、处理意见、来源、提交人等信息进行详细记录,以便进行需求跟踪管理	• 需求分析应从以下几个方面进行: ♦ 产品运行环境、安装、维护等的要求,以及行业标准、用户习惯、应用领域专业知识、技术特点 ♦ 与现有其他产品或未来产品之间的接口 ♦ 关注需求尤其是市场/客户需求的完整性,并在不同需求之间形成统一,每条需求含义清晰、准确地反映了市场需求,且唯一 ♦ 确定需求类别(功能、性能、质量、其他),对需求进行分类 ♦ 确定每条需求均可验证 • 必要时,需求提交人与客户再次确认需求
2.2.4	确定新产品开发需求	• 产品开发团队应将收集并评估过的外部需求(从市场和客户角度考虑)、内部需求(从组织内部客户角度考虑)转化为产品开发需求(从产品和系统角度考虑) • 通常,一条市场需求可以转化为多条产品开发需求	• 产品开发团队应整合市场需求、可靠性需求、可测试性需求、可制造性需求、可服务性需求等,并对其排序,形成完整的产品开发需求 • 应编写产品开发需求说明文档,包括: ♦ 《需求说明书》 ♦ 《产品需求分析说明》,以记录分析过程 ♦ 《接口说明书》 ♦ 《性能指标说明》 • 建立"产品开发需求"到"市场/客户需求"的追溯关系
2.2.5	需求管理流程	• 建立统一的产品开发需求管理流程,确保需求被合理管理 • 需求收集是长期过程,需求管理流程与产品规划流程保持畅通的信息交互 • 需求管理流程与产品开发过程并行,对产品开发流程形成支撑 • 需求管理流程应严格遵守和执行	• 需求管理流程全面覆盖需求的收集到实现及验证全过程 • 组织应配置专职的产品需求管理团队,负责需求收集、分析、分发、验证 • 产品开发团队成员尤其是市场人员,应全程关注客户需求的变化,并将变化反馈至需求管理团队 • 需求管理IT工具应在产品开发过程被广泛应用

(续表)

流程层级		标准等级	
		基础管理流程标准	最佳实践流程标准
2.2.6	需求分解	• 产品开发需求应进一步转化为设计需求，通过对满足产品开发需求的功能、性能、可靠性等模块的划分，完成产品开发需求在产品开发过程的落实 • 需求分解应由产品开发团队技术负责人完成 • 按照"自上向下"的方式描述功能，逐级分解到子功能，直到明确了独立的任务 • 功能需求分解通常既可以采取硬件来实现，又可以采取软件来实现 • 需求分配多种方案，运用权衡(Trade-off)分析来评估并选择一种方案，以便进一步开发 • 对功能和接口进行文档化描述	• 产品开发团队应将产品开发需求从功能和物理两方面划分为各系统、子系统、单元、装配件、部件或设备，并明确各个部分之间的接口 • 产品开发需求分解过程基于设计需求进行，能够被分解和分配的系统各方面包括： ◆ 功能 ◆ 可靠性 ◆ 性能 ◆ 维修和维护 ◆ 可测试性 ◆ 装配 ◆ 人机工程 • 需求分解应有整体系统的观念，模块划分的大小既要考虑整体系统的可靠性，又要考虑系统维护成本及可测试性，FFBD(功能流图)法、HD(层次图法)被广泛应用
2.2.7	需求追踪	• 制定统一的需求标识规则，对每一条需求进行标识 • 应从用户/市场需求，到具体模块/组件的实现，建立一条需求追踪链，实现需求到产品系统/模块/组件之间的可追溯与可回溯 • 通过需求的跟踪，保证客户的需求在产品中得以实现	• 需求追踪链要按照以下步骤开展： ◆ 从客户/市场需求到产品开发需求 ◆ 从产品开发需求到产品规格 ◆ 从产品规格到实现用例 ◆ 从产品规格到测试用例 • 建立完整的需求实现过程的记录，保证产品开发过程的文档化，实现对需求实现路径的追踪 • 采用需求追踪矩阵来跟踪需求的实现
2.2.8	需求实现追溯	• 适当时，组织应建立产品需求逆向追溯机制，确保产品特性/功能的实现都来自外部或内部需求 • 需求追溯与需求追踪应保持统一的需求标识	• 需求逆向追溯应： ◆ 审视正式发布产品的开发文档 ◆ 审视产品外部测试结果 ◆ 审视产品开发技术评审报告 • 将产品的特性/功能与产品的特定需求对比，保证承诺的所有需求与特性已经满足 • 如果有例外或背离的情况，产品开发团队负责人应及时与产品投资决策团队进行沟通
2.2.9	需求变更管理	• 采用需求变更控制流程来管理需求变更 • 需求更改必须得到控制，必须得到具有权限的个人或团队的批准	• 需求基线化后不得随意变更 • 建立需求变更控制的唯一通道，需求的变更需经需求变更控制委员会的批准 • 需求变更请求应进行充分的评审，并进行端到端的考虑 • 视需求变更范围和类别，采取分层控制管理

(续表)

流程层级		标准等级	
		基础管理流程标准	最佳实践流程标准
2.2.9	需求变更管理	• 需求的更改必须保留记录	• 所有需求的变更都必须在选择、分析、决策、记录环节上受到流程和机制的保证 • 为确保需求的稳定性，组织应对需求变更的比例进行严格控制

2.3 开发计划

流程层级		标准等级	
		基础管理流程标准	最佳实践流程标准
2.3.1	产品开发业务计划	• 产品开发团队在产品开发过程中始终围绕业务计划开展工作，业务计划应在产品开发过程中持续更新 • 产品开发初期的业务计划应能说明"需开发的产品是否有足够的市场潜力"，以支撑组织产品开发决策团队的决策 • 产品开发业务计划至少应包括以下内容： ◆ 产品市场目标及策略 ◆ 产品功能、性能描述及开发实现方案 ◆ 产品销售预计及财务分析	• 业务计划由产品开发团队负责人组织、整合，团队成员参与制订，并在产品开发过程的各阶段持续优化更新 • 业务计划对产品开发涉及的各领域(包括市场、财务、质量、研发、售后、生产、采购及其综合)策略/计划进行高度概括 • 业务计划作为产品决策的主要依据文件，必须在决策前进行优化和审视 • 业务计划应对产品开发的组织架构及人员组成进行描述说明，并用合适的表述方式对产品开发的关键里程碑进行描述 • 除各专业领域的策略和计划外，业务计划还应包括风险管理策略和计划，并及时对风险的识别、分析、应对策略和计划进行更新
2.3.2	产品开发项目管理计划	• 制订项目管理计划(含进度计划)，确保项目按计划进行，必要时可对计划进行修订 • 项目经理应客观合理地进行项目估算，至少包括工作量、成本(含人力)、工期，项目评估要通过专家评审 • 参考历史的产品开发项目数据，这是项目估算的一个重要方法	• 统一的项目管理计划模板应被明确，并应用于产品开发各级项目管理过程中 • 项目管理计划由项目经理组织制订，项目成员协助进行 • 完整的项目管理计划应包括以下内容： ◆ 项目范围、目标描述 ◆ 项目过程定义 ◆ 项目主要交付物 ◆ 项目进度计划 ◆ 项目组织架构、角色、职责 ◆ 项目人力计划，知识技能计划，软件、硬件资源计划 ◆ 项目关键依赖 ◆ 项目质量目标及策略 ◆ 风险管理计划 ◆ 项目监控及保密计划 ◆ 项目度量计划 • 项目计划在产品开发不同阶段应及时进行刷新，评审通过的项目计划应被纳入配置管理，作为项目跟踪监控的基准

(续表)

流程层级		标准等级	
		基础管理流程标准	最佳实践流程标准
2.3.3	产品开发项目管理流程	• 产品开发以项目方式运作，产品开发负责人担任项目经理 • 项目管理流程作为产品开发流程的重要子流程，伴随产品开发的全过程 • 项目管理流程阶段设置与产品开发流程保持一致	• 项目经理应根据产品具体特点设置项目管理的层级，并建立分层实施、分层监控的项目管理机制 • 产品开发各级项目经理应依据项目十大领域对项目进行管理，包括整体、范围、进度、成本、质量、资源、沟通、风险、采购、相关方 • 选择合理的项目管理工具，例如甘特图、帕雷托图、网络图、Microsoft Project等
2.3.4	产品开发项目WBS(工作分解结构)工作任务分解	• 项目经理根据"产品开发范围"，将开发任务向下进行分解 • 分层标识分解的任务，确保产品开发任务无遗漏和重叠 • 根据组织管理能力设置划分后的任务颗粒度 • WBS工作任务分解，常用3种方式进行： ♦ 按产品的物理结构分解 ♦ 按产品的功能分解 ♦ 按照实施过程分解	• 项目经理选择合适的分解方式并按照组织统一的模板对项目WBS进行分解，类比法是制定WBS计划的常用方法 • 项目经理根据产品特点和管控要求，合理划分工作包的颗粒度，工作包必须详细到可以对该工作包进行估算(成本和历时)、做出安排进度、做出预算、明确分配责任人，WBS工作包不超过40工时 • 对分解后的每项任务赋予唯一的编码，编码可体现任务的层级
2.3.5	财务计划	• 产品开发团队应在产品开发具体开展前，进行初步的财务分析 • 财务分析基于假设进行，预测是进行财务分析的前提，预测内容包括： ♦ 产品的销售量、价格、收入 ♦ 产品的成本和费用(研发费用、生产制造成本、采购成本、市场推广成本、售后服务成本) • 财务人员基于预测进行分析、计算，确定产品能否赢利以及何时开始赢利	• 财务分析贯穿产品开发全过程，由产品开发团队中财务代表组织，其他成员参与完成 • 作为重要的决策依据，财务评估报告应对产品开发的预期收入、成本、费用及可能的盈利情况进行详细的分析与评估，分析与评估的指标包括： ♦ 投资回报周期 ♦ 净现值NPV ♦ 内部收益率 • 财务分析基于假设，所以产品开发团队应对这些假设进行敏感性分析，并侧重负面影响分析，包括以下内容： ♦ 单因素敏感性分析，即单因素的变化导致可能的财务指标变化 ♦ 综合敏感性分析，即最可能的变化组合可能导致的财务指标变化
2.3.6	市场计划	• 对产品的市场定位及销售范围进行分析和明确 • 通过产品市场分析及竞争分析，确定初步的产品定价及销售策略	• 市场代表应组织开发产品对应的市场情况分析，并制订市场计划 • 市场计划包括产品开发过程中市场活动的策略、计划和操作指导。市场计划是产品开发业务计划的重要支撑，具体包括以下内容： ♦ 产品概述和市场定位 ♦ 市场细分及描述

(续表)

流程层级		标准等级	
		基础管理流程标准	最佳实践流程标准
2.3.6	市场计划	• 对产品销售情况进行预测，支撑产品财务测算 • 制订产品上市计划，并分别针对客户分类及销售渠道制定销售策略	◆ 产品目标市场分析及描述 ◆ 竞争分析 ◆ 市场销售目标及市场策略 ◆ 产品定价策略 ◆ 产品销售预测 ◆ 产品上市发布策略 ◆ 大客户销售方案 ◆ 产品退市策略 • 随着产品开发的进程，市场计划应持续、及时地进行更新
2.3.7	生产策略与计划	• 产品开发团队(由生产代表组织)明确产品的生产方式(自制、外协) • 制订总体的生产计划(包括时间、数量等) • 制订产能计划(包括生产场地、设备、人员等) • 关注订单履行周期，制订订单履行过程各环节时间计划。例如采购周期、检验周期、配料周期、外协加工周期、装配调试周期等 • 编制订原料采购及产品销售运输策略，包括特殊包装及运输要求、进出口要求、存储环境等要求及计划等	• 产品开发生产策略与计划由生产代表组织分析、编制及优化 • 生产策略与计划包括产品开发过程中生产活动的策略、计划和操作指导，是产品开发业务计划的重要支撑，主要考虑内容包括： ◆ 生产模式(按计划生产、按订单生产、按订单装配)计划 ◆ 产品生产的外购/外协策略 ◆ 生产总体计划(试生产计划、小量生产计划、批量生产计划) ◆ 生产导入依赖及计划 ◆ 产能计划 ◆ 生产质量计划(质量目标计划、关键控制计划、缺陷处理计划) ◆ 生产需要的新设备及仪器计划 ◆ 生产技术与工艺计划 ◆ 生产特殊需求计划 • 随着产品开发的进程，生产策略与计划应持续、及时地进行更新
2.3.8	售后服务与客户支持计划	• 产品开发团队售后服务代表应组织制订产品售后服务策略和计划，至少包括： ◆ 产品销售后的安装及调测策略 ◆ 售后维修计划 ◆ 售后备件管理计划 ◆ 保修期外的售后维修收费策略及计划 ◆ 售后服务人力需求 ◆ 售后服务特殊环境及设备需求	• 除基础管理流程标准外，售后服务代表应考虑： ◆ 售后服务由组织自行开展，还是进行服务外包 ◆ 对于系统、设备及大型设备需要制定工程安装的策略和方法 ◆ 软件产品的升级策略 ◆ 详细的保修条款 ◆ 客户的售后服务级别及对应的服务水平 ◆ 产品售后维护周期及停止维护的时间 ◆ 配套销售的外购件的售后维护、维修 ◆ 收费服务营销策略及计划 ◆ 服务收费预测 ◆ 服务成本降低的改进方法和计划

(续表)

流程层级		标准等级	
		基础管理流程标准	最佳实践流程标准
2.3.9	产品测试策略与验证计划	• "并行"思维被产品测试所借鉴，产品测试不是产品开发的后续环节，而是与产品开发并行 • 测试人员应对产品测试的关键技术、测试环境、测试关键设备进行分析，并制订获取这些要素的计划 • 对于测试进度及交付计划，测试人员应与产品开发团队充分协商并达成一致 • 根据产品的特性和标准要求，分析制订专项测试计划，包括产品内部接口验证、功能测试、性能/指标测试、软件协议一致性测试、电磁兼容性(EMC)测试、安全测试、噪声测试、热测试、环境测试、可靠性测试以及其他需要的特别测试	• 测试策略与验证计划应在产品开发之初由测试代表制订，测试的尽早介入对于产品开发的成功极有帮助，"并行工程"被广泛应用到产品开发测试过程中 • 产品开发测试计划应与产品开发模式相符合，依据产品实现过程来设计产品测试过程，测试"V模型"被充分借鉴和应用 • 用于全面指导产品开发测试工作的产品测试策略与验证计划应关注以下几个方面： ◆ 依据产品设计方案划分的测试模块 ◆ 关键测试技术分析 ◆ 需求的自动化测试分析 ◆ 关键测试数据的获得 ◆ 每个测试模块(BUILD)的测试重点分析 ◆ 产品集成、系统测试策略和计划 ◆ 外部认证和标杆测试计划 ◆ 测试仪器、环境、人员的获得性分析及计划 ◆ 测试进度计划 ◆ 测试交付计划
2.3.10	采购策略与关键物料选择计划	• 产品开发技术负责人应尽早明确关键物料需求，并与团队采购人员确定产品关键物料，关键物料的选择是产品方案设计的关键约束 • 关键物料(价值高、供应源少、不可替代)的可获得性和议价能力应被重点关注，并制定相应的策略 • 采购人员应就关键物料的质量、价格、交货周期、服务等方面进行评估，并同产品开发技术负责人确定选择或替代方案	• 开发团队应从产品设计的初期开始构建物料的可获得性及成本控制的优势，通过采购货期进行提前计划，规避因无法及时到货而带来的产品开发风险 • 制定的采购策略应包括如下内容： ◆ 业界采购市场情报(价格趋势、进出口政策变化、竞争对手动向等) ◆ 产品涉及的物料种类采购技巧 ◆ 该物料种类的市场供需情况 ◆ 该物料族的供需来源 ◆ 该产品的关键物料 ◆ 供应商/物料选择技巧(招议标、询比价、成本构成分析等) ◆ 物料种类市场和供应商的风险评估、核心物料/重要供应商选择的风险管理计划 • 从技术、质量、交货、成本、服务等关键因素对供应商和关键物料进行评价 • 关键物料选择活动应提前开始，作为产品概念设计、系统方案设计、概要设计、详细设计的输入

(续表)

流程层级		标准等级	
		基础管理流程标准	最佳实践流程标准
2.3.11	质量计划	• 秉承"产品质量可以被设计"的理念 • 产品质量目标应能体现组织对产品质量的追求 • 质量计划应对产品开发过程进行监控，通过对产品开发过程的管控，达到以过程的确定性来应对结果不确定性的目的 • 针对重点质量目标，制订专门的保证活动和计划 • 产品开发过程的质量控制活动应保持一定的独立性，包括工作的独立性、问题汇报和升级的独立性	• 质量工程师根据产品特性选择必要的质量指标，新产品开发质量目标应遵循： ◆ 质量指标优于行业平均水平或竞争对手的，质量目标的底线是保持领先趋势 ◆ 质量指标处于行业平均水平或与竞争对手相当的，质量目标应尽量超越行业水平或竞争对手 ◆ 质量指标差于行业平均水平和竞争对手的，质量目标要缩小与竞争对手的差距，或达到行业平均水平或竞争对手的水平 ◆ 以组织能力基线为参考的，质量目标不能差于组织能力基线 ◆ 以历史数据为参考的，质量目标不能差于历史数据 • 针对当前未能达到的质量目标，制订应对策略和质量目标达成计划 • 质量工程师应设计确保质量目标达成的保证和控制活动，并严格执行这些活动 • 严格遵循产品开发流程，制订对开发过程遵循情况和过程交付进行审核的计划 • 质量问题的沟通和反馈机制应被重视，建立明确的质量问题反馈通道(例如质量工程师可以直接向组织的质量总监进行汇报)
2.3.12	配置管理计划	• 明确产品开发过程中实施配置管理的活动，配制管理计划包括如下内容： ◆ 要执行的配置管理活动 ◆ 所需的组织及其各自的职责 ◆ 配置管理活动的里程碑 • 明确配置项的更改控制程序和对更改记录进行保管的程序	• 依据项目管理计划，确定配置管理员，并明确配置控制委员会(CCB)，项目经理作为CCB负责人 • 选择并确定合适的项目配置管理软件，例如Visual Source Safe, Concurrent Version System, Star Team, Clear Case等 • 根据配置管理软件的选择确定匹配的计算机硬件资源 • 识别配置项，确定配置项的发布时间计划，并明确基线计划与配置项的对应关系 • 对配置库进行规划，确定配置库的目录结构和人员权限 • 制订配置项备份计划，明确备份时间及人员

(续表)

流程层级		标准等级	
		基础管理流程标准	最佳实践流程标准
2.4 设计与实现			
2.4.1	专利分析	• 根据产品需求和项目开发背景，检索并分析可能涉及的专利情况 • 研究产品核心技术，分析同行或竞争对手基本专利，进行专利法律状态分析 • 评估专利，评估内容包括： ◆ 专利使用权和许可证情况 ◆ 产品的核心技术所涉及的专利以及专利的应对策略 ◆ 未来市场推广地区的专利分析及应对策略 ◆ 可能存在的专利使用风险 • 输出专利分析报告	• 明确产品销售的目标市场区域，确定产品相关专利的检索国家范围 • 通过渠道(国家知识产权局、美国商标专利局、欧洲专利局等)检索相关专利 • 根据产品设计的备选方案，结合检索的专利，分析如下内容： ◆ 使用这些专利技术是否会引起纠纷 ◆ 购买这些专利技术需要多少资金，对产品的成本有多大影响 ◆ 直接使用这些专利技术，将要承担的风险有多大 • 结合专利的专利权人、专利保护地域、法律状态、保护期限、技术分析、产品目标市场的法律情况、竞争对手的情况等，给出应对建议，可能的建议包括： ◆ 调整技术方案，或选择另一备选方案，避开该专利 ◆ 购买专利使用许可 ◆ 在该专利申请保护的地区外使用该专利
2.4.2	标准分析	• 描述产品面向市场的地理属性("销往何处"和各"细分市场"等) • 针对产品目标市场定位，分析产品面向这些市场时需要遵守的一系列标准，包括国际标准、国家标准、行业标准、地方标准、与之相关的法律法规等 • 着重于技术要求、环境、安全等方面的标准 • 输出标准分析报告	• 根据市场/客户需求，定义本产品的标准框架，明确与本产品直接相关的所有标准/规范和可能的未来标准/规范，并说明这些标准/规范的现状 • 逐条分析产品需求和标准框架中的标准/规范的关系和差异 • 寻找所有可能的对外合作方、可能的合作方向(在哪个或哪些标准上合作)及合作方式 • 组织的标准研究人员、产品开发团队负责人、产品开发技术代表等对"标准分析报告"进行评审
2.4.3	定义产品备选概念并选择产品概念	• 产品开发技术负责人根据基线化的设计需求,制定产品可能的设计方案(备选概念) • 着重考虑产品/系统的大小和复杂程度、产品/系统所受限制以及所需要的关键技术 • 依据经验和市场上类似产品，结合专利与标准分析，形成初始系统概念 • 分析现有产品/系统与拟开发产品/系统在功能上的差距	• 通过以下方法产生产品备选概念： ◆ "自上而下"的问题分析，即对产品设计需求进行总体理解，再将它们分为适当的子项，直至为它们各自找到了可能的技术 ◆ "自下而上"的问题分析，即从一整套现有技术、模块、部件等开始，然后将它们组合在一起，以满足整体产品/系统的要求 ◆ 创造性设计，即利用个人和团队的知识和创造性来产生解决问题的方法

(续表)

流程层级		标准等级	
		基础管理流程标准	最佳实践流程标准
2.4.3	定义产品备选概念并选择产品概念	• 针对差距选择不同的方法： ♦ 重新设计 ♦ 放弃并替换现有系统的某些部分(现有系统不能满足设计要求，或者可以找到一个更好的方法来满足设计要求)	♦ 综合设计，即通过上述方法的有效组合，产生产品备选概念 • 综合评价产品功能、开发周期、开发成本、开发资源、客户满意度、质量、可靠性、可服务性、可制造性、可测试性等因素，对各备选概念进行评分并选择 • 了解用户的反应，选择产品备选概念(面向终端用户的产品)
2.4.4	总体设计	• 总体设计作为产品最高层设计，由产品开发技术负责人遵循以下步骤开展： ♦ 选择设计方法、识别关键技术、确定产品构架(由下一层的哪些组件组成) ♦ 根据确定的产品构架，确定组件之间的关键协作和关键接口 ♦ 明确总体方案、组件间的接口说明、组件需求说明，并进行评审 ♦ 建立各组件需求到产品需求的追踪关系	• 选择设计方法时，从功能性和物理性两种方框图来表述产品总体架构，并建立功能性方框与物理性方框之间的关系 • 描述产品设计需求中所有功能如何通过这些模块及他们之间的相互关系，并逐项描述主要功能特性、业务的实现原理，包括功能模块之间的控制关系、接口关系、信息流向 • 根据产品的总体设计及模块划分，确定可靠性模型，分配可靠性指标到各模块 • 从可测性需求角度，对产品进行模块划分 • 制定产品软硬件配置 • 设计产品可靠性等方面的专项需求
2.4.5	定义产品的功能规格	• 根据产品总体设计方案，明确产品各系统、模块功能要求 • 明确各系统、各模块之间接口要求 • 对评审过后的功能规格进行基线化管理	• 在产品系统结构构建和需求分配的基础上，制定系统明确、详细的产品设计规格 • 明确定义产品关键功能： ♦ 描述每个系统功能是如何通过合并基本的子功能而实现的 ♦ 确定如何将功能分配到硬件/软件模块或子系统 ♦ 确定所有的外部输入和接口 • 制定产品设计规格，分系统、分模块描述
2.4.6	定义产品的性能规格	• 根据客户需求和产品竞争需要，定义产品的性能要求 • 根据国内、国际、行业、组织自身标准的要求，定义产品性能指标 • 对评审过后的性能规格进行基线化管理	• 定义整个产品在提供业务时，对外表现的性能指标 • 所有性能指标需注明出处，如参照国际标准、国标、竞争对手、理论计算等 • 明确定义产品的性能要求，如××时间、××速度、××容量等 • 性能指标描述中应包括以下内容： ♦ 指标定义 ♦ 指标统计范围，这个指标是产品整体指标，还是产品中某个系统指标 ♦ 计算公式

(续表)

流程层级		标准等级	
		基础管理流程标准	最佳实践流程标准
2.4.7	定义产品其他规格	• 根据产品特性，制定除功能、性能外的其他规格，可能包括成本、外观、质量、包装、运输等 • 规格应尽可能采取可量化指标，比如具体金额、明确的尺寸等 • 对不能量化的指标，应尽力清晰描述指标要求，杜绝因描述造成的理解不一致 • 对评审过后的规格进行基线化管理	• 制定产品工业及外观设计要求 • 制定产品结构设计要求 • 根据产品开发任务书，制定产品开发成本要求 • 制定产品包装、运输要求 • 根据产品特性能够定义其他质量属性规格指标，可能包括： ◆ 易用性指标，即用户易于使用的要求，如对操作界面风格、操作方式等的要求 ◆ 可扩展性指标，包括功能和性能的可扩展性 ◆ 安全性指标，即保护产品的要素指标，如防火、防静电、防雷、防爆等指标 ◆ 可靠性指标，例如平均故障间隔时间(MTBF)、平均修复时间(MTTR)等 ◆ 可测试性，即方便测试人员为客户测试产品的要求 ◆ 可安装性，即方便用户服务人员为客户进行安装的要求 ◆ 可维护性，即方便用户服务人员为客户进行产品维护的要求 ◆ 可制造性，即方便产品批量生产的要求
2.4.8	概要设计	• 将总体设计继续向下层进行设计，形成概要设计 • 产品开发技术负责人会同团队各专业开发人员，依据产品开发总体设计方案及产品规格说明，对产品各系统、模块进行方案设计	• 产品开发技术负责人，根据总体设计方案，会同各专业工程师(硬件、软件、结构、电磁兼容性等)，开发各系统概要设计 • 概要设计包括对系统的基本处理流程、系统的组织结构、模块划分、功能分配、接口设计、运行设计等内容进行设计 • 根据产品特性，通常产品概要设计包括系统概要设计、硬件概要设计、软件概要设计、结构概要设计、工业设计概要设计等： ◆ 分系统进行系统内部各子系统、模块以及接口设计 ◆ 基于概要的BOM(物料清单)结构树及系统的设计规格书，开发到板级的硬件概要设计 ◆ 基于概要的BOM结构树及系统设计概念块图，进行模块级(即需要多少个模块以及每个模块的环境及功能等)的软件系统概要设计 ◆ 基于概要的BOM结构树及系统设计，进行结构系统概要设计，阐述硬件系统所需要的放置、供电、线路安装/连接及板件冷却，以及提供软件载入的方法

(续表)

流程层级		标准等级	
		基础管理流程标准	最佳实践流程标准
2.4.8	概要设计	• 概要设计明确产品各系统、各模块对应功能、性能以及其他规格的实现方法 • 概要设计应与总体设计表述方法保持一致	◆ 基于概要的BOM结构树和系统设计，阐述以用户为中心的设计的各个方面，包括所有顾客接触点、工艺设计、可用性和人机工程设计等方面
2.4.9	详细设计	• 将概要设计继续向下层推进，形成详细设计 • 根据产品设计需求分配结果，对产品各模块功能及实现原理进行说明，硬件详细设计应细化到组件与零部件，软件详细设计应细化到软件最小模块与程序 • 详细设计应尽可能详尽，根据详细设计说明，可做到： ◆ 硬件可以进行组件/器件的试制 ◆ 软件可以进行编码和测试 ◆ 结构件可以进行试制和试装	• 产品开发各专业子项目开展详细设计工作 • 详细设计作为产品开发的底层设计，支撑产品的开发实现 • 根据产品特性，选择对应的详细设计： ◆ 硬件详细设计方面，使用适当的设计工具，描绘出明确的硬件组件或器件要完成的功能和界面，对每一个硬件组件，开发原理图、零部件清单 ◆ 软件详细设计方面，使用适当的设计工具，描绘出详细的模块、要完成的功能、主要算法、数据结构、程序调用关系、输入、输出和界面格式 ◆ 结构造型详细设计方面，基于分配到结构和造型的需求、规格以及工业设计/人机工程设计的建议，使用标准的设计工具(根据情形选用Pro/E、IDEAS、AutoCAD等)来进行详细设计
2.4.10	硬件开发	• 硬件开发工程师依据硬件详细设计流程进行硬件开发 • 遵循组织统一的硬件开发规范 • 制作硬件部件并进行调测 • 完成硬件开发过程文档	• 依据硬件详细设计成果进行产品硬件开发 • 除非有强约束关系，否则开发工作应并行开展，硬件开发小组应依据硬件WBS计划，按照HCMM(硬件能力成熟度模型)规范开展硬件开发工作 • 硬件开发应包括： ◆ 硬件组件中底层软件设计及编码 ◆ PCB(印刷电路板)设计 ◆ 硬件调试 ◆ 按照统一的模板完成相应的硬件开发过程文档
2.4.11	软件开发	• 软件开发工程师依据软件详细设计流程进行软件代码开发 • 遵循组织统一的软件开发规范 • 进行代码走读，完成代码编译与调测 • 完成软件开发过程文档	• 依据软件详细设计成果，进行产品软件开发 • 软件开发小组应依据软件工作分解结构(WBS)计划，按统一的软件能力成熟度模型第5级(CMM5)规范开展软件开发工作 • 软件开发应包括： ◆ 代码编写 ◆ 编写软件工程文件 ◆ 代码编译、调测及优化 ◆ 同行评审 ◆ 按照统一的模板完成相应的软件开发过程文档

(续表)

流程层级		标准等级	
		基础管理流程标准	最佳实践流程标准
2.4.12	结构开发	• 结构开发工程师依据结构详细设计流程以及工业设计需求进行结构件开发 • 遵循组织统一的结构开发规范 • 制作结构件并进行试装 • 完成结构件开发过程文档	• 基于详细设计和测试计划,并依据工业设计需求,获得或构建结构件 • 依据结构装配设计,对结构件进行试装 • 对试装结果进行测试,并与硬件组件进行组装测试 • 按照统一的模板完成相应的结构开发过程文档
2.4.13	产品资料开发	• 资料开发工程师依据统一的产品用户资料开发流程,并基于产品详细设计来编写产品技术文档、用户手册 • 根据需要,对产品用户资料进行翻译 • 对产品资料进行一致性测试 • 完成产品资料开发过程文档	• 基于详细设计和开发活动编写技术文档、操作手册、使用手册、参考文档、在线支持文件/资料等 • 遵循组织统一的产品用户资料开发流程 • 基于销售的NLS需求(地理、语言)将技术资料翻译成合适的语言,需要时利用第三方(需要签订第三方保密协议)进行资料的翻译工作 • 利用内部环境对信息产品的实用性、可用性、一致性进行测试 • 按照统一的模板完成相应的产品资料开发过程文档
2.4.14	知识产权开发	• 明确专利申请类型、申请地域及时间 • 产品开发技术负责人编写知识产权申请材料,并交由组织的知识产权人员或第三方机构(知识产权代理机构)协助进行知识产权申请	• 根据总体设计方案,对知识产权进行规划,并分析本次产品开发中,哪些东西需要申请知识产权保护,分析知识产权申请成功的可能性、为组织带来的好处、需投入的资源 • 明确申请地域、计划提交时间 • 产品开发技术负责人组织编写知识产权申请材料,并组织材料评审 • 组织专业的知识产权岗位管理人员向相应组织申请知识产权
2.4.15	标准开发	• 明确"标准"开发类型(新建标准、提高标准、改正标准、扩充标准),确定"标准"提交时间 • 编写"标准","标准"评审后,向相应组织提交	• 产品开发负责人对标准进行规划,分析标准(国际、国家、行业、企业)的参与为组织带来的好处、投入资源等信息 • 按照新建标准、提高标准、改正标准、扩充标准确定标准开发的类型 • 编写"标准",并组织人员评审"标准" • 标准研究人员向相应组织提交"标准",并跟踪"标准"采纳过程
2.5 测试与验证			
2.5.1	产品开发测试流程	• 明确、统一的产品开发测试流程,并严格执行 • 产品测试(单元测试除外)由非产品开发的人员来承担	• 测试活动应与产品开发并行开展,并在产品设计之初提出产品测试需求

(续表)

流程层级		标准等级	
		基础管理流程标准	最佳实践流程标准
2.5.1	产品开发测试流程	• 专业的测试方法和工具应被积极考虑，以提高测试效率及准确度 • 内部测试、外部客户测试、认证和标杆测试应保持先后顺序	• 产品开发测试具备阶段清晰的流程，并遵循"V模型"构建产品测试模式，BBIT(渐增测试)概念被引进及广泛应用 • 对产品测试方案进行设计，产品测试依据测试设计方案执行 • 依据产品形态设计测试用例，并开发测试用硬件及软件工具 • 测试活动分为内部测试、外部客户测试、认证和标杆测试，并保持先后顺序，视情况可适度错行
2.5.2	单元测试	• 单元测试由开发人员负责 • 制定单元测试思路及步骤，明确测试输入及输出、测试通过标准 • 准备单元测试环境和相应设备 • 进行测试，输出测试报告	• 开发人员针对产品详细设计制定单元测试方案，准备测试环境及设备，按照方案进行测试 ◆ 硬件单元测试方面，硬件工程师完成硬件测试单元的组装或加工，依据测试方案测试硬件测试单元是否符合设计要求(例如逻辑正确性、电路特性等) ◆ 软件单元测试方面，进行测试和代码调测，在编程数据库中维护代码 ◆ 结构试装测试方面，构建结构元件，并与硬件单元进行组装测试，报告构建和单元测试的结果，明确可制造性、可服务性、质量、可靠性问题及可能的解决办法 • 按照统一模板要求输出测试报告
2.5.3	集成测试	• 测试人员依据产品概要设计制定产品子系统/模块之间的接口测试方案 • 尽可能地开发测试工具来代替手工进行产品集成测试 • 测试用例应分组开展，提高测试针对性和效率 • 输出测试结果，对产品是否达到集成测试标准进行评价	• 测试人员针对产品概要设计制定集成测试方案，集成测试方案围绕产品子系统/模块之间接口进行设计，准备测试环境及设备，按照方案进行测试 • 集成测试验证构建子系统/模块的外部接口和与其他构建子系统/模块之间的接口，包括已有子系统的接口，以及其他需要测试的部分 • 通过回归测试确保增加新的模块后，已有系统能正常运行 • 准备各测试用例的测试数据(包括期望输出数据)，编写测试软件脚本，并验证测试脚本 • 执行测试用例或测试脚本，按照统一的模板输出测试结果 • 依据集成测试结果数据进行评估，分析集成测试的充分性及有效性

(续表)

流程层级		标准等级	
		基础管理流程标准	最佳实践流程标准
2.5.4	系统测试	• 系统测试建立在完整的研发样品基础上 • 测试人员针对产品设计需求提出的功能、性能、其他需求进行测试 • 产品开发人员应参与测试过程，针对测试发现的问题进行修改 • 测试环境、过程、数据应被严格记录，并针对设计需求进行回溯	• 测试工程师依据产品总体设计制定系统测试方案 • 系统测试的范围包括功能测试、性能测试、质量属性测试(包括可靠性测试、易用性测试、兼容性测试、可安装性测试、强度测试、安全测试等) • 产品设计需求应在系统测试时进行逐条验证，相近测试方法的待测试特性应进行组合，并确定主要的测试仪器和工具 • 根据测试方案设计，开发/获取测试用工具，搭建/获取系统测试环境 • 执行系统测试用例或测试脚本，按照统一模板记录测试结果，提交发现的故障和缺陷 • 产品开发团队研发代表依据测试结果数据组织系统测试评估，分析测试的充分性及有效性
2.5.5	验收测试	• 基于测试计划，对从生产线生产出来的首批产品进行测试，验证产品是否符合原先规定的功能、性能	• 基于测试计划(模块与组件渐增的测试)，逐步构建产品系统，并对从生产线生产出来的首批产品单元进行集成测试(模块与组件渐增测试和最后的全面测试)，验证产品是否符合原先规定的各种需求
2.5.6	测试报告	• 对产品测试结果应有明确的输出要求 • 测试报告应对测试产品、测试内容、测试人员、测试时间进行描述 • 测试报告应严格按照测试方案设计内容和步骤进行，并详细记录结果 • 每个测试项对应明确的测试结果，通常包括以下内容： ◆ 测试结果全部正确 ◆ 测试结果部分正确 ◆ 测试结果有较大的错误 ◆ 无法进行测试 ◆ 无须进行测试 • 测试报告应对测试结果进行初步分析 • 测试报告应对测试结果进行评估，并给出后续产品改进方向建议	• 无论是哪种测试类型(单元测试、集成测试、系统测试、验证测试)，测试结果均应按照既定的测试报告模板进行输出 • 测试报告应对测试的产品、测试时间、测试人员、测试地点、测试环境进行描述和说明 • 所有进行的测试结果应以列表的形式反映，测试条目应与测试方案或测试用例保持一致 • 测试报告应明确对测试发现问题进行列表说明并分析 • 针对产品设计规格对被测对象给出总结性评估，测试内容包括稳定性、测试充分性等方面 • 被测对象质量评估包括以下指标： ◆ 缺陷密度(Bugs/KLOCORKNOC) ◆ 测试用例通过率(通过用例数/用例总数) ◆ 需求覆盖率

(续表)

流程层级		标准等级	
		基础管理流程标准	最佳实践流程标准
2.5.7	客户/用户测试	• 测试人员应在销售人员的安排下,在客户的实际环境下,对从生产线上生产的初始产品进行测试 • 在用户环境实施的测试包括功能测试、压力测试等 • 测试人员应对客户生产数据的安全重点关注,测试过程中的问题应急预案应首先被确定 • 测试完成后,应对测试用产品进行合适的处理	• 测试团队应与客户就产品特性进行详细说明,并针对用户测试可能出现的问题和风险制定应对预案 • 测试团队应对用户的生产环境和数据进行备份,以便测试过程中对用户生产数据进行恢复 • 新产品用户测试应有详细可行的安装及测试计划,尤其要关注对风险的防范 • 在用户实际生产环境中,按照新产品用户测试计划及测试用例进行用户测试,包括功能测试、压力测试、可靠性测试等,同时进行UCD(以用户为中心的设计)评估 • 产品开发团队应对用户过程测试中出现的问题进行修改,并再次进行用户回归测试,验证问题是否得到解决 • 用户测试完毕,组织应对测试产品进行处理(赠送用户、折价销售给用户、收回设备),并妥善处理用户的生产环境
2.5.8	认证测试/标杆测试	• 组织应根据产品特性及市场要求进行认证测试/标杆测试 • 认证测试/标杆测试应在市场或客户的要求下借助第三方开展,测试产品是否符合行业标准、客户要求标准,以及进行竞争对比测试 • 产品开发团队和测试工程师对认证测试/标杆测试提供必要的条件和支持 • 认证测试/标杆测试发现的问题必须得到解决	• 产品开发团队应根据国际标准、国家标准、行业标准进行产品外部测试认证,认证测试/标杆测试应在具有相应资质的第三方测试机构进行 • 测试工程师在进行产品认证测试前应进行充分准备,包括产品的调试准备、协助认证资料的准备等 • 产品外部测试认证前,与外部测试单位对认证的测试方法进行沟通,组织的标准管理部门应在与第三方测试机构的沟通中发挥作用 • 组织在认证测试/标杆测试过程中全力协助外部认证单位开展工作 • 产品开发团队应就外部认证测试结果进行分析,并针对产品进行改进
2.5.9	确定产品最终配置	• 将经过内部及外部测试并完成问题修改的产品配置作为产品开发最终验收成果 • 最终产品配置应提交给订单生产人员,并确保配置的权威性及唯一性	• 产品研发负责人组织各领域开发人员提供产品配置清单 • 配置清单应由测试部门进行确认,确保配置清单能够满足安装、使用方面的要求 • 产品配置管理员作为唯一的配置信息出口,将配置清单提交给订单履行人员

(续表)

流程层级		标准等级	
		基础管理流程标准	最佳实践流程标准
2.5.10	产品准备度评估	• 进行大规模生产前，产品开发团队应对产品技术的各个方面进行评审，包括产品成熟度、质量、可靠性等 • 产品开发团队应明确未解决的问题，评估其风险，制订风险规避活动计划，明确并按优先等级解决问题 • 分析用户测试、认证测试及标杆测试的结果，为新产品的发布进行全面的产品准备就绪情况评估(产品是否可操作和稳定，是否满足规定需求和规格)	• 产品开发团队研发负责人组织研发各专业小组对产品准备度进行评估，包括： ◆ 收集整理产品需求和规格的实现情况 ◆ 收集产品软件、硬件、结构等方面集成情况 ◆ 收集同类产品的情况，进行产品竞争方面的分析 ◆ 收集产品内外部测试结果的反馈，对产品是否可操作和稳定，是否符合规定的目标成本等进行分析 ◆ 收集整理在研发领域的风险跟踪情况 ◆ 编写并最终确定项目业务计划书中的研发部分
2.5.11	制造准备度评估	• 产品开发团队制造人员应审视所有的制造方面的输出，明确尚未解决的问题并评估风险，制订风险缓解行动计划 • 评估面向发布的总体制造准备完成情况，包括： ◆ 产品能否在不同的地点按照要求的质量批量生产 ◆ 确认量产场地、设备与人员等资源准备情况 ◆ 制造工艺是否经过测试与验证 ◆ 制造人员是否受过维护与解决生产线问题的培训等	• 产品开发团队制造代表应与制造专业小组审视制造方面的所有输出，明确尚未解决的问题并评估风险，制订风险缓解行动计划 • 评估面向发布的总体制造准备完成情况，包括： ◆ 产品能否在不同的地点按照要求的质量批量生产 ◆ 制造的基础环境是否正常运作(包括生产设备、测试设备、工艺路线、操作指导、培训等) ◆ 确认自产或OEM(代工生产)加工能力 ◆ 确认量产物料及供应渠道准备情况 ◆ 制造工艺是否经过测试与验证 ◆ 制造人员是否受过维护与解决生产线问题的培训等
2.5.12	市场销售准备度评估	• 市场人员就产品发布计划已初步执行的情况和下一步资源准备的状况进行评估，并相应完善发布计划 • 评估组织内销售人员及渠道销售人员产品培训材料完成情况 • 评估产品上市宣传材料(例如彩页)准备情况	• 产品开发团队市场代表组织市场及销售专业小组对产品上市销售的各个方面进行审视，明确尚未解决的问题并评估风险，制订风险缓解行动计划 • 评估面向发布的上市销售总体准备完成情况，包括： ◆ 上市销售材料是否准备齐全 ◆ 销售培训材料是否准备齐全 ◆ 销售订单环境(例如产品销售配置器等)是否可以稳定运行，是否策划安排了促销活动，销售人员与客户的激励是否到位，老客户的产品升级计划是否可行 ◆ 评估产品发布计划还需完成的活动，并完善发布计划

(续表)

流程层级		标准等级	
		基础管理流程标准	最佳实践流程标准
2.5.13	客户服务准备度评估	• 评估组织是否在售后服务的人员、技术、工具、环境上做好准备 • 评估产品售后维修备件采购、运输、管理通道是否畅通 • 评估售后服务人员是否完成了产品知识及维修技能的培训	• 售后服务代表组织售后服务专业小组对产品技术支持准备情况进行评估,包括: ◆ 评估产品上市后是否为客户准备了清晰、通畅的问题反馈通道 ◆ 根据生命周期阶段产品的产量,评估客户服务的人员数量和技术水平能否满足要求 ◆ 评估在产品生命周期阶段,客户服务在执行服务中的所有设备、资料、工具能否满足要求 • 评估是否制订完备的老客户产品升级方案和计划 • 对未能解决的问题进行风险评估,制订风险规避计划
2.5.14	采购准备度评估	• 评估采购面对产品批量生产的准备程度和风险 • 关键物料或独家供应商是否有应对策略,并验证策略 • 组织内部与供应商之间的采购订单下达程序是否打通	• 采购代表审视所有采购的输出,对尚未解决的问题进行风险评估,制订风险缓解行动计划 • 评估面向发布的采购准备完成情况,包括: ◆ 符合质量要求的物料是否能通过不同的供应商进行供应 ◆ 是否有稳定的采购系统供采购人员向供应商下单采购 ◆ 关键物料/新物料采购风险评估
2.5.15	产品资料准备度评估	• 审视所有文档方面的交付,明确尚未解决的问题并评估风险,制订风险缓解行动计划 • 评估产品发布对产品资料准备度的要求,审视所有产品文档,检查准确度,完善产品资料	• 资料开发工程师收集整理资料的测试、出版等方面情况 • 评估用户资料内容能否满足客户使用的要求,评估资料的出版、印刷能否满足量产需求 • 对产品资料相关的未解决问题进行评估,制订风险缓解行动计划 • 将产品资料准备度评估的分析和结论汇总到业务计划书中
2.6 产品发布			
2.6.1	新产品发布策划	• 新产品发布流程和活动应被明确定义,且在组织范围内生效 • 根据产品发布需要达成的目的和效果来设计发布形式和活动 • 根据产品形态,确定客户发布对象,并重点考虑确定合适的新闻媒体 • 根据发布对象的需要,针对性地设计产品发布流程及活动(发布活动形式、地点、时间)和交付,确保发布有效,包括:	• 根据目标市场、产品卖点等信息提炼出重点突出、简练、明确的产品发布主题信息 • 根据市场计划中的细分市场和目标市场确定客户发布对象 ◆ 确定目标市场对象的决策者、影响者 ◆ 了解关键的客户采购决策流程,确定发布对象 ◆ 销售渠道(线上、线下)关键代表

(续表)

流程层级		标准等级	
		基础管理流程标准	最佳实践流程标准
2.6.1	新产品发布策划	◆ 产品介绍 ◆ 研讨交流会议 ◆ 新闻发布会 ◆ 展览会(用户体验) ◆ 发放产品宣传资料 • 安排组织内部人员参与发布活动，比如销售代表、服务代表	• 根据品牌营销等因素，考虑其他外部发布对象(新闻媒体、业内专家、重要伙伴等) • 设计主发布活动外辅助的系列推广和促销活动以及产品发布后活动
2.6.2	制订发布计划	• 根据评审通过的产品发布策划报告制订清晰的发布计划 • 明确的时间、责任人、交付件及验收标准是发布计划中的必要内容 • 产品主发布活动及相关的辅助活动应有明确的时间及责任人	• 发布计划包括开发发布交付件和实施发布活动的行动计划 ◆ 每一个发布活动的时间、责任人、活动要求，发布活动之间以及发布活动和其他活动之间的依赖关系 ◆ 所有交付件的开发计划，交付件的开发活动可以细分成拟制、评审、印刷等子活动，每个活动应确定时间、责任人和标准要求 ◆ 明确的发布宣传计划，包括宣传方式、宣传材料、宣传时间进度、宣传范围的计划
2.6.3	产品销售培训	• 产品销售培训，可以采取现场培训、网上教程、销售人员自学产品资料等方式 • 销售人员应通过培训熟知产品卖点 • 通过培训，销售人员应熟练使用和调测产品	• 组织应在产品发布前，对参与销售的内部人员(销售及售前技术支持人员)及外部代理、渠道人员进行销售培训，培训内容包括： ◆ 产品及应用培训 ◆ 如何了解客户应用环境 ◆ 根据客户需求和资金预算提供针对性的产品解决方案 ◆ 分析解决方案优势，明确确定如何引导客户采用这个方案
2.6.4	客户订单环境建立/渠道备货	• 产品发布前，各类销售模式的订单履行环境基本准备完毕，主销售渠道可供客户正常下单购买 • 一些关键的线下渠道销售商已经铺货，线上渠道有明确的、可预期的购买时间，或者是可预订的时间	• 产品发布前，完成执行各类销售模式(线上、线下；B2B、B2C等)的订单所需的履行环境(产品数据、物流)，包括硬件设备环境、IT系统环境(例如CRM、ERP、电商平台等)、人力资源配备的准备工作① • 根据销售预测和实际订单，在各渠道实施铺货、备货 • 渠道备货量的调整，可考虑以下几个因素： ◆ 当地物流条件 ◆ 经销商态度 ◆ 促销政策 ◆ 原材料供应及产能

---

① B2B，企业对企业；B2C，企业对顾客；CRM，客户关系管理；ERP，企业资源计划。

(续表)

流程层级		标准等级	
		基础管理流程标准	最佳实践流程标准
2.6.5	资料印刷及发送	• 资料通过组织评审后交由外协厂商进行加工、印刷 • 印刷/出版的资料应及时运送至产品各类销售渠道 • 产品发布会所需资料应交由发布会专人负责管理	• 经过评审通过的产品发布资料、产品资料应及时进行加工、印刷(通常有外协厂商进行加工、印刷)，并关注质量、价格、时间进度等方面的要求 • 印刷数量及进度应有相应的预测，按照预测及时跟进外协厂商，且保持资料印刷供应一定的弹性 • 必要时，出版产品资料
2.6.6	产品发布宣传	• 产品发布会信息应通过合适的途径通知到邀请的产品发布对象 • 对重点邀请对象以恰当的方式进行跟踪，确保邀请对象能够出席发布活动 • 组织应与相关媒体达成一致，在发布会前后对产品发布进行相关的报道和说明，并跟踪实施	• 所有市场资料制作完成，以恰当的方式对市场进行宣传(媒体吹风、与部分客户沟通) • 除媒体报道和说明外，通过展会、公司网站等方式进行适度的产品发布宣传，但过程中注意相关内容的保密 • 组织高层应适度关注发布活动邀请的重量级嘉宾，必要时给予协助
2.6.7	新产品发布会	• 依照发布计划确定的程序，开展产品发布活动 • 及时处理发布会上的突发状况，确保发布会顺利进行	• 发布会前各项工作应准备就绪，并对照新产品发布计划进行适度演练 • 依据发布主题及事前确定好的程序，开展产品发布活动 • 依据应急处理预案，及时处理发布会的突发状况
2.6.8	实施发布会后相关活动	• 产品发布策划中所有活动均应按计划实施 • 对产品发布效果进行评估 • 产品开发团队将产品进行移交，团队解散	• 关注主发布活动后相关辅助活动的开展，以保证发布效果的达成和延续 • 对产品发布效果进行评估，根据评估结果，针对性地进行修正、补充、完善，或者对产品销售策略进行适度调整 • 产品开发团队对所有产品开发数据进行归档，并与生命周期管理团队进行产品移交 • 产品开发团队解散，团队人员根据需要进行重新安排

2.7 产品生命周期管理

流程层级		基础管理流程标准	最佳实践流程标准
2.7.1	产品市场表现分析	• 能获取较为全面的产品销售数据，根据销售数据分析产品毛利水平，并与预期进行对比 • 评估市场变化对产品的影响，并预测销量 • 评估产品质量表现 • 能获取部分关键客户对产品表现的反馈，并分析原因	• 建立完整、及时、准确的产品销售数据管理系统 • 将产品市场表现与产品开发前期的营销计划和预测进行对比，并对差异进行分析 • 评估产品质量与质量目标的一致性表现 • 全面进行产品财务指标分析 • 采取合适的途径和办法，获取真实的产品客户满意度水平，并加以分析 • 关注产品业务计划达成情况，综合评价产品绩效

(续表)

流程层级		标准等级	
		基础管理流程标准	最佳实践流程标准
2.7.2	产品销售网络有效性维护	• 定期向销售团队或渠道下达销售任务，并实时关注销售任务的达成情况 • 关注同类产品市场表现，制定快速、有效的销售策略，并适时调整 • 关注产品在渠道中的销量变化和趋势，分析原因，并制定相应对策	• 保持对渠道伙伴和销售团队的监控和管理 • 定期进行销售预测，并制订销售计划；向销售团队和渠道伙伴下发销售任务，并总结完成情况 • 关注市场变化，分析竞争对手的产品变化及定价策略，寻找差异，决定是否跟进 • 根据销售目标及竞争战略主动实施定价策略，达到目标销量或目标占有率 • 保持对渠道情况的关注，开拓新的不冲突渠道，开发新的渠道伙伴 • 根据市场反馈和消费者意见调查，提出产品功能、性能改进建议
2.7.3	产品供应网络有效性维护	• 根据预测制订生产/采购计划 • 关注产线效率，制定适当的激励政策，以提高生产绩效 • 关注产品生产批量事故，制定改进方案，并监控实施效果 • 保持对采购物料质量和供货周期变化的警惕，并保持与供应商的沟通	• 根据销售及要货预测安排产品生产计划 • 关注产品可能因生产、运输造成的质量问题，分析并制定改进方案，监控实施效果 • 利用预测技术、柔性生产技术，提高库存周转率，降低订单处理及生产、运输周期 • 保持对供应商的管理和监控，在恰当的时间、以恰当的方式开展供应评估、分析原材料的供应周期及质量表现，定期向供应商发布采购计划 • 持续地对备选供应商进行维护
2.7.4	持续的客户服务	• 提供准确、有效的客户服务网点和电话，并使客户容易获取 • 相对完备的产品各类故障/问题解决方案，快速帮助客户解决问题 • 服务资料完整，并归档	• 建立多渠道(包括线下、电话、网络、手机App等)的客户问题反馈渠道，制定系统化的服务流程和标准 • 跟踪服务体系的运行，适时调整完善服务流程 • 对服务资料进行日常发布、归档 • 跟踪服务支持项目的持续化运作，完善服务支持项目 • 持续跟踪客户反馈，提交客户需求报告，分析并解决客户问题 • 定期根据客户满意度的结果，制定提升客户满意度的方案，并监控实施效果 • 审视已销售产品的性能，持续改进产品质量和服务
2.7.5	产品经营绩效分析	• 重点关注产品上市后的财务表现，主要指标包括以下几项： ◆ 总投入 ◆ 研发费用 ◆ 销售收入 ◆ 毛利	• 根据产品开发立项期望的商业目标，对产品绩效指标进行分析 • 除财务表现外，还关注产品战略性指标，主要指标包括以下几项： ◆ 市场占有率 ◆ 目标市场完成情况

(续表)

流程层级		标准等级	
		基础管理流程标准	最佳实践流程标准
2.7.5	产品经营绩效分析	♦ 税前利润 ♦ 投资回报率	♦ 客户满意度，包括问题及时解决率(FRT)等 ♦ 产品销售占比
2.7.6	制订产品绩效改进计划	• 产品销售负责人应从以下途径来改进产品绩效： ♦ 降价、促销 ♦ 调整产品销售渠道政策 ♦ 降低产品生产成本及采购成本 ♦ 减少存货，提高库存周转率 ♦ 营销方式调整(广告、展会、商业模式)	• 建立产品绩效改进触发机制，绩效改进计划应获得批准 • 产品绩效改进可由以下途径着手： ♦ 关注竞争对手产品价格变化，调整产品定价策略 ♦ 调整(扩大、缩小或更换)产品销售渠道 ♦ 加快客户服务响应速度，提升客户服务满意度 ♦ 降低产品生产成本 ♦ 缩短供货周期，减少存货，提高库存周转率 ♦ 产品性能改善，或有增强型版本补充销售 ♦ 营销方式调整(广告、展会、商业模式)
2.7.7	产品问题收集	• 有正式、清晰、易获取的产品市场表现问题反馈渠道 • 专人收集和分发问题，并跟踪问题解决情况	• 设有多途径、多路径的产品问题收集、分析、分发及处理流程 • 建立专职的问题分析处理团队，采用IT系统进行问题汇聚、分析及分发 • 收集的问题广泛，主要产品问题包括： ♦ 市场问题 ♦ 生产及来料问题 ♦ 硬件可靠性问题(根据返修率统计发现的问题) ♦ 根据问题引申出的设计优化需求 ♦ 产品新增特性需求(包括降成本、新功能、维护功能、易用性优化等需求) ♦ 产品资料优化需求
2.7.8	持续的产品维护	• 持续的产品维护，确保产品正常生产与销售 • 对批量的开箱不合格产品进行分析，解决生产运输系统性问题 • 进行售后服务技术支持，分析共性问题，改进设计质量缺陷	• 通过问题管理流程、工程更改(EC)流程、需求管理流程和新功能申请等流程实施产品维护 • 根据产品维护计划对产品进行以下维护： ♦ 进行量产技术支持 ♦ 售后服务技术支持 ♦ 产品质量情况分析和改良 ♦ 产品成本管理 ♦ 产品维护团队成员可以兼职，负责对改动较小的产品进行维护，包括缺陷修改，发布补丁版本、微小特性等 ♦ 产品需进行较大修改的，可被纳入产品版本升级计划，由开发团队负责实施

(续表)

流程层级		标准等级	
		基础管理流程标准	最佳实践流程标准
2.7.9	制订产品的升级计划	• 升级版本有明确的功能、性能设计优化需求 • 产品升级计划被组织中合适的个人或机构批准	• 持续跟踪产品问题，并将因此而新增的产品设计优化需求纳入规划的版本中；必要时，刷新版本规划 • 即将升级的版本中，有明确、清晰的设计优化需求；重点明确新增的功能、优化的性能，以及计划上市的时间 • 产品升级计划应被评审，并正式获得批准
2.7.10	产品升级版本开发及发布	• 有较为明确的产品升级版本开发计划，产品原有的开发人员优先作为升级版本开发团队成员 • 产品的升级版本实现了主要的功能需求，相比原有产品，性能有较大幅度提升 • 产品的升级版本按计划进行版本切换	• 清晰的产品升级版本开发流程(相比基础版本更加简化的产品开发流程)，跨职能部门的开发团队 • 依据产品版本升级计划进行版本开发，产品的升级版本实现了既定的功能及性能要求 • 升级版本按照集成产品测试方法进行测试，并进行评审 • 组织应对产品升级版本进行版本切换决策，并依据发布流程进行发布
2.7.11	产品生命周期终止建议	• 对产品的定位进行主动的、有意识的生命周期终止 • 注重产品财务表现，根据财务表现(产品财务表现是否符合组织的期望)提出终止建议 • 产品生命周期终止建议可以由组织负责产品维护的团队或高层管理者提出 • 根据产品具体运营模式，明确给出先停止销售还是先停止生产的建议，并分析建议的缘由及后续过程中的产品运营策略 • 停止服务在停止销售或生产后完成	• 定期分析产品的表现，在恰当的时机提出产品生命周期终止建议 • 分析各种可能导致产品生命周期终止的原因，终止原因有以下几种： ◆ 市场原因，包括外部原因(政策变化、产业链变化、客户需求变化、竞争对手)、内部原因(市场策略调整、产品策略调整、产品更新换代、财务条件变化) ◆ 产品原因，包括产品功能问题、性能问题、质量问题、成本问题、产品新版本是否计划推出、替代产品是否计划推出等 ◆ 服务原因，包括服务人员、成本，产品维护的稳定性，客户维护成本，客户对产品的使用意见等 ◆ 制造原因，包括产品能否足以满足批量供货，产品生产环境、人员是否有效，原材料采购环境是否变化，生产外协单位是否能提供服务 ◆ 财务原因，包括产品财务表现是否符合组织要求，是否有预计的财务表现，组织是否有其他突发的资金使用需求等
2.7.12	生命周期终止决策	• 组织有明确的产品生命周期终止决策责任人或团队 • 决策责任人或团队应依据组织对产品的期望(尤其是财务表现)，做出产品生命周期终止的决策	• 明确的决策评审流程 • 分级的产品生命周期终止决策机制，不同层级的产品(版本、产品、解决方案)由不同层级的决策团队来进行评审决策

(续表)

流程层级		标准等级	
		基础管理流程标准	最佳实践流程标准
2.7.12	生命周期终止决策	• 组织在做出产品生命周期终止决策后,应有明确的后续计划 • 批准停止销售、停止生产、停止服务的工作计划	• 产品生命周期是否终止不依据主观印象来进行判断,而是依据明确的评审要素对产品生命周期管理团队的建议进行评审,并与产品生命周期管理团队进行沟通,根据评审结果做出是否终止产品的决策 • 停止销售、停止生产、停止服务的决策可以同时也可以分开进行
2.7.13	公告	• 有正式的宣布产品生命周期结束的方式(通过网站、会议、传真通知等形式) • 产品生命周期终止,尤其是停止服务,应在停止服务日期之前适时进行提醒	• 对于产品生命周期终止(停止销售、停止生产、停止服务)的决议,需在正式途径中对因产品生命周期终止而影响到的角色进行公告 • 在可能情况下,针对市场和客户,对后续的产品计划也一并给予公告
2.7.14	停止销售前准备	• 所有订单已经处理并完成发货 • 所有成品库存已经有处理计划 • 停止销售的产品备件已经安排妥当	• 所有库存/渠道成品均已销售/处理完毕 • 与重要客户就停止销售达成共识 • 后续替代产品销售工作已经准备就绪
2.7.15	停止生产前准备	• 生产部门应确定最后订单接收日期,并明确知会销售部门 • 确定备件停止接单日(包括备件销售和备件维护的要货),并明确知会服务部门 • 停止生产前,对服务所需备件、备品做出预测,并按预测准备服务备件及备品 • 库存的备料、备件应有明确的处理计划	• 根据停止生产前的要货预测(含备件要货),准备产品专供物料,合适的情况下,通知供应商,停止专供物料采购 • 制订产线调整计划,并在产品停止生产后按照计划调整产线,包括产线人员调整 • 在产品停产后,及时修改产品数据库中产品状态
2.7.16	停止服务前准备	• 对服务备件进行清理 • 对服务资源进行处置 • 所有服务资料完成并归档	• 与组织重要客户就停止服务达成共识 • 对产品服务备件进行恰当的销售/清理 • 服务人员释放(通常迁移到后续产品服务)、服务资源清理 • 产品服务数据归档,数据库关闭

3.0 研发运营管理

3.1 研发组织和团队

流程层级		基础管理流程标准	最佳实践流程标准
3.1.1	研发投资评审与决策团队	• 将研发投入视为一种投资行为 • 建立高层研发投资评审团队,负责对产品/技术/平台开发过程进行评审及决策 • 评审团队至少应在新产品开发立项时进行评审决策 • 对新产品开发团队,给予人员、资金、时间上的支持	• 设有研发投资决策管理委员会,负责对产品/技术/平台开发投资进行决策 • 视组织规模和产品范围广度需要,分层(组织级、产品线级等)设置投资评审团队 • 委员会成员涵盖组织的各个领域(研发、市场、销售、服务、生产、采购、财务、人力资源、质量),具备极强的专业知识、经验和能力 • 将研发作为组织的投资行为,团队以投资方角色开展工作 • 在产品开发过程中的关键阶段进行评审及决策

(续表)

流程层级		标准等级	
		基础管理流程标准	最佳实践流程标准
3.1.2	新产品开发团队	• 产品开发团队不仅包含研发部门人员，视需要还应包含其他领域人员 • 跨领域的新产品开发团队具备雏形，但运作还不够成熟，仍以研发为主，其他领域活动部分参与 • 产品的开发方式已经转化为"以市场/客户为中心"，市场/客户需求普遍获得重视 • 产品开发团队对产品开发成功负责，在产品开发、质量、成本等方面发挥作用 • 以项目方式开展新产品的开发任务	• 产品开发团队跨越研发职能，还包括市场、销售、研发、生产、服务、采购、财务、人力资源、质量管理等职能 • 产品开发团队参与产品开发的全过程(产品概念到产品发布上市，个别到产品生命周期终止) • 关键客户作为产品开发团队成员，参与产品开发过程 • 产品开发团队对产品最终的成功负责，在产品开发、质量、上市、生产、服务、财务等方面发挥作用
3.1.3	新产品开发功能部门团队	• 尚未建立专职的产品开发团队外围组，产品开发相关任务由功能部门直接承担	• 新产品开发团队各成员承担各领域新产品开发功能部门团队领导，代表本领域组建功能部门团队 • 功能部门团队运用本专业的知识和技术为新产品开发项目提供支持
3.1.4	产品经理	• 产品经理对新产品的成功开发负责 • 负责管理产品开发项目的计划、进度、预算、人员配置、资源、风险及项目交付 • 产品经理通常由研发技术专家担任 • 产品经理具备一定的项目管理经验 • 产品经理熟知组织的产品开发流程，并高度认同流程管理	• 产品经理对新产品的成功(获得市场的成功)负完全责任 • 产品经理不一定出身于研发领域，可以来自财务、研发、市场、生产、服务或采购等任何功能领域 • 懂技术并了解市场的产品经理，会让产品开发成功的机会大增 • 项目管理经验对产品经理非常重要，理想的产品经理应该具备项目管理相关的任职资格和经验
3.1.5	技术/平台开发团队	• 有临时的技术开发小组，目的是进行产品开发过程中的技术攻关	• 组织的技术/平台开发团队与产品开发团队类似，由来自不同领域的专业人士组成 • 关键产品的代表作为内部"客户"，参与技术/平台的开发过程 • 技术/平台开发团队对技术/平台成功地被产品应用负责
3.1.6	产品生命周期管理团队	• 新产品开发团队尽管已经投入其他新项目上，但仍然承担本产品上市后的维护 • 产品开发团队主要负责产品缺陷维护、售后服务技术支持	• 在产品发布上市后建立专门的产品生命周期管理团队(LMT) • LMT需要根据前期产品开发团队制订的产品维护计划对产品包进行维护，包括进行量产技术支持、售后服务技术支持、产品质量情况分析和改良、成本管理方面的维护工作 • LMT负责对已上市产品的绩效进行监控，监测产品市场表现 • LMT负责给出产品退市建议，包括明确的停止生产、停止销售、停止服务的时间

(续表)

流程层级		标准等级	
		基础管理流程标准	最佳实践流程标准
3.2 研发决策管理			
3.2.1	决策评审流程	• 采用固定的流程对产品开发项目决策评审过程进行规范 • 明确产品开发团队、研发投资决策评审团队及其他角色的职责 • 产品开发团队依据开发进度,制定决策评审材料,提请研发投资决策与评审团队对产品开发进展进行决策 • 制定决策评审要素,不同的决策类型(立项、生命周期管理等)关注不同的决策要素 • 决策团队各成员关注点不同	• 决策评审流程作为产品开发流程的子流程,规范研发投资决策团队的立项决策、生命周期终止决策,以及产品开发过程中阶段决策评审活动 • 将产品开发决策评审作为研发投资决策团队成员参与产品开发的重要途径 • 产品开发团队完成决策评审材料,由开发团队各专业代表分别向同专业的研发投资决策团队成员进行沟通汇报,确保决策团队成员对决策事项有客观清晰的认识,以便正确决策 • 设定研发投资决策团队各专业委员在不同的决策类型中的专有的决策评审要素
3.2.2	决策评审要素	• 依据产品开发流程,针对开发阶段以及决策评审目的,制定各决策评审点的决策评审要素 • 评审要素设置得当、有效,通过评审要素进行审核,可以给出有效决策	• 评审要素的设定应能使决策评审团队正确把握研发项目现状,并对其发展趋势做出正确的判断 • 评审要素的设定应围绕产品开发任务书来考虑,并根据情况适度对评审要素进行优化 • 研发项目决策评审过程中,应严格按照评审要素进行
3.2.3	决策运行机制	• 团队而不是个人对研发项目的发展进行决策 • 决策形式采取会议方式集中进行 • 研发项目决策应及时进行,并依据决策评审要素对研发项目进行评审决策 • 决策结论分为:继续进行、停止开发、返工 • 产品开发团队应按照决策结论开展下一步工作	• 建立并维护研发项目决策评审运行机制 • 通过研发决策评审流程明确产品开发团队、研发决策团队以及其他必要角色的职责和要求 • 多个研发产品开发项目的组织,设置规定的决策评审日历(月度日历),提前安排决策评审议程 • 明确决策评审开展的形式和要求 • 对决策会议出席情况做出规定,明确委托出席决策的比例要求,且明确委托出席决策责任的归属仍为委托人 • 明确决策团队成员的评审结论与整体评审结论的关系
3.3 质量管理			
3.3.1	质量管理流程	• 制定角色和职责明确的质量管理流程 • 从质量控制角度设计质量评审活动,并客观准确反映产品质量水平	• 建立质量管理使能流程,规范产品开发全过程的质量管理工作 • 质量管理流程应该涵盖质量策略制定、质量目标策划、质量保证活动、质量审计活动等内容 • 设计与产品开发各阶段相对应的阶段质量评审活动,确保产品开发各阶段的质量目标的达成

(续表)

流程层级		标准等级	
		基础管理流程标准	最佳实践流程标准
3.3.1	质量管理流程	• 保持质量控制角色与产品开发角色的分离	• 明确质量管理活动输出的汇报关系和汇报程序
3.3.2	技术评审	• 针对产品开发流程关键节点设置评审活动，并根据节点的不同制定不同的技术评审关注要素 • 通过技术评审对产品开发过程的质量进行评估，为产品开发团队和决策评审团队提供决策输入 • 技术评审人员应与开发人员区分，保证技术评审的独立和客观 • 未通过技术评审，产品开发不能继续接下来的工作，除非组织有相应权限的人员批准，并因此承担责任	• 制定产品开发技术评审制度，对产品开发过程质量进行把关 • 产品开发过程技术评审应包括立项评审、需求和概念评审、系统设计方案评审、产品原型评审、设计定型评审、设计转生产定型评审等 • 技术评审结论作为产品决策评审输入之一，在产品开发的各个阶段，只有完成了技术评审，才能进行产品决策评审 • 组织应建立产品开发技术评审专家资源池，根据不同的研发项目，选择合适的专家参与评审 • 应制定技术评审要素以及各要素的评分原则，并明确技术评审整体结论通过的标准，在组织内统一实施 • 对技术评审应给出明确的结论(通过或不通过)
3.3.3	更改控制	• 产品开发过程的变更应得到控制 • 制定适当的流程对变更过程进行管理 • 未经批准的变更不得实施 • 变更实施后，应对变更效果进行评估	• 设置独立于产品开发团队的变更控制委员会或相应组织，对产品开发过程的变更进行评审 • 对变更影响程度进行分级设置，不同级别变更对应不同的变更控制流程(包括描述问题、提出变更需求、原因分析、提出方案、批准并实施变更) • 严格控制变更数量，对产品开发过程的变更设置适度的KPI指标
3.3.4	QA	• QA(Quality Assurance，质量保证)应根据技术评审要素，组织产品开发技术评审活动 • 将技术评审结果按照相应程序进行汇报，并负责对评审问题的解决进行跟踪和监督 • 负责监督开发团队的流程遵循情况，并组织产品开发质量审计工作 • 根据组织质量管理部门的要求，在产品开发项目中执行质量管理要求	• 产品开发项目应设置PQA(Product Quality Assurance，产品质量保证)、SQA(Software QualityAssurance，软件质量保证)、HQA(Hardwa-re Quality Assurance，硬件质量保证)等相应角色，PQA应作为产品开发团队的核心成员之一 • PQA协助产品开发技术负责人制订产品开发质量目标及相关的质量保证计划，并对产品开发全过程的质量管理工作负责 • PQA应指导产品开发团队按照既定的产品开发流程进行产品开发，并监督开发团队成员的流程执行情况 • PQA负责组织技术评审，并输出技术评审报告 • PQA要有相对独立地向研发投资与评审决策团队汇报的关系

(续表)

流程层级		标准等级	
		基础管理流程标准	最佳实践流程标准
3.3.5	质量追溯	• 针对产品开发过程的重大问题查找根本原因，重点关注人为问题和流程环节问题 • 针对问题制定改进措施，并限期进行整改 • 验证整改效果，持续改善质量	• 对制定的产品开发质量目标进行回溯，总结经验教训 • 针对产品开发过程中有代表性的问题，进行故障分析、数据采集，找到根本原因 • 对重大的产品质量问题进行责任追溯，明确产品的问题是由于技术因素、人为因素还是管理因素导致，并要求限期纠正，树立和提升全员质量意识 • 制订相应的纠正或改进措施和计划，验证改进结果 • 将改进结果共性的经验进行固化，并在组织内部进行分享
3.4 产品数据的管理			
3.4.1	部件管理	• 必须制定清晰、严谨的零部件分类编码规则，并准确赋予每一种零部件唯一的编码，不同版本的同样零部件应共用一个零部件编码 • 每一种零部件都需要包含编码、型号、类别、计量单位、描述等主数据 • 应尽量避免关键零部件的独家供应 • 寻找不同供应商制造的可以互相替换的同种零部件，但必须经过产品设计人员测试验证	• 采取信息技术对部件信息进行管理 • 根据组织管理需要赋予零部件其他属性数据，例如库存数量、加工消耗、参考价格等 • 零部件应有明确的编码申请流程，流程应覆盖组织内所有零部件种类，不同类零部件的编码申请流程可有适度细分的子流程
3.4.2	BOM管理	• 物料清单(BOM)发布前应进行评审 • BOM管理员应经过相应培训和认证，并持证上岗	• 建立物料清单(BOM)的评审和发布流程，并严格执行 • 组织应对BOM进行分类，各类BOM数据均应来自主BOM(包含所有BOM数据的完整BOM) • 设立专门的产品数据管理部门，这非常必要
3.4.3	文档管理	• 产品开发过程中的文档应统一在系统中进行归档，产品文档仅存于个人电脑的状况是不被允许的 • 文档应进行版本控制，个人文件柜中的文档可以直接进行更改，但公共文件柜中文档必须进行存取的检查与控制 • 对产品开发过程文档的存取进行权限控制	• 文档管理系统可以对搜索引擎进行支持，通过对象的属性来进行查阅，如按照作者、文档类型、文档编号，这些条件可单独使用，也可以联合使用，也可以根据文档内容中关键字进行查阅 • 文档管理系统按照一定的群组对文档的查阅进行权限控制，例如部门、项目、工作描述、地点等，权限可以按照动态权限和静态权限进行设置 • 文档管理系统可以方便地对各类产品数据进行浏览

(续表)

流程层级		标准等级	
		基础管理流程标准	最佳实践流程标准
3.4.4	产品数据变更管理	• 必须对产品研发过程中已经基线化或已经归档的产品数据的变更进行控制 • 变更申请必须得到评估和批准，未批准的变更不得实施 • 紧急变更需经相应权限人员的授权(书面或其他方式)，并因此而承担相应责任	• 采取IT方式对产品数据进行管理，确保归档和基线化的产品数据的唯一性 • 产品数据的更改应在IT系统中完成并及时发布 • 组织可以为紧急的变更设计特殊流程，但紧急变更流程的使用应严格受限
3.4.5	产品数据齐套管理	• 产品开发项目计划应明确开发项目过程的交付 • 根据项目管理计划，对过程交付进行监控 • 交付件应通过相应的评审和验收	• 产品设计之初，产品数据管理工程师应协助产品CTO(首席技术官)制定产品数据分类与交付规则 • 根据产品研发过程，制定产品数据研发交付件清单，并制订交付计划 • 产品数据管理工程师根据交付计划监控交付件的按时交付，为产品研发进入下一个阶段做准备

3.5 配置管理

流程层级		基础管理流程标准	最佳实践流程标准
3.5.1	识别配置项	• 配置管理人员应与产品开发团队共同识别出需要纳入配置管理的配置项 • 将与合同、过程、计划和产品有关的文档和数据纳入配置项管理 • "自上而下"地将整个产品结构分解为逻辑相关且有隶属关系的系统、硬件、软件、结构、过程性工作产品或它们的集合 • 产品结构树上各个层级的部件及其关联的文档均可作为配置项纳入配置管理	• 配置管理工程师协助产品/平台经理、项目负责人或其指派专人识别出需要纳入配置管理的配置项 • 保证将功能参数和性能参数可以进行单独管理的工作产品或其集合作为单独的配置项 • 存在以下情况的工作产品或者其集合通常作为一个单独的配置项进行管理： ◆ 内部指定的工作产品 ◆ 对产品质量起关键作用的工作产品(例如测试数据和脚本) ◆ 从外部获取的工作产品(例如采购来的工作产品) ◆ 工具(例如编译器等) ◆ 被两个或者多个组使用的工作产品 ◆ 相互严重依赖的工作产品 ◆ 可能因为缺陷或者需求变更经常发生变化的工作产品 ◆ 配置项之间的接口描述
3.5.2	标识并评审配置项	• 为每个配置项分配唯一的标识符 • 配置项清单与项目计划一起进行评审	• 制定产品开发配置项标识办法，为每个配置项分配唯一的标识符，并明确配置项的负责人 • 考虑生命周期的阶段、不同的配置管理级别、成本和进度的限制以及用户的特殊要求，确定每个配置项被纳入配置管理的时机 • 建立文档类、部件类配置项命名规则

(续表)

流程层级		标准等级	
		基础管理流程标准	最佳实践流程标准
3.5.3	制订配置管理计划	• 为每个产品开发项目建立一个配置管理计划 • 配置管理计划应包括配置管理成员角色、产品版本命名策略、产品文档和代码管理、配置库管理、配置项的审核、配置变更控制等内容	• 产品开发初始阶段制订配置管理计划初稿，并在后期进行细化 • 制订统一的配置管理计划模板，遵循模板制订产品配置管理计划 • 配置管理计划作为项目管理计划的子计划，进行同行评审
3.5.4	建立并维护配置/变更管理系统	• 依据配置管理计划，建立配置管理系统和变更管理系统，并创建相关人员的用户账号和权限 • 依据配置管理计划的要求实施对配置管理系统和变更管理系统的例行维护	• 实施配置管理计划 • 适时对系统中的工具使用、过程要求对项目组成员进行培训 • 根据配置控制委员会(CCB)的决定，实现配置管理系统和变更管理系统的变更
3.5.5	基线管理	• 经过评审的产品开发输出(包括产品开发文档)，应建立基线，并将其纳入配置管理 • 产品开发阶段末，配置管理人员审核该阶段基线应包括的工作产品是否完整，并将相关工作产品纳入配置管理 • 配置管理人员应向产品开发团队发布基线建立通知，工作产品开始受控	• 配置项负责人应在文档配置项完成同行评审后提出基线化申请，代码配置项在提交系统测试前应建立基线 • 判断基线是否满足基线化条件，再批准或拒绝基线化请求 • 在产品开发阶段结束或里程碑前，配置管理工程师使用相应的标签完成对配置项的基线标识，建立基线，工作产品开始受控 • 配置管理工程师向CCB及相关干系人发布基线建立通知，对于OEM(原始设备制造商)和ODM(原始设计制造商)项目，需要通知供应商
3.5.6	变更管理	• 基线化后产品不得随意变更，变更必须经过申请和审批 • 经过对变更请求的分析和评估，做出审批结论，并指派人员对已经基线化的配置项进行修改 • 对变更结果进行验证，关闭变更请求	• 变更应以正式的变更请求单的形式提出，至少应该包括请求标识、所属项目信息、提交人信息、日期、变更描述、紧急程度等 • 对变更请求所需的工作量、成本、时间、进度、受变更影响等进行研究和分析 • 经过分析评估以后，对请求进行审批，审批结果通常包括实施变更、延期变更、拒绝、转交等 • 变更实施只能从配置库中检出相关配置项，修改后检入配置项

(续表)

流程层级		标准等级	
		基础管理流程标准	最佳实践流程标准

3.6 度量管理

流程层级		基础管理流程标准	最佳实践流程标准
3.6.1	度量设计	• 根据管理需要，明确产品开发所需的度量项 • 明确度量项数据收集途径、收集工具、收集周期以及存储方式 • 明确度量项分析结果的发送范围与形式	• 根据管理信息需要，制定产品开发/项目度量框架，确定分析模型和决策准则 • 确定度量项，以及度量结果的阈值、目标，并制定度量函数 • 确定度量项数据来源和数据提供角色，明确度量项的数据收集/验证角色、收集平台、收集时机、存储平台 • 明确度量分析责任人，明确分析结果的发布形式和时间 • 对度量项的收集机制进行评审，分析收集过程是否合理可行
3.6.2	制订度量计划	• 依据产品开发流程，制订产品开发阶段/里程碑的度量计划 • 明确度量工作的角色、工作输出、输入及分析工具等 • 将度量计划纳入项目管理，并监控计划执行	• 项目度量负责人在产品开发初期，制订后续产品开发各阶段的度量计划，并估算度量工作量 • 编制完整的度量计划，包括度量角色和职责、特定度量信息需要、度量目标的确定、相关度量工作产品的输出、度量数据的收集和分析等 • 将度量计划作为项目计划的一部分，与项目计划一同评审，并将其纳入配置管理
3.6.3	数据收集与验证	• 按照规定的度量项，在要求的时间周期内收集数据 • 对收集的数据进行验证，确保度量项数据的客观、准确	• 按照度量计划的要求，收集基础数据(任务完成的进度、质量、工作量等) • 按计划开展数据的收集、分类统计计算和验证工作，确保数据的准确性和及时性 • 对项目以外的数据进行收集、分类统计计算和验证工作，或在项目收集的数据基础上进行进一步的统计计算 • 产品开发团队、项目度量数据收集人、验证人负责将度量数据基线化
3.6.4	数据分析	• 依据度量计划明确的分析工具进行度量项分析，并进行验证，确保度量项分析客观、准确 • 对度量数据分析结果，按照规定程序进行报告和存储	• 分析信息需要的满足情况，利用多个度量项组合和相关决策准则对度量结果进行分析： ◆ 对度量结果显示在控制范围内的活动进行经验总结 ◆ 对度量结果显示超出控制范围的活动，分析关键影响因素，提出改进建议 • 分析数据收集、存储、验证、管理等活动，找出整体薄弱环节 • 汇总分析结果，完成度量分析报告 • 产品开发团队在项目分析报告结果的基础上进行进一步的整合分析

(续表)

流程层级		标准等级	
		基础管理流程标准	最佳实践流程标准
3.6.5	度量结果应用	• 产品开发团队依据度量结果采取改进措施 • 对度量结果进行评估，若不能客观反映现状，则修正度量计划	• 产品经理/项目经理根据度量分析结果采取措施改进现状，进行管理决策 • 团队成员根据度量分析结果采取措施改进自身工作 • 若存在当前分析手段不能反映现状等问题的状况，应修改度量设计并调整度量计划，使度量活动更符合需求 • 将度量改进建议提交到产品研发过程资产库，作为研发过程改进的原始需求

第12章 销售管理流程标准

12.1 销售管理流程研究框架

销售是组织向客户传递价值的过程。组织通过销售活动向客户提供产品或服务,实现组织的价值创造,使组织与其利益关系人受益。销售是组织重要的业务活动之一。

本指南将销售管理流程归纳为销售管理策略、销售实现、管理客户关系、管理销售资源4个部分(见图12-1)。

图12-1 销售管理流程框架

12.2 销售管理流程研究方法

本指南中的销售管理流程标准遵循"满足客户需求、实现组织目标"的原则,通过制订符合组织战略及市场环境的销售策略和销售计划,对销售资源、客户关系进行细分和有效管理,落实市场定价,形成组织产品或服务的价格体系,实现组织的价值传递。

销售管理流程标准包含的核心理论及借鉴的管理方法如下所述。

(1) 营销策略组合,4P、4C基础营销理论。

(2) 产品定价策略和方法。

(3) 市场整体分析方法、PEST分析方法、基于自身和产品的SWOT分析方法。

(4) 销售计划制订方法、销售目标设定的SMARTC原则。

(5) 基于销售与运营(S&OP)计划管理模式下的销售预测管理、销售预测方法。

(6) 国内外标杆企业销售及销售管理流程实践。

12.3 销售管理流程标准指南

依据销售管理研究框架及方法,本指南将销售管理各层级流程关键要素按照"基础管理流程标准"和"最佳实践流程标准"进行呈现(见表12-1)。

表12-1 销售管理流程标准

流程层级		标准等级	
		基础管理流程标准	最佳实践流程标准
1.0 管理销售策略			
1.1 目标规划			
1.1.1	环境和行业分析	• 对行业政策、市场信息进行收集和分类 • 运用趋势分析或类比分析等方法，对未来一段时间内的行业发展情况或市场机会进行初步判断	• 在战略层面进行完善的分析和规划，持续对行业相关政策、最新成果和动态，以及相关的经济和市场数据进行归集整理 • 有固定和成熟的数据分析方法，对行业发展趋势和市场热点进行预测和判断，从行业发展的层面分析预测下一年度的市场机会
1.1.2	客户分析	• 结合行业发展，通过获取客户信息，分析并判断客户未来一段时间内的需求和投资计划	• 建立并持续维护和完善客户信息获取渠道 • 通过分析积累的客户数据来获得未来某个时间段内客户较为准确的需求和投资计划
1.1.3	竞争分析	• 收集了解主要竞争对手信息，能对竞争对手的优劣势做出基本判断 • 收集并对比已上市竞品信息，了解同类产品发展趋势 • 以前瞻性的视角，预估可能出现的替代产品信息	• 设计完整的信息收集模板，收集和掌握完整的竞争对手信息，包括竞争对手所在区域、市场及产品策略、竞争策略、组织发展策略等，分析和明确竞争对手的优劣势 • 做出竞争分析，明确预估对本组织产品销售产生的影响
1.1.4	自身分析	• 基于自身资源和市场情况，对优劣势做出基本判断 • 对自身的市场发展和销售提出要求	• 明确自身资源，包括品牌、产品、人员、渠道、销售及价格策略等，在市场和竞争环境中分析自身的特点和优劣势 • 明确基于自身发展的销售目标增长需求、从人员和运营成本角度出发的销售规模和目标要求
1.1.5	目标制定	• 基于分析与预测，结合组织要求制定明确的年度销售目标 • 年度销售目标可分解到组织各销售层级和时间维度 • 目标有相应的承接单位，并经过沟通达成一致，正式签署销售责任书	• 通过自身资源的分析，匹配行业、客户、竞争情况和机会，制定销售目标，基于不同的前提条件或预期来制定相应的目标 • 以年度为周期制定，可分解到各季度、月度、周，并可分解到各个维度，包括区域、客户、产品、渠道等，且有对应的责任部门或人员承接 • 除量化的销售额目标外，还要制定战略性的市场目标(如某产品赢得哪类或哪个重要市场/客户) • 销售目标制定初期，自下而上、自上而下两条线同时进行，各层级充分沟通，最终达成一致，年度销售目标需要支撑和达到组织战略目标要求

(续表)

流程层级		标准等级	
		基础管理流程标准	最佳实践流程标准
1.2 销售策略			
1.2.1	客户策略	• 对客户进行分类管理 • 周期性制定客户策略,并根据市场环境及时调整 • 客户策略包括客户吸引、日常沟通和关系维护、投标策略、价格策略、商业模式细化策略等 • 由各类客户销售负责人制定客户策略,并充分征求一线销售人员建议 • 对同类客户,根据不同市场区域、渠道、产品制定客户策略	• 客户策略基于市场环境、竞争情况、客户和销售目标制定 • 客户策略区分客户类别、产品、区域 • 以年度或季度为周期,按需进行策略制定和调整 • 当市场环境或客户关系发生重大变化时,及时调整客户策略
1.2.2	竞争策略	• 对竞争对手进行分类管理 • 制定包括竞争产品、价格、客户关系维护、投标、销售或市场目标的竞争策略 • 制定周期性销售竞争策略,并根据组织内外部环境的变化及时调整 • 主要竞争对手的竞争策略应面向不同市场区域、渠道、产品分别制定	• 明确各类竞争对手竞争定位,包括直接竞争、侧面竞争、回避竞争、暂时合作等 • 基于竞争战略和销售目标,制定明确的销售竞争策略,包括客户吸引策略、客户沟通和关系维护策略、价格竞争策略、投标竞争策略、商业模式竞争策略、合作竞争策略等 • 竞争策略细分至区域、产品 • 了解主要竞争对手竞争策略,策划有针对性的竞争策略 • 以年度或季度为周期,按内部管理或市场需要进行策略制定和调整 • 当市场竞争环境发生重大变化时,及时调整竞争策略
1.2.3	产品策略	• 针对具体产品,制定相应的开发上市、市场推广、渠道选择和面向客户销售等阶段的策略 • 产品策略保持相对的稳定性,但条件发生变化时能及时调整	• 制定面向市场的产品需求管理策略,保持新产品市场领先 • 制定产品的全生命周期管理策略,确保产品销售的稳定性和延续性 • 以年度或季度为周期(按管理或市场需要)进行策略制定和调整 • 当市场环境或客户需求趋势发生重大变化时,及时调整产品策略
1.2.4	定价策略	• 根据产品预期收益目标、市场竞争情况、目标客户接受程度制定产品定价策略 • 产品定价策略保持相对的稳定性,但条件发生变化时能及时调整	• 基于产品价值及预期收益目标、市场竞争情况,制定面向各类别客户在不同渠道、区域、购买周期以及不同商业模式下的产品定价策略 • 产品定价策略与产品策略、客户策略、竞争策略相互匹配 • 以年度或季度为周期(按管理要求或市场需要)进行定价策略制定和调整 • 当市场环境发生重大变化时,及时调整定价策略

(续表)

流程层级		标准等级	
		基础管理流程标准	最佳实践流程标准
1.2.5	渠道策略	• 匹配市场、客户、产品、竞争策略，制定销售渠道策略 • 评估现有渠道对新产品的匹配度，保持原有销售渠道或建立新销售渠道，并制定相关的渠道策略 • 制定销售渠道体系(直销、多级分销、线上、线下等各类选项和组合)，并制定销售渠道体系构建的策略	• 基于市场、客户、产品、竞争策略选择现有销售渠道或建立新渠道 • 制定系统化的渠道策略和组织长期销售和服务战略 • 以年度或季度为周期(按管理或市场需要)进行渠道策略制定和调整 • 当市场环境发生重大变化情况时，及时调整渠道策略
1.2.6	促销策略	• 确定整体促销策略 • 定义产品面向不同客户群、不同渠道的促销前提条件 • 明确特殊时期(重大节假日、产品生命周期末期)的促销策略及模式	• 在坚持市场、客户、产品、竞争、渠道等策略的前提下，构建针对各产品、各客户群、各渠道在不同时期(产品生命周期末期、重大节假日或特殊时期)的促销策略 • 通过产品收益分析，对产品促销力度、范围提前进行测算 • 以年度或季度为周期，依据内部管理或市场需要，进行具体促销策略制定和调整 • 当市场环境发生重大变化情况下，及时调整促销策略
1.3 管理产品定价和促销			
1.3.1	价格体系管理	• 基于产品和销售渠道，建立产品价格管理体系，确保统一定价和统一管理 • 依据产品定位，区分高、中、低产品定位对应的价格阶梯水平，确保维护产品市场形象和产品收益，考虑客户体验和接受度 • 对产品价格体系进行定期审查，根据管理或市场需要进行及时调整	• 专职的产品价格管理部门，针对不同销售模式或渠道构建产品价格体系 • 相同的销售渠道或层级应保持产品定价的统一 • 综合考虑产品价格体系、产品策略、客户策略、竞争策略，针对不同价格水平来构建价格授权和决策机制，对销售定价与成交价进行控制管理: ♦ 针对业务市场的销售项目或服务销售，明确定价基准，明确不同情形下的报价水平、成交价水平 ♦ 针对消费者的产品销售，明确出厂价、各级渠道商批发价、零售价、促销价(各种不同力度下)等
1.3.2	定价调整	• 根据市场销售水平，结合产品生命周期，面向不同客户或渠道对产品价格进行调整 • 将以扩大销售规模、去产品库存等目的的产品价格调整工作纳入促销工作的价格调整中，与产品定价调整区分开来	• 建立规范的产品定价调整机制，在出现市场环境和客户需求变化情况下，或因新产品影响旧有产品的价格体系时，应遵从产品价格管理体系，对现有产品系列的产品价格做出调整 • 可在每个销售周期结束后定期进行定价调整，在新产品上市前或市场环境和客户需求发生重要变化时，评估是否要进行产品定价调整

(续表)

流程层级		标准等级	
		基础管理流程标准	最佳实践流程标准
1.3.3	促销管理	• 制定促销工作管理机制和流程，对促销活动本身和促销管理工作进行规范 • 进行必要的分析和总结，在促销期间和下一次促销时进行改善	• 制定规范的促销管理机制和明确的促销工作相关流程 • 完整的促销工作计划，针对促销价格、促销宣传资料、宣传活动、货品调度、促销人员管理等工作进行充分准备和安排 • 实时掌握促销期间销售进展，分析促销效果，对促销活动进行必要的调整 • 对促销工作和促销活动进行总结，以期改善

1.4 销售计划

流程层级		基础管理流程标准	最佳实践流程标准
1.4.1	销售计划管理	• 围绕销售目标和策略制订具体销售计划，销售计划可分年度计划、季度计划和月度计划 • 销售计划可按各种管理需要的维度进行分解，包括产品维度、渠道维度、时间维度、组织维度等 • 监控销售计划执行，做到及时调整或变更	• 考虑销售目标、销售策略和市场情况，将销售目标从年度、产品、区域、客户层面分解至时间、区域、部门、人员等更细化层次 • 依据相关销售策略制定可执行、可管理的销售计划 • 销售计划是可衡量的 • 设有及时有效的销售计划监管体系，能够实时监控计划执行，定期分析并汇报，支撑管理者进行决策并调整策略及计划
1.4.2	销售费用预算	• 销售预算制定在财务部门全面年度预算要求下开展 • 根据销售目标和计划、产品市场份额、产品收益及成本，制定销售费用预算 • 销售费用预算采取收入费用比例法，并参考历史数据 • 监控并分析销售费用预算执行情况	• 具有规范的销售费用预算的制定、审核、审批流程 • 基于产品市场份额、销售目标和计划、产品收益，确定预算基线及固定费用 • "自下而上"地归集制定可变费用预算 • 销售费用预算分解至年度、季度、月度等周期 • 建立销售费用预算和实际执行情况数据库，及时对预算执行情况进行对比，分析影响因素和数据关系 • 销售预算的变更和调整应谨慎进行，并获得组织高层权限人/团队的批准
1.4.3	销售计划达成分析	• 组织至少每季度对销售计划达成情况进行一次总结和分析 • 依据销售情况分析，评估销售策略、销售计划、销售工作执行的适用性，提出改进方案	• 开展频次更高的销售计划达成分析，总结销售实际与计划之间的差异，分析原因 • 建立组织销售体系各层次的销售分析会议制度，定期开展销售计划达成分析 • 建立全面的销售分析模式，包括销售目标达成、计划完成情况、预算执行情况、销售问题、销售策略等的执行分析 • 制定切实可行的销售改善措施方案，经批准后实施

(续表)

流程层级		标准等级	
		基础管理流程标准	最佳实践流程标准
1.5 销售预测			
1.5.1	销售预测制定	• 实施专岗专人负责，按规定的周期滚动进行销售预测 • 区分业务市场产品和消费者市场产品，采用合适的预测方法 • 通过预测信息收集和相对稳定的预测方法进行销售预测 • 销售预测周期、时间跨度、频次的设置满足销售管理需要 • 依据组织和业务规模，设置分级的销售预测体系 • 销售人员向预测人员提供销售信息是其工作职责之一	• 设有专业的部门和人员负责销售预测，并明确预测、评价、审批、发布流程 • 拥有稳定可靠的销售信息收集和传递渠道，支撑销售预测开展 • 编制固定的销售预测日历，以固定时间跨度和预测周期(按管理需要，划分到月度、周、天等)开展销售预测 • 销售预测参考和分析历史数据、市场趋势、客观销售规律、实际销售状况、产品发布进度等各项因素 • 根据管理需要按照区域、产品、客户、渠道等维度开展预测 • 根据预测信息的变化、最新销售进度，滚动进行销售预测
1.5.2	销售预测评估及修正	• 对照实际销售，评估销售预测的准确性，分析偏差原因 • 丰富或提高预测信息的种类和真实性 • 修正销售预测方法和经验，应用至后续预测 • 优化销售预测流程，从过程控制提高销售预测准确率	• 定期进行销售预测准确率计算和分析 • 对比实际销售结果和销售预测数据(可采用三个预测周期内的综合数据)进行偏差分析、波动分析，计算当期销售预测准确率、累计销售预测准确率 • 对偏差原因进行归类分析，识别系统性偏差和偶然性偏差，并做出相应的预测方法调整和纠偏措施
1.5.3	销售预测应用	• 根据销售预测适当调整销售目标和计划 • 指导销售资源准备，调整销售策略，促进销售目标达成 • 将销售预测作为产品和服务交付计划的输入 • 将销售预测作为物料采购计划的输入	• 将销售预测作为销售、生产运作或服务计划的源头 • 建立与生产交付或服务计划的联动，构建S&OP计划管理体系 • 对于业务市场的项目交付型产品，应基于销售预测，结合客户项目实施要求和要货进度来制订要货计划 • 对于消费者市场类型产品，应基于销售预测，制订物料采购计划、生产计划及库存计划
2.0 销售实现			
2.1 项目型销售			
2.1.1	发现项目线索	• 实时关注客户动态，收集客户想法、需求以及期望 • 分析收集的信息，形成销售线索	• 建立并培养获取客户信息的方法与途径 • 持续关注客户业务痛点，了解客户关键决策人的关注点和决策方式 • 分析客户需求类别，判断项目产生的原因，并归类整理

(续表)

流程层级		标准等级	
		基础管理流程标准	最佳实践流程标准
2.1.1	发现项目线索	• 分析销售线索产生原因，明确线索产生源头，持续保持对线索来源的寻找、关注和分析	• 寻找项目线索产生的关联因素和条件，对关联因素和条件保持持续的跟踪、分析，确保客户项目线索产生后在第一时间获取信息
2.1.2	收集线索	• 收集客户、行业热点资讯、竞争对手等敏感销售信息 • 组织的高层领导首先发现销售机会，指定专门的部门或人员定期跟进，并进行全面的线索收集工作	• 负责线索收集的组织和人员明确 • 建立明确的线索收集和传递渠道，并持续进行 • 定义线索收集模板，保证收集线索信息的全面和准确 • 有合适合理的线索收集来源，包括客户、竞争对手、政府及行业的相关资讯 • 制定合理的收集周期 • 明确定义线索类别、等级，重大线索能即时传递到线索管理主管
2.1.3	确认线索	• 销售负责团队对销售线索进行简单的判定，并完成销售线索分配 • 对重要的销售线索指定专人跟踪，直至销售项目立项或线索失效	• 明确的线索分析讨论机制，线索管理主管定期对线索进行确认 • 以小组讨论方式对线索进行分类分级，明确不同线索的处理方式，确保每一条线索的信息及价值得到传递 • 对于确认的线索，应有专人持续跟踪(负责人通常为负责该客户的销售经理)，将线索发展成为销售项目
2.1.4	培育线索	• 通过客户交流和引导，持续跟踪和培养线索 • 推动客户明确需求和加强实施项目意愿，将销售线索转化为销售项目 • 及时将线索培育过程中的重要信息向相关管理团队汇报	• 通过不断地与客户关键人员交流，明确并引导客户需求，为客户匹配投入必要的资源(可包括项目的可行性研究、协助解决项目资金来源问题等)，将线索转化为真正的销售项目 • 通过项目转化率对线索培育工作进行评估 • 定期向线索管理团队进行线索培育情况汇报，共同讨论制订线索培育工作计划，并能根据实际情况调整线索培育计划
2.1.5	项目立项	• 明确的项目立项标准，对符合标准的线索进行项目立项 • 以立项报告形式详细分析项目立项背景，确定项目资源及计划 • 统一的销售项目立项报告模板，对项目的重要性、可行性进行评估，并做出立项决策 • 批准后的项目立项进入销售项目管理过程	• 明确的立项管理流程，对不同层级(组织级、区域级等)的项目建立不同的立项决策路径 • 批准立项后的项目需任命项目团队，明确资源投入，制订项目计划 • 将立项后的销售项目纳入销售项目管理流程 • 依据项目级别，定期向上级和项目管理组织汇报项目信息

(续表)

流程层级		标准等级	
		基础管理流程标准	最佳实践流程标准
2.1.6	标前引导	• 保持与客户的良好关系，通过客户关系或自身品牌对客户需求进行引导 • 准确清晰地了解客户设定的应标条件、产品方案、技术指标要求 • 关注客户发标信息，及时获取标书文件	• 影响、参与或协助客户制定招标文件，建立排他性的关键优势 • 准确清晰地掌握客户设定的应标条件、产品方案、技术指标要求 • 提供符合客户需求、行业领先的产品或技术方案，引导客户需求和偏好 • 清楚了解客户招投标流程和决策程序，与客户关键人员保持良好关系，及时获知相关信息 • 有效地沟通和引导，对竞争对手的优劣势进行比较，最大限度使得自己在招标中处于有利位置 • 掌握行业、客户固定的发标渠道或网站，为获取标书做好资源准备，实时关注并及时获取标书文件
2.1.7	技术投标	• 分析招标文件中产品和技术要求，结合自身产品技术优势，制定相应的技术投标方案 • 技术人员进行答标，对每一项技术问题进行应答和回复	• 对客户现有产品和技术运用情况、运营和发展需求有清晰的认识，根据行业、竞争对手及自身技术水平，明确针对该项目的技术投标策略 • 在该技术策略下，提供最优的产品或技术方案 • 专职的技术人员进行答标，对每一项技术问题和要求进行应答和回复
2.1.8	商务投标	• 结合行业商务水平并分析客户期望，根据提供给客户的产品及技术方案进行报价 • 基于产品价格管理体系，根据客户和项目级别，对项目商务水平分级管理，在不同的权限范围内进行审核审批	• 分析客户预期投入、商务期望、竞争对手商务水平，确定项目商务策略 • 基于商务策略，提供产品及技术方案报价，及时关注并适时调整商务报价
2.1.9	投标管理	• 按照投标评审流程对交标前标书(包括技术部分、商务部分)进行评审，投标管理部门对投标文件进行综合评审 • 确保投标文件的方案、报价无错误，满足客户需要和自身策略 • 最终的标书文件按照客户的规格和时间要求提交 • 确保标书文件的保密	• 专职部门负责投标管理，对获取招标文件、标书分析、投标材料准备、投标文件审核和报出的全过程进行统筹管理，确保统一、规范、及时 • 设立清晰明确的投标评审流程，确保投标文件报出前通过各相关单位的审核，符合自身的产品方案策略、报价策略、区域策略、交付策略等 • 关注客户招标要求，及时办理相关手续，使投标方式、投标过程和投标资料满足客户要求

(续表)

流程层级		标准等级	
		基础管理流程标准	最佳实践流程标准
2.1.10	合同谈判	• 以满足客户项目招标要求和确保自身利益最大化为原则实施谈判 • 明确参与合同谈判人员，了解客户合同签订期望，明确谈判策略和方针 • 合同谈判工作管理有序，责任清晰，提前做好谈判内容准备 • 依照客户要求或已制定的规范合同样式进行条款谈判，对产品交付、支付条款和方式、售后服务、违约责任进行重点确认	• 灵活掌握谈判尺度，在不违背自身底线基础上与客户达成一致 • 谈判前做好充分准备，明确对重点条款的底线、假设可能的最终条款、方案、模式等 • 组织内部建立及时有效的沟通和申请渠道，对超出预期的相关条款进行申报审批
2.1.11	合同签订	• 遵照《中华人民共和国民法典》签订销售合同 • 统一规范的合同格式，根据项目谈判结果制定合同条款 • 合同签订前进行合同文件审核，确保条款一致，签订手续完备 • 对合同法律风险进行审核 • 设有明确的合同权限人	• 依据商业模式确定合同签订主体(客户、供应商、代理商) • 合同文本规范，根据项目和谈判结果对合同条款进行修改完善 • 销售合同遵循先审后签原则 • 对合同文本进行内部审核，提交客户确认 • 合同签订手续规范，包括签字、盖章、公证、开票等内容
2.1.12	合同交接	• 销售合同以恰当方式向后端部门传递，确保交付满足客户需求 • 对合同文件和电子文档进行存档，确保相关人员的查阅需求	• 采用信息化手段，将销售合同规范地拆解成交付执行任务，确保合同交付要求及时准确地传递到交付部门的各执行单位 • 合同管理部门将销售合同纸质和电子文档归档，方便随时调阅和对比分析
2.1.13	销售项目跟踪管理	• 对项目销售阶段进行明确的划分 • 销售项目团队实时跟踪、定期向上级汇报销售项目进展 • 销售管理人员及时汇总各销售项目信息 • 定期组织项目群管理进展分析会，项目销售团队、销售管理部门以及销售部门高层对销售项目进展情况和相关问题进行汇报分析	• 定义不同项目类别的销售阶段及术语，统一销售管理语言 • 明确的销售项目信息汇报和沟通制度 • 销售管理部门按周期开展销售项目信息收集、分析及汇报 • 采取项目分析会方式，及时分析项目进展和问题，明确下一步行动计划 • 建立重/难点项目高层协助机制，合理借助高层力量支持项目开展
2.1.14	销售项目激励	• 提前制定项目销售激励方案，并遵循组织销售激励政策 • 项目激励方案不违背组织薪酬激励政策框架，经批准后实施 • 针对项目销售可能的结果，制定不同的项目激励方案 • 销售项目激励及时兑现	• 销售激励方案匹配项目实际，确保对项目销售团队成员形成正向激励 • 销售项目激励及时兑现，但不透支激励

(续表)

流程层级		标准等级	
		基础管理流程标准	最佳实践流程标准
2.1.15	销售项目费用控制	• 在销售预算框架下，依据项目规模控制销售费用 • 项目销售费用按照计划支出，避免临时性费用 • 利用合理、合法机制确保项目销售费用的真实性 • 将项目销售费用纳入项目成本考核	• 根据项目等级和预期收入，参考费用收入比例标准制定项目销售费用 • 在项目销售方案中制订项目销售费用计划，严格按计划执行费用支出 • 制定项目销售费用申请流程，控制费用的申请与审批 • 分析总结项目销售费用情况，进行项目成本考核，调整项目销售费用标准
2.2 现场销售			
2.2.1	门店选择	• 结合产品销售特点和成本要求，明确门店选取的目标或要素 • 根据目标和要素，选择备选地点 • 预选后，根据要素和目标进行对比分析，择优选取	• 根据产品销售特点，分析其销售时间性、商圈或区域依赖性、人流量影响、客户特征等，结合自身情况和选址成本要求，制定相应的门店选址策略 • 根据选址策略进行预选，通过实地考察和测量相关数据，进行对比分析后择优选取
2.2.2	门店装修维护	• 门店装修以适应产品销售特点、满足客户良好体验为目的 • 采用统一的风格和规格进行装修维护，符合组织VI(视觉识别系统)规定 • 定期巡查，确保门店设施状态良好，满足销售使用要求	• 从最大化吸引顾客、增进客户消费体验满意度出发，对门店采用统一风格和规格进行装修 • 设有专门人员定期巡查，确保各门店内装饰装修设施状态良好，满足使用要求 • 定期对部分风格或局部装饰进行调整，适应产品销售策略或商业环境的变化，并确保各元素的协调一致
2.2.3	销售宣传	• 销售宣传以快速达到宣传产品、门店或提升销量为目的 • 采用醒目标语、海报、活动、宣传单、促销服务等方式，也可利用外部渠道进行宣传 • 宣传材料和宣传用语符合产品特质 • 规范宣传人员语言行为 • 控制宣传成本、宣传节奏，不过度宣传	• 评估各类宣传手段的成本和效果，选择适合的宣传方式 • 制定详尽的宣传策划与方案，审核批准后实施 • 适度的宣传人员培训和宣传活动演练 • 搭建恰当的宣传场地，确保安全 • 分析宣传投入产出，评估宣传效果
2.2.4	销售引导	• 制定简明有效的销售过程指引 • 通过恰当时机、适度方式对客户进行消费引导	• 具备完整的合理规范的销售引导过程，包括品牌认知、产品系列和功能介绍、销售价格或模式推介、售后服务管理等方面 • 具备规范化、恰当、关注客户感受的销售沟通方式 • 记录客户回应，包括认知盲区、消费意向和喜好、产品意见等 • 信息有效传递到产品开发和客户管理相关部门

(续表)

流程层级		标准等级	
		基础管理流程标准	最佳实践流程标准
2.2.5	库存管理和确认	• 总结历史销售数据，简单预测未来需求，保持热销产品型号合理的库存水平，避免现场断货情况 • 准确掌握库存信息，及时响应客户需求，保证现场销售顺利进行 • 销售信息实时传递到供应链，确保及时补充库存货品	• 分析日常销售记录，进行各产品型号销售预测，优化门店库存 • 建立门店销售信息系统，自动进行库存冲减，并实现系统自动补货 • 建立门店分仓库，实现热销产品和一般产品的合理储备，实现周期性补货
2.2.6	即时售价管理	• 产品的现场售价清晰明确，并保持各门店、网店的一致性 • 设立准确、快速的价格调整体系，实现调价指令的快速传递和执行 • 设立分层级的价格制定和授权体系 • 制定产品生命周期不同阶段的现场调价机制，适度提前告知客户	• 保持各门店、网店产品价格的一致性，或陈列不同的产品 • 依据客户级别、业务模式不同，制定不同的产品售价 • 在整体定价体系框架下，设立分层级的价格制定与授权体系，快速满足销售现场需求
2.2.7	销售确认	• 在订单签订前，与客户明确订单基本信息，达成销售协议 • 确定购买产品信息(型号、价格、保质期等)，实现现场销售	• 简明并规范地与客户确认销售订单信息(产品规格、数量、价格、交付方式、付款方式、售后服务条款等)，并与客户最终形成书面的或有数据记录的订单
2.2.8	交付产品	• 现场交付，协助客户检查和确认产品规格、质量 • 非现场交付时，使客户获知明确的产品规格、质量、交付方式、交付时间等信息 • 确保客户获知产品使用注意事项、保修和售后服务信息，并记录客户售后服务相关信息 • 保障产品交付顺利和客户满意	• 设有规范的产品现场交付程序，与客户共同确认产品数量、规格和质量、售后信息，并包装产品交付客户 • 非现场交付时，收取定金，再依照约定交付产品 • 满足客户定制化交付需求
2.2.9	交付服务	• 制定统一的服务交付流程，指导服务交付 • 制定明确的服务交付标准，依据标准交付服务 • 建立客户服务交付过程的沟通、反馈机制,保障客户体验 • 征询客户对服务过程及质量的意见 • 对交付不合格或客户不满意的情况进行补救	• 制定超出行业标准要求的服务交付流程和服务交付标准规范 • 开展系统的服务交付规范培训，确保服务人员交付的标准一致 • 保持与客户的真诚沟通，关注客户需求，提升客户体验 • 征询并记录客户对服务过程及质量的意见 • 对服务交付过程的不规范、质量的不合格进行补救，保障客户利益
2.2.10	收款与开票	• 提供多种支付方式，满足客户付款需求 • 销售人员与客户当面清点现金、核对支付金额 • 付款确认后，及时将销售信息录入销售系统 • 按规定程序，开具客户所需票据	• 提供多种便利支付方式，满足客户付款需求 • 支付前与客户确认支付款项与支付金额 • 销售人员与客户当面清点现金或确认支付金额 • 销售现场有统一付款点的，做好指引和付款后单据注意事项说明 • 配备必要的付款及开票工具，协助客户顺利支付

(续表)

流程层级		标准等级	
		基础管理流程标准	最佳实践流程标准
2.2.11	销售信息管理	• 设计途径,并规范地对销售信息(含客户信息)进行收集,满足订单统计、销售分析、售后服务等管理需求 • 采用统一的格式和模板记录销售信息,提高信息收集效率 • 客观、准确地汇总销售信息,并及时更新 • 有专人管理销售信息,合理发放和使用销售信息,确保信息安全	• 获取并记录客户销售信息,满足售后服务、二次销售、客户访问等需求 • 完整记录和保留销售订单记录 • 构建完整的客户销售信息结构表,将其纳入销售系统和售后服务系统 • 规范销售信息管理和使用,制定相应的保密要求,并严格执行
2.2.12	销售激励	• 销售激励的制定符合总体销售激励政策 • 销售激励的制定符合挑战原则,不做普惠激励 • 销售激励规则可衡量,并及时(月度/季度)兑现激励 • 物质激励与其他激励(学习成长激励、荣誉激励、晋升激励)相结合	• 针对性制定分区域、产品/服务的销售激励规则,满足销售目标管理需要 • 分阶梯明确不同销售完成水平对应的激励方式和水平 • 设置完善的监控机制,确保销售结果的真实性,杜绝骗取激励现象 • 销售激励规则的制定与组织营销战略、价格体系、渠道管理协同开展,不透支市场,不牺牲长远的市场销售而造成短期的繁荣
2.2.13	销售现场管理	• 产品陈列美观,方便客户参观购买 • 产品介绍和报价清晰,客户可随时了解和查阅 • 对客户接待、产品信息沟通、客户服务进行规范化要求 • 定期对现场销售人员进行培训,提升相关技能和规范执行度 • 以提升客户体验和满意度为目标,及时处理突发状况 • 产品和库存信息及时更新	• 产品陈列层次清晰、简洁 • 根据产品推广重点,定期调整产品展示位置 • 对产品陈列进行精心设计,提升客户体验,促进销售达成 • 设置必要的体验区,使客户真切感受产品功能、性能 • 细致的客户现场服务规范,包括客户接待、产品咨询、订单处理、售后说明、客户送别等方面 • 产品库存实时更新,制定货品补充的库存警戒线
2.2.14	现场销售总结	• 店长或督导每日进行销售安排和总结,并进行周期性(周、月或季度)汇总 • 汇总所有现场销售情况,分析销售目标、计划达成情况 • 保持或调整销售策略和计划,支撑销售目标实现	• 规范现场销售总结工作,明确总结的时间、内容和责任人 • 对店长或督导进行销售总结培训,指导店面销售总结工作 • 总结销售业绩、人员表现,针对问题和不足提出要求和改进意见 • 保持与上级销售管理部门的良好沟通,及时通报门店销售情况,获取相应的支持
2.3 电话销售			
2.3.1	销售对象管理	• 准确定义目标客户,建立目标客户信息数据库 • 销售对象电话信息来源合理守法,定期对销售对象信息进行更新维护	• 根据电话销售的产品特点和策略,选取销售对象范围

(续表)

流程层级		标准等级	
		基础管理流程标准	最佳实践流程标准
2.3.1	销售对象管理	• 分析客户信息，制定客户分类标准，对客户进行分类管理 • 按照客户分类，制定不同类别的客户跟踪处理方式	• 借助公共信息关联查询、定向宣传反馈、电话黄页、行业商会/协会等多种方式获取销售对象基本信息和联系方式，建立目标客户信息数据库 • 多种客户分类方式(成交状态、客户重要程度、客户信息处理时段、客户需求状况)综合使用 • 面向不同的销售细分对象，制定和匹配不同的电话跟踪和销售策略
2.3.2	销售过程管理	• 规范电话销售基本流程 • 关注客户情绪和反应，不一味地"推销" • 倾听客户声音，了解客户问题并快速分析客户真正需求 • 为客户推介相应产品，解决客户问题，满足客户需求 • 整理电话销售过程常见问题，定期对电话销售人员进行培训 • 对电话销售过程进行抽查或监督管理	• 采用电话销售系统，规范客户分配，实现电话自动外呼，提高工作效率 • 杜绝自动外呼而导致的客户接听电话等待情形 • 采用统一但不失灵活的电话沟通交流方式，增进客户信任 • 除了电话销售用语、礼仪和沟通技巧培训外，还定期开展电话客户心理、产品及服务知识等相关的培训 • 设立专门的管理中心或问题协助渠道，及时发现销售人员在电话沟通过程中遇到的问题，并实时解决
2.3.3	订单与支付管理	• 与客户确认购买意向信息，包括产品型号、产品价格、支付方式、交付时间等 • 及时准确生成销售订单 • 明确的支付方式和流程，协助客户完成支付	• 与客户确认销售信息并获得明确的答复，包括销售产品信息、产品数量、销售价格、交货方式、交付时间、支付方式、售后服务等内容 • 及时准确生成销售订单，自动实现订单传递到交易服务和交货服务单元 • 支持远程支付和交货后现场支付方式 • 支付流程清晰、便捷，提供电子票据，或随产品或服务交付提供纸质票据
2.3.4	商品交付与售后	• 准确及时地进行产品或服务交付 • 提醒客户签收并评价产品或服务质量 • 确保客户理解售后服务范围和内容 • 及时进行客户售后回访，了解客户使用感受，以期改进	• 采用统一的交付和物流服务模式，按照订单信息和客户要求，准确及时交付 • 有书面的售后服务承诺，明确售后服务范围和内容，确保客户清楚了解这些内容 • 通过高效的售后服务流程跟踪客户的退换或维修需求，避免区别对待和产生不必要纠纷 • 全面了解客户产品使用或服务感受，改进销售和服务水平或对产品/服务流程加以改进
2.3.5	资源管理	• 拥有专职的电话销售团队，进行规范化培训和管理 • 配置必要的电话沟通环境及设施设备 • 建立完善的订单管理系统，能将销售订单及时录入并向下游传递	• 拥有专职的电话沟通团队、管理团队，进行标准化的培训，提升电话销售效率 • 配制良好的电话销售硬件设备和语音沟通环境 • 配备成熟便利的软件保障，例如电话销售管理系统

(续表)

流程层级		标准等级	
		基础管理流程标准	最佳实践流程标准
2.3.6	销售信息管理	• 及时记录销售信息，满足订单统计、销售分析、售后服务等工作需求 • 在销售信息基础上，收集完整的客户信息，将其纳入客户信息管理 • 采取必要的销售信息保密措施，确保客户信息不被非法使用	• 获取并记录客户销售信息，满足售后服务、二次销售、客户访问等需求 • 完整记录和保留销售订单记录 • 构建完整的客户销售信息结构表，将其纳入销售系统和售后服务系统 • 规范销售信息管理和使用，制定相应的保密要求，并严格执行
2.4 网络销售			
2.4.1	网络销售门户建立与维护	• 评估产品特点和主要第三方网络销售平台的匹配性，选择合适的网络销售平台进行产品销售 • 在选择的第三方网络销售平台设立销售店面，并与产品类别、产品价格、宣传风格保持一致 • 及时更新产品销售信息，重点做好各网络销售平台价格同步管理	• 除在各大第三方平台建立销售店面外，还应建立自身的产品营销网站，并保持所有线上销售网站与线下实体店管理的一致性 • 及时更新网上商店产品铺陈界面、产品销售信息 • 除同步产品及其价格外，还应注意其他销售信息的齐全性，包括产品信息，以及产品使用演示介绍、支付、物流、售后等相关的服务信息
2.4.2	售前沟通服务	• 便捷的网络沟通窗口，实现客户销售咨询和问题解答 • 及时反馈客户咨询，解答客户关于功能性能、产品使用知识、产品价格及活动规则等信息 • 保持持续跟进对产品有兴趣的客户	• 设有便捷的沟通入口，满足客户随时沟通的需要 • 设有良好的沟通和宣传界面、完整规范的产品介绍和销售引导说明 • 设立层级明确的价格授权和执行过程 • 规范记录客户资料和需求信息，保持持续的跟进和沟通
2.4.3	订单生成管理	• 订单指引明确，满足客户下单需求 • 提供主流的线上支付手段，实现便利支付 • 订单支付完成信息能即时反馈给客户 • 根据客户需求提供电子或纸质票据	• 订单指引明确清晰，符合用户习惯，便利客户下单过程中对产品规格、数量、收货地址、到货时间、支付、交付方式进行选择 • 适时沟通，及时协助客户解决下单过程中的问题 • 通过有效的手段(确认界面、电话等)对客户下单信息进行确认，并明确告知产品或服务的交付信息 • 生成详细的订单记录，并与后续的支付、交付信息结合，以便随时查阅
2.4.4	支付管理	• 支付过程简捷安全，操作指引明确直观 • 提供多种线上支付方式，满足各类客户需求 • 对已下单未支付的订单设置时限和提醒 • 对客户的支付信息进行保密	• 支付指引清晰明确 • 支付方式满足客户多样化需求，支持各大主流支付方式，并根据支付工具的发展，不断引进和开发新的支付方式 • 清晰的支付结果展示 • 将支付成功订单加入客户订单列表，供客户随时查阅订单状态

(续表)

流程层级		标准等级	
		基础管理流程标准	最佳实践流程标准
2.4.5	订单处理	• 已支付的订单信息及时传递到交付环节 • 交付信息及时反馈给客户 • 与客户保持沟通,及时协商订单交付问题	• 网上订单自动、实时、准确地传递到交付环节 • 依据订单合理安排内部生产、交付、配送任务,调配资源确保交付 • 订单处理状态实时更新,客户可随时查阅订单状态 • 保存有效的客户信息和记录,补充完善客户信息管理模块
2.4.6	商品交付管理	• 订单信息及时传递至物流环节 • 拥有稳定合作的物流服务供应商,并对其服务质量进行监督管理 • 及时收集客户关于商品交付的反馈意见,协同物流供应商改善物流服务,提升客户满意度	• 商品交付流程清晰,与客户下单流程完美衔接 • 物流时效满足客户需求和期望 • 对产品物流服务进行全面设计(防碰撞、防破损、保温保鲜、防遗失、准时等),保证商品交付时质量完好 • 视需要建立自身的物流服务体系,达到行业领先水平 • 设有完善的物流服务评价体系,持续进行物流服务优化和提升
2.4.7	库存管理	• 建立和实施区域性的库存仓储策略,满足订单交付时效及物流服务需求 • 根据销售策略和销售水平,对库存水平进行预测和控制 • 实现商品库存信息化管理,确保订单信息实时纳入库存管理系统,并与生产、销售和物流系统对接	• 研究和实施最优的区域性库存仓储管理策略,满足订单水平及物流要求,库存管理效率高 • 建有自动化的库存控制系统,实现库存成本最低以及适应销售策略变更需求 • 实现产品仓储自动化操作,库存信息与生产、销售、物流服务系统一体化
2.4.8	销售信息管理	• 下单过程清晰,能够指引客户填写收货地址、收货人信息以及必要的其他信息 • 合理使用销售信息,使销售信息配合商品配送、售后服务及其他需要 • 对销售及客户相关信息进行保密管理	• 建立并持续维护客户销售信息,满足商品物流配送、售后服务、回访调查、销售分析等需求 • 下单过程清晰,能够指引客户填写收货地址、可选择的收货时间、售后服务要求以及必要的其他信息 • 采取完善的保密管理措施,确保销售信息的完整和安全

2.5 销售进度管理

2.5.1	年度销售目标分解	• 年度销售目标按照各类维度(区域、产品、渠道、客户等)分解 • 视管理需要,将各维度的年度目标分解至适度的周期(季度/月度/周),并传递至各销售团队和个人	• 销售目标分解参考了历史数据和产品销售规律 • 销售目标分解的颗粒度符合销售进度管理周期和不同管理维度的需求

(续表)

流程层级		标准等级	
		基础管理流程标准	最佳实践流程标准
2.5.2	销售进度管理	• 监控销售实现进度，评价分解周期的销售目标完成情况 • 周期性输出销售进展情况报告，统计并分析销售进展和面临问题 • 及时解决和推进销售问题 • 将销售进展情况与绩效管理挂钩	• 规划销售进度管理工作模式和周期，建立统一的管理制度和流程，定义各环节的具体要求(例如定期举行销售进度会议、定期进行销售进度统计分析、不同渠道的销售进度巡查等) • 分层输出销售进展情况报告，确保销售管理各层级清晰掌握销售现状 • 对销售进展趋势做出预测，牵引销售策略和计划做出调整 • 及时解决销售过程中的问题，保证销售进程的平稳和销售目标顺利实现
2.5.3	销售数据分析	• 设有合适的通道和系统，实现实时的销售数据统计 • 视管理需要，可实时提取销售数据进行分析 • 销售数据的统计和分析维度符合销售进度管理需要 • 建立恰当的销售数据分析模型，保障数据分析口径的一致性	• 对销售数据实现分类分级权限管理，在权限范围内员工能实时提取所需的销售数据 • 设有恰当的信息系统，实现多维度的销售数据统计功能，从销售渠道、销售时间、销售人员、产品、区域、客户等维度进行销售进度数据统计和分析 • 建立持续和稳定的销售数据分析模型，并保持数据分析的一致性和可靠性

3.0 管理客户关系

3.1 客户信息管理

流程层级		基础管理流程标准	最佳实践流程标准
3.1.1	定义客户信息	• 定义目标客户，划分目标客户范围 • 确定客户信息类别、格式和内容要求，指导客户信息收集、整理和使用	• 依据细分市场及目标客户定位，结合组织销售策略、销售模式、销售产品，确定目标客户的类别、层级、范围 • 先定义产品目标客户，在此基础上再区分销售渠道客户 • 明确客户信息类别和内容，对客户基础信息和需求信息加以区分
3.1.2	收集客户信息	• 有较为稳定和持续的客户信息收集渠道 • 用明确的要求和实用的方法指导客户信息收集，这些方法包括： ◆ 整理散落在各个部门的客户资料，包括销售或服务记录 ◆ 通过行业网站、客户网站、各种媒体了解并收集客户信息 ◆ 举办或参加专项交流会、研讨会、展示会、论坛，从而获得客户信息 ◆ 向行业机构或掌握目标客户信息的机构购买客户信息 ◆ 通过客户关联关系人，获得客户信息	• 有团队或专门人员进行客户信息收集、分析和整理 • 客户信息收集工作规范开展，团队人员经过专门培训 • 投入相应的资源，建立组织外部稳定和持续的客户信息收集渠道 • 建立组织内部完善的客户信息反馈、获取机制： ◆ 信息收集人员可及时获取与客户相关的信息反馈 ◆ 信息收集人员可直接查阅和使用相关系统中记录更新的客户信息

(续表)

流程层级		标准等级	
		基础管理流程标准	最佳实践流程标准
3.1.2	收集客户信息	◆ 通过市场、销售、交付或服务人员与客户直接接触获取信息 • 建立较为完善的客户信息反馈渠道，方便客户信息汇聚	• 关注信息收集的完整性、及时性、准确性 • 定期回顾客户信息收集工作，改善信息收集的效率和效果
3.1.3	管理客户信息	• 建立线上客户信息管理系统，规范实现客户信息录入、更新、维护、发布、查阅、统计分析等功能 • 及时更新客户信息，保持客户信息的时效性 • 按照客户分类，设计不同的信息响应程序 • 实现信息分类(质量信息、技术信息、服务信息等)，针对不同类别的信息或信息的重要程度采取不同的响应程序 • 必要的客户信息安全管理规定，保证客户信息被合理使用	• 完善的客户信息管理流程及权限管理体系： ◆ 客户信息的录入、修改，经审核方可生效 ◆ 经审批，将过期信息删除或归档 ◆ 采用恰当权限管理措施，控制客户信息的调阅和使用 ◆ 及时向具备权限的人员推送和发布维护及更新后的客户信息 • 遵照信息安全管理要求，对客户信息进行严格的分类和密级控制 • 建立完善的客户信息管理系统，实现客户信息的统计分析、共享设置、权限管理、模块调用等功能，并实现与组织内部其他系统平台的连接 • 部分系统之间实现信息自动抓取和更新
3.2 客户关系管理策略			
3.2.1	客户分级	• 依据组织销售战略，制定客户分级标准和规则，并定期更新 • 对不同级别的客户采取有差别的销售、服务和响应策略 • 确保客户分级服务和响应不损伤客户关系 • 对客户分级情况严格保密	• 客户分级标准符合组织发展需要，具有前瞻性 • 统计、分析同类、同级客户销售特点，支撑销售、服务和响应策略制定 • 及时(提前)引导不同级别客户需求，针对性地进行商品/项目推荐
3.2.2	大客户保障	• 明确大客户标准，及时维护大客户名单和客户信息 • 制定针对大客户的销售及服务政策 • 配备专门人员负责大客户关系维护，建立良性的大客户关系	• 有完善的大客户关系管理制度，加强大客户关系的开发、维护和管理 • 建立大客户绿色通道，形成服务机制，调动公司资源满足大客户的业务需求 • 适度参与大客户业务分析，协助大客户进行业务规划 • 及时分析行业发展趋势，结合组织自身战略，关注并引导大客户业务方向 • 建立专业、层次匹配的客户关系团队，维护和处理大客户关系
3.2.3	客户亲密度	• 根据组织销售需要，对客户关系亲密度进行区分和管理 • 认识到客户亲密度对销售活动的影响，培养和改善客户亲密度，为销售目标服务	• 对客户亲密度进行明确定义和分级 • 评估现有客户的关系亲密度并评级，规划目标客户及关键客户的关系亲密度 • 培养和改善客户亲密度，使其服务销售活动

(续表)

流程层级		标准等级	
		基础管理流程标准	最佳实践流程标准
3.2.3	客户亲密度	• 用客户亲密度衡量客户关系维护工作的成果和水平 • 对客户亲密度管理文件进行严格保密	• 将维护和提升客户亲密度作为客户关系管理工作的目标，并有准确的评价标准，对其进行衡量或评价 • 客户经理负责客户关系及亲密度水平维护和提升
3.2.4	客户购买成本管理	• 分析行业、产品及销售特点，对客户的购买总成本有准确认识 • 准确评估客户购买产品及使用产品的各项成本，制定相应的销售和客户维护策略 • 引入客户认识并接纳产品生命周期总成本概念	• 分析客户购买总成本作为销售流程的重要环节 • 引导客户准确识别购买行为的总成本，凸显本组织在总成本方面的优势 • 从客户角度出发，为客户减少购买总成本，增加客户选择本组织产品或服务的可能性
3.2.5	管理客户期望	• 以客户为中心，通过现有工作，努力使客户得到满意的产品或服务，使客户形成对组织良好的期望 • 面对客户，不过度承诺，建立组织可靠的信誉 • 有效管理客户期望，找到与客户合作和组织利润之间的平衡点 • 通过产品价格、包装、有形展示等来影响客户的期望 • 采购成本不变情况下，以恰当方式引导客户降低对产品和服务的期望	• 通过需求管理流程、售前沟通、客户维护沟通等渠道，获取客户期望 • 将客户期望划分为必要需求与附加期望(附加期望的获得将极大提升客户满意度) • 充分了解和分析客户期望，明确区分客户的必要需求、附加期望 • 在总成本最优的前提下满足客户的关注点，合理引导客户选择合适的产品，减少附加期望 • 在客户关系维护过程中，对客户需求、客户期望进行长期培育和管理
3.2.6	管理客户价值	• 分析客户现阶段能给组织带来的盈利可能，指导当前销售和服务活动 • 认识客户的长期价值，制定长期的客户维护和销售策略	• 采取系统的方法论定义客户价值，明确衡量标准，指导进行客户价值评估 • 营销、销售及客户关系维护策略参考客户价值而定 • 分析客户行业地位、战略布局、发展趋势，评估客户的长期价值 • 充分考虑客户的长期价值，及时关注客户发展情况，逐步调整营销策略
3.2.7	客户信用管理	• 依据组织发展战略，明确客户信用评价标准，并定期更新 • 对客户进行信用分析，制定合理的信用政策 • 将客户信用管理结果纳入相关部门和人员考核 • 应用客户信用，对涉及赊销的流程进行严格监控	• 制定明确的客户信用管理政策，定义和管理客户信用等级 • 设置专职的信用管理部门，明确信用管理部门与市场、销售、财务、物流等部门的关系，并对相关部门的权责进行界定 • 制定明确的信用管理流程，在销售活动中落实客户信用管理 • 实时监控销售过程中的客户信用，减少组织可能面临的风险

(续表)

流程层级		标准等级	
		基础管理流程标准	最佳实践流程标准
3.3 开发和维护客户关系			
3.3.1	客户关系开发	• 有针对性地开展客户关系开发工作，以利于满足销售策略和销售计划的执行 • 客户关系开发职责较为清晰，有专门的团队或人员负责 • 规范客户关系开发工作，包括： ◆ 完善客户信息 ◆ 对客户进行分类 ◆ 建立客户联系，获得客户需求和期望 ◆ 建立信任关系，提升客户亲密度	• 明确定义客户关系开发工作内容、要求及衡量方式，包括完善客户信息、对客户进行分类分级、建立客户联系、获取客户需求和期望、明确或提升客户亲密度 • 设置与客户匹配的专业客户关系开发人员或团队，专职负责客户关系开发 • 制订机制和工作计划，指导客户关系开发，确保客户关系开发工作有计划、有步骤地实施，促进客户关系开发工作成果的效用最大化 • 对重要销售项目或活动进行专门的客户关系开发策划和执行管理
3.3.2	客户沟通和拜访	• 有计划、有步骤地开展客户沟通和拜访 • 对客户沟通和拜访的内容进行规范，并尽量做到按计划实施 • 不急功近利，但尽可能做到有效拜访	• 客户沟通和拜访有序开展，定义明确的沟通和拜访渠道、方式和计划 • 详尽完善的客户沟通和拜访计划包括以下内容：客户、区域、时间、项目和目的(开发新客户、市场调研、收款、服务、客诉处理、订货或其他) • 围绕拜访目标进行充分的拜访前准备 • 执行实地拜访，做好"看、听、问"，进行详细记录 • 及时进行分析和拜访总结，完善客户信息系统
3.3.3	增加客户黏性	• 关注并培养客户对组织的依赖性 • 将质量好、服务好、价格低作为增强客户黏性的根本指导方针 • 保持广泛的宣传和推广 • 以适度频率策划开展让利于客户的营销活动 • 对消费类产品适度采取会员积分制度 • 为客户提供更好的便利服务(例如借助互联网)	• 不断创新产品、服务内容，并以适宜的形式提供给客户，吸引客户兴趣 • 倡导以客户为中心的产品和服务设计理念，增加客户对组织的认同感 • 注重客户感知、潜在需求、客户体验，不断改善产品和服务，提升客户满意度和对组织的信任度 • 通过客户亲密度提升、降低客户总成本、制定大客户策略等方面，建立组织与客户共赢发展的关系
3.3.4	监控与预防客户流失	• 从时间维度与客户行为两个方面定义客户流失特征 • 建立有效途径和方法，收集和分析客户流失前行为： ◆ 流失客户的特征 ◆ 客户流失前发生了哪些相似的行为 ◆ 客户是否集中在某一渠道	• 设置专门的岗位，监控客户的流失情况 • 从时间维度与客户行为两个方面分别定义B2B、B2C客户流失特征 • 建立准确的数据监控系统，分析客户流失前行为，多方渠道获取客户流失原因

(续表)

流程层级		标准等级	
		基础管理流程标准	最佳实践流程标准
3.3.4	监控与预防客户流失	◆ 客户属性是否一致 ◆ 客户流失前，产品、运营、市场、竞争是否发生某些变动 • 设置预警机制，合理引导客户，减少客户流失率	• 建立恰当的预警机制，提前进行客户流失干预，以便挽回客户 • 分析客户流失数据，对共性问题制定解决方案，系统改善客户流失
3.3.5	客户满意度维护	• 将客户满意度作为组织级考核指标 • 聘请第三方调查机构设计并实施客户满意度调查方案，定期(年度)进行客户满意度调查 • 调查客户满意度水平，衡量市场服务及客户关系维护工作 • 客户满意度调查结果应用于绩效管理 • 寻找客户关注点和服务短板，提出相应改善建议，持续提升客户满意度	• 委托行业知名第三方机构，围绕客户需求和感知，定期(不超过年度)对客户总体满意度或专项满意度开展调查 • 组织自行建立恰当的研究方法，分析客户对产品或服务效果的感知，研究方法包括： ◆ 为客户抱怨、投诉和建议提供一切可能的渠道 ◆ 模拟客户的体验式消费过程 ◆ 流失客户分析 • 对比、分析同类组织(标杆及主要竞争对手)之间的市场满意度水平差异，持续提升客户满意度和忠诚度 • 将客户满意度水平纳入绩效评价体系，使其引导组织工作方向
3.3.6	客户亲密度维护	• 保持与客户沟通的持续性，选择恰当的沟通渠道和沟通频率，避免对客户造成骚扰 • 收集、统计、分析客户信息，充分理解客户需求，适度引导客户 • 职责清晰的处理流程和完善的监控机制，及时响应并处理客户问题(抱怨、投诉、需求、咨询、建议等)	• 创造与顾客接触、建立信任的机会，充分了解客户需求 • 细分客户，满足不同客户的定制化需求，提供定制化体验 • 建立并保持恰当的客户沟通渠道和频率，持续增进客户信任 • 做决策时，从客户角度出发 • 保持对客户感受和体验高度的关注，将客户问题处理于产生阶段 • 采取高效的自动化信息系统，建立知识经验库，运用大数据统计等技术发现客户需求特点及规律，能以领先竞争对手的水平满足客户需求
3.3.7	个人客户关系维护	• 建立个人客户档案，区分客户类别或重要性等级 • 制定客户关系管理工作策略和制度，依照制度开展日常客户关系维护 • 保持与客户的联系和沟通，跟踪客户售后使用状况 • 关注重点客户，做好客户关怀，维护良好的个人关系	• 定义个人客户类别、重要性等级、关系程度，匹配不同的客户关系管理策略 • 针对个人客户分类，制定明确的客户关系管理目标 • 制订不同类的客户关系提升策略和计划，并依据实施 • 匹配各销售模式下的各个销售阶段，实施客户关系管理，支撑客户销售 • 创新客户关系管理方式

(续表)

流程层级		标准等级	
		基础管理流程标准	最佳实践流程标准
3.3.8	组织型客户关系维护	• 区分客户重要性等级，制定相应的客户关系管理策略 • 制订简单有效的客户关系维护计划，开展日常客户关系维护 • 识别组织型客户的关键人员，通过关键人员客户关系维护提升整体客户关系	• 定义组织型客户类别(商业关系、优选供应关系、合作伙伴、战略联盟)、重要性等级、整体关系程度，匹配不同的客户关系管理策略 • 依据客户类别和重要等级，对客户服务需求、服务资源配置、商务及商业模式、产品定制需求等采取差异化的响应策略 • 建立组织客户关系资源库，构建全面客户关系管理目标 • 持续开展客户关键个人日常沟通和关系维护
3.3.9	客户关系维护费用管理	• 客户关系维护费用有总体预算目标和工作计划控制 • 制定合理的费用申请流程，对超出预算范围的支出进行必要的审批和审查 • 客户关系维护不触及法律法规的禁止条款	• 针对新开发客户制定特殊客户关系维护费用政策 • 客户关系维护费用与销售绩效适度挂钩 • 制定销售费用廉洁内部控制办法，并采取适当方式进行监控检查 • 应在法律许可范围内，合理使用客户关系维护费用 • 定期评估客户关系维护费用使用效能，适度修正费用政策

4.0 管理销售资源

4.1 管理产品与方案

流程层级		基础管理流程标准	最佳实践流程标准
4.1.1	销售资质管理	• 分析市场对销售及服务资质的要求，对组织的资质获取进行规划，支撑组织战略及销售目标达成 • 根据资质规划，投入必要资源进行资质申办、维护 • 视需要，与具备资质的组织或机构进行合作 • 定期审视市场环境变化，及时调整资质规划并获取信息	• 组织的销售或服务资质规划考虑以下几个方面： ◆ 组织战略 ◆ 销售或服务策略 ◆ 销售和服务涉及范围 ◆ 行业、区域、产品或技术监管要求 • 专职的资质申办及维护工作团队 • 实时跟踪市场销售或服务的资质要求变化，及时调整和变更 • 储备和建立与资质相关的各项资源，包括产品技术、专业人员等
4.1.2	可销售清单管理	• 建立和维护组织可销售的产品、解决方案或服务清单 • 视产品/服务特点，定期维护可销售清单，确保信息准确 • 销售人员可通过便利快捷的途径获取清单 • 通过合适的方式和途径向客户提供可销售清单	• 细分(分区域、分客户、分产品/服务)的可销售产品、解决方案或服务清单 • 销售清单匹配相应的宣传资料，便利客户查阅和选择 • 确保可销售清单的准确性和唯一性，并定期更新 • 及时收集分析竞争对手的可销售清单信息，在客户细分市场、产品策略等方面进行分析和对比，制定相应策略

(续表)

流程层级		标准等级	
		基础管理流程标准	最佳实践流程标准
4.1.3	产品供应能力信息管理	• 对即时性销售,销售人员能实时获取产品/服务的库存信息和服务提供能力,满足销售需求 • 其他销售情况,销售前端能及时获知产品供应能力和服务交付能力的准确信息	• 建立供应能力信息实时传递和沟通机制,配备必要的信息沟通技术和工具 • 销售前端人员可实时准确地获取产品库存、交付资源或能力信息,为销售需求和方案改变提供高效支持 • 通过销售前后端信息互动,进行生产和交付资源调配
4.1.4	管理样品或展示品	• 销售样品或展示品具有明确的标识,严格与正常销售产品区分 • 对样品或展示品的包装、运输、使用进行有效指导,确保正常履行展览和展示功能 • 建立样品或展示品的流转记录 • 建立流程规范样品或展示品申请、审批及使用后处理 • 明确赠送或转销售样品的售后服务政策	• 通过销售样品管理规定,规范样品的标识、入库、运输、保管、使用、馈赠或转销售等环节 • 按渠道及客户等级匹配相应的样品数量
4.1.5	销售支撑文档管理	• 规范各类合同文本,定期更新销售合同、加盟合同、渠道销售合同等文本 • 标准化的产品或解决方案销售资料,并定期更新 • 客户定制化销售方案在标准化资料基础上修改 • 规范销售类制度、流程和费用、价格执行标准,以文档形式发布	• 定期审视优化各类合同文本,做好法律风险规避 • 借助IT系统或现代通信方式,存储和共享各类销售支持标准文档 • 配备专门人员维护标准销售文档存储、发布和更新,确保文档的权威性和有效性 • 销售人员可及时便利获取 • 以适当方式对销售支撑文档获取和使用进行权限控制,确保信息不被泄露
4.2 管理销售队伍			
4.2.1	销售队伍规划	• 确定销售队伍应完成的任务,包括寻找客户、销售产品、提供客户咨询服务 • 分析产品特点,制定销售人员与客户接触的工作模式(项目型销售、现场销售、电话销售、网络销售) • 按照地区、产品/服务、客户,设置销售团队 • 采取工作量法确定销售团队规模	• 除寻找客户、销售产品、提供客户咨询服务外,销售人员还承担传播产品信息、市场调查和情报收集、分析销售数据、制订销售策略和计划等任务 • 明确销售方式,采取专职或兼职的销售团队,针对复杂销售项目设计销售小组人员构成(客户经理、技术经理、服务经理) • 设计复合式的销售团队(综合考虑地区、产品、客户),并伴随市场环境的变化及时进行调整

(续表)

流程层级		标准等级	
		基础管理流程标准	最佳实践流程标准
4.2.2	销售人员薪酬设计	• 具有吸引力的薪酬计划 • 采取薪金制、佣金制或薪金佣金混合制来设计销售人员薪酬 • 销售人员薪酬包含固定金额和变动金额，并依据销售额同个人的努力程度的关系，设计固定金额和变动金额的比例 • 销售人员薪酬组成不违反劳动法，达到地方最低工资标准	• 销售人员薪酬设计适度考虑工龄和经验 • 分析同类销售工作和所需能力的市场价格，确定销售人员的薪酬基准 • 依据职位高低区别设计销售人员薪酬固定金额和变动金额的比例(职位越高，固定金额所占比例越小；反之，固定金额所占比例越大) • 依据销售战略和目标，为销售业务单元/团队设计激励方案 • 将客户满意度作为销售人员薪酬激励的考量因素
4.2.3	项目销售团队建设	• 有专职的项目销售团队，负责项目销售工作 • 通过经常性的团队建设，培养团队信任和协作能力 • 关注和提升销售团队能力素养，对项目销售各项工作进行规范化要求和技能培训	• 根据销售项目需要，组建包含各类角色的销售团队，明确职责与分工： ◆ 客户经理负责整体销售项目，负责与客户密切沟通和关系维护 ◆ 售前技术经理负责项目解决方案制定和技术支撑 ◆ 商务经理负责与客户进行商务谈判和签约，为客户提供专业化的商务服务 • 根据销售团队角色不同职责，针对性地进行专项技能培训和销售工作规范化要求培训，提升销售团队整体水平
4.2.4	现场销售团队建设	• 建立现场销售团队，满足现场销售工作需求 • 对销售团队人员进行必要的产品知识、销售流程、沟通技巧、现场管理等方面的培训，并定期进行跟踪测评，保障现场销售专业水平 • 定期开展销售士气提升活动	• 根据现场销售要求，制定销售人员素质模型，选取合适人员组建销售团队 • 明确现场销售岗位及职责，制定工作申请审批流程 • 团队规模匹配现场销售工作轮班要求，并保持一定的弹性以应对销售高峰
4.2.5	电话销售团队建设	• 建立电话销售团队，满足电话销售工作需求 • 在必要的产品知识、销售流程、沟通技巧、售后服务等方面对电话销售进行培训，并定期对电话销售的沟通结果、业绩进行评估，保持销售团队专业水平 • 通过有效方法培养电话销售人员倾听、发问、推荐、表达等沟通能力 • 通过恰当方式调动销售人员进取心，使其保持良好心态	• 制定电话销售人员素质模型，选取合适人员组建销售团队 • 进行快速而针对性的知识与技能补充 • 通过经常性的经验分享与问题交流，丰富电话销售人员实战能力 • 定期对电话销售人员的专业能力、业绩进行跟踪和评估，并开展技能培训和绩效提升活动，促进销售团队专业水平

(续表)

流程层级		标准等级	
		基础管理流程标准	最佳实践流程标准
4.2.6	网络销售团队建设	• 识别网络销售关键岗位[营销主管、网站设计、网络维护、文案策划编辑、网络推广SEO(搜索引擎优化)/SEM(搜索引擎营销)、网络广告、网络销售、客服]要求，建立匹配组织规模的网络销售团队 • 提供各种学习机会，培养互联网思维和心态 • 规范在线销售服务工作要求，对响应及时性、销售服务水平进行管理	• 规范化的网络销售服务团队培训，包括在线沟通技巧、销售推广和客户引导技巧等 • 角色职责清晰的网络销售运营管理流程 • 创建团队成员融洽协作的工作环境 • 合理安排网络销售，实现7×24小时在线销售服务，跟踪评估销售服务响应及时性
4.2.7	销售技能训练	• 根据销售方式的不同，系统开展销售人员业务技能的训练 • 进行销售人员技能训练，具体技能包括： ◆ 寻找销售线索，识别潜在客户的技能 ◆ 客户拜访如何准备，并把握拜访方式、时机的技能 ◆ 借助各类工具，进行产品讲解和演示的技能 ◆ 回应并解决客户质疑的技能 ◆ 销售谈判技能 ◆ 发现交易信号并达成销售的技能	• 除基础流程管理标准要求的技能外，还应培养销售人员以下技能： ◆ 销售履约的技能，避免客户对销售人员产生"过于功利"的感觉 ◆ 交易达成后，客户的维护和保持技能 ◆ 针对重点客户，培养销售人员关系营销技能，建立与客户长期、共赢的合作关系
4.2.8	销售人员评价与激励	• 分析销售报告(包含销售计划)，获取销售人员工作指标，包括客户访问次数、客户数量的变化、客户拜访收益、销售费用等 • 通过合适的方法评价销售人员业绩(销售额、利润率、增长率、客户满意度等) • 激励方式与年度销售定额完成情况相结合 • 销售人员激励计划设计合理，并采取有效的监督措施，避免对销售战略和客户满意度造成损害	• 及时对销售人员产品知识、沟通技巧、销售积极性进行跟踪和评估 • 过程与目标管理结合，实现销售人员的优胜劣汰 • 合理的绩效管理和奖罚机制 • 提供除薪酬激励外的其他方式，包括职位提升、培训机会、荣誉、休假、旅行等 • 短期激励与长期激励相结合
4.3 管理销售渠道			
4.3.1	制定渠道战略	• 分析组织自身现有渠道的优劣势 • 分析竞争环境，了解主要竞争对手使用的渠道模式以及市场份额 • 通过分析，制定组织自身渠道目标和任务 • 分析客户需要的服务产出水平，结合渠道目标和任务，制定渠道战略 • 分析渠道决策的经济性，评估渠道战略的可行性	• 采取SWOT[①]方法，分析组织现有渠道的形势 • 依据组织的营销战略，制定销售渠道的目标(市场覆盖率、市场渗透率等) • 了解客户对不同渠道的倾向性，制定可供客户选择的渠道，形成差异化的渠道竞争优势 • 分析及评估可选渠道的经济性、适用性、可行性 • 选择适合组织的渠道类型(包括单一渠道、双重渠道、多渠道、新型渠道等)

(续表)

流程层级		标准等级	
		基础管理流程标准	最佳实践流程标准
4.3.2	设计备选渠道	• 依据产品/服务、市场、组织自身特点，设计适合的销售渠道结构(包括渠道的长度、宽度、广度) • 结合组织特点以及销售渠道目标，从经济性、可控性、可适应性等角度设计对备选渠道进行评估的标准，并对评估标准进行审议	• 备选的销售渠道覆盖所有产品、市场、客户，可支撑组织营销战略和渠道目标达成 • 分别设计不同销售渠道类型中的成员职责 • 关注新兴渠道的价值和影响，创新地设计可能的销售渠道
4.3.3	评估及选择渠道	• 从经济性、可控性、可适应性等角度对备选渠道方案进行评估 • 依据评估标准对备选渠道进行评价，并选出适合组织的销售渠道 • 选择销售渠道时不仅关注财务数据，也应适度重视管理者的经验和判断	• 对所设计的备选销售渠道进行评估，对于现有可用、需优化、需新建的销售渠道进行明确，并分析渠道建设成本 • 制定渠道合作、采购、建设各项策略，匹配总体销售战略和目标，选取最终的渠道建设方案
4.3.4	渠道建立与维护	• 通过合作、采购、自建等各种有效方式，建立销售渠道体系 • 根据选择的销售渠道模式，在目标市场选择适合的渠道成员 • 制定渠道成员相关协议，并签署协议 • 制定产品/服务在渠道中的信息流、物流、资金流等流程，对渠道成员进行统一培训	• 制订渠道建设方案和计划，按方案与计划构建自身的销售渠道体系 • 建设组织内部销售渠道管理机构，统筹销售渠道管理工作 • 渠道管理机构制定详尽的销售渠道管理细则对渠道进行管理 • 建立销售渠道监测系统，关注销售渠道动态，并及时反映
4.3.5	渠道价格管理	• 制定渠道商价格管理原则，按照渠道层级进行统一定价和管理 • 对产品零售价进行限制 • 通过货品编码管理或处罚手段，规避不同区域和层级的渠道商窜货行为 • 设立面向渠道商的价格申请机制	• 根据产品定价体系和定价策略，明确各类渠道产品正常价格和促销折扣 • 对同一层级的渠道商，按统一的价格进行供应和管理 • 对产品零售价格进行管控，制定零售价范围，避免价格差异过大，维护市场秩序 • 通过货品编码管理、售后服务差异或处罚等手段，对货品严格管控，避免窜货行为 • 制定规范的折扣申请流程和面向客户的促销价格申请流程，应对各渠道商的价格调整需求 • 对各级渠道商的价格进行保密管理
4.3.6	渠道产品管控	• 根据组织渠道销售策略，对不同渠道的可销售产品进行管控 • 针对不同产品、产品不同阶段，制定出不同渠道的销售策略和产品管理要求 • 制定适合的新产品渠道销售政策，争取渠道对新产品销售的支持	• 根据组织的产品策略、客户策略及渠道销售策略，在产品生命周期的不同阶段，对不同渠道的可销售产品进行控制，并制定相应的渠道产品管控政策、销售要求 • 在产品战略定位、品牌定位、服务策略制定过程中，与关键渠道商进行沟通，确保渠道产品管控政策执行到位 • 根据组织销售策略，通过产品编码管理、差异售后服务和处罚手段，对各渠道间窜货行为进行严格管控

(续表)

流程层级		标准等级	
		基础管理流程标准	最佳实践流程标准
4.3.7	渠道冲突管理	• 建立渠道沟通机制，与渠道成员保持渠道理念、信息以及情感的沟通 • 建立制度，防止渠道窜货发生 • 建立渠道调整机制，适时对渠道结构、数量、成员进行调整 • 制定渠道冲突解决的机制和流程，通过谈判、调解、仲裁以及法律手段解决渠道冲突	• 设置合理的渠道利益分配及调整机制和方案，对不同渠道、不同时期、不同作用的渠道成员进行合理的利益分配 • 在必要情况下，引进独立第三方机构进行渠道经营监督 • 提倡与传播稳定的渠道经营理念和风气，杜绝渠道窜货的发生
4.3.8	互联网渠道管理	• 根据组织发展战略及营销战略，选择适合的互联网分销渠道 • 对订货、物流配送、支付系统进行设计、开发、管理 • 重视互联网支付的安全管理，保护客户信息安全	• 选择适合的互联网分销渠道，考虑以下各方面： ◆ 产品/服务特性 ◆ 组织能力(资金能力、管理能力、品牌发展能力) ◆ 互联网平台特点 ◆ 社会商业发展趋势 • 建立互联网渠道与线下渠道协调发展机制，从产品、价格、服务方面进行设计，避免互联网销售渠道与线下渠道的冲突 • 探索并尝试新型移动互联网销售渠道
4.3.9	渠道支持管理	• 提供产品相关资料、技术方案、售后服务、销售规范等方面资料，必要情况下给予培训 • 对渠道商在其销售体系建设、销售规范制定、销售现场管理、二级渠道建设、市场宣传等工作方面给予指导和支持 • 制定渠道商进货、囤货、回购等管理和支持机制	• 面向渠道商提供关于产品、产品报价、技术方案、售后服务、销售规范等方面的资料，并对渠道商进行培训，提升渠道商销售能力 • 对于重大销售项目，在售前沟通、技术方案、商务谈判、售后服务等方面给予渠道商支持
4.3.10	渠道商评估和管理	• 明确的渠道商选取和合作条件，按管理要求进行定期评估，并适时做出调整 • 设定渠道评价指标和目标，并制定渠道绩效评价机制和流程 • 制定渠道商绩效评估的标准与调整机制，根据评估结果进行渠道商调整	• 制定明确的渠道商选取条件、合作条件，并制定规范的认证和申报流程 • 制定清晰的评估机制，对评估等级、评估要素、评估方式、评估流程、评估周期(一般为年度)、评估结果应用做出明确规定 • 按照评估机制和要求，对渠道商进行评估(评估内容包括业绩、库存管理、销售能力、合作积极性、渠道商发展战略等)，并做出调整
4.3.11	渠道补贴和激励管理	• 制定渠道激励机制，采取折扣、返利、补贴、信用支持等激励方式 • 除直接的利益支持外，还可采取对渠道培训、广告支持、促销、保障物流和库存等间接方式，对渠道进行激励	• 针对不同渠道商等级，根据每个销售周期内的销售规模情况或单笔销售规模，制定相应的激励机制 • 规范和明确的激励管理流程，执行激励机制 • 针对不同情况(产品生命周期末期、产品滞销)制定相应回购、补贴等机制，并明确执行流程

流程层级		标准等级	
		基础管理流程标准	最佳实践流程标准
4.4 管理加盟商			
4.4.1	加盟策略制定	• 组织应充分调查内部、外部以及同类组织的加盟政策，制定适合自身的有连续性、差异性、全面性的加盟策略 • 加盟策略应能使组织与加盟商产生双赢结果 • 加盟策略应规范且有良好的导向性，并具备一定的灵活性 • 加盟策略应对产品或服务的价格、区域、宣传、利益、结算、质量、服务等方面进行说明	• 组建人员多样化（包括内行、专家、外脑、市场业务人员）的加盟策略制定机构，负责加盟策略的制定 • 加盟策略应经过多次沟通，确保加盟策略符合组织自身发展特点 • 加盟策略应寻求量价的平衡点 • 加盟策略应保持连续性，并适度进行调整
4.4.2	选择加盟商	• 明确加盟商资质，确保加盟商与组织产品/服务/品牌相匹配 • 根据区域市场定位，选择加盟商类型(服务型模式、招商型模式、股权投资型模式) • 对意向加盟商进行"硬件"与"软件"考察	• 制定清晰、明确的加盟商准入标准，标准应符合本组织经营模式和产品/服务特点 • 对意向加盟商进行准入评估，评估内容包括经营场所、合作意愿、市场理念、资金实力、信用情况、操作经验与能力、管理能力等
4.4.3	加盟商合同管理	• 组织应制定公平统一的加盟合同模板 • 合同签订前，双方必须清楚知道合同内容，并无异议 • 合同及相关附件材料由专门岗位或部门进行保管	• 加盟合同必须遵守国家相关法律法规，建立在公平公正原则上 • 加盟合同必须经有资质的律师审核方能签订 • 制定加盟合同签订流程，并严格遵守
4.4.4	加盟商支持	• 依据加盟类型，对加盟商进行以下方面的支持：选址、装修(含设备)、培训、实习平台、产品及服务标准、营运、信息系统、产品及物流、广告及促销等	• 定期对加盟商进行产品/服务标准的培训 • 协助加盟商分析并制定绩效改进措施，以达成加盟目标 • 制定加盟商服务支持等级，采取有差异化的加盟服务承诺和服务水平
4.4.5	加盟商产品和价格管控	• 制定机制，确保加盟商及时获得产品 • 明确加盟商产品的销售区域和价格政策 • 定期对加盟商产品销售区域和价格进行监控，保障组织加盟政策的落实和各加盟商合理权益 • 对违反加盟产品销售区域和价格的行为进行处理	• 制定完善的加盟商产品研发、供给、运输、售后等保障机制 • 实时对加盟产品销售区域和价格进行管控，保障组织加盟政策的落实和各加盟商合理权益 • 制定机制，将加盟商的违规行为与产品、价格优惠政策和服务等级挂钩
4.4.6	加盟商绩效评估和管理	• 依据组织产品/服务特点，制定加盟商绩效评估要素和评估标准 • 定期(至少年度)对加盟商绩效进行评估 • 将加盟商绩效评估结果纳入加盟商服务等级管理，作为加盟商继续或结束加盟合作的依据	• 针对加盟商等级以及加盟时间、区域的不同，制定不同的加盟商绩效评价要素和标准 • 灵活评估不同类加盟商的绩效 • 除对加盟绩效评估结果进行应用外，还需针对绩效评估结果进行原因分析，协助加盟商改善绩效，并监控改善结果

第13章 交付管理流程标准

13.1 交付管理流程研究框架

交付管理流程分为7个部分(见图13-1):计划管理、订单管理、管理采购、制造管理、执行交付、逆向物流、交付实施与保持。其中前六部分为交付管理主要的业务流程,第七部分作为前六部分的支撑流程,确保交付业务的顺利开展。

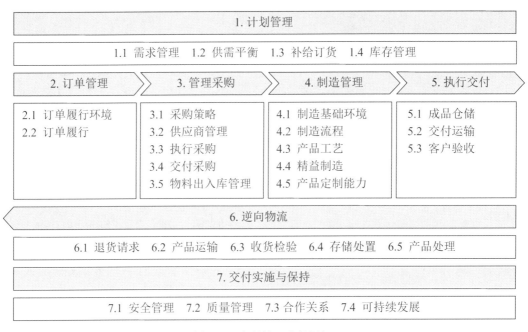

图13-1 交付管理流程框架

13.2 交付管理流程研究方法

交付管理流程标准集成了多个行业标杆组织的产品交付管理模式,也是多位交付管理专家及多个企业的实践经验。交付管理流程标准包含的核心要素、管理方法以及借鉴的管理技术如下所述。

(1) 国内外生产制造管理标杆企业流程管理实践。

(2) 供应链管理GSCF模型、SCOR模型、OSHA标准。

(3) 供应商管理库存法(VMI)、协同供应链库存管理法(CPFR)、智能补货法(IRS)、需求驱动补货法(DDMRP)、ABC分类库存控制法、5S现场管理法等。

(4) 无线数据采集技术(RFDC)、精益制造、准时制(JIT)。

(5) 供应链领域的期刊及专业书籍，期刊包括《物流与供应链》《中国物流与采购》、Manufacturing & Service Operations Management《制造与服务运营管理》、The Manufacturing Report《制造报告》，专业书籍包括美国学者罗纳德·H.巴罗所著的《企业物流管理——供应链的规划、组织和控制》、马士华等人著的《供应链管理》等。

13.3 交付管理流程标准指南

依据交付管理研究框架及方法，本指南将交付管理各层级流程关键要素按照"基础管理流程标准"和"最佳实践流程标准"进行呈现(见表13-1)。

表13-1 交付管理流程标准

流程层级	标准等级	
	基础管理流程标准	最佳实践流程标准
1.0 计划管理		
1.1 需求管理		
1.1.1 确定需求管理目标	• 分析组织行业和产品供应特性，确定交付需求管理的基调(预测准确性优先或预测的灵活性优先) • 匹配需求管理目标，建立恰当的预测职位和岗位	• 交付需求基调的确定结合了组织战略、组织交付能力、客户需求特性 • 对需求量和需求来源接近20/80原则并且需求具有较大不确定性的业务情景，配备更多的岗位和人员参与预测
1.1.2 销售预测	• 结合市场发展趋势，除关注既有市场和客户的需求外，还应考虑潜在的新市场、新客户的需要 • 销售预测包括现有产品及新产品需求，并着重关注竞争对手的产品 • 销售预测包含了长期销售预测和短期销售预测 • 将销售预测向组织的交付环节进行传递	• 成熟的预测组织和流程，保持与需求预测流程同等的预测周期 • 采用周期分析、趋势分析并参考历史销售数据 • 关注产品共性，采取产品线、产品族和产品生命周期分类预测 • 分析渠道价格和利润对销售预测的影响 • 将销售预测的趋势通知重要供应商，并确保关键数据保密
1.1.3 需求预测	• 库存式生产组织： ♦ 加强预测流程管理，给人员分配明确的责任 ♦ 建立历史数据库，总结需求的基本模型 ♦ 预测中要考虑产品、服务、价格和推广效果的变化 ♦ 适当地运用协同规划、预测和补货(CPFR)技术 ♦ 预测必须得到评审，至少每月(季)评估一次短期预测 • 订单式生产组织： ♦ 明确需求管理流程，分配明确的责任	• 建立市场信息收集流程，从尽可能多的来源收集市场和销售情报 • 建立从客户到供应商的需求管理流程，实现需求信息的E2E(端到端)畅通 • 预测流程的结果在组织中具有优先权，保证组织运作的前瞻性和竞争力 • 重点客户(大客户)的销售额与要货量单独得到预测 • 需求预测能根据订单、销售信息的变化快速调整 • 采用信息系统，实现需求预测数据的实时交换，并确保整个组织预测系统和方法的统一

(续表)

流程层级		标准等级	
		基础管理流程标准	最佳实践流程标准
1.1.4	需求预测方法	• 及时用历史实际需求替换原有的预测，确保历史数据的可参考性 • 与关键客户和供应商协商建立及时、有效的市场信息共享机制，确保市场信息的及时性与准确性 • 对市场信息、预测数据的来源进行适当的检查与评估，提高真实性与准确性 • 针对具体产品，建立客户需求与产品关键零部件的数量对应关系，确保产品关键零部件的需求得到合理的预测	• 制定规范的预测日历，并严格按照预测日历开展预测 • 对预测信息及结果采取适当的评估手段和方法 • 参考历史数据的统计分析结果，结合最新市场信息进行趋势预测 • 充分利用大数据技术和其他新兴技术精确预测需求 • 建立包括组织内部、客户和供应商的市场信息共享机制，持续更新市场信息 • 细化库存单位(SKU)和原材料/元器件层面的预测，以供采购计划之需
1.1.5	销售和运营计划	• 将销售预测作为组织的预测源头，带动其他职能部门的相应预测 • 销售与运营计划(S&OP)将销售和内部生产整合成一个整体 • 按照月度周期召开S&OP例会，研究评审供需问题，将市场战略和需求与内部生产能力连接起来 • S&OP例会议题包括销售预测变化评估、调整即时库存和采购供应 • 关注关键供应商的产能计划和库存水平	• 依据产品供应特性，开展更高频次(例如每周)的S&OP例会 • 关注市场需求长期趋势，评估生产和供应能力满足情况，并提出产能要求 • 关注组织上下游供应链的生产和库存水平，并给予一定的影响，以满足市场需求 • 关注供应风险，权衡供应风险与财务回报 • S&OP计划关注新产品导入(NPI)，为新产品的导入分配初步的产能计划 • 整合组织的产品生命周期管理流程，并特别注意产品停止销售、停止生产、停止服务(EOM/EOP/EOS)公告的发布 • 及时对S&OP计划的准确性进行评估
1.1.6	应急计划	• 管理层在出现需求的紧急、巨大变化(增加/减少)时发挥了重要作用 • 存在应急供应计划的意识，但还未形成规范的应急计划程序 • 组织应急计划管理处于"救火"的状态	• 存在针对需求变化的应急反应程序，可针对意外事件迅速做出反应 • "主动"管理需求应急变化 • 关注客户期望、订单履行、生产环节及供应商发生的突发信息，将其作为应急计划输入 • 应急计划信息及时传递至供应链(组织内部、客户、供应商)相关环节
1.2 供需平衡			
1.2.1	制造需求管理	• 采取主动的需求管理，平衡客户交付服务水平和生产周期 • 依据生产模式，匹配交付需求，制订恰当的生产计划，使库存成本保持较低水平 • 保持采购计划的弹性，对超过幅度范围的采购计划及时沟通	• 保持与客户的密切沟通，建立需求频繁和快速变化的应对机制 • 密切关注产品数量大或需求变化率高的订单，制定针对性的管理措施 • 对MTO/ATO(按单生产/按单装配)模式按照实际需求进行生产和装配 • 制造需求信息与关键供应商进行共享，供应商可以实时在线获知供应信息，并及时调整材料供货计划及库存计划

(续表)

流程层级		标准等级	
		基础管理流程标准	最佳实践流程标准
1.2.2	需求变化调整	• 用实际需求数据替代预测数据，并依此调整需求预测 • 定期(季度、月度甚至更短时间)调整生产计划和生产人员安排，以适应实际需求的变动	• 关注组织内部、客户和供应商，及时沟通可能引起需求变化的所有要素，可视化反映需求的实时变化 • 关注可能引起供需失衡的重大事件，并及时预警，制定调整方案 • 关注市场营销活动，将由营销活动(促销和降价)引起的需求变化与生产过程进行协同，并为需求变化预留充分的产能 • 及时获取实际销售数据，并冲减相应订单的预测，避免重复信息误导生产部门和供应商
1.2.3	灵活供应能力	• 了解需求变化趋势和客户要求，分析其与组织供应能力的匹配程度 • 在成本可控基础上，适度建立灵活供应能力，满足客户需求	• 建有兼顾成本和效率的灵活供应能力 • 协同生产、研发、市场、销售、客户以及供应商关系，从以下方式考虑，提升组织灵活供应能力： ◆ 实施敏捷制造 ◆ 多地址生产供货方式 ◆ 延迟生产 ◆ 产品设计组件/器件标准化 ◆ 标准化产品供货，减少产品规格种类 ◆ 多地址的中心库房，实现就近配送
1.2.4	供需平衡控制方法	• 合理优化交付，确定适度的订单提前期和安全库存 • 主动关注需求变化，及时调整生产排期	• 采用客户、组织以及供应商需求供应信息协同方式，降低成本并使生产提前期最小 • 采用信息技术，实现客户、组织以及供应商之间的实时供需信息交换 • 按照产品供应特性和生产模式，对供需进行分类管理 • 与供应商建立战略合作伙伴关系，分担供需平衡责任

1.3 补给订货

1.3.1	实施补给订货策略	• 有适当的控制技术支持简单计划系统的补给订货 • 采取MRP(物资需求计划)系统，尽可能缩短补给订货提前期 • 客户补货成为驱动补给订货的主要因素 • 用客户的实际订单冲减预测，对差额部分进行补给	• 采取VMI(供应商库存管理)策略，支持客户补给订货 • 与客户和供应商协商一致，采取合适的再补给订货点发出拉动式补货信号 • 系统对物料库存接近补给订货点时进行预警，及时通知供应商
1.3.2	补给订货点	• 依据生产物料消耗率和采购提前期，制定补给订货点 • 补给订货点的制定，应考虑安全储备量	• ERP(企业资源计划)自动计算补给订货点，并适度人工干预 • 根据补给订货效果，及时调整补给订货点

(续表)

流程层级		标准等级	
		基础管理流程标准	最佳实践流程标准
1.4 库存管理			
1.4.1	管理库存计划	• 根据销售预测、组织现金流情况，参考历史数据制定合理的库存水平 • 根据生产计划和物资供应各类信息(物资的种类、规格、数量、质量和时间等)制订库存计划，确保生产过程顺畅 • 关注成本和风险，定期评估库存水平，并做相应调整	• 库存水平设定基于客户服务要求，并权衡考虑库存成本 • 根据客户需求和产品特性，动态调整目标库存水平 • 综合考虑采购提前期、可供性、供需变化、供应商协作关系等因素，制定适合的库存水平[SKU(库存量单位)库存水平、配件库存水平、原材料库存水平等] • 结合库存表现，按月(或更短的周期)评估库存目标，及时对库存目标和库存物料进行处理
1.4.2	补充库存	• 基于预测进行库存补充 • 在渠道销售模式下，关注零售商和渠道商库存水平 • 预先明确的库存补货流程	• 考虑产品供应客户服务水平，必要时调整库存水平进行补充 • 采取IRS(智能补货)、DDMRP(需求驱动物料需求计划)等新兴补货方式进行库存补充 • 采用信息系统，实现自动库存补充
1.4.3	控制库存	• 以实现客户的顺利交付为前提，并尽可能降低库存，减少呆死料，提高周转率 • 建立适当的库存控制系统(包括定量控制、定期控制、最大最小控制等) • 有选择地将与库存相关的指标(周转率、呆死料、资金占用等)纳入绩效考核	• 及时跟踪库存周转率，定期评估和调整 • 需求到供应的全过程都进行库存控制管理(包括预测、计划、采购、制造、物流等组织内部业务单元) • 协同客户和供应商库存管理信息，从整条供应链上进行库存控制
1.4.4	库存管理精确度	• 采用适当的系统，准确记录物料库存位置 • 依据组织管理要求，制定盘点频率和时间 • 采取系统盘点和实物盘点结合方式 • 依据需要，对特定物料采取频率更高的盘点方式	• 采用周期盘点法，及时发现问题并纠正，尽可能避免使用影响生产的期末盘点法 • 库存管理系统自动决定周期盘点的频率 • 采取以周期盘点为主、周期盘点与特别盘点相结合的方式 • 持续改进导致库存问题的流程缺陷，维持库存精确性达到六西格玛质量水平 • 采用先进技术，例如RFDC(无线数据通信)技术，实时更新物料的种类、数量和位置
2.0 订单管理			
2.1 订单履行环境			
2.1.1	确定订单履行要求与目标	• 以客户为中心建立订单履约环境，设计订单履行流程 • 清晰了解客户对订单履行的要求，包括： ◆ 下单交付周期 ◆ 产品供应能力 ◆ 产品交付服务水平 ◆ 特殊产品交付的法律法规要求 • 依据客户订单履行要求，确定订单履行目标，并细分目标	• 订单履约环境和流程的设计全面考虑客户、组织自身、供应商的利益 • 依据客户重要程度，确定不同级别客户对订单履行的要求 • 订单履行目标根据客户级别分别制定 • 将订单履行目标视作对客户的承诺 • 除根据客户要求设定订单履行目标外，还应考虑为客户在订单履行中提供什么样的增值服务，并设计相应的流程

(续表)

流程层级		标准等级	
		基础管理流程标准	最佳实践流程标准
2.1.2	评估产品供应网络交付能力	• 评估现有物流交付网络对订单履行目标的满足程度 • 从订单履行细分目标各方面分析物流交付能力的差距 • 制定弥补与改进方向 • 平衡产品供应交付能力改进措施的成本与效率，选择可行的具体改进措施和方案	• 协调订单履行业务上下游(客户需求、制造、售后服务)提供相应的信息，支撑供应网络合理设计 • 采取网络建模方式，设计合理的多地域(产品及对应的生产地点、仓储地点、供应商地点)的产品供应交付能力 • 将客户合理分配至相应的交付网络，包括哪个地点生产、哪个仓库供货、采取什么运输方式等 • 产品供应交付网络的设计拓展至组织的供应商和客户
2.1.3	订单履行计划	• 确定如何接收并履行客户的订单 • 明确可接收的客户订单的规模和产品包装要求 • 与需求管理业务结合，对客户订单需求进行平滑处理，降低订单履行的波动性 • 确定订单信息的获取方式，快速准确获取订单信息 • 制定明确的客户订单分配规则，合理分配客户的订单需求 • 订单需求的分配应尽可能使所有客户满意	• 分别确定细分客户的订单接收和履行方式 • 满足客户定制化的产品包装和运输方式要求 • 在订单分配满足客户需求前提下，将客户订单需求与对客户的服务等级水平进行结合，优先安排高级别客户订单需求 • 采用信息系统完成订单履行过程，减少或避免人工订单录入
2.1.4	持续改善订单履行环境	• 设置订单履行评估指标，包括产品交付周期、订单执行率、订单完成率、订单成套下单及时率、合同及时齐套发货率、急单率、合同错货率等 • 监控订单履行指标变化，分析变化趋势及原因 • 选取特定订单全程跟踪履行情况进行分析，尝试发现系统性的订单履行改进点 • 持续改善订单履行流程绩效	• 将订单履行过程中第三方承接业务指标纳入订单履行评估指标中 • 持续监控订单履行指标变化，分析趋势及原因，改善订单履行流程环节绩效，或重新设计产品交付网络和订单履行流程
2.2 订单履行			
2.2.1	生成订单	• 多种方式接收客户订单，包括传真、邮件、对外订单系统和电子数据交换(EDI)等形式 • 按生产方式设置相应的库存水平，库存降低至预警水平时自动生成订单 • 将订单按照相关属性录入数据库 • 订单处理人员具备支持销售订单所需的语言能力 • 订单录入采取网络方式，但仅限于个别客户和有限的订单数量 • 持续提升订单准确性	• 确保订单录入时产品配置的准确 • 销售人员可通过订单信息管理系统，实现异地订单录入和更新 • 订单管理系统实现了与个别关键客户(战略合作伙伴)的对接，客户自己可进行订单录入 • 系统自动识别并限制超出客户信用额度的订单的录入 • 库存管理系统与终端销售网点系统对接，达到目标存货水平时发出预警信息 • 订单录入时，包括产品交付运输方式和价格选择

(续表)

流程层级		标准等级	
		基础管理流程标准	最佳实践流程标准
2.2.2	确认订单	• 系统可根据库存数据自动计算订单产品能否供应，必要时辅助人工检查 • 系统根据订单信息分配库存，人工进行调整和确认 • 订单确认信息及时反馈给客户	• 订单的可承诺量(ATP)不仅考虑了库存数量，同时考虑了交付周期的生产能力，以及产品在不同订单间的分配 • 订单的确认信息以正式的书面形式实时向客户反馈 • 按订单生产模式，综合考虑订单制造周期、运输周期和提前期以及风险，向客户承诺产品收货日期
2.2.3	处理订单	• 在标准要求时间内将订单录入系统 • 对于需要在客户现场实施安装交付的情形，销售人员与售后安装人员同客户确认现场安装交付时间，制订相应的计划 • 通过库存满足订单发货要求的订单，工作人员检查库存水平，根据发货批次计划安排仓库发货 • 按订单生产的，确认订单生产地点、交付时间	• 优先处理计划内订单，在不影响计划内订单承诺的交付时间前提下，处理其他客户的计划外的订单 • 检查客户信用情况，超出信用额度的订单将不被处理，直至销售人员与客户已经解决信用问题 • 依据与客户的约定或客服水平要求确定产品交付的运输方式和承运商
2.2.4	监控订单执行过程	• 保持与客户的沟通渠道畅通，及时回复客户有关订单的问题 • 有适当的监控订单及应对流程，及时对积压订单、订单状态、计划装运期、产品运输状态、客户分类等信息进行监控，并及时处理和应对突发状况 • 及时跟踪运输能力，满足约定的订单装运时间 • 不能按期交付的订单，及时通知客户，按照协商后结果执行	• 对订单执行情况进行全程追踪，包括承诺的装运期、计划的准备制造日期、实际准备制造日期、客户要求的日期和数量，以及实际装运期、实际客户接收日期和数量等 • 订单信息监控系统例行统计并报告正常订单执行信息，对例外状况进行预警 • 向客户共享订单履行过程信息，实现客户自助查询订单状态 • 在满足计划装运期的前提下，关注客户对交付日期的更高期望，根据组织能力努力满足客户期望
2.2.5	订单收款	• 按照订单协议约定的支付方式与时间，协调客户完成订单支付 • 保持与财务部门、销售部门的密切协作，高效、安全收回订单款项	• 按照条款，客户在收到货物后自动授权并启动支付流程 • 销售经理主动对接客户付款流程，负责订单收款 • 财务部门实时处理客户的支付

3.0 管理采购

3.1 采购策略

3.1.1	采购需求分析	• 分析产品BOM(物料清单)，制定采购需求品类清单 • 依据不同生产模式，参照历史采购数据，确定采购品类、数量 • 明确采购时间，包括到货时间、采购周期等	• S&OP计划作为采购需求分析的主要输入 • 分析生产制造流程和特定产品制造工艺，合理安排采购时间和顺序

(续表)

流程层级		标准等级	
		基础管理流程标准	最佳实践流程标准
3.1.1	采购需求分析	• 通过物料清单文件和库存记录文件，生成包含品类、数量、质量以及时间等信息的采购需求文件 • 分析对应产品生产需要的工具、设备、用料，生成采购需求文件	• 确定采取单独采购或联合采购的品类以及用料 • 采用物料需求计划(MRP)、物资消耗定额、需求预测、ABC分析等方法进行采购需求分析
3.1.2	采购市场环境分析	• 扫描外部采购市场，判断物资来源是否稳定 • 持续监控物资价格变动，并分析趋势 • 采购环境分析作为采购策略制定的输入	• 评估外部采购市场结构类型(完全竞争、买方主导、卖方主导) • 细分采购物资，分别监控市场供应的稳定性和价格变化趋势 • 采取"五力模型"分析外部采购市场
3.1.3	采购成本分析	• 采购物资的价格需要与物资质量等级协同考虑 • 考虑采购物资价格与物资供货来源稳定性和供货周期的关系 • 成本包括产品成本、原料成本、运输成本、验收成本、生产费用、仓储费用、存货持有成本等	• 关注采购物资(供应商提供物资、组织生产产品、客户使用产品)全生命周期总成本，使整条供应链成本最优 • 了解供应商成本结构的基本要素，完整分析供应商物资成本(单价成本、批量成本、供货提前期成本等) • 考虑供应商提供物资(包括库存、物资运输、样品等)而产生的附带成本 • 分析供应商生产能力、技术水平以及基本财务状况
3.1.4	制定采购策略	• 与特定的供应商和承包商建立长期合作关系，确保物资供应/服务资源稳定 • 根据对应的成本分析，制定对应的采购价格策略 • 选择最适合的采购模式，包括集中采购、分散采购、准时采购(JIT) • 除降低采购成本外，采购物资的质量、交期、稳定供应也是制定采购策略的重要因素 • 与关键供应商建立战略合作伙伴关系，共享信息及资源 • 制定供应商认证、采购下单、物资运输、物资验收等流程，支撑采购业务规范开展	• 采购策略满足组织现实生产需求，并兼顾组织的未来发展战略 • 将供应商分类，对不同类别的供应商实施不同的采购策略 • 与客户、关键供应商形成利益共同体，协同制定改善方案，系统化提高采购效率，降低采购成本 • 与关键供应商共享信息及资源，建立能够灵活调整的供应能力，确保关键物资的可获得性 • 采购业务尽早介入产品研发过程，采购人员与产品研发团队保持密切沟通；在产品研发设计阶段，依据产品设计方案开展关键原料的自动寻源，并评估其可获得性及风险
3.1.5	自制与外购决策	• 协调研发和生产职能，评估物资(含原料、设备、工具等)外购与自制的成本、风险等因素，支撑自制与外购决策 • 除评估经济性因素外，自制与外购决策还考虑了组织的发展战略(专业化战略或多元化战略等)	• 进行自制与外购方式评估时，考虑边际成本和边际收益 • 在经济利益、质量、供货稳定性与灵活性、知识产权、技术与管理技能、专业化程度、商业机密等因素基础上进行自制与外购决策 • 自制与外购决策关注市场经营环境，甚至国际政治环境

(续表)

流程层级		标准等级	
		基础管理流程标准	最佳实践流程标准
3.1.6	采购计划	• 选择采购计划制订模式,采购计划制订模式包括按照安全库存制订采购计划、按照生产计划制订采购计划、按照采购申请流程制订采购计划 • 采购计划按照不同周期制订,包括年度采购计划(预算)、季度采购计划、月度采购计划 • 采购计划包含采购物资的品类、数量、时间周期、质量、采购方式、采购预算 • 考虑采购周期、客户订单交付需求、库存信息等确定最佳的采购时机和采购数量	• 与财务、生产职能协同制订年度/季度采购计划(预算),满足客户订单需求,减少资产占用 • 采购计划的制订符合采购方式(直接下单、招标、询价、竞争性谈判)要求,以满足客户订单交付的时效性要求 • 采购人员与产销部门保持及时沟通,依据信息变化对采购计划作必要的调整与修订
3.1.7	采购合同管理	• 标准化的采购合同模板,用于各类物品采购,严格遵循合同签订流程 • 采购合同以书面方式签订 • 与长期合作的供应商签订框架协议,并以订单(PO)形式执行采购	• 通过长期采购合同与供应商协商确定采购物资价格的持续降低计划 • 与供应商友好协商,实时关注采购合同更改,及时补充采购协议 • 采取适当的信息技术,实现采购下单系统与客户订单系统的对接,形成电子采购合同
3.2 供应商管理			
3.2.1	供应商选择标准与流程	• 建立供应商选择的原则(例如质量优先、价格优先等) • 定义供应商选择标准和流程,依照流程和标准进行供应商选择 • 参考创建信息邀请书(RFI)/建议邀请书(RFP)过程中潜在供应商的资讯和解决方案的建议,并将这些内容作为供应商认证的基础标准 • 根据需求对供应商的供给、质量、成本、服务能力进行专业分析 • 通过供应商选择流程,甄选优质供应商,建立长期伙伴关系以确保低成本、高质量供应	• 审视组织战略以及营销、生产与采购战略,识别出对组织现况及未来至关重要的供应商特质 • 制定关键供应商细化的产品与服务协议(PSA),作为选择供应商的标准,协议内容包括盈利能力、稳定性、成长性、服务等级、重要程度、产能、质量、供应商创新性、供应商流程管理成熟度与兼容性 • 对参与投标供应商,建立适合组织需求的供应商评价标准,例如组织合法性、技术、质量、环保、安全、业绩、财务状况、信用、交货周期等标准,并依据标准评价供应商投标资质 • 整合技术、质量、商务等不同职能团队,组建供应商认证小组,进行供应商认证
3.2.2	合格供应商清单认证	• 以成熟的供应商认证流程和方法指导供应商的认证 • 认证内容包括资质、产品质量、财务状况、信用、研发设计能力、交付能力、人员能力、法律法规遵循情况、质量管理体系能力等 • 依据组织需要,对供应商认证的各方面设计相应的权重,并客观评价其得分 • 综合评价,选择合格供应商入库 • 尽可能避免独家供应商情况的出现	• 必要情况下,委托第三方进行供应商认证 • 除基本的认证内容外,还应关注供应商管理风格、行业地位、发展趋势、声誉等方面 • 将供应商按照不同类别标准进行评审认证,例如,评出战略供应商、优选供应商、一般供应商等 • 对高级别供应商必须进行实地考察认证

(续表)

流程层级		标准等级	
		基础管理流程标准	最佳实践流程标准
3.2.3	供应商合作关系管理	• 将与供应商的关系视为合作伙伴关系 • 保持与供应商各层面的接触和交流，定期拜访供应商，积极维持与供应商良好的合作关系 • 按对组织战略的价值和重要程度划分供应商，建立有区分的合作关系 • 安排质量和流程专家解决与供应商合作过程中出现的问题，提升供应商运营效率和能力	• 与关键供应商形成战略合作伙伴，打造纵向一致的利益共同体，并由组织的高层管理者参与，指导合作关系 • 定期的互访机制和流程，并组织相应的汇报和交流活动 • 邀请供应商适度参与产品设计研发工作，建立更加紧密的协作关系 • 相关供应信息适度开放，共享预测/需求数据 • 将战略合作伙伴关系流程化，持续改善合作过程中的流程问题 • 与供应商相互参与双方相关的重要事项，安排专家常驻现场提供服务与指导
3.2.4	识别与供应商共同改进的机会	• 识别与供应商改进的机会，包括销售机会、降低成本机会、改善质量机会、服务改善机会 • 建立例行的信息反馈机制，监控日常供应商来料问题，再反馈至供应商，予以解决 • 使供应商清晰知晓来料的使用方式，以便改进供应商的设计	• 建立与供应商分享物资供应流程改进的政策 • 与供应商建立联合的绩效改进项目组，共同探讨降低成本(双方成本)、提高物资品质的方法和流程 • 邀请供应商适度地参与产品开发，从供应链端到端的全程识别改进机会 • 与供应商了解彼此业务，定期(例如季度)审视并确定相关业务目标
3.2.5	供应商评价	• 建立供需双方认可的绩效指标，定期跟踪和监控绩效指标 • 依据评价指标对供应商进行评价 • 定期举行会议，分析绩效指标问题和改进方案	• 对同类供应商采用统一的指标定义，采用平衡计分卡度量关键绩效指标 • 及时准确监控绩效指标，共同审视绩效指标与目标的差异 • 组织能够定期接收到关键供应商进行的全面绩效自评报告，包括产品质量、价格、交期、服务的自评结果，并制定相应绩效改进方案 • 定期举行合作绩效沟通会，关注改善点及潜在的风险
3.2.6	供应商绩效	• 绩效指标涵盖了质量、交付周期、成本和服务等内容 • 通过采购合同对供应商交付物资的质量进行权责约束 • 至少每年进行一次供应商绩效评估 • 采用公布的绩效目标评估供应商 • 将供应商绩效结果与供应商评级挂钩 • 及时与供应商沟通期望的供应改进点，协助供应商提高绩效水平	• 与供应商协作寻找问题根源，并制定恰当的改进措施，确保供应商绩效达到约定的目标(包含质量、成本、交期、服务水平) • 关键供应商的物资质量及准时交付率应达到最高级别PSA标准 • 对中低级别供应商至少半年进行一次绩效评估 • 对战略合作伙伴供应商关注绩效改进而不是关注考核，尝试无绩效考核的合作方式 • 严格执行供应商绩效结果应用制度，对供应商级别进行调整

(续表)

流程层级		标准等级	
		基础管理流程标准	最佳实践流程标准
3.2.7	供应商审计评估	• 由组织内专门的审计部门/绩效管理部门/道德遵从管理部门对供应商绩效及供需业务流程的遵从性进行审计 • 全面进行供应商审计评估，评估包括质量、物资研发生产过程、交易流程、服务水平、商务等内容 • 审计发现的问题能及时得到重视并予以处理	• 采取定期的供应商审计或因关键事件触发专项审计 • 确保供应商审计的独立性和客观性，遵循严格的审计评估流程 • 审计报告的准确性应得到保障，并向供需双方相应管理层发送 • 对审计发现的问题有固定的机制进行跟踪和解决 • 审计问题涉及道德遵从或法律问题时，上报至审计委员会进行决策处理
3.2.8	供应商保证	• 持续改进供应商绩效并发展新的供应商，确保供应的持续稳定 • 供应商持续改善研发、生产及供货流程，降低供货成本 • 识别供需过程的关键控制点，并进行恰当控制 • 供需双方定期对合作内容进行回顾，重点关注改善点 • 定期开展高层互访	• 采取积极的利益共同体供应商管理策略，保持适度的供应商流动，确保供应商保证目标的落实，支撑组织长期发展 • 供应商保证理念被现有供应商接受和理解，供需双方对"供应商保证"进行承诺 • 供应商对提高质量、降低成本、提升服务水平始终保持积极的态度和承诺 • 供应商的改进及发展能持续满足组织的发展需求 • 持续鼓励供应商改善质量、降低成本，并与供应商分享利益
3.3 执行采购			
3.3.1	执行采购计划	• 根据期间客户订单需求，生成采购计划 • 依据既定的采购方式，执行采购流程，通知供应商到货 • 跟踪下单后的供应商交付过程，了解采购订单交付的风险，制定应对方案，并及时解决采购交付中的问题 • 实施供应商采购协议条款，关注质量、成本、交期以及服务水平绩效情况	• 保持生产物资消耗和采购的同步性，利用系统自动生成采购订单 • 适度与供应商共享生产信息(主生产计划、MRP和售后服务维护计划、备件计划)，提高补货准确度 • MRO(即Maintenance维护、Repair维修、Operation运行)需求纳入采购订单
3.3.2	集中采购	• 对高价值或者采购量大的材料制定集中采购策略 • 在组织内建立集采职能，汇总多部门或多组织(集团内各分支机构)采购需求，获得集采杠杆效应 • 与关键供应商签订集中采购协议	• 对需采购的原料(包括直接原料和辅料)、零部件、半成品和MRO需求进行良好的采购协同 • 在组织最大范围内统一采购，以获得最大的集采杠杆效应 • 采用"竞合"策略，尝试跨组织协同采购，发挥产业链规模经济效应 • 采用跨功能部门的集采团队，持续优化集采办法和流程，确保集采绩效持续提升

(续表)

流程层级		标准等级	
		基础管理流程标准	最佳实践流程标准
3.3.3	授权采购	• 明确的采购品类、采购方式以及采购价格授权标准，授权非采购人员进行采购，以提高采购效率、增强采购灵活性 • 采购授权标准定期更新 • 授权采购的行为必须得到监督和控制，必要时收回授权	• 严格限制授权采购的范围(品类、业务应用、采购渠道) • 采购授权基于岗位而非具体个人 • 定期评估采购授权业务的流程和道德遵从性，及时调整政策和流程
3.3.4	采购付款	• 依采购方式进行付款 • 对长期合作供应商，根据采购协议约定(月度/季度，或有明确的其他周期约定)付款 • 按照实际收货情况进行支付 • 付款流程与验货流程、发票接收流程等应协同	• 设有规范的采购付款制度和流程，并严格执行 • 财务部门参与采购协议付款条款的设计 • 采购付款业务遵守采购付款内部控制原则和程序 • 建立采购付款及时支付指标，不要因采购付款的拖延影响组织声誉
3.4 交付采购			
3.4.1	订单信息交换	• 组织与供应商的信息交换要通过约定的方式进行，并确保信息交换方式唯一、稳定、准确 • 供需双方协商建立或参照行业标准化的信息交换格式	• 通过IT系统，实时进行全自动的信息交换 • 物料条码和RFID(射频识别)技术普遍应用
3.4.2	采购物料交付协同	• 组织与供应商协商，按合同规定的时间、批量、包装、销售条款的要求进行物料配送 • 依据库存空间和配送周期，分批次进行物料配送 • 物料供应商选择恰当的运输方式并配合承运商送货	• 物料的交付协同考虑了组织自身与供应商的库存空间 • 与供应商协商最佳的运输和物料包装方式(从成本、效率、安全性等方面考虑) • 统筹物料库存和物料搬运，避免重复的、无效的工作 • 协同考虑供应商物料交付与组织进料库存流程，降低整体供应链成本
3.4.3	生产与进料协同	• 配合生产计划做到良好的物料进货控制，既不出现物料积压，又不出现停工待料 • 供应商参与协同，在计划的时间内配送物料至指定库存点 • 物料(包括辅料)能被及时输送至生产线或相应的工位	• 坚持进料先入先出的原则 • 采取信息系统将生产计划与进料计划协同，实现生产与进料的自动同步
3.5 物料出入库管理			
3.5.1	物料检验入库	• 人工获取收货预约，并按照预约准备检查事项和场地 • 专职人员检查收取货物，识别不合格物料，并进行分离和特殊标识，防止不合格物料被使用	• 提前判断收货时间，并准备收货库位，以加速货物的接收 • 整合货物装卸和检查岗位职责，提升检查和装卸货物的时效，保证相关责任人能同时了解货物的质量情况和存储位置 • 制定收货平台排班机制，最短时间内完成卸货

(续表)

流程层级		标准等级	
		基础管理流程标准	最佳实践流程标准
3.5.1	物料检验入库	• 在规定的时间内，将不合格物料信息反馈给供应商，等待确认和处理结果 • 物料信息及时准确记录或录入系统	• 仓储管理系统实现全自动的无纸化接收，以条形码扫描确认货品接收 • 物料收货时，考虑在产订单，将物料尽可能放置在方便取用的位置上 • 可随时根据RFID电子商品编码跟踪物料
3.5.2	物料搬运	• 物料搬运停靠位置有序、通道畅通、位置标志清晰易懂 • 物料仓库实现有效的5S管理(整理、整顿、清扫、清洁、素养)	• 物料搬运具备较高的自动化水平，高效满足当前业务需求
3.5.3	物料摆放	• 依据周转率和属性给物料分配适合的位置 • 周转较快的物料放在方便取用的位置 • 按库存生产，物料的摆放应实现"先进先出"原则 • 依据生产产品的变化，定期评估物料摆放位置，并加以调整	• 物料摆放以接近主要拣货位置和最大化利用储存单位为原则 • 使用立体仓储设计，确保空间最大化利用，并采取自动化的物料取用系统和设备 • 采取IT系统，保证物料摆放最高效率利用空间，同时能够有效摆放补充物料 • 根据生产方式的变化，灵活调整物料存储摆放策略
3.5.4	物料存储	• 物料存储信息(产品规格、尺寸、大小、入库时间、采购批次等)准确，并借助信息手段进行记录 • 对物料存储位置进行年度评估，以制定适合的存储规格，确保取货便利 • 特殊物料(例如危险品)的储存应符合国家对存储环境的要求，并定期检查，确保存储环境适宜 • 物料取用采用"先进先出"的原则，确保进行物料批次控制 • 定期对存储物料进行盘点	• 加强物料存储管理、采购管理、生产管理，实现系统联动管理 • 采用特别管理方式对高值物料进行控制 • 采用先进的设备对特殊产品和危险品的存储进行监控，并辅助人工巡查，确保这些产品的存储环境安全可靠 • 尽可能减少按订单生产的物料占用库房存储(包括地点和时间)，而选择直接将物料运至产线
3.5.5	物料出库	• 设有统一的物料领用流程和模板，并严格遵守 • 遵循"先进先出"原则 • 物料出库必须采取合适的方式进行复核，避免出现差错	• 实现自动化的物料出库过程 • 物料出库自动冲减库存，实现物料采购自动下单(安全库存管理模式)
3.5.6	物料分拣	• 主要依靠人工物料分拣，但物料分拣过程设计合理，职责清晰，并设置明确的物料分拣绩效指标(例如物料分拣效率、分拣正确率) • 定期的绩效指标测评与公示，持续改善绩效 • 物料分拣指令清晰，并在员工易见位置进行公示 • 条件允许时，采取电子编码追踪	• 采用自动化的物料分拣技术，生产指令与物料分拣系统无缝衔接 • 自动化的物料取用、传输和搬运系统，基本消除人工的分拣劳动，人工仅负责分拣指令与运行的监控

(续表)

流程层级		标准等级	
		基础管理流程标准	最佳实践流程标准

4.0 制造管理

4.1 制造基础环境

流程层级		基础管理流程标准	最佳实践流程标准
4.1.1	制造人员招聘与培训	• 保持招聘渠道的畅通，根据预估工作量的增加，提前储备人员 • 依据生产岗位性质，除生产技能培训外，重点将安全要求、安全措施、岗位操作标准作为新员工培训的重要内容 • 采用以老带新的方式培养新员工 • 建立新员工培训团队	• 可通过招聘外包人员的方式，降低组织的用人成本和风险 • 开发可视的培训材料和辅助工具，降低培训难度和成本，提高培训效率，帮助员工获得超过当前岗位要求的技能 • 通过绩效和结果导向对员工行为进行指引，提供一定的发展渠道和空间 • 提供环境、健康与安全标准的培训，增强员工社会责任意识 • 生产操作岗位员工可以随时在线获得岗位操作指引文件
4.1.2	操作人员的多技能管理	• 培养生产线上员工掌握本岗位外的另外一个岗位的操作技能，以灵活应对临时的岗位需求和调配 • 个别操作岗位人员掌握多个岗位操作技能，可以随时顶替出现空缺的岗位 • 给予掌握多技能员工更多的晋升机会，鼓励员工自觉学习	• 更大比例的制造岗位操作人员能熟练在生产线不同的岗位上开展工作，没有发生过因为岗位空缺或岗位技能熟练程度低，而导致影响订单制造效率和效果的情形 • 通过建立操作人员在生产线/同一个工作单元内的轮岗机制，实现交叉培训的全覆盖，培养操作人员的多技能水平
4.1.3	安全管理及要求	• 员工安全措施落实到实处，员工在工位上有措施得当的安全保障 • 采取有效的安全防护措施，保护客户和公司的原材料和设施设备 • 没有发生较大的安全事件或存在较明显的安全漏洞 • 设立有效的安全监控和监督机制，持续发现、改善制造过程中安全问题	• 安全管理以员工安全作为首要原则，重点关注员工人身安全和健康防护 • 制定明确的安全检查流程，以确保员工、材料和设施设备得到充分保护 • 安全管理通过政府安检部门或具备专业资质的独立的第三方认证
4.1.4	质量管理及要求	• 建立质量团队，并使质量团队在质量管理中发挥作用 • QA(质量保证)负责建立贯穿制造全程的质量管理流程，进行质量管理规划，实施质量管理活动，并开展质量改进行动 • 产品和服务质量得到监测，产品质量在装运前需检查合格 • 制定相关的绩效指标，定期监测质量绩效	• 设有完善的内部质量监测、审计和检查流程，并进行持续改进 • 依据组织交付战略，通过第三方(ISO，COPC，FDA等)交付质量管理认证和审核，并保持质量管理认证持续的有效性 • 生产全员具备良好的质量管理意识，在发生质量问题时第一时间进行质量问题申报，协助质量管理团队分析问题并整改

(续表)

流程层级		标准等级	
		基础管理流程标准	最佳实践流程标准
4.1.5	生产设备维护	• 有专门的岗位或团队负责维护和维修生产设备 • 定期对机器和设备进行检查、维护 • 设备维修人员熟知所有在用设备,并能完成绝大多数设备的维修 • 严格控制因设备问题导致的停产,无法避免时尽量减少停产发生的频次、停产时间、影响范围	• 针对性制定每台设备的维护保养方案,并由设备操作人员例行执行维护保养 • 设备操作人员参与设备维护方案和计划的制订 • 设备操作人员理解设备维护保养与个人生产绩效关系,将设备维护当成分内职责,主动进行设备的维护和保养 • 由专职的设备维护专家负责重要或复杂的设备维护保养 • 分析原因并持续改进设备维护保养效果
4.1.6	问题处理及预防	• 对投诉、已发生问题进行记录 • 问题得到及时处理 • 在发现并先行解决问题的前提下分析问题的根源 • 改善相应流程,防止此类问题再次发生	• 制定问题防范流程,识别失败模式、可能问题和已经发生的问题,能有效防止大部分问题的发生 • 对所有反常情况,从流程角度进行根本原因分析,制定解决方案 • 执行每日常规清理和定期的内部审计,作为持续改善的输入 • 定期回顾问题识别及改进措施的效果,形成持续的问题解决机制
4.2 制造流程			
4.2.1	生产计划	• 依据明确的产品生产周期制订生产计划 • 按照既定流程和作业指导有序进行生产 • 依据生产计划管理生产进度 • 设有合理的预警和处理措施,避免生产计划延期 • 积极响应和控制例外事件(应包含紧急订单等处理流程)	• 生产计划根据订单周期、客户服务水平协议、利润水平和物料可供性动态来安排 • 生产周期之间几乎没有间隔 • 采用制造执行系统(MES)管理和优化生产全过程 • 采用和实施适用于产品细分市场、流程和产品的生产标准,比如精益制造、准时制(JIT)、质量控制(QC)等 • 进行积极的预测,协同采购流程,避免原料短缺
4.2.2	制造过程设计	• 制定并公布所有生产流程制度/表格 • 工作岗位员工必须详细阅读工作说明,清晰准确地理解工艺过程 • 按照生产线顺序以及场地实际情况,对制造产品设备进行安置 • 生产岗位设计考虑了岗位用料便利 • 采用恰当的方式和技术监控制造过程的运行状况	• 制造过程中,在制品(WIP)要与工艺流程文件保持严格匹配 • 按照制造流程,清晰排列各制造单元 • 制造设备按单元式布局,在适当时间同步传递到下一单元,保持单元之间的效率协调,使单元之间无在制品积压 • 事先设定限制条件,使问题出现可提前获得预警 • 视觉控制清晰易见,对任何不良表现,视觉控制体系都能立刻做出反应 • 不仅仅靠问题来驱动改善,还要主动且持续的改善始终贯穿组织内部

(续表)

流程层级		标准等级	
		基础管理流程标准	最佳实践流程标准
4.2.3	生产过程控制	• 部分系统生产设备可以进行无差错识别，设备的操作人员经过系统培训，可以熟练操作设备 • 经验丰富的管理人员监控制造过程，识别出问题或潜在风险，并予以解决 • 用流程法分析事件或问题已经成为惯例 • 建立操作员培训认证制度，关键岗位操作人员经过认证(企业认证或相应机构的认证)方可上岗	• 广泛采用可进行无差错识别的设备，在失控状况出现时，设备自动停止生产作业 • 绝大多数生产过程可实现流程自我控制 • 应用统计分析技术(SPC)对生产过程进行实时监控 • 对生产过程进行分析评价，根据反馈信息及时发现系统性因素出现的征兆，并采取措施消除其影响 • 持续改进统计过程控制，以改善生产过程流程设计
4.2.4	生产变更控制	• 允许生产变更，充分分析和理解变更条件 • 尽量将生产变更控制在原有生产基准(制造周期基准、制造成本基准、质量基准等)范围内 • 制定标准流程管理和执行工程变更 • 生产变更得到批准后，方能实施变更 • 重点检查生产变更后的产品，确保生产过程正确和产品质量合规	• 通过IT系统管理工程变更，使变更能够快速传递到生产环节 • 与变更提出方(客户或供应商)分担变更成本，共同应对多余库存(产品或物料)风险，降低生产变更成本 • 由工程变更控制委员会对超出基准的变更进行审批 • 以恰当的方式使变更顺利实施
4.2.5	工位设计	• 工作场地设计合理 • 采用标准化的工位器具 • 恰当的工作辅助手段(例如电动助力工具、自动送取生产对象装置、因人而异的工位调节)，减少员工体力和工作的压力 • 依据OSHA标准评估工位工作环境	• 应用精益方法，合理进行工位设计，减少浪费，提高效率和员工满意度 • 工位设计符合人体工程学，避免员工身体过度伸展、过度抬高带来的压力 • 充分考虑员工工作的安全、舒适、光亮、噪声 • 设定安全、固定的工具放置位置，易于拿取和放置 • 工作时，减少员工的移动距离，减少长距离取放工具和在制品 • 工位设计整合了上下游流程的工作空间和设施
4.2.6	流程协同	• 制造流程与组织内部其他业务流程(物料采购、成品入库等)协同进行，实现持续交付无缺陷的产品 • 内部和外部(供应商、客户、承运商等)流程协同进行，以协调进行收货、制造和发运	• 建有以客户为中心的流程设计，并持续优化 • 与关键客户、供应商、承运商等合作伙伴共同识别流程的关键点，确保各方流程的协作运行 • 定期开展流程审计，征求关键客户、供应商、承运商建议，持续改善与外部流程的协作关系 • 建立内外部流程优化联合工作组，尽可能地减少非增值流程活动 • 采购流程、逆向物流等流程与应付账款流程协同进行

(续表)

流程层级		标准等级	
		基础管理流程标准	最佳实践流程标准
4.3 生产工艺			
4.3.1	工艺设计	• 制定产品工艺设计流程，设计正式的产品生产工艺 • 新品导入(NPI)已经被生产部门采纳 • 选择适合的加工方法、划分加工阶段、确定工序的集中与分散程度以及顺序安排 • 积极采用先进工艺技术和装备，持续提高工艺水平 • 除生产操作规程外，复杂工艺岗位还设有岗位作业指导书	• 工艺设计在保证产品质量的同时，还应考虑生产周期、成本和环保要求 • 将最佳的新产品导入(NPI)实践引入新产品生产，并在新产品设计之初介入 • 分别设计样机试制、小批量生产、批量生产等工艺方案 • 生产工艺经过充分验证 • 建立机制，鼓励"生产工艺"改进 • 在产品开发流程中，关注对生产工艺的设计和改进，以实现最大程度的节约
4.3.2	工艺文件	• 工艺文件采用统一格式，力求清晰、准确、完整 • 工艺文件的名称、编号、所用符号和物料代号或编码等与产品设计文件保持一致 • 以图表为主，使操作人员一目了然，必要时加注简要说明 • 工艺文件制定经过不同人员的编制、校对、审批 • 产品生产完成后，对工艺文件进行归档处理	• 生产工艺和工具是实时可获得、可使用的 • 及时、准确、真实地记录工艺质量过程，包括岗位操作记录、交接班记录、质量分析记录、巡检记录(工艺、设备等)、工艺变更文件制作等 • 质量管理人员依据档案管理规定，将工艺文件相关资料归档
4.3.3	准备及实施工艺流程	• 操作人员熟练掌握本岗位的工艺操作规程 • 在生产制造前，按工艺要求检查和调整本工序的加工条件 • 操作人员严格执行工艺和有关的技术标准	• 工艺人员针对复杂产品在生产前对岗位操作人员、技术人员进行技术交底 • 对工艺规程的执行情况有恰当的监督措施
4.3.4	工艺变更控制	• 对生产能力、操作规程、工艺参数、指标测试手段、控制方案、生产设备、生产原料等的变更进行控制 • 进行工艺变更时，需以书面形式上报，审批后方可进行变更 • 工艺变更后，应及时对技术标准进行修订	• 设立清晰的工艺变更管理流程，对各类工艺变更进行管理和控制 • 实施工艺变更分级管理，根据变更影响范围和变更成本设置不同的审批权限 • 工艺变更考虑环境健康与安全因素
4.4 精益制造			
4.4.1	建立精益制造氛围	• 组织已经了解并接纳了精益制造的思想，并准备在组织范围内实施精益制造 • 在组织范围内进行精益文化宣传，营造精益文化氛围 • 管理层在各种场合向员工传达精益制造的信息和实施决心 • 确定了精益制造在组织内实施的思路，着手组建项目实施团队和方案	• 不仅是管理层，员工也深刻理解精益制造思想，并积极参与到变革中 • 精益制造的氛围已经在组织所有部门内形成，而不仅仅是生产制造部门 • 建立相应制度，对精益制造的成就进行奖励

(续表)

流程层级		标准等级	
		基础管理流程标准	最佳实践流程标准
4.4.2	精益制造推行组织	• 精益组织架构思想已经在组织内引起关注和讨论 • 组建了精益推行项目组,并由强有力的人员担任经理 • 为组织内各关键领域和流程物色精益管理带头人 • 由明确的高层人员负责精益制造事务的统筹工作	• 组织内部达成共识,积极拥护精益管理,并着手实施变革 • 管理团队高层代表、推行项目经理以及各领域精益实施负责人均已明确 • 对精益推行项目组、实施组织和人员进行精益培训 • 精益方法和工具获得认可,得到了快速发展 • 由高水平的精益管理大师,或第三方精益管理咨询专业机构带领组织实施精益制造项目
4.4.3	精益培训	• 培训管理部门和培训讲师已经接受了精益概念方面的培训 • 精益培训已经被纳入组织培训长远规划 • 精益培训在组织内已经开展,但还没有做到全员覆盖	• 组织全员接受了精益管理理念、工具、方法的培训 • 由胜任的内部精益培训讲师或外部讲师开展系统的精益培训体系课程 • 精益培训针对不同业务和职能设计课程 • 将精益培训作为新员工培训的必修课 • 将精益培训设置为组织学习和成长方面关键工作
4.4.4	精益物料管理	• 已尝试采用精益物料管理理念 • 与物料供应商就引进精益物料管理方式进行沟通,获得供应商支持 • 以精益管理(零库存、看板管理等)为出发点,重建供应商合作关系 • 物料管理遵循"先进先出"原则	• 物料管理人员认可精益管理,并参加精益方法培训 • 与组织内部产品开发团队以及物料供应商协同工作 • 以精益物料管理为目标,建立物料供应商认证和考核标准,并进行认证考核 • 物料采购通过与供应商的对接系统来实现
4.4.5	精益现场管理	• 采用5S(整理、整顿、清扫、清洁和素养)和目视管理 • 在问题和异常发生的现场制定解决措施 • 深入挖掘问题背后的真正原因,并从流程角度彻底将其解决	• 采用6S(整理、整顿、清扫、清洁、素养和安全)和目视管理 • 采用积极的问题管理方式,识别潜在的问题,并系统解决 • 采用经常性的现场走动管理,了解员工的想法 • 建立跨部门的问题解决小组,持续发现并改善生产现场问题 • 注重包括交付、效率、质量、报废、安全等在内的生产业绩管理
4.4.6	六西格玛	• 在组织内开展六西格玛意识宣传和培训 • 特定的项目开始尝试六西格玛管理 • 组织内部有六西格玛绿带以上人员带领开展工作	• 六西格玛管理在组织内部深入人心 • 运用六西格玛方法进行流程的设计和改善 • 组织内部有具备六西格玛黑带的人员带领进行DMADV(定义、度量、分析、设计、验证)和DMAIC(定义、度量、分析、改善、控制)

(续表)

流程层级		标准等级	
		基础管理流程标准	最佳实践流程标准
4.5 产品定制能力			
4.5.1	产品制造范围管理	• 设有清晰的产品可制造范围清单,在清单范围内开展产品生产 • 实现组织内部多部门联动,采用明确的流程对产品可制造清单进行更新、维护 • 订单的生成基于对市场/客户需求以及物料采购成本信息的准确把控	• 有成熟的产品制造退出流程,并实现与产品生命周期管理流程协同,对产品退出可制造清单进行管理 • 生产制造领域获得质量管理体系认证,并持续维护其有效性 • 跨部门的团队(包含市场、销售、研发、制造等),定期评估和修正产品可制造范围清单
4.5.2	产品定制化配置/生产	• 依据模块化的产品开发模式,对产品进行模块化生产 • 拥有模块化的产品部件,满足客户定制化配置需求 • 能够在一定程度上实现客户定制化产品研发和生产	• 充分满足关键客户定制化产品开发和生产 • 产品配置具有较高的灵活性,满足绝大多数客户对配置的需求 • 客户可方便获取产品及可能的配置 • 生产部门与研发部门充分合作,尽可能设计生产通用的部件
4.5.3	定制产品制造能力	• 基本能够满足客户要求的工艺、配置和设计 • 可以根据不同的产品设计、配置,适当调整生产设备的工位设计	• 能够支持客户定制化的产品设计和生产 • 将产品配置纳入生产管理流程 • 在确定组织产能时,考虑定制化产品生产计划
4.5.4	生产与组装的延迟能力	• 部分产品采取通用部件开发组装模式,能够缩短产品生产组装周期,为订单交付客户周期提供更多的弹性时间 • 按订单生产的产品,在满足客户交付需求的情况下,产品组装和包装可灵活调整到收到订单后进行 • 半成品和部件易于识别并成套存放,以便节约最终产品的组装效率	• 广泛采用通用部件的产品开发组装模式,极大提高产品生产组装效率 • 充分利用生产与组装的延迟能力,减少成品库存 • 采取合适方法保持工作现场通用物料/部件的合适的库存量 • 减少定制化产品比例,向渠道和分销商提供标准化产品,降低库存成本 • 将产品定制化需求生产工序前移至渠道和分销商,满足客户适当的定制化需求
4.5.5	定制生产支持技术	• 部分生产单元实现了模块化,具有标准的接口和良好的可替换性 • 生产物流系统部分实现了模块化操作 • 持续减少生产准备工作	• 所有制造单元实现了模块化,采取动态组合的布局方式,满足大规模定制生产所需的柔性能力和快速响应能力 • 采用动态响应的制造系统控制结构
5.0 执行交付			
5.1 成品仓储			
5.1.1	产成品入库	• 产品入库信息采用统一的格式,由人工进行产品入库场地准备 • 专职人员检查产成品,识别不合格产品,并进行分离和特殊标识,防止将不合格产品发运给客户	• 根据排产计划推断成品入库时间,灵活安排成品库存位置 • 成品仓储管理系统实现全自动的无纸化接收,采用条形码扫描确认成品接收

(续表)

流程层级		标准等级	
		基础管理流程标准	最佳实践流程标准
5.1.1	产成品入库	• 在规定的时间内，将不合格产品反馈给制造部门，等待确认和处理结果 • 成品入库信息及时准确记录或录入相应系统	• 可随时跟踪RFID电子商品编码的成品
5.1.2	成品搬运	• 成品搬运停靠位置有序、通道畅通、位置标志清晰易懂 • 成品仓库实现有效的5S管理	• 成品搬运具备较高的自动化水平，高效满足当前业务需求
5.1.3	成品摆放	• 按库存产品周转速率、按订单生产，并根据产品物理属性分配适当的库存位置 • 将周转较快的成品放在最方便、最快捷的装运位置 • 临近交期的成品摆放位置应便于成品的运输和装运 • 根据生产产品以及订单的特性，定期评估成品摆位，并调整	• 按库存生产产品，采取IT系统保证成品摆放实现最大效率利用空间 • 成品摆放应便于拣货和装运 • 摆放时，按库存生产的成品能够顺利地实现"先进先出" • 根据存储产品和订单方式的变化，灵活调整成品存储摆放策略
5.1.4	成品存储	• 成品存储信息准确(产品规格、尺寸、大小、对应订单、入库时间、批次等)，存储信息靠人工采集，并借助信息手段进行记录 • 定期对成品存储位置进行评估，以制定适合的存储规格，确保成品出库取货便利 • 存储时，按对库存生产的成品采用"先进先出"原则，并确保进行产品批次控制 • 特殊产品和危险品的储存应符合国家对存储环境的要求，并定期检查，确保储存环境安全 • 定期对存储的成品进行盘点	• 采用适合的存储管理系统，与生产系统进行对接，获取全部的成品数据信息 • 加强成品存储管理、订单管理、运输管理，实现系统联动的管理 • 采用先进的设备对特殊产品和危险品的存储进行监控，并辅助人工巡查，确保这些产品的存储环境安全可靠 • 尽可能减少按订单生产的成品占用库房存储(包括地点和时间)，尽量选择直接交运客户
5.1.5	产品拣货与包装	• 依据订单准确(规格准确、数量准确)地分拣产品 • 采取预定的方式进行产品包装，设置产品包装准确率指标 • 订单的分拣与包装主要依靠人工进行 • 按照管理要求频率，统计分拣包装效率，以用于人工绩效管理 • 运用适当的激励机制，提升拣货与包装效率 • 拣货信息及时向承运环节传递	• 采取先进的适当的拣货方式和技术，例如按灯拣货、RFID技术、DPS(摘取式电子标签系统)、DAS(播种式电子标签分拣系统)等 • 自动化传输和搬运设备，减轻拣货人员体能压力，减少拣货人员移动距离 • 采取适当的提前拣货方式，均衡拣货波峰、波谷 • 制定拣货包装效率目标，并持续优化拣货效率 • 拣货包装信息传递至售后服务部门，以便及时回应客户关注，制定安装或售后服务方案

(续表)

流程层级		标准等级	
		基础管理流程标准	最佳实践流程标准
5.1.6	成品集运/装货	• 采取合适的流程,将订单的运输装货与客户规定的收货时间进行匹配 • 多订单合并装货时,按照运输停站先后相反的顺序安排装货 • 匹配运输方式和环境,采用适当的技术和包装材料,确保产品运输过程的安全	• 按照约定的运输方式装运 • 采用优化的装车方法,严禁出现违反交通法规的装货情况 • 依据订单属性(大小、送货站点等),采取多订单合并装货方式,在终端送货点进行分件处理
5.1.7	制备单据	• 制作订单单据,包括订单确认单、提单、提货指南、装箱单、发票等 • 出口订单还需补充制备报关单、海关税表等	• 采用电子形式单据,实现客户的可视化查询与跟踪 • 实现电子单据的自动更新
5.2 交付运输			
5.2.1	自有承运	• 依据组织业务量,建立自有的承运体系 • 定期对自有承运工作量和效率进行测评 • 制定不断改进自有承运系统工作效率的机制 • 合理安排运输去程和回程计划,减少回程空载率 • 有完善的运输安全保障措施,定期对运输安全进行评估改进	• 尽可能做到对产品运输设备的"全天候"准备 • 制定运输设备利用率目标,并有得当的实施措施 • 运输效率处于领先地位 • 运输安全(包括运输产品的安全和运输工作的安全)处于领先水平
5.2.2	外部承运	• 制定完善的外部承运机构选择标准和流程 • 根据客户反馈,定期对外部承运机构进行评价 • 按承运协议处理客户的问题和投诉 • 与承运商协同进行运输线路设计,并记录和跟踪运输进程	• 按客户要求和产品特点选择最佳的运输模式承运商 • 采用信息手段,实时监控承运商运输工具的运输进程 • 与承运商协同制订产品运输计划 • 允许情况下,与承运商共享产品订单信息,以供承运商合理协调运力 • 承运商运输效果(装运接收、交付准时率、破损率)处于领先地位 • 承运商将组织作为重要客户之一,对发生的运输问题,主动分析并制定改进措施
5.2.3	承运协议	• 制定自有承运KPI(关键业绩指标),并制订关键工作计划 • 与外部承运签订承运协议,对价格、运输货物、运输标准要求、付款等做出约定 • 承运协议定期更新	• 承运协议应对运输报告的提供周期和内容做出清晰的规定 • 能够体现单位运输成本的持续降低和改善 • 对运输质量数据的及时提供做出要求,并分析原因,明确改进计划的程序
5.2.4	快递运输管理	• 采用承运人的线上平台(网站、App等)发送快递并跟踪进程 • 定期评审承运人的责任险费率和快递时效,以确保最少的运输成本和较高的客户满意度 • 根据情况,适度选择向客户赠送快递险	• 根据向客户提供的产品,以最佳时效和较低成本选择合适的快递服务供应商 • 将快递的准时和质量作为选择快递服务供应商的首选因素 • 承运人页面能提供快递的实时运输进程 • 订单系统与承运人运输系统整合,实现自动且快速的订单信息传递

(续表)

流程层级		标准等级	
		基础管理流程标准	最佳实践流程标准
5.2.5	运输费用支付	• 自有承运采取内部虚拟的运费结算方式 • 按照承运协议支付运输费用 • 采取恰当方式记录与核对运单费用支付情况，避免重复支付 • 定期评估运输费用，关注运输市场费率变化，与承运商协商运输费率的调整	• 采用IT系统实现运输费用的"自动记账" • 系统实时、可视化地呈现运输费用 • 采用非现金的支付方式 • 定期或专项对运费支付进行审计，评估运输费率和运费支付流程的有效性
5.2.6	运输管理系统	• 建立实用的运输管理体系，能选择合适的运输方式和承运人 • 设置专门岗位对运输管理体系进行维护和更新	• 运输管理系统可以设置各种标准和约束，实现自动选择承运人和运输路线 • 运输管理系统实现与组织其他相应系统的集成 • 实时、可视化掌握货物运输状态和位置 • 采用物流承运商提供的运输管理系统，与组织相关系统实现对接

5.3 客户收验

流程层级		基础管理流程标准	最佳实践流程标准
5.3.1	消费者客户	• 消费者现场收货，检验外包装和产品外观的完好性，核对装箱单信息与所收商品的符合性 • 无法现场收货的，以承运商约定的方式收货，并在规定的时间内反馈商品问题(缺失、规格不符、外观损坏、商品异常等) • 以约定的方式签收商品 • 提供商品安装服务信息，消费者自行联系，预约商品安装服务	• 实现与承运商运输系统对接，实时获取消费者商品签收信息 • 消费者签收与售后安装业务自动对接，对需要安装才能使用的商品主动进行后续服务 • 以恰当的方式统计消费者商品开箱合格率等指标
5.3.2	组织客户	• 会同承运方共同核对凭证，当面验收并办理交接手续 • 依据运单和有关资料核对产品的名称、规格、数量等，检查产品外观(如包装有无破损、受潮等) • 记录差错并由承运方确认 • 销售经理及时获取组织客户的产品收验信息，确认订单关闭或实施后续安装服务	• 实现与承运商运输系统对接，实时获取组织客户的产品签收信息 • 销售经理协助客户进行产品收验，协调处理异常收货 • 协同订单实施计划与客户运行计划，实施后续产品安装 • 准确统计产品开箱合格率等指标，评价承运商绩效，并作为持续改进产品质量的输入
5.3.3	经销商客户	• 经销商能够核对产品、规格、数量 • 承运商提供销售回执，经销商进行收货确认 • 渠道销售经理及时获取经销商客户产品收验信息，掌握经销商库存信息	• 经销商可在统一的经销商平台接收发货信息 • 现场收验产品后，通过经销商平台线上确认收货，反馈及修改收货差错信息 • 渠道销售经理协助经销商进行产品收验，协调处理异常收货 • 实现经销商收货与经销商库存信息的无缝衔接

(续表)

流程层级		标准等级	
		基础管理流程标准	最佳实践流程标准
6.0 逆向物流			
6.1 退货请求			
6.1.1	获取客户退货请求	• 订单管理系统和客户服务渠道对接，客户可通过客服渠道提出产品退回请求 • 明确退货请求提出条件(终端用户通过产品说明获悉退货条件，渠道客户通过合作协议明确退货条件)，保证各渠道信息的一致性 • 将终端客户的退货请求与经销商退货请求(营销退货、释放信用额度、商品轮换等)区分对待 • 客户的退货请求被清晰记录	• 保持多渠道的退货申请途径，包括网络、电话、邮件等 • 有专门人员跟进客户退货请求，能第一时间介入 • 在充分沟通的基础上，采取一定的举措，减少实际退货量，在保证客户满意的前提下降低组织的退货成本
6.1.2	进行请求审核	• 设置统一的退货标准，服务人员按照标准审核客户的退货请求 • 审核结果和原因能被记录 • 规定时间内完成客户退货请求的审核 • 明确产品退回路径	• 对符合标准的请求，由系统完成请求审核 • 实时处理客户退货请求 • 明确的客户退货请求处理意见及原因反馈，对不符合退货标准情况的请求适时进行人工介入，寻求退货之外的其他方式，确保客户满意 • 规划产品退回方式(客户直接退回、终端客户零散退回至经销商再统一退回等)、退回地点，降低产品退回的运营成本
6.1.3	产品召回	• 成立临时的小组对产品召回事项进行处理 • 将产品召回与质量管理结合起来，分析原因并制定改善行动 • 遵守国家关于产品召回的法律法规	• 制定完善的产品召回机制和流程 • 建立产品召回委员会(或小组)，对产品召回事项进行决策 • 存在明确的产品召回标准 • "公共关系管理"职能主动介入产品召回，确保组织声誉不受影响
6.2 产品运输			
6.2.1	退回产品运输	• 退货请求审批通过后，向客户提供退回物料/商品的信息指引 • 针对商品品类、数量、大小和质量等参数，给出不同的退回指引 • 自有承运或协议承运商按照退货流程将退货产品运回退货中心 • 对退回商品进行跟踪，预计达到仓库的时间，安排人员或场地准备回收	• 组织物流和快递资源，搭建货物回收平台 • 客户请求平台对接承运商平台，客户可线上预约上门回收时间等 • 为客户提供回收产品的装运箱和包装材料，或由承运商提供，并针对退回请求匹配唯一标识(RMA) • 可通过在线系统获取回收商品或物料的运输情况及到达时间
6.2.2	退货产品信息	• 利用人工或系统将审批通过的退回申请信息及时传递至退货中心 • 退货中心及时获悉退货信息，进行检验、入库、处置	• 系统自动将退货信息传递至收货方和退货中心

(续表)

流程层级		标准等级	
		基础管理流程标准	最佳实践流程标准
6.3 收货检验			
6.3.1	退货流程及系统集成	• 订单管理、逆向物流管理、退货请求及审批系统整合，能关联订单、发货、退回请求及审批、运输授权等信息	• 建立端到端的产品退回流程，打造从订单管理开始，经由收货、退货请求和审批、翻新/修理，截止于财务核算的全过程 • 保证退回产品与订单信息的匹配，在退回时能与产品原订单信息进行核对 • 对产品退回流程和产品缺陷分析流程进行集成，通过统计退回产品的品类和数量，进行产品缺陷信息分析
6.3.2	收货及暂存	• 建立窗口，接收退回产品或物料 • 设立回收物料或产品暂存周转库 • 使用清晰的标签标识退回的产品	• 通过系统数据，分析退回产品的品类、时间和数量，动态匹配接收人员和场地
6.3.3	退回产品的检验	• 根据退回产品品类和退回原因对退回品进行编码 • 按照标准检验流程对退回产品进行检验，对退回产品进行损失评估，判定损坏原因和损坏程度并记录存档 • 使用必要的退回产品检验设备，辅助人工进行检验 • 根据检验结果，明确退回产品的处理方式	• 根据产品、物料和客户退回的原因对退回品进行分类，然后按照分类对退回产品进行详细检验 • 将退回产品的检验问题录入系统，并能形成产品退回问题分类检索 • 配有专门设备及人员对退回产品进行检验，人员须经过专业的培训和训练 • 对退回产品检验结果进行分类，并将系统性缺陷反馈给产品的开发设计及生产部门，从根本上减少产品缺陷
6.4 存储处置			
6.4.1	退回产品存储	• 将经由分析和检验的退回品按照分类放置至特定的存储区域，保证存储区域的安全 • 退回品区域和退回品具有醒目的标签，避免与正常产品混淆，导致发运错误	• 采用严格控制的、专门的区域对退回品进行管理和存储 • 对退回品进行全程追踪，严格隔离，杜绝退回品混入正常产品区域 • 运用电子标签标识退回产品，系统能对退回品的全程进行精确的跟踪管理
6.4.2	选择退回产品的处置方式	• 制定退回产品处置规则，并在规定时间内完成处理 • 将退回产品处置方式分为返回客户、再次销售、需加工/维修、销毁和需供应商协助等状态 ◆ 将有缺陷的零部件返给供应商进行问题分析和定位 ◆ 按照流程对需加工/维修产品进行处理 ◆ 将无缺陷产品返回客户或转至产成品库进行再次销售 ◆ 二次加工产品再次销售 ◆ 对需要进行销毁的产品进行集中管理，分批次采用环保手段来处理	• 清晰的退回产品处置指南，并由专职的经过培训的员工来处置 • 制定退回产品处置周期指标，衡量退回产品处置绩效 • 所有退回产品得到恰当处置，处置过程可追溯 • 协同产品研发部门和供应商分析缺陷零部件，完善零部件的质量和保修政策

(续表)

流程层级			标准等级	
			基础管理流程标准	最佳实践流程标准
6.5 产品处理				
6.5.1		产品维修	• 维修人员得到专业的培训，熟练掌握产品维修技能 • 产品维修周期明确，并向客户公布 • 对维修后的产品进行正确的标识 • 产品维修后，要通过相应的质量检测和评审	• 设有明确的产品维修流程、专门的产品维修场地 • 详细记录产品维修成本(人工和材料)，并可持续优化维修成本 • 评估待维修产品生命周期，考虑需更换零部件的使用率和损坏率，选择适合的零部件 • 进行适度的维修备件预测，设定并控制用于维修的零部件库存水平
6.5.2		维修后产品返回客户	• 正确标识已修复产品，确保产品信息与顾客信息的正确匹配 • 以合适的方式告知客户产品的维修及返回信息 • 准确记录产品维修状态和信息，方便客户及组织内部进行跟踪和查询	• 与客户(终端客户或经销商)保持密切沟通，使客户清晰了解产品返回状态 • 产品返回客户时间满足客户的期望 • 维修部件和成本被详细记录，依据返回产品处置规定向客户收取费用或进行费用归属处理 • 根据客户不同需求，可对维修后产品选择不同的处理过程，满足客户对维修产品后续处理的需求
6.5.3		产品分拆及销毁	• 设置分拆和销毁库，对需分拆和销毁的产品进行管理 • 采取合适方法对需分拆和销毁的产品进行记录 • 对产品进行分拆，完成可用部件的回收 • 对销毁产品进行残值处理	• 产品的分拆和销毁需满足环保要求 • 对分拆后旧的零部件进行整理，明确后续使用建议，并分类标识 • 后续使用的分拆零部件可跟踪
7.0 交付实施与保持				
7.1 安全管理				
7.1.1		人员安全	• 采取不同的方法确保员工、客户和供应商个人的安全 • 在组织内部设立员工安全管理办法 • 生产环境中通过明确的及时的提醒来保证客户及供应商个人的安全	• 充分识别对员工、客户和供应商安全有影响的因素，对因素进行分类，制定不同的保障举措 • 确保没有个人攻击等事件的发生 • 通过EHS相关认证，并持续遵守环境与健康标准
7.1.2		物料及产品安全	• 依据合适的存储条件，对组织的原料、半成品及产品进行保护 • 制定并执行物料及产品安全管理制度 • 安装适当的设备设施，保证物料及产品的安全 • 设置专门的岗位或人员对物料及产品安全负责	• 针对不同的原料、半成品及产品存储要求，在温度、湿度、洁净度等方面对财产进行保护 • 没有发生过恶性的物料及产品丢失事件，包括偷盗、抢劫等

(续表)

流程层级		标准等级	
		基础管理流程标准	最佳实践流程标准
7.1.3	设备设施与场所安全	• 采用清晰明确的手册，指导设施设备的使用和保养 • 使用人员负责设施设备的日常养护，并应得到专业的培训 • 明确生产场所安全责任人，使生产场所符合安全生产要求，并通过安全监管部门审核	• 设施设备日常保养与定期大检(必要情况下，由设施设备供应商协助进行)相结合，确保设施设备的性能可靠 • 制定生产场所安全巡查制度，规定巡查内容、时间和人员 • 有明确的、长期可用的问题上报渠道 • 避免人为破坏行为和意外损失等情况的发生
7.1.4	交易安全	• 按照行业惯例和要求进行交易 • 遵守行业、国家和国际相关的法律、法规实施交易 • 按照组织相关的流程和法务要求实施交易	• 确保交易时按照流程要求准确执行 • 研究行业标准、国内/国际法律的发展趋势，监控行业标准、国内/国际法律的变化，指导组织实施交易
7.1.5	风险和危机管控	• 对交付产品业务存在的风险，组织有充分合理的预期判断 • 对可能发生的风险，制定主动应对措施 • 制定并及时更新应对风险/危机的方法	• 在组织内部建立完善的风险分析和规避系统，并保证系统的实时有效 • 为交付产品的IT系统和基础数据建立备用环境 • 危机管理团队实时监测状况，并有权采取必要行动 • 设有成熟的危机应对流程和预案，稳妥高效地处理危机，持续提升危机应对能力
7.2 质量管理			
7.2.1	质量管理策略	• 制定以客户满意为核心的质量理念 • 制定有效的生产质量管理策略，从供应链端到端全过程进行质量改善 • 质量管理策略需满足或略超过客户对质量的要求 • 质量管理政策涉及组织的全体成员，多数员工能记住质量政策	• 组织的管理者领导实施质量管理策略，评估并确认效果 • 制定相关的奖励措施，鼓励质量管理水平的持续提升 • 正确认识和理解赢利能力和质量管理之间的辩证关系 • 组织全员充分理解并能背诵质量管理政策，质量管理策略在各具体岗位有不同的呈现，组织成员将质量管理政策落实到具体工作中
7.2.2	质量目标和质量管理计划	• 制定覆盖各交付产品、服务和运作等关键领域的质量目标，并保持质量目标在组织内外部的协调一致 • 协同主要供应商参与制订质量管理计划 • 管理层定期评估质量目标的达成情况，对计划进行修订 • 围绕质量目标，制订分步骤、可实现的质量管理计划	• 组织战略计划驱动交付质量管理计划的制订，在执行过程中进行周期性的审计和优化 • 供应商、关键客户、承运商协同参与质量目标和计划制订 • 质量管理计划必须经过正式的评审、审批，并以文档的形式发布 • 管理层参与质量计划的制订和执行结果的测量，并对最终结果负责 • 组织内部各部门的质量子目标和计划与组织整体质量目标和计划保持一致和连贯性

(续表)

流程层级		标准等级	
		基础管理流程标准	最佳实践流程标准
7.2.3	质量保证团队	• 组建生产质量管理团队，负责质量管理体系的搭建、质量流程的拟制、事件和标准的测量、质量改进和提升 • 质量部门按业务领域和流程组建质量管理交叉团队，定期组织各业务和流程单位的质量管理活动	• 质量部门是组织内各质量相关团队及个人的支持组、先进质量管理方法引入者、质量管理培训中心和质量管理资源提供方 • 质量部门负责向各质量团队推荐有效的质量管理流程，组织和监督质量管理流程的实施，关注预防、改进等执行效果
7.2.4	质量保证流程与方法	• 有流程支撑各质量团队进行跨部门职责分工、工作衔接，能及时解决关键问题 • 有正式流程及标准来识别问题升级的需求，并进行问题升级 • 采用5S的改善方法，有效减少浪费和重复工作，提高效能	• 存在"端到端"质量管理流程，做到预防问题、发现问题、解决问题、反馈结果的全环节覆盖，各职能领域的全方位覆盖 • 进行流程落地和IT化，采用完善的系统以减少人员差异对质量问题发现及应对的影响 • 对多方数据进行整合，确保信息的统一和全面，以提升组织质量问题处理的整体效能 • 持续进行质量管理流程优化和流程再造
7.2.5	质量手册	• 编制组织的质量管理手册，涵盖交付所有领域的质量问题的识别及解决方法，并定期更新，保证质量手册的可获取性 • 质量手册需要与质量管理流程和业务交付件(文档、产品和服务)进行关联，保持一致性 • 质量手册成为组织培训的重点内容，要求组织成员对质量手册的内容进行充分的理解，并保证在工作中经常使用质量手册	• 作为质量管理的终极责任者，管理层需掌握质量手册的内容，并将其应用到日常工作中，为组织成员做好表率 • 为保证质量手册的有效性，需对质量手册进行持续的评估和更新 • 将质量手册作为组织工作的基本要求，实现精益化操作，提供优秀服务的方法论
7.2.6	质量文件和记录的保存、使用	• 有专门的系统支持质量相关文件和记录的保存和提取 • 确保组织成员能及时获取最新的质量文件 • 有规范的质量记录保存空间，并能够获取	• 识别所有的质量文件和流程，并经过评审、发布 • 流程和质量文件受控，并持续进行优化，在组织合理的范围内应用 • 采用信息技术，实现流程和质量记录的版本控制和保存，并可在组织范围内实时在线获取
7.2.7	质量问题的预防、纠错及持续改进	• 从过去的失误中总结经验，防止此类问题的再次发生 • 跟踪和定位质量问题，系统性解决主要的、重复发生的问题 • 按领域和问题影响范围设置专门的团队，使之在应对问题时能专注于同类或同流程领域的问题 • 管理层深度参与质量、流程活动，并对最终质量结果负责	• 质量改进团队通过对质量问题历史数据、客户投诉或其他数据的分析，来预防类似问题的发生，并在问题预见之初采取行动 • 建立系统自动追踪问题和投诉，确保问题的及时回应 • 全员对可能发生的质量事故因素保持敏感，实时与质量管理团队协作 • 把重复发生的质量问题交由专职的流程改进团队分析，以此解决流程问题，并关注改进后的流程表现 • 鼓励员工持续再造或优化流程，使其参与优化活动的执行

(续表)

流程层级		标准等级	
		基础管理流程标准	最佳实践流程标准
7.2.8	利用客户关注驱动质量改善	• 关注客户满意度，驱动组织内部改善，降低运营成本，进而提高客户满意度 • 定期由独立的第三方机构进行客户满意度调查 • 根据满意度调查结果，分析质量及运营改善的方向和机会	• 在关注客户满意度的基础上，进一步关注客户忠诚度和承诺 • 管理层根据客户忠诚度和投诉等信息驱动组织内部采取相应的行动，进而提升客户满意度和忠诚度

7.3 合作关系

流程层级		基础管理流程标准	最佳实践流程标准
7.3.1	客户伙伴关系	• 制造相关人员能意识到其在客户满意过程中承担的角色及起到的作用，并积极为实现客户满意而努力 • 定期与客户进行互访 • 通过各种途径获取客户对新产品制造方面的预期或对当前制造产品的新要求 • 每年进行一次客户满意度调查	• 针对不同级别客户，制订相应的客户制造满意度计划 • 组织和客户共同加入行业标准制定组织，参与行业标准的制定 • 与客户形成战略合作伙伴关系 • 保持与客户各层面的例行沟通和交流 • 积极的客户期望管理，并确保对客户承诺的达成 • 邀请定制化制造的客户参与产品制造过程
7.3.2	供应商伙伴关系	• 和关键供应商建立长期合作关系 • 关于指定交付、质量预期条款有书面协议 • 在短期和长期要货预测中开展协作 • 保持定期的供应商拜访，优化供货协议和流程	• 持续优化关键供应商，与关键供应商成为战略合作伙伴 • 适当进行关键物料供应商的储备 • 供应商将本组织作为最高级别客户 • 供应商最大限度地承担质量保证指标的责任 • 与供应商分享流程改进带来的收益
7.3.3	承运商伙伴关系	• 与实力较强的承运商开展产品运输合作 • 与承运商的合作有正式的书面协议，并经法务人员认可 • 承运商对紧急和临时的产品运输积极配合和响应 • 保持定期的承运商拜访，优化承运协议和流程	• 承运商参与产品运输包装设计，尤其是提供涉及产品运输安全方面的意见 • 承运商将本组织作为最高级别客户 • 参与承运商对产品运输方案的设计，并监控运输效果，以备改进
7.3.4	跨部门团队合作	• 制造部门积极参与新产品设计过程，与研发部门进行充分沟通，完成新产品制造导入 • 与销售计划制订部门保持密切协作，将销售计划信息纳入生产计划制订过程	• 制造人员作为新产品研发团队成员要参与新产品开发设计过程，完成可制造性方面的工作，并主导新产品向生产部门顺利切换 • 与采购、销售等部门保持完美的信息共享和沟通，持续提升组织的端到端产品交付能力

(续表)

流程层级		标准等级	
		基础管理流程标准	最佳实践流程标准
7.4 可持续发展			
7.4.1	持续交付策略	• 理解组织发展战略，匹配相应的交付能力规划 • 通过质量、安全、环境等宏观因素和设备更新换代、人员储备等微观因素保持交付业务的可持续发展能力	• 成立专门的可持续发展促进委员会，全方位负责交付业务的可持续发展 • 建立测试场景，定期改变生产制造因素，测试组织交付业务的可持续发展能力
7.4.2	业务持续发展计划	• 依据组织交付能力规划，在保证当期目标的同时关注组织的可持续性发展，制订对应的交付业务持续发展计划 • 计划通过相应审批程序后实施 • 以项目方式对持续发展计划的实施进行管理	• 依据市场环境与组织发展进程，定期对交付业务持续发展计划进行审视 • 组织高层管理者对交付业务持续发展的计划进行落实

第14章 服务管理流程标准

14.1 服务管理流程研究框架

服务管理流程分为6个部分(见图14-1)：服务策略、管理客户服务沟通、产品安装与验收、管理售后服务、管理产品召回、评估服务运营。

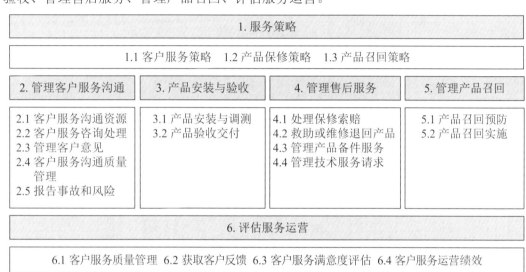

图14-1 服务管理流程框架

14.2 服务管理流程研究方法

服务管理流程标准突破了很多企业和组织将服务仅定义为产品售后问题解决的误区，强调组织与客户的沟通。组织与客户进行良好沟通，既提升客户对产品使用的问题解决满意度，又通过客户的反馈，反向促进组织的产品或服务本身改善，进而促进客户满意度的提升，形成良性循环。

服务管理流程标准借鉴并吸收了不同行业多位服务管理专家和流程专家的经验和建议，参考国内外多家标杆企业/组织的实践，贴合客户服务现状，能更好地为国内各企业/组织进行服务指导：

(1) 国内外标杆企业服务管理流程实践。

(2) 国家产品召回相关法律法规。

(3) 客户问题到解决(ITR)管理思想。

14.3 服务管理流程标准指南

依据服务管理研究框架及方法,本指南将服务管理各层级流程关键要素按照"基础管理流程标准"和"最佳实践流程标准"进行呈现(见表14-1)。

表14-1 服务管理流程标准

流程层级		标准等级	
		基础管理流程标准	最佳实践流程标准
1.0 服务策略			
1.1 客户服务策略			
1.1.1	定义客户服务内容	• 定义客户服务的范围、类别 • 各项客户服务类别的服务内容基本明确 • 必须包括产品售后维护、质量问题处理等相关的基本服务内容	• 评估客户服务对组织战略和组织发展的重要影响程度,从而决策和定义客户服务的范围、类别 • 对各项客户服务类别的服务内容做出明确描述,对可能有交叉的内容做出界定 • 除产品售后、质量问题处理相关的基本服务内容外,还要制定全面的客户服务内容,包括客户沟通或问题反馈、技术或非技术服务请求处理、产品服务更新、投诉处理等
1.1.2	定义客户服务要求	• 制定客户服务总体要求 • 对基础的产品售后维护、质量问题处理做出明确的客户服务要求	• 根据产品及市场相关策略,确定各类客户服务在产品改善、目标客户维护、二次销售、客户满意度方面所要达到的目标要求 • 从流程、技术、质量等角度,对各类客户服务做出总体要求,以指导具体客户服务的实施和管理
1.1.3	定义和管理客户服务渠道	• 根据组织总体策略和成本,明确客户服务渠道策略 • 根据客户服务类型和特点,确定具体的服务渠道或方式(自建或外包) • 对选择的客户服务渠道进行建立和管理	• 根据组织的产品及市场策略、客户服务特点、管理要求,对不同客户服务渠道进行分析评估,以明确自身的客户服务渠道策略 • 保持客户服务渠道多样性,根据不同客户服务类别,制定组合的服务渠道或服务模式 • 对选择的客户服务渠道进行建立和管理,通过识别和评估,采用符合组织需求的第三方服务渠道
1.2 产品保修策略			
1.2.1	制定保修政策	• 根据产品策略及特点,制定符合组织需要的产品保修策略 • 遵守政府或行业对相关产品的保修服务要求	• 根据产品特点、整体或配件的使用寿命数据进行分析,制定产品整体或配件的保修政策,以符合组织利益和客户服务要求 • 可对产品进行分段保修,即设有免费保修、收费保修等相应的保修期限 • 研究政府或行业对相关产品保修服务的法律法规,结合组织需求,制定相应的符合法律法规要求的保修政策

(续表)

流程层级		标准等级	
		基础管理流程标准	最佳实践流程标准
1.2.2	定义和区分保修责任	• 对产品保修范围、内容、期限等进行界定，明确组织承担哪些产品保修责任 • 对于常见的但不予保修的情形举例说明	• 明确界定产品具体的保修范围、保修期限、保修责任 • 对保修的具体内容、情形做出明确定义，避免纠纷，在销售达成时明确告知客户对于哪些部件、哪些情形造成的产品问题，不予保修 • 针对产品材料或成型配件，与供应商明确保修转移责任，在某些特定情况下，可由供应商直接承担客户的保修维护责任
1.2.3	定义保修渠道或方式	• 根据组织策略和资源，确定保修服务渠道、服务方式 • 服务渠道须覆盖全产品系列、全区域，确保客户基本满意度	• 分析组织市场策略、服务资源，对产品保修的可能渠道、方式进行研究，选择符合组织策略和利益以及客户满意的产品保修渠道及保修方式 • 自建保修渠道、委托服务或其他形式的各类保修渠道或方式可结合使用，界定各类渠道边界和管理责任 • 设有保修渠道或方式的说明或承诺，确保在销售时让每一个客户了解到，并在保修渠道或保修方式变更时确保通知到位 • 确定保修渠道或方式覆盖全部细分产品、全部销售渠道及区域，保障和提升客户满意度
1.3 产品召回策略			
1.3.1	定义召回政策	• 根据组织市场及售后服务策略，制定较明确的产品召回政策，包括通常的召回情形、召回补偿及处理模式 • 有明确的部门或团队负责产品召回策略制定、产品召回管理	• 根据行业指导要求、组织的市场及售后服务策略，在对产品特性和产品缺陷研究的基础上，对产品召回责任和情形进行定义，明确界定产品保修与产品召回的区别 • 对最终用户、零售商、批发商在发生召回时相应的处理方式、维修或替换方式、所承担责任做出清晰的说明 • 产品召回政策由具体负责的部门或团队进行研究评估，有明确的审核审批机制，并且定期回顾和评估 • 明确产品召回的管理部门或机构 • 提前制定发生产品召回案例的应急公关措施
1.3.2	定义和管理召回渠道或方式	• 明确产品召回流程，以应对主动发现产品缺陷的召回和被动投诉或政府要求下引起的召回 • 对产品召回渠道进行初步明确	• 通常的召回流程包括缺陷报告或投诉、初步危害评估、产品缺陷鉴定、召回确认和召回计划的制订、召回信息发布、实施召回、验收和终止召回 • 明确产品召回渠道，包括面向最终用户、不同类别经销商如何召回，可使用第三方服务或自有渠道

(续表)

流程层级		标准等级	
		基础管理流程标准	最佳实践流程标准
2.0 管理客户服务沟通			
2.1 客户服务沟通资源			
2.1.1	客户服务沟通人员	• 拥有自有或外包的客户服务沟通人员 • 客户服务沟通人员的基本素质、关于组织及产品服务的相关知识和技能达到要求	• 建立自身专业的客户服务沟通部门或团队，承担目标清晰的客户沟通服务 • 对客户服务沟通人员进行定期培训，提升客户服务沟通职业素质和技能 • 必要情况下，对客户服务沟通人员的专业服务内容或领域进行划分，确保客户服务沟通的专业性及效率
2.1.2	客户服务沟通渠道资源	• 考虑产品和服务的特点，建立多样的问题沟通和受理渠道，如人工柜台、呼叫中心、网络、大客户专有渠道或平台 • 保证受理渠道覆盖全部产品和全部客户 • 保证各问题受理渠道界面呈现、信息要求的统一性	• 根据产品特点和沟通技术发展，建立高效、易于接受的问题受理渠道，并开拓新的问题沟通和受理渠道，如微博、微信公众号等 • 采用多种方式进行宣传，使用户熟知组织的问题受理渠道；将组织的问题受理渠道随产品向客户发放
2.1.3	建立客户服务沟通问题识别库	• 对客户沟通或问题受理进行归类 • 建立基础的问题识别方式、问题处理方法指引，满足通常的客户问题沟通处理	• 根据产品特点、客户服务请求类别，对客户问题受理类别进行划分，并对每一类别如何识别、相应沟通或处理方式及内容进行事先制定 • 对客户沟通问题进行动态分析、调整并补充相关问题知识库(如利用实际积累数据、行业相关数据、新产品推出数据等) • 对于特殊的受理问题，建立沟通或处理升级渠道，并将反馈纳入问题识别库改善机制
2.1.4	客户服务沟通流程	• 制定常规的客户服务沟通流程，对各环节服务目标或内容进行界定 • 确保客户问题受理条件的一致性	• 根据客户服务等级、问题类别制定相应的流程，明确各环节服务目标和内容 • 保证客户问题受理条件和流程的统一性，后续问题传递、处理流程和标准的一致性 • 保持客户服务沟通人员的一致性和连贯性
2.2 客户服务咨询处理			
2.2.1	接收咨询问题	• 建立统一、明晰的咨询处理入口，并将咨询入口向组织内部和客户公布 • 通过各客户服务沟通渠道，对客户问题做好沟通解决与记录 • 对于无法按既定策略即时回应解答或解决的问题，与客户确认其问题和诉求，做好记录和归类	• 通过不断完善客户服务相关信息及问题资源库，提升客户服务经验，提高对客户问题的判断及解答效率、记录准确性 • 确认客户问题、具体解决诉求，并向客户说明问题解决反馈程序和周期，根据需要对客户期望进行必要的管理 • 建立规范和迅捷的传递通道，第一时间将问题传递至相关部门和人员 • 针对紧急或严重问题设立特别途径

(续表)

流程层级		标准等级	
		基础管理流程标准	最佳实践流程标准
2.2.2	分析问题	• 分析问题产生的原因，根据客户服务策略、客户的服务诉求匹配解决方案，必要时进行评估和申报审批 • 对客户服务问题的严重程度进行评估，必要时须提高解决层级 • 定期对客户问题或事件进行分析，以了解服务的提供情况，并制定应对方案	• 除考虑解决和满足客户诉求外，还应对问题产生原因进行归类和分析，考虑如何消除，对产品或客户服务质量进行提升 • 对客户问题评估、解决路径做出规范性的程序要求 • 建立联合商讨机制，应对复杂或严重问题 • 有专门的人员对客户服务事件进行常规分析及特殊分析
2.2.3	解决和回应客户问题	• 根据产品和服务的种类、问题等级和紧急程度，设置各类问题处理预案，并保证各类问题处理的一致性和畅通性 • 由统一的客服部门进行反馈和沟通	• 针对遗留或特殊问题，对解决方式、解决路径及工作规范提出要求 • 做好客户问题的二次反馈，以确认解决客户问题或满足客户最终诉求
2.2.4	识别并捕获销售机会	• 制定客户问题回访机制，提高服务质量和客户忠诚度 • 根据产品或服务特点，在问题沟通或解决过程中提供专业的配套产品或服务建议 • 规范客户服务人员在客户服务沟通过程中的销售资源、责任、技能、渠道	• 根据客服记录，持续对客户做针对性的产品或服务推介 • 分析筛选出优质客户，提供奖励或优惠方案，提高品牌忠诚度
2.3 管理客户意见			
2.3.1	管理客户抱怨	• 明确接收客户意见和抱怨的渠道 • 针对客户的意见或抱怨，有专人进行处理 • 可以便捷地将抱怨转化为产品和服务咨询、问题处理等流程 • 针对每一个意见或抱怨，及时予以当事人安抚，并给予解决和反馈	• 根据产品或业务特点，制定完善的客户情绪管理指导要求 • 了解意见或抱怨产生的原因和客户真实诉求，判断其合理性，并采用不同的处理方法进行应对 • 及时或定期进行客户意见或抱怨的总结分析，重点是原因分析和解决方法的总结
2.3.2	管理客户表扬	• 有受理客户表扬的渠道，有部门或人员接收和处理发文表扬、电话表扬、上门表扬等 • 对表扬事件做充分了解，能将客户的表扬转移到组织内部	• 针对客户服务部门，定期进行客户表扬的专项统计，将客户表扬与员工绩效和激励挂钩 • 针对特殊的客户表扬，根据情况对员工和部门予以奖励 • 将客户表扬与公共关系管理联系起来，持续提高品牌美誉度
2.3.3	管理客户投诉	• 建立客户投诉管理流程，对投诉受理、投诉事件分析核实、投诉事件处理和客户投诉处理反馈等工作步骤进行规范 • 明确客户投诉管理的责任部门，代表组织向客户负责 • 用户投诉可以跳转到问题处理、产品和服务咨询等流程 • 对客户投诉进行调查，初步认定责任，给出处理方案 • 处理方案审核通过后，予以实施，并将结果反馈给客户	• 第一时间对客户负面情绪进行安抚，引导客户撤回投诉 • 及时对客户投诉进行确认，确保获取到准确的客户投诉和客户真实诉求 • 针对客户投诉常见问题，制定明确的投诉处理方案，保持对客户投诉处理的一致性 • 及时或定期对客户投诉进行专项分析，对常见问题或服务缺陷做系统性的改进管理 • 对于影响较大、典型的服务问题投诉，作为警示和改善案例在客户服务部门进行宣导

(续表)

流程层级	标准等级	
	基础管理流程标准	最佳实践流程标准
2.3.4 客户意见或投诉事项分析纠正	• 对客户意见或投诉进行初步统计分析，按产品、技术服务、客户服务等维度进行分类 • 责任部门依据类别深入分析客户意见和投诉事项，制定针对性改善方案并实施	• 分析产品、技术或质量的系统性缺陷，从设计源头制定解决方案，并在后续生产或下一代产品中体现这个方案 • 从流程角度对客户服务技能、态度等问题进行改善，并持续对客户服务人员的技能及素质进行提升

2.4 客户服务沟通质量管理

流程层级	基础管理流程标准	最佳实践流程标准
2.4.1 客户服务沟通记录	• 制定清晰的记录方式和记录要点要求，规范客户服务沟通记录 • 利用线下表单或线上系统对客户服务沟通进行记录，沟通记录可便利地被查阅和使用 • 根据行业要求或组织内部管理要求，可对客户服务沟通进行录音或录像 • 记录时，能随时查阅之前该客户的服务沟通记录	• 根据客户服务沟通事项类别制定不同的规范化记录表单，以确保客服人员及时调用和快速有效记录 • 线下和线上记录保持一致，能够快速转化，即时进行分类和归档
2.4.2 客户服务沟通质量评价	• 匹配客户服务场景和方式，建立快速评价机制，方便客户即刻对沟通满意度进行评价 • 从客户服务沟通过程、沟通记录、客户评价、客户服务回访等维度对客户服务沟通质量进行衡量与评价	• 把握客户心理，消除客户评价时的环境影响和其他顾虑，确保客户评价准确有效 • 进行深入的客户调查回访，准确了解和衡量客户服务沟通质量和水平
2.4.3 客户服务沟通质量改善	• 定期开展客户服务沟通技能培训和人员沟通素质要求指导 • 分析客户评价，对客户服务沟通质量进行针对性改善 • 通过行业比较与自我分析，对客户服务的沟通方式、沟通过程、沟通技能等做出革新和改善	• 建立分析与改善机制，对客户评价情况、组织目标及客户期望、行业服务等进行定期分析和回顾，更新客户服务沟通工作流程 • 进行深入的客户服务回访，针对客户对于服务沟通的深层次诉求做出有效改进

2.5 报告事故和风险

流程层级	基础管理流程标准	最佳实践流程标准
2.5.1 事故和风险报告	• 在售后服务体系中，建立关于客户服务事故或风险识别、评估及报告的工作要求，并在客户服务部门进行实施和培训 • 对产品、技术交付、客户服务相关的可能事故或风险做出初步的预测和分类，并对客户服务人员进行培训，指导其如何识别、初步评估并报告 • 制定相应的措施或预案应对事故或风险，组织内部匹配制定一定的措施 • 针对产品或技术缺陷、服务不善引起的事故和风险问题，视影响程度，考虑面向社会公众、客户、行业管理部门报告澄清	• 组织内部有专业团队或专家(也可委托行业专业单位)对事故和风险进行分析、调查、评估，确保准确和具有公信力 • 根据产品或服务特点，对事故和风险进行细致分类、分级，并针对每一细分项制定对应措施和解决方案

(续表)

流程层级		标准等级	
		基础管理流程标准	最佳实践流程标准
3.0 产品安装与验收			
3.1 产品安装与调测			
3.1.1	项目交底	• 项目销售合同签订后及时进行项目交底 • 明确项目交底责任与参与角色和人员 • 销售人员至少将如下材料与工程实施人员进行交接： ◆ 项目合同 ◆ 项目方案建议书 ◆ 客户信息 ◆ 项目风险	• 销售经理始终作为项目经理，直至项目结束 • 服务人员(含工程实施人员)全面了解项目背景、项目工作范围、合同目标、合同执行要点及特殊情况处理方法 • 销售人员与服务人员(含工程实施人员)共同分析项目风险和关键事项 • 形成完整的交底会议纪要
3.1.2	制订产品安装与验收计划	• 项目服务经理负责产品安装与验收计划制订 • 安装与验收计划包括工程勘察计划、工程设计计划、安装与验收计划，以及与之相匹配的资源、管理、风险控制等计划 • 产品安装与验收计划与客户运营计划相匹配，并取得客户认可	• 包括详细的产品安装实施方案 • 专业的产品安装项目团队，项目成员通过专业的产品安装实施技能培训 • 项目成员依据方案进行项目实施前的准备 • 与生产交付及物流体系协同，确保项目安装如期开展
3.1.3	工程勘察	• 工程设计人员依据设计需求，安排工程勘察任务 • 依据明确的工程勘察项目进行现场勘察 • 指导客户进行产品安装现场的准备工作 • 对工程勘察结果进行确认，必要时进行复勘	• 依据详尽的工程勘察指导手册，对工程现场进行勘察 • 根据产品及项目特性，及时更新工程勘察指导手册 • 工程勘察人员熟练掌握勘察工具使用方法，遵循勘察规范实施操作 • 工程勘察结果经过评审确认 • 工程勘察过程中保持与客户的密切沟通和协作
3.1.4	工程设计	• 依据工程勘察结果，采用合适的工具(软件系统或其他)输出工程设计方案 • 确定工程实施物料(辅料)清单 • 客户审核工程实施方案 • 依据工程实施方案准备及采购物料	• 遵照工程设计方案标准模板输出工程设计方案 • 工程设计方案经过实施人员、设计人员、项目经理、产品维护人员审核，并经客户确认 • 工程设计资料必须归档
3.1.5	产品安装及调测	• 依据工程实施计划及工程设计方案实施产品安装及调测 • 产品安装前的开箱及验收经过客户的书面确认 • 产品安装过程严格遵循安装指导手册(包括硬件与软件) • 依据测试指导，对产品进行初始运行调测 • 客户参与产品初始运行调测，确认初步运行调测结果	• 产品安装人员严格遵守实施方案及安装手册的操作规程来实施硬件与软件安装 • 按照标准模板输出产品安装自检报告 • 记录调测过程及结果，并解决调测中出现的问题 • 客户参与产品安装及调测过程

(续表)

流程层级		标准等级	
		基础管理流程标准	最佳实践流程标准

3.2 产品验收交付

流程层级		基础管理流程标准	最佳实践流程标准
3.2.1	设备开通及初验	• 依据产品安装调测结果，评估设备开通条件 • 服务人员与客户确认设备的开通计划 • 设备开通时，客户对设备进行初验 • 依据标准的初验报告模板，输出书面的设备初验报告，并经客户签字确认	• 为设备开通制订详细的工作计划(若是替换客户旧有设备，还需制订完善的设备切换方案和计划) • 服务人员协助客户进行设备初验 • 对客户的设备维护人员进行培训，确保客户维护人员熟练掌握设备的维护方法和技能
3.2.2	工程及设备终验	• 工程实施人员将通过初验的设备移交给维护人员 • 依照规定的时间周期，协助客户对工程及设备进行终验 • 依照合同约定，销售经理(项目经理)和客户签署工程设备终验报告，将工程及设备正式移交给客户	• 有详尽明确的工程设备终验检查清单 • 设备维护责任的移交(组织内部人员)有明确的标准和移交手续 • 实现设备维护责任移交(组织内部移交)和工程设备移交(组织外部移交)的线上处理 • 实现工程设备验收移交与合同付款流程的协同
3.2.3	项目结束	• 销售经理(项目经理)与客户确认合同约定的完成情况，回收合同尾款 • 总结项目得失 • 项目资料归档，项目结束	• 设备并入维护网络 • 维护人员制订设备维护计划，例行开展设备维护保养 • 合理安置项目组人员 • 协助财务部门完成项目账户关闭 • 将项目经验教训总结纳入组织知识管理库

4.0 管理售后服务

4.1 处理保修索赔

流程层级		基础管理流程标准	最佳实践流程标准
4.1.1	接收请求	• 根据既定的客户沟通及服务渠道，由保修索赔处理责任部门接受客户的索赔诉求 • 指派专人负责索赔事件 • 依照规范的保修索赔沟通记录模板，详细记录客户反馈问题及保修索赔诉求 • 依据保修政策，向客户清晰说明保修责任界定、保修处理过程、预期处理时间，不随意向客户做超出保修政策的承诺	• 除记录外，根据产品及服务特点、行业要求，对保修赔偿接收沟通过程进行录音存档 • 理解客户，管理客户期望并安抚其情绪，协助客户进行问题初步分析，并适时解释保修政策 • 在产品或服务产生的保修索赔原因明显有待验证、责任划分明显不确定时，保持与客户耐心沟通，启动调查验证程序
4.1.2	验证与调查	• 对于简单的产品或服务问题，售后人员利用经验、产品问题清单，直接确认具体问题和原因 • 对于复杂的产品、服务，须由专业技术部门按照客户描述情况对产品或服务发生的问题、导致原因、发生环境或情景、造成的后果等进行详细调查验证，并形成调查报告	• 对验证与调查的资质条件、程序做出规范要求并严格执行 • 基于组织自身专业资源有限、展现公正性等考虑，或根据行业管理要求，可委托第三方专业机构或行业监管机构进行调查验证或对结果进一步审查

(续表)

流程层级		标准等级	
		基础管理流程标准	最佳实践流程标准
4.1.3	确定责任	• 对于原因较明确的商品或服务问题，售后服务人员按照既定保修策略，直接确定具体的保修责任、需要的保修及赔偿程度 • 按调查报告结果确定保修责任，如超出既有保修策略或保修类目、保修及赔偿程度，须评估分析，报相应的权限人审批确定 • 对于不能给出清晰责任界定和划分的，根据组织售后服务策略和市场策略等，明确是否承担保修责任或给出其他处理意见 • 除明确自身或客户责任外，还应明确所涉及供应商或其他责任方 • 需要与客户沟通谈判时，事先制定谈判策略和方案	• 根据已接收到的产品或服务保修问题，建立和完善各类保修问题、对应保修项、保修及赔偿程度的细分类目，指导具体的保修责任确定 • 与法务部门或专业机构合作，制定一系列司法应对措施，以有效应对各种无法满足客户保修索赔的司法纠纷
4.1.4	管理授权	• 按照既有的保修及赔偿策略，建立相应的管理授权体系，明确保修责任界定、具体赔偿确定等权限 • 决策层级清晰，对于超出权限范围的，呈报上一层级进行决策 • 遵照组织整体的管理授权要求	• 根据组织架构、保修策略、实际保修情况的变化，对保修管理授权体系进行相应调整，并及时对权限人名单进行维护
4.1.5	客户回应	• 制定回应程序和规范，根据不同保修事项及处理结果对客户进行回应，并做好相应的记录 • 除通常的邮件、函件、电话回应外，还可在网站或专门的保修索赔系统进行回应，同时，客户可随时进行查阅或咨询 • 对于非常规的保修索赔处理，获取客户签字或口头同意凭证	• 对回应客户保修索赔的执行人员的语言、函件或邮件内容制定严格规范 • 确保回应处理符合行业要求或法律法规，并确认在回应处理上不会产生其他法律责任 • 对于非常规的保修索赔，根据处理意见与客户进行沟通谈判，须关注客户对于处理结果的反馈，并制定进一步应对措施，包括应对司法诉讼的预案
4.1.6	保修或退换处理	• 依产品特性，制定相应的保修维护或退换处理程序，为客户提供保修或退换处理服务 • 提前告知客户保修或退换服务程序、预计等待时间等，取得客户同意和信任 • 对于已保修或新更换的产品，与客户沟通，明确二次保修范围和权利	• 依产品特性、组织策略、客户服务要求，匹配制定合适的保修渠道和保修方式，必要时提供上门保修维护服务 • 对于返店、返厂保修维护的产品，为争取更好的客户体验，酌情考虑向客户提供舒适条件或便利措施(如维修期间向客户提供临时代用产品)

(续表)

流程层级		标准等级	
		基础管理流程标准	最佳实践流程标准
4.1.7	赔偿处理	• 依照既定手续和渠道，向客户做出赔偿 • 向客户说明做出赔偿的依据，并获得客户认可赔偿的凭证 • 确认供应商责任的，按既定合作要求确保其承担相关赔偿	• 确保赔偿处理的规范性、时效性 • 除国家行业标准规定的赔偿形式外，还应尝试其他赔偿方式(例如给予新购产品或服务折扣、会员优惠、聘请成为客户代表、产品或服务质量监督员等) • 与公共关系部门合作，尝试将负面影响向正面转化
4.1.8	管理对外声明	• 对普遍发生、影响广泛或严重的保修赔偿事件做出声明 • 通过官方网站、知名媒体或行业渠道做出对外声明 • 说明产品或服务存在的缺点或不足，以及组织对其做出的改善、保修及赔偿措施，树立公信度 • 明确有连带责任供应商的处理方式	• 声明由专业部门或人员负责，通过官方网站或规范的渠道发出 • 声明内容、应对措施、有效期限等需经过组织内部严格讨论和审核，避免产生更多的纠纷或承担不必要的司法责任
4.1.9	管理供应商恢复	• 完善供应商管理，建立供应商恢复程序 • 相关涉事供应商整改后，组织可重新认证其提供的产品、材料或服务，恢复其供应商地位	• 对于恢复的供应商，组织严格审查其产品或服务质量，与其签订更细致和严格的保修赔偿协议
4.1.10	欺诈性索赔调查处理	• 对于常见的欺诈性索赔进行整理分类 • 制定欺诈性索赔调查处理程序，对产品问题验证、场景分析、证据收集分析、欺诈定性等工作进行规范和指导 • 对已明确的各类欺诈性索赔制定相应的处理措施	• 对欺诈性索赔案例进行实时更新、定期维护，辅助对欺诈性索赔的识别工作 • 对于各类较严重、涉及违法犯罪的欺诈性索赔，提前梳理制定司法措施
4.2 救助或维修退回产品			
4.2.1	执行救助活动	• 根据行业(例如汽车行业)及产品或服务特点，为客户使用产品时可能遇到的紧急情况提供救助服务 • 建立本组织可提供救助的渠道 • 定义救助活动范围和内容，区分义务救助与有偿救助事项，并在官网或相关渠道发布，在产品或服务销售时向客户说明 • 明确并承诺救助响应及实施救助的时间标准 • 依托组织资源或行业相关资源进行救助活动	• 不断完善已建立的救助渠道、救助程序，制定相应标准 • 24小时受理救助请求，并持续改善救助行动的等待时间 • 利用组织自身救助资源并结合社会合作救助资源，持续扩大救助覆盖区域 • 对自身救助能力进行强化，训练专项救助专项技能

(续表)

流程层级		标准等级	
		基础管理流程标准	最佳实践流程标准
4.2.2	维修和翻新管理	• 制定产品维修和翻新工作流程及规范 • 在组织内部建立专门的维修单位或团队，区别于正常的生产单位 • 学习和遵循行业相关标准或要求，完善自身的维修和翻新服务资源与能力	• 对不同产品、不同问题进行分类，制定详细规范的维修标准 • 制定并遵循严格的作业标准，确保维修或翻新后客户产品不会产生其他变化；如有需要，则必须向客户提前说明 • 对产品翻新制定严格标准，并对翻新产品的再次销售、保修维护等做出明确的客户声明
4.2.3	产品返回客户	• 根据产品特点、组织策略和资源，建立产品返回客户的渠道、工作程序 • 明确产品可返还客户的条件，条件满足后启动返还流程 • 返还时，向客户说明维修或翻新情况，取得客户认可，并做好客户接收记录	• 对于不同的返还渠道或方式，制定明确的工作规范和程序 • 制定严格的产品返回检查作业标准，并协助客户检查确认产品维修或翻新要达到的要求 • 根据产品特点或遵循行业要求，产品返还时对客户做出二次维修相关的声明
4.3 管理产品备件服务			
4.3.1	制订备件计划	• 备件计划符合组织计划相关要求和程序 • 备件计划需要符合产品维修维护的特点、备件需求、备件资源储备策略 • 各储备点或维修点对备件库存、需求信息进行实时动态管理，便于组织统一制订备件计划	• 建立专门的备件计划制订、核准、审批、发布流程，并有售后服务部门或专人负责备件需求信息收集和备件计划制订相关工作 • 对备件计划的执行进行定期回顾，不断提高备件计划准确性，从而确保符合实际维修替换需求
4.3.2	备件请求获取	• 建立由维护维修人员快速发起的备件请求专门渠道，确保备件请求能准确、快速地传递到仓储或派送单位 • 制定快速简便的备件请求接收和核准工作程序	• 根据产品特点，对产品所需更替备件的期限、条件进行记录，可按时间期限自动触发备件请求
4.3.3	备件仓储与运输	• 依据产品维护和维修服务特点、储备或维修点的区域特性，对备件仓储节点进行规划，在尽可能节约备件资金的情况下，保证备件库存、快速派送和更新维护的正常运行 • 建立专门的备件运输渠道，确保按备件计划及时补充到各仓储点	• 制定严格的备件仓储管理规范，明确各类备件的出入库手续、存储环境、服务对象及期限等事项 • 定期对备件仓储实物进行盘点检查，对备件数量、质量进行有效控制
4.3.4	备件派送与安装	• 建立组织自有或依托第三方专业的备件派送与安装服务团队，确保按产品交付要求完成客户备件替换和维护服务 • 根据产品特点，制定备件派送与安装服务的工作流程标准 • 记录每一次备件派送与安装服务相关信息	• 根据产品或客户层级，建立不同类别或层级的备件派送与安装服务团队，匹配差异化、精确化的客户服务 • 完善各类产品的备件派送与安装服务，制定相关标准，提供行业支持 • 记录备件派送与安装替换服务相关数据，为备件计划、派送与服务工作改善提供数据支撑

(续表)

流程层级		标准等级	
		基础管理流程标准	最佳实践流程标准
4.3.5	备件维修维护	• 制定备件的维修维护标准,对备件进行定期检查和日常维护,保证备件随时可用 • 建立返回通道或维修渠道,对可维修备件返厂或进入维修单位进行维修 • 对备件维修维护做好相关记录	• 对已维修维护的备件进行区分管理,确保其满足服务对象、服务区域或服务期限要求 • 对备件的日常损坏、维修维护进行记录分析,提高备件管理效率
4.4 管理技术服务请求			
4.4.1	技术服务资源	• 根据产品或服务特点、组织策略,建立自有或依托第三方的专业技术服务团队 • 拥有基础的技术服务专业工具、辅助平台 • 与客户明确产品或服务的售后技术服务范围、技术服务渠道、技术服务资源	• 独立的技术服务团队,并技术服务类别、渠道进行划分 • 围绕客户建立技术服务档案,对基础信息、所匹配的技术服务资源做详细记录 • 不断对技术服务资源、工具进行研究分析,注重技术服务能力提升和工具更新
4.4.2	技术服务请求识别与受理	• 梳理技术服务分类,并对客户服务人员进行指导,以明确识别技术服务请求,并按具体类别或细分需求进行归类和受理 • 分配唯一的服务序号,以便进行跟踪和分发 • 在技术服务受理后,根据类别和规定渠道进行分发 • 在识别与受理时做好记录	• 除具体类别划分外,还应从紧急程度、重要程度方面进行响应,并匹配预设相应的处理渠道与资源 • 对技术服务请求响应时间做出明确规范 • 制定相应的流程,在受理分发后,依靠信息技术手段即时、自动跟进到下一环节
4.4.3	技术服务请求处理	• 根据产品或技术服务特点,制定相应的技术服务处理流程,如产品检查、问题确认、服务处理、处理结果确认等 • 制定紧急状态下的技术服务处理专用流程,以应对和处理紧急状态技术服务请求 • 根据产品特点及服务策略,制定明确的响应及处理时间范围 • 可依托第三方技术服务团队或自有团队,针对技术服务处理工作流程与规范进行专业的培训指导 • 在组织内部有专家资源,为现场处理人员提供协助或指导 • 有相应的服务记录规范,对处理活动及状态进行记录	• 建立自有的专业细分的技术服务团队,除满足自有客户技术服务外,可对外提供服务,并为行业标准完善提供支持 • 除既定的技术服务请求处理程序外,建立并执行严格的检查程序及标准,确保技术服务请求处理到位 • 7×24小时响应,对技术服务人员到达现场或远程处理时限做出明确规范 • 为技术服务请求处理流程设定KPI并执行考核,包括处理及时率、逾期问题解决率、一次解决有效率、平均处理时长等 • 在组织内部完善和储备技术服务专业资源,不断进行技术服务能力提升或工具更新,为处理人员提供远程支持及求助指导
4.4.4	第三方设备问题处理	• 梳理第三方设备的类别,并对第三方设备处理的渠道、资源、流程进行确认 • 与客户明确第三方设备问题处理责任及流程,予以协调配合 • 有明确的指令和通道发起第三方设备问题处理 • 对第三方设备处理进度、处理结果进行检查确认	• 通过规范程序对第三方资源水平进行识别和判定,并深度介入第三方处理资源管理 • 为第三方设备问题处理流程设定KPI并执行考核,包括请求响应及时率、一次解决有效率、平均处理时长、预期问题解决率等

(续表)

流程层级	标准等级	
	基础管理流程标准	最佳实践流程标准
4.4.5 技术服务请求关闭	• 明确技术服务请求关闭的条件和程序，并对技术服务人员做好指导与规范 • 与客户确认处理结果，请求关闭要获得客户确认 • 对技术服务处理相关信息和结果进行记录，并按规范存档	• 详细和明确的技术服务请求关闭条件及程序，并匹配线上线下各处理渠道，完全依照执行 • 识别和规范非正常的技术服务请求关闭情形，并明确后续处理程序

5.0 管理产品召回

5.1 产品召回预防

流程层级	基础管理流程标准	最佳实践流程标准
5.1.1 召回管理机构	• 建立产品召回管理小组，但成员大多为兼职 • 产品召回管理小组在组织授权下开展工作 • 明确组织各部门在产品召回管理中的职责和任务 • 了解国家对产品召回的法律和法规要求	• 建立产品召回管理委员会，成员包括物流、生产、质量、服务、研发、财务、法务、营销、公共关系等部门负责人 • 确定产品召回管理委员会运作机制 • 负责产品召回决策
5.1.2 产品安全管理	• 制定产品安全监测程序，降低产品危害发生的概率 • 对产品进行严格的出厂前测试 • 依据行业标准，进行产品安全性能测试(通常由权威的第三方机构进行测试)	• 产品开发流程中增加产品使用安全的设计或保证环节，预见和减少产品缺陷 • 制定高于行业标准的出厂标准，将产品安全缺陷发现时间前移，减少产品召回的风险
5.1.3 产品缺陷监控	• 建立产品缺陷监控体系，从组织内外部收集产品安全方面相关信息 • 发展和保持与消费者、中间商等有效的沟通渠道，获得产品使用、产品维修、产品退回、消费者意见等方面的信息	• 建立产品召回预警系统，实时监控产品安全表现 • 建立产品与顾客数据库，以便快速定位缺陷产品的当前使用者 • 建立产品信息追踪系统，实现产品设计、原料采购、生产、销售全过程可追溯

5.2 产品召回实施

流程层级	基础管理流程标准	最佳实践流程标准
5.2.1 启动召回	• 根据产品或行业特点、监管要求，对通常情况下的召回条件进行识别 • 明确召回启动条件和确认程序 • 依照既定程序对召回启动条件进行判别和确认 • 可依靠行业相关资源对产品及质量缺陷进行鉴定和判别 • 除通常的召回条件外，在召回条件确认时还需经过相关部门审核确认，如产品缺陷所涉及的组织或部门	• 对产品缺陷调查、产品召回启动确认等关键程序做出详细的规范和指导 • 产品召回管理委员会对产品启动召回进行决策 • 单一事件的产品召回工作组可在产品召回管理委员会领导下开展工作，对产品召回工作启动和后续实施负责 • 除依靠行业、政府资源外，还应建立自身较完善的产品质量缺陷检验检测团队，根据需要为自身或行业进行服务，并参与行业相关标准规范的制定

(续表)

流程层级		标准等级	
		基础管理流程标准	最佳实践流程标准
5.2.2	召回评估	• 由专业人员或第三方专业机构根据产品特点和产品覆盖情况，对产品缺陷所造成的危害或后果进行评估 • 销售或售后部门对产品召回成本及影响进行评估，包括替换或退货费用、公关费用、市场品牌价值影响等 • 建立明确的审核程序，对产品召回评估结果进行确认	• 根据行业及产品特点，明确和规范企业级的产品召回风险评估范围、评估程序、评估方法和标准 • 组织内部拥有专业部门或专家资源，负责召回评估工作，并参与和推动行业相关标准建立与实施
5.2.3	管理召回通告	• 面向公众、经销商、最终消费者等，确定不同的召回通告内容、模式 • 制定规范的召回通告内容审核程序 • 召回通告经过专业法律人士评审，确保完全接受预期的法律责任或规避相关法律责任 • 遵照政府及行业相关要求，明确召回通告的发布渠道和发布程序	• 根据行业及产品特点，针对不同对象、不同召回类别，制定对应的召回通告，内容包括召回对象及范围、召回原因、召回渠道、召回计划、召回期限、召回处理方案、相关责任说明等 • 建立专有的召回通告发布渠道
5.2.4	产品召回处理	• 对召回产品进行标识和隔离，将召回产品归为不合格产品，按照既定召回处理方案进行专门处理 • 按政府或行业监管要求对无法维修的召回产品进行处置，确保其不再进入流通，如食品、药品等 • 依照政府或行业的产品质量监管要求，向主管机关提交相应的产品召回处理报告	• 根据不同类别的产品召回情形，制定相应的处理程序，并严格执行 • 根据行业及产品特点，在产品召回处理期间，为用户提供替代产品或方案 • 制定规范和明确的报告机制，对报告对象、报告渠道或方式、内容、时间、责任部门等做出详细的规范，向相关主管机关、公众、经销商和用户报告或公布产品召回处理情况
5.2.5	监测和审计召回有效性	• 制定明确的管理要求，对产品召回实施和处理程序及其进展进行实时监管 • 对召回和处理的实时数据进行监测，及时评估召回实施进展并分析相关数据 • 通过监测和实时数据分析，对召回进度、召回处理程序进行评估，并对召回有效性进行判断	• 由专业部门或第三方专业机构，对产品召回有效性进行监测和审计 • 分析行业数据、标准以及产品召回实情，制定并实施产品召回有效性评估规范，明确召回监测对象、监测指标、指标基线等内容
5.2.6	管理召回终止	• 召回终止前，对召回处理情况、召回终止结果做出详细评估，要符合政府或行业相关要求，要符合召回处理的既定策略 • 召回终止在组织内部经过论证和审批 • 与召回启动对应，在召回终止时间向不同对象进行通告，并对本次召回处理结果予以公示 • 对本次未完成召回的产品，明确后续处理方案及相关责任	• 根据行业及产品特点，梳理召回终止的各种类别和条件，建立完善的召回终止审核程序，必须符合政府或行业相关要求 • 产品召回管理委员会对产品召回终止进行决策 • 对于未完成召回情况下终止召回所涉及的相关法律风险，已做明确的识别和论证

(续表)

流程层级		标准等级	
		基础管理流程标准	最佳实践流程标准
6.0 评估服务运营			
6.1 客户服务质量管理			
6.1.1	客服质量管理岗位	• 依据客户服务业务规模，设置客服质量管理部门或恰当的岗位(如客户服务质量经理/主管/专员) • 明确部门和岗位职责，并对客服质量体系建立、质量规范标准建立、质量管理活动等核心职责进行细化	• 客服质量管理岗位的设置以持续改善客服质量为前提 • 根据客服质量管理内容和要求变化，定期对客服质量管理岗位进行调整 • 建立人员晋升通道和机制，持续提升客服质量管理岗位人员技能
6.1.2	管理客户服务资源质量	• 明确服务所需资源(包括客户服务场所、网络设备、监控设备、服务渠道、客户通话及录音设备等)的质量要求	• 量化对客户服务资源的质量要求，在组织内形成统一的规范或标准 • 监控客服资源的使用情况，发现问题及时改进 • 依据既往客服资源使用经验，进行恰当的调整和改进
6.1.3	客服质量检查	• 针对服务质量要求，建立服务质量检查规范和标准，经客户服务负责人签发后生效实施 • 客服人员将服务质量检查标准作为工作目标要求，主动对照标准，进行自我检查和改进 • 依据检查标准定期对客服人员的服务质量进行督查，持续改进客服质量	• 及时刷新服务质量检查标准 • 制定针对性的服务质量检查计划，加大对多发问题的检查力度和频次 • 设有灵活有效的服务质量检查方式，包括例行检查、按比例抽查、突击检查等 • 加强对需要整改项的关注，增加检查覆盖面和检查频次，确保整改措施有效
6.1.4	客服质量评估	• 定期对客服服务质量整体水平进行评估 • 制定恰当的服务质量评估方案(包含评估方法、评估标准) • 服务质量评估小组人员除包含服务管理层外，还包含了组织内其他相关人员，以保持评估的客观性、公正性 • 将客户通过各种渠道对客服服务的反馈以及日常服务质量检查结果作为质量评估的重要输入 • 对客服质量等级进行定性或定量评价，明确客服改进方向和目标，评估报告在恰当范围内发布	• 邀请关键客户或客户代表参与客服质量评估，通过多种形式(回访、问卷等)获取客户对服务质量的评价 • 除了获取客户对服务质量的评价结果，还要获取他们对客户服务的期望和建议 • 客服服务部门将质量评估结果视为工作持续改进的机会，将评估报告内容纳入改善计划
6.1.5	客服质量改进	• 制定流程来规范客服质量改进过程 • 质量管理主管组织制定客服质量改进方案，并负责实施方案 • 对质量改进方案实施过程及效果进行监控	• 通过客服质量改进活动，审视客服质量规范和标准存在的问题，及时进行修订和优化

(续表)

流程层级		标准等级	
		基础管理流程标准	最佳实践流程标准
6.1.6	质量事件记录与管理	• 建立服务档案管理机制，对质量事件进行记录和管理 • 对质量事件进行分类、编号和分级管理 • 对质量事件的内容、产生原因、处理方式、达成效果进行整理记录和编制 • 所有质量记录应归档保存	• 对质量记录进行分类整理和分析，提炼典型案例进行分享 • 记录格式统一、内容清晰，建立检索机制，以便查找 • 借鉴过往事件经验，更好服务于当前客户 • 按照档案管理规定，定期维护质量记录

6.2 获取客户反馈

流程层级		基础管理流程标准	最佳实践流程标准
6.2.1	用户回访流程	• 有固定的流程指导用户回访 • 有专门的团队针对产品销售、问题解决、投诉和表扬受理等情况进行用户回访，并记录回访结果 • 将回访问题及时反馈给相关部门进行处理，或触发其他流程 • 对回访数据进行专项分析，输出分析结果	• 有统一的IT平台进行用户回访线上操作和管理，对回访数据进行细致分类并存档 • 定期对回访结果进行总结和分析
6.2.2	用户回访管理制度	• 通过管理规范支持和指导用户回访活动 • 根据产品和服务的不同，分别确定问题处理及投诉处理的回访比例、回访时间和回访内容 • 规范回访种类、回访概率、回访人员、回访关注点、回访话术等问题	• 通过标准化的用户回访管理规范对回访活动进行指引 • 回访人员根据指引进行操作 • 针对不同客户服务种类标准对回访进行详细分类，针对不同类别，制定不同的回访规范、回访内容和回访比率要求 • 制定和实施客户长期关怀或沟通反馈机制

6.3 客户服务满意度评估

流程层级		基础管理流程标准	最佳实践流程标准
6.3.1	客户服务沟通满意度评估	• 建立客户服务沟通满意度评价机制，在客户服务沟通过程中直接获取客户满意度评价 • 根据现场沟通或录音情况，评估沟通满意度 • 通过售后服务管理部门、第三方专业机构对客户服务沟通进行调查和评估，获取整体的客户服务沟通满意度水平	• 根据客户服务沟通特点，明确和规范满意度测评指标和标准，并匹配各项测评指标的获取渠道和方法 • 建立与客户进行间接沟通的渠道和问题测评机制，获取和测评客户沟通满意度真实水平

(续表)

流程层级		标准等级	
		基础管理流程标准	最佳实践流程标准
6.3.2	客户投诉处理满意度评估	• 建立简单有效的客户投诉处理满意度评价机制，在客户投诉处理完成后直接获取客户满意度评价 • 根据客户投诉处理记录、沟通情况，评估投诉处理满意度 • 通过售后服务管理部门、第三方专业机构对客户投诉处理进行调查和评估，获取整体的客户投诉处理满意度水平	• 根据产品及客户投诉类别，明确和规范满意度测评指标和标准，并匹配各项测评指标的获取渠道和方法 • 建立与客户进行间接沟通的渠道和问题测评机制，获取和测评客户投诉处理满意度真实水平
6.3.3	售后服务满意度评估	• 建立客户售后服务满意度评价机制，直接获取客户满意度评价 • 根据客户售后服务现场情况、售后服务沟通记录对售后服务满意度指标进行评估 • 通过售后服务管理部门、第三方专业机构对售后服务进行调查和评估，获取整体的客户售后服务满意度水平	• 根据产品及售后服务特点，明确和规范满意度测评指标和标准，并匹配各项测评指标的获取渠道和方法 • 建立与客户进行间接沟通的渠道和问题测评机制，获取和测评客户售后服务满意度真实水平 • 遵照产品售后服务评价体系标准要求，对组织的售后服务星级进行认证，确保售后服务达到相应的标准要求
6.3.4	保修处理满意度评估	• 建立客户保修处理满意度评价机制，在客户保修处理完成后直接获取客户满意度评价 • 根据客户保修处理记录、沟通情况，评估保修处理满意度 • 通过售后服务管理部门、第三方专业机构对保修处理进行调查和评估，获取整体的客户保修处理满意度水平	• 根据产品及保修服务特点，明确和规范满意度测评指标和标准，并匹配各项测评指标的获取渠道和方法 • 建立与客户进行间接沟通的渠道和问题测评机制，获取和测评保修服务处理满意度真实水平
6.3.5	客户服务分析并确定改进机会	• 准确记录客户满意度测评结果、客户服务需求及改进需求，并合理归类 • 对客户服务满意度水平、客户服务问题进行专项分析，明确改进方向，制定相应的改善方案 • 对客户服务改进方案进行论证、审核	• 对客户服务改善的类别及要求进行梳理，在客户服务及满意度测评过程中进行详细记录和归类，支撑客户服务改善分析 • 制定规范的客户服务改进分析和论证机制，通过组织内部分析、客户沟通、第三方调研论证等，对客户服务改进机会进行确认

6.4 客户服务运营绩效

| 6.4.1 | 客户服务绩效管理体系设计 | • 明确客户服务绩效目标、绩效管理要求
• 根据行业及产品特点、客户服务不同类别，形成基本的客户服务绩效指标体系、绩效评估方法
• 匹配客户服务类别，明确绩效指标测评数据来源或方式
• 根据客户服务绩效体系，初步建立绩效管理流程 | • 对客户服务绩效指标进行严格的规范和定义，明确指标输出来源和方法，并确定指标水平的判定标准
• 持续提高客户服务绩效评价指标，并对指标项进行适度更新
• 建立严谨规范的客户服务绩效管理流程，设立或匹配相应的职责岗位 |

(续表)

流程层级	标准等级	
	基础管理流程标准	最佳实践流程标准
6.4.2 客户服务绩效评估	• 通过既定的渠道和途径收集客户服务绩效指标数据 • 按照明确的绩效评估方法，对客户服务绩效进行评估 • 客户服务绩效指标收集过程保持回避原则 • 绩效评估客观、准确，并保持适度的沟通 • 绩效评估过程遵循相应的绩效管理流程	• 绩效指标数据测量、收集遵循严格的获取及验证机制，确保数据客观性、真实性 • 除直接的客户服务绩效指标外，还要对客户的二次购买、客户满意或忠诚度、市场占有率等进行分析，尝试将其纳入客户服务绩效管理体系，以全面评价客户服务绩效
6.4.3 产品及服务改善支持	• 依据客户服务绩效评估结果，对产品或客户服务不足进行改善 • 建立产品与服务改善机制，与客户服务过程管理、质量管理、满意度评估、绩效评估等进行关联，促进产品或服务改善	• 建立有效的问题分析机制，持续对客户服务绩效评估结果进行分析和回溯，确定产品或服务的不足 • 分析产品及服务不足对客户服务绩效的影响，完善客户服务绩效指标体系及绩效评估方法，实现双向促进

第15章 财务管理流程标准

15.1 财务管理流程研究框架

本指南将组织财务管理流程分为9个部分(见图15-1),分别是预算管理、资金管理、收入与利润管理、成本与费用管理、财务核算、财务分析、税务管理、融资与投资、财务审计管理。财务管理应以"预算"为牵引,以"核算"为核心。

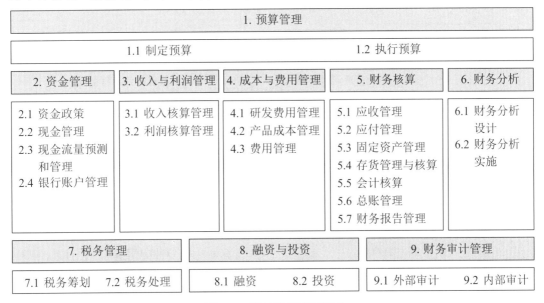

图15-1 财务管理流程框架

15.2 财务管理流程研究方法

财务管理流程标准应建立在国家相关的法律、法规和制度(比如会计法、审计法、会计准则等)的基础上。

本指南财务管理流程遵循数据的采集、加工、存储和输出的逻辑,并依此逻辑设计财务各模块(凭证—汇总—明细账—总账—各种报表)的详细流程。另外,无论当今财务管理信息化水平如何发达,本指南力求呈现财务管理具体业务的操作要求,真实反映财务业务的处理过程,而不考虑信息化对人工操作的替代。

财务管理流程标准包含的核心要素以及管理方法如下所述。

(1) 全面预算管理理论。

(2) IFS(集成财经服务)方法。

(3) 存货成本核算方法(先进先出法、个别计价法、加权平均法、全月平均法、计划成本法)。

(4) 财务分析方法(回归分析法、比率分析法、因素分析法)。

(5) 国内外财务管理标杆企业流程管理实践。

15.3 财务管理流程标准指南

依据财务管理研究框架及方法,本指南将财务管理各层级流程关键要素按照"基础管理流程标准"和"最佳实践流程标准"进行呈现(见表15-1)。

表15-1 财务管理流程标准

流程层级		标准等级	
		基础管理流程标准	最佳实践流程标准
1.0 预算管理			
1.1 制定预算			
1.1.1	年度预算编制	• 根据组织高层及财务负责人要求,确定财务预算目标 • 安排各部门预算接口人按照统一的模板制定部门预算草案 • 汇总各部门预算,形成组织整体预算,并由组织高层管理人员进行评审	• 制定统一的年度预算编制流程,指导预算编制工作 • 财务部门在充分了解组织的经营目标后,确定预算目标 • 每财务年度终了,财务部门组织各部门完成本部门的预算草案,并由财务部门预算编制人员对销售预算、生产预算、研发预算、管理费用预算、资金支出预算等进行汇总分析,形成组织整体年度预算 • 年度预算制定应按照统一要求的输出模板,并由包括组织高层管理者的团队对预算进行评审
1.1.2	预算编制平衡	• 总经理负责召开预算平衡会议,平衡各部门预算 • 各部门根据预算平衡会议要求,配合财务部门调整预算 • 财务部门汇总平衡后预算,形成组织整体预算方案	• 根据组织发展战略和目标,与各部门协商、平衡各部门的预算,并取得各部门的认可 • 平衡后,预算应获得组织决策层认可 • 根据各部门平衡后预算,调整组织整体预算,形成整体预算方案
1.1.3	销售预算	• 销售预算建立在销售预测和组织经营目标基础上 • 销售预算包含销售目标与相应销售费用,并按产品、地区、顾客和其他项目分别加以编制 • 组织销售负责人必须参加销售预算编制 • 采取合适的销售费用预算方法:本量利分析法、投入产出法、任务目标法、边际收益法、销售百分比法、同等竞争法	• 制定详尽明确的销售预算编制流程和预算输出模板 • 采取"自上而下"和"自下而上"相结合的方式进行销售预算编制 • 应在财务年度完结前,完成下一年度销售预算

(续表)

流程层级		标准等级	
		基础管理流程标准	最佳实践流程标准
1.1.4	生产预算	• 依据销售预算，结合组织生产能力，编制生产量、存货量以及生产计划等内容 • 编制生产成本预算表，包括产品和数量对应的材料、直接人工、制造费用等 • 编制生产量预算表，包括预计的销售量、库存量以及预计的产量	• 制定详尽明确的生产预算编制流程及模板 • 生产预算的编制由生产部门、财务部门、人力资源部门协作完成
1.1.5	资金预算管理	• 总经理确定年度资金预算目标 • 财务部门根据总经理确定的预算目标，编制资金预算报告 • 按照年度和月度分别编制资金预算，年度资金预算关注整体预算和平衡，月度资金预算关注控制和调整	• 根据组织经营发展战略和经营目标，确定中长期资金预算目标 • 按照年度和月度制定资金预算，资金预算采用"以收定支，与成本、费用匹配"的原则 • 遵守"收付实现制"会计准则，并采取直接法编制资金预算，同时采取间接法编制以相互验证
1.1.6	成本费用预算	• 依据年度经营目标，指导成本费用预算制定 • 财务部门统一安排各部门的成本费用预算制定 • 根据各部门预算表初稿，整合形成组织整体成本费用预算方案	• 依据年度经营目标，制定成本费用预算 • 各部门依据历史数据，结合当期经营任务实际情况，进行成本费用预测 • 财务部门制定统一的成本费用预算模板，各部门按照模块制定成本费用预算 • 整合部门预算形成组织整体成本费用预算，并对预算进行预测、分析
1.1.7	现金预算	• 确定组织中短期现金流预算目标 • 财务部门根据预算目标编制现金预算报告 • 现金预算报告包括现金的流入、流出、期末预计余额	• 根据组织发展战略和经营目标，确定组织现金流预算目标 • 现金流预算应包括以下内容： ♦ 预算期内经营业务活动产生的现金流入 ♦ 经营活动产生的现金流出，包括偿还应付账款、原料采购、缴纳税款、工资及股利支出、投资活动等 ♦ 对现金流收支进行预测 ♦ 制订资金融通计划，确保预算期末现金流余额
1.1.8	筹资预算	• 依据组织战略对资金需求编制筹资预算 • 选择合适的筹资方式(对内、对外、短期、长期、股权、债权)进行组织筹资预算 • 筹资预算由对应权限人员进行批准	• 设有清晰的筹资预算流程 • 筹资预算由预算委员会批准 • 考虑组织的未来经营情况和偿还能力
1.1.9	投资预算	• 依据组织战略对投资的要求，编制投资预算 • 选择合适的投资方式(对内、对外、短期、长期、股权、债权)进行投资预算编制 • 投资预算由对应权限人员进行批准	• 设有清晰的投资预算流程 • 投资预算由预算委员会批准 • 考虑组织经营现状、经营要求和财力

(续表)

流程层级		标准等级	
		基础管理流程标准	最佳实践流程标准
1.1.10	预算审批	• 预算的编制与审批职责应当进行分离 • 预算经制定后，由财务总监审核 • 年度预算经董事会审批后生效 • 财务部门将审批结果下发，并开始对预算执行的监控	• 建立组织预算审批制度，明确预算审批的责任和权限 • 预算方案审批前，应经过充分讨论和评审，并就预算方案达成一致意见 • 按照预算审批制度规定权限进行预算方案审批 • 财务部门根据最终审批结果，调整并下发确定的各类预算项，并依据最终预算开始对预算执行的监控

1.2 预算执行

流程层级		基础管理流程标准	最佳实践流程标准
1.2.1	预算执行	• 各部门按照审批通过的预算来执行 • 针对预算内业务和预算外业务，采取不同的审批流程，严格控制预算超支	• 按照最终审批过的预算，对各项预算内容进行详细阐述和解释，并下发至各部门开始实施 • 建立年度预算执行监控体系，实时对预算执行情况进行监控、预警
1.2.2	年度预算调整	• 根据实际情况对原有预算进行修正 • 修正后预算必须经过相应的审批 • 预算调整应尽可能保持对整体预算的控制，并尽可能保持预算的平衡	• 根据组织业务环境的变化，分析原有预算与实际的差距，提出预算调整申请 • 对预算调整申请进行审议，若审议通过，则对预算调整的方式、幅度、指标进行确定 • 调整的预算应经预算审批制度相应权限人审批 • 重大预算调整是指对组织整体年度预算进行调整，需要再次下发通知
1.2.3	预算超支管理	• 针对预算超支进行分析，对于不客观、不合理的预算，进行调整 • 对于预算执行不利的，严控预算执行，并将预算超支纳入考核	• 汇总预算超支数据，并向财务部负责人汇报 • 针对预算超支情况进行分析，查找预算超支原因 • 制定预算超支对策，可能包括调整预算、预算超支控制、预算超支调整 • 监控预算超支对策实施效果
1.2.4	预算执行分析	• 分析预算与实际执行的差异，找出产生差异的原因 • 针对预算偏差原因，对已经执行完成的预算项目进行经验教训总结 • 对正在执行中的预算项目，提出改进措施，并监督实施效果	• 建立定期预算执行分析制度，并明确预算执行分析计划 • 根据各部门费用支出数据及其他资料，编制预算执行情况报告 • 针对预算执行情况进行分析，找出偏离预算原因，并按照权限进行审核、审批 • 针对必须调整的预算，经审批后调整实施

(续表)

流程层级		标准等级	
		基础管理流程标准	最佳实践流程标准
1.2.5	预算与绩效考核	• 设计预算考核指标，并赋予考核指标权重 • 根据预算执行情况，收集预算考核指标数据，对预算执行结果进行考核 • 将预算指标完成情况与绩效考核挂钩	• 制定预算考核机制，明确预算考核的人员、指标、时间或周期、结果应用等信息，并使各部门明确知悉考核计划 • 采取各种途径(包括IT系统)，收集预算执行数据，客观对预算指标进行评价 • 依据预算考核机制，将预算指标完成情况纳入绩效管理系统 • 总结预算指标考核结果，为后续预算制定提供输入

2.0 资金管理

2.1 资金政策

流程层级		基础管理流程标准	最佳实践流程标准
2.1.1	资金管理范围和程序	• 制定组织的资金管理办法，确立资金管理的目标、基本原则、具体管理内容或范围 • 设置相应人员在资金管理过程中的权限 • 制定相应的涵盖所有资金管理业务的流程	• 制定资金管理政策和流程，涵盖资金收入、支出等资金流动的各环节 • 视需要制定专项资金管理制度 • 资金归集过程中考虑及时性、资金安全、内部牵制原则 • 资金支付权限设置结合组织的分级授权体系，体现内部牵制和不相容职务分离的原则
2.1.2	制订资金计划	• 根据上年度资金使用情况，结合本年度业务计划，制订资金年度计划 • 财务部门汇总各部门资金计划，依据总经理要求，编制整体资金使用计划 • 经总经理批准后，开展资金运作业务	• 根据年度业务发展规划，结合历史数据，制订年度资金使用计划 • 依据组织整体年度规划，整合所有部门资金使用计划，形成组织整体资金计划；资金计划应真实、完整、量入为出 • 对资金计划进行评审、平衡，达成共识，并保持一定的资金计划的弹性 • 依据确定的资金计划，准备融资、资金调拨等资金运作
2.1.3	资金使用	• 使用资金必须申请，审批通过后，方能使用 • 财务部门应取得资金使用的审批文件和资金使用的原始凭证	• 建立统一明确的资金使用申请表以及资金使用审批流程，并针对预算内和预算外资金使用采取不同的控制程序 • 杜绝先使用后审批情况，除非有组织最高权限人员同意，并承担相应责任 • 针对资金使用过程进行监控，及时发现并防范风险
2.1.4	关联方交易政策	• 制定关联交易政策，确保关联交易过程定价公允、决策程序合规、信息披露规范 • 组织关联交易政策的制定应当遵循企业会计准则以及上海证券交易所、深圳证券交易所关于关联交易的有关规定 • 组织应采取合适方式(资产重组、整体上市等)减少关联交易	• 组织应遵守国家对特定行业的要求，设立关联交易控制委员会 • 采取正常交易原则制定关联交易转移定价方法，转移定价方法应保持前后一致，不随意变更 • 与税务机关就关联交易转移定价方法协商，并达成一致，防止出现关联交易转移定价审计

(续表)

流程层级		标准等级	
		基础管理流程标准	最佳实践流程标准
2.1.5	资金拆借管理政策	• 组织必须明确我国现行法律是否允许开展资金拆借业务 • 符合法律对资金拆借要求的组织，应在法律约束下，制定符合组织本身特点的资金拆借政策 • 组织应根据自身风险承受能力，设定资金拆出的上限，并对资金拆入方的信用进行评估	• 具备资金拆出、拆入的组织应制定明确、清晰的资金拆入、拆出决策流程及决策标准 • 对于拆出、拆入的资金应进行专项监管，确保拆入、拆出资金的使用安全
2.1.6	保证金管理政策	• 组织应对各类保证金(包括投标保证金、履约保证金、工程质量保证金)的额度做出明确规定 • 制定保证金管理政策，对保证金的缴纳及退还流程、模板进行清晰说明 • 明确保证金管理的责任	• 保证金管理政策必须遵守相关的法律、法规和办法，必须在国家有关机关指导下开展保证金管理业务 • 设立保证金专用账户，做到专户专用
2.2 现金管理			
2.2.1	现金收支管理	• 建立现金收支管理制度，明确各种现金业务操作办法和审批权限 • 依据管理制度开展现金业务，关注各种原始凭证的取得和信息的真实性 • 会计与出纳岗位分离 • 现金业务必须做到日清月结 • 定期进行现金盘点和清查，且现场至少应有不同岗位的两人以上	• 制定现金收支管理制度和流程，明确现金收支范围、业务方法、人员权限，并明确现金业务处理岗位和职责 • 除特殊行业经营需求外，应尽量减少现金的流动额度 • 现金周转量大的，应在流转过程中注意资金安全性和周转及时性；力求缩短现金滞留在每一环节的时间 • 及时进行现金收支的核算和日常盘点
2.2.2	现金清查	• 财务部出纳人员应按照现金管理制度，及时登记现金收支日记账，并清点现金，与日记账进行核对 • 定期组织现金核查小组，与出纳人员一起对现金进行核查	• 建立现金清查制度，明确对现金的清查和核查，防止不法行为的发生，确保现金安全、完整 • 登记现金收支日记账，并结算出余额，清点现金并与日记账核对 • 根据核对结果，编制现金盘点表，分析盈亏原因，审批后进行账务处理 • 定期或不定期组织现金核查小组，对现金进行核查
2.2.3	备用金管理	• 组织应针对各业务特点，制定备用金的预借和报销制度 • 根据领款单制作付款凭证，经审核后付款 • 备用金使用部门提供有关原始凭证，进行备用金报销 • 及时对相关账务进行审核处理	• 按照定额管理和非定额管理两种方式，分别设定备用金管理制度 • 按照备用金管理制度处理备用借贷，并及时处理账务

(续表)

流程层级		标准等级	
		基础管理流程标准	最佳实践流程标准
2.3 现金流量预测和管理			
2.3.1	现金流量预测	• 根据业务实际，预计一段时间内的现金流入、流出量 • 预测一段时间内的现金净流量，确定现金流量安排	• 根据业务特点和属性，借鉴历史数据，采取科学合理的现金流量预测办法 • 明确预测跨度和预测周期，对现金流量进行滚动预测 • 采取现金收支法或净收益调整法对现金流量进行预测 • 依据预测结果，规划现金收支，协调现金收支与经营、投资、融资活动的关系，保持现金收支平衡和偿债能力
2.3.2	管理现金流	• 分析组织营运对现金流产生影响的因素 • 针对这些因素制定控制措施，并监督落实，确保现金流的安全 • 定期对现金流管理进行回顾和评价，对影响现金流的突发事项及时进行处理	• 建立现金流管理制度，对组织现金流进行预测、计划、执行和控制 • 分析影响现金流的因素，包括组织内外和组织营运对现金流产生的影响 • 关注影响现金流管理的重要因素和指标，制定现金流管理控制的指标评价体系 • 建立符合组织特点的现金流风险分析和预警系统
2.4 银行账户管理			
2.4.1	银行账户管理	• 银行户头的开户、销户、变更，应结合经营需要，并要经过相应审批 • 对银行存款户头应进行经常性的检查和台账管理 • 银行预留印鉴的使用和保管应考虑内部牵制原则和安全性原则 • 建立银行票据管理制度，保障票据安全	• 制定银行账户开户、销户制度和流程 • 银行账户必须由财务部门统一开户，统一管理，严禁多头开户，严禁出租和转让账户 • 集团化经营组织应建立银行账户年检制度，统一对集团及下属组织的银行账户进行审核处理
2.4.2	账户资金转入转出管理	• 对账户资金的转出设置相应的权限 • 定期收集银行对账单，并与转入/转出凭证进行核对 • 由出纳建立银行账户日记账，并按照月度编制银行存款余额调节表，追踪未达账项	• 建立银行账户资金转入/转出管理流程 • 所有资金支付、资金调拨需经过授权审批，并有部门或环节对审批予以检查或核实 • 针对网银转账进行相应授权，注意权限与职责分离
2.4.3	账户结算	• 银行存款收支业务办理应由专人负责 • 缮制原始凭证和结算凭证，并通过审核审批 • 出纳人员送交或留存结算凭证及有关记录，办理银行存款收付业务 • 会计人员根据审批后的结算凭证和原始凭证，编制银行存款收付记账凭证 • 及时进行银行账户的账证、账账、账单核对	• 通过合同方式与银行确定收付款结算方式和结算时间 • 组织中办理银行存款收支的业务人员应经过相关授权 • 稽核人员应核实记账凭证及所附结算凭证、原始凭证，并签章

(续表)

流程层级		标准等级	
		基础管理流程标准	最佳实践流程标准
3.0 收入与利润管理			
3.1 收入核算管理			
3.1.1	收入核算	• 根据国家会计准则，明确组织收入确认原则 • 根据业务部门提供的业务原始凭证，按照收入确认原则进行核对确认 • 对于确定发生的业务收入，按照组织会计制度进行登账并编制财务报表	• 根据国家会计准则确定收入分类(销售商品收入、提供劳务收入、让渡资产使用权收入)以及收入确认原则 • 判断、核对业务发生的实际情况，确认并汇总相应原始凭证 • 根据业务发生类型编制明细分类账，并登记总分类账 • 按照会计制度及时对账证、账账以及账实进行核对，根据各类账目情况编制财务报表
3.1.2	销售预算执行分析	• 销售预算执行分析由销售部门与财务部门共同进行 • 采取比率分析、比较分析、因素分析、平衡分析等方法进行预算执行分析 • 分析结果从定性与定量层面来反映销售预算执行现状 • 针对预算偏差，分析产生的原因，提出相应的解决措施或建议，并由决策人员进行审议批准	• 建立销售预算财务分析制度 • 销售部门与财务部门应充分收集销售业务、市场、政策、法律方面资料，确保预算执行现状分析客观、准确 • 预算执行分析应包括销售发展趋势及销售潜力分析 • 预算委员会定期召开销售预算执行分析会 • 销售预算执行分析结果用于指导预算调整和其他决策
3.2 利润核算管理			
3.2.1	利润核算	• 年末，根据日常明细账的记录汇总各损益类账户 • 依据会计准则，对各类账户进行清查核实 • 会计人员进行利润核算，并编制利润表	• 根据组织财务年度划分，在财务年度末按照会计制度要求，对各损益类账户进行汇总 • 对各损益类账户同原始凭证和记账凭证进行清查核实，并将结果向财务总监及总经理进行汇报 • 进行利润核算并编制年度利润表 • 分析组织获利能力和利润发展趋势，编制利润分析报告
3.2.2	利润分配	• 根据利润核算结果，并依会计准则，核算确定可供分配的利润 • 提取法定盈余公积，提取经股东会决议的任意盈余公积，并报财务总监以及总经理审批 • 按照优先股东和普通股东权利分配股利 • 经股东大会批准，进行资本转增，并进行相应会计账务处理	• 依据组织利润分析报告，结合组织发展需要，由董事会提议，并经股东大会决议，提取经股东会决议的任意盈余公积 • 由董事会提议并经股东大会批准，分配股票股利
3.2.3	利润结转	• 依据利润结转要求，对收入、成本、费用以及年末利润进行结转 • 结转结果报总经理审批	• 根据各损益类账户的本期发生额，对当期利润进行确认 • 对收入与收益进行结转 • 结转成本、费用与支出 • 财务年度终了，结转本年利润，并经财务总监及总经理审批

(续表)

流程层级	标准等级	
	基础管理流程标准	最佳实践流程标准
4.0 成本与费用管理		
4.1 研发费用管理		
4.1.1 研发费用预算	• 遵守组织年度预算流程及相关规定 • 对人工费用、研发直接投入费用、折旧和分摊、设计费用、装备调试费用、无形资产摊销费用、外部委托研发费用、其他费用进行预算 • 研发预算应按照预算流程进行申报、评审和审批	• 研发费用预算应与组织对研发的战略要求结合起来 • 关注短期研发项目预算以及长期研发能力建设预算 • 将研发费用预算总额与销售收入挂钩，保证研发费用预算的增速不低于组织销售收入规模的增速
4.1.2 研发支出核算	• 对研发支出进行费用化支出与资本化支出区分，并进行明细核算 • 组织根据自身情况选择对研发支出的账目归结方式，包括费用化、资本化、有条件的资本化等	• 根据研发项目实际情况，区分费用化支出与资本化支出 • 采用的研发支出核算方法包括有条件的资本化、最终结果确定法、追溯资本化 • 保持对研发支出核算的一贯处理方式
4.1.3 政府补贴申报	• 依据当地政府部门规定，对符合申报条件的项目进行补贴申报 • 遵守会计准则对政府补贴的相关财务处理方式，选择收益法或资本法对政府补贴进行会计处理	• 采取合适的账务处理方法： ◆ 与资产相关的政府补助，确认为递延收益，并在相关资产使用寿命内平均分配，计入当期损益(其他收益) ◆ 与收益相关的政府补助，在确认相关费用的期间，计入当期损益(其他收益) ◆ 与资产和收益均相关的政府补助，将其分解为与资产相关的部分和与收益相关的部分，分别进行会计处理
4.2 产品成本管理		
4.2.1 标准成本制定	• 根据自身生产特点、生产步骤、规模和水平，合理安排成本计算程序和方法(品种法、分批法、逐步结转分步法、平行结转分步法、作业成本法、标准成本法等)，设立材料明细账、产品成本明细账 • 财务部门收集与产品生产成本核算相关各要素的信息。这些要素至少包括： ◆ 产品BOM(物料清单) ◆ 直接人工时薪 ◆ 物料采购单价，移动平均价 ◆ PIE(工艺整合工程师)制定的工时定额 • 财务部门制定标准人工费用率、标准制造费用率，定期发布产品标准成本	• 根据组织及产品特性，制定标准成本计算办法 • 组建产品成本分析控制小组，月度例行收集产品生产相关要素的单价信息，依此核算产品定额成本 • 对产品定额成本进行试用，发现问题及时修正，最终确定产品定额成本

(续表)

流程层级		标准等级	
		基础管理流程标准	最佳实践流程标准
4.2.2	生产成本核算	• 确定产品成本计算的对象，明确产品成本的开支范围 • 审核原始凭证，对制造费用进行归集和分配 • 实时核算生产工单领料，每日收集生产线工时数据 • 月末检查已完工工单是否都已报工入库，核对报工工时与考勤差异 • 计算产品总成本和单位成本，将完工产品按既定成本核算方法转入产成品明细账 • 按标准成本核算的，实际成本与标准成本之间的差异，在产成品与在产品之间分配	• 明确产品的品种、批别、生产步骤 • 确定成本项目，包括直接材料、直接人工、制造费用等，并明确成本计算期(会计期间、生产周期) • 分别计算完工产品和在产品成本
4.2.3	在产品管理	• 对在产品成本核算采取不计算在产品成本法，成本费用全部计入完工产品	• 组织根据自身实际情况，结合经营管理需要以及生产和产品特点，选取适合的在产品成本处理方法，包括： ◆ 按年初数固定计算在产品成本法 ◆ 按所耗直接材料费用计价法 ◆ 约当产量比例法 ◆ 按完工产品成本计算法 ◆ 按定额成本计价法 ◆ 定额比例法
4.2.4	成本分析与控制	• 在成本核算基础上，通过深入分析，正确评价定额成本的执行结果 • 揭示成本升降的原因，查明影响成本高低的各种因素及其原因 • 寻求进一步降低成本的途径和方法	• 建立科学合理的成本分析与控制系统，从事前、事中、事后全面进行成本分析和控制 • 根据组织情况，采用对比分析法、因素分析法、连锁替代法和相关分析法等成本分析的方法 • 将成本改善纳入绩效管理系统
4.3 费用管理			
4.3.1	销售费用使用	• 制定清晰的销售费用审批权限，预算范围内在销售部门内部进行审批，超预算时应由财务总监和总经理进行审批 • 严禁"预算"代替"审批"的销售费用使用方式 • 按照先审批、后使用、再报销的流程使用销售费用	• 销售费用预算应按照销售组织及销售业务特点向下分解，同时将预算执行责任向下分解 • 建立销售费用申请、审批制度、流程和管理办法 • 对销售费用发生的真实性进行监督，并对其使用效果进行考核
4.3.2	管理费用使用	• 在预算范围内，进行管理费用支出申请，并由业务负责人签字同意；超出预算的管理费用应由财务总监和总经理审批 • 严禁"预算"代替"审批"的管理费用使用方式 • 按照先审批、后使用、再报销的流程使用管理费用	• 制定适合组织内部控制管理的管理费用使用制度，并设定管理费用审批权限、报销范围和标准 • 管理费用的申请应对发生的必要性和预期的效果进行说明 • 定期分析管理费用的支出情况，关注发生的成效

(续表)

流程层级	标准等级	
	基础管理流程标准	最佳实践流程标准
4.3.3 费用报销	• 费用发生部门负责人对费用报销单进行审核，确保费用发生的真实、合理 • 对于超预算的费用报销，如果与费用使用审批的金额不一致，需财务总监及总经理对费用报销进行审批 • 实施报销，编制记账凭证，并按时进行登账	• 制定清晰的费用报销流程，其权限设置应与费用使用审批权限保持一致，并及时维护费用报销流程中人员的权限 • 采取IT系统处理费用报销业务，并在规定的时间内完成各环节工作 • 尽可能采取网银而非现金进行费用报销的支付
4.3.4 费用预算执行分析	• 组织各部门应定期对费用预算执行情况进行分析，依据分析对下期费用预算进行制定和调整 • 预算执行分析应由财务总监审核、总经理审批	• 根据管理需要，明确费用预算分析的执行周期，并要求各部门严格执行 • 财务部门应整合各部门预算执行分析情况，形成组织整体的预算执行分析报告，并进行适度的预算平衡

5.0 财务核算

5.1 应收管理

流程层级	基础管理流程标准	最佳实践流程标准
5.1.1 客户信用管理	• 建立客户信用与组织对该客户的授信额度挂钩机制 • 赊销客户的应收账款余额不超过给予该客户的信用额度，回款的时间不超过信用期限	• 与组织的信用管理部门建立联动机制，确保客户信用动态调整，建立客户信用档案 • 定期对客户的授信额度进行评估和调整
5.1.2 应收账款信息处理	• 定期核对应收账款总账和明细账，并编制应收账款余额核对表 • 与客户核对应收账款情况，请客户确认	• 由财务部编制应收账款余额核对表，并由非记账人员对应收账款总账和明细账进行定期检查核对 • 与客户核对应收账款余额核对表，请客户确认，形成合法有效的对账依据
5.1.3 应收票据账务处理	• 财务部门对客户签发的应收票据进行确认(包括面值及期限) • 对应收票据进行计量核算，并填制记账凭证 • 视组织需要，将持有的商业承兑汇票背书转让 • 会计人员对转让的承兑汇票进行账务处理；或应收票据到期后，进行相应账务审核和处理	• 财务部门对客户签发的应收票据进行确认，包括面值及期限 • 对应收票据进行计量核算，并填制记账凭证 • 视组织需要，将持有的商业承兑汇票背书转让 • 会计人员对转让的承兑汇票进行账务处理；或应收票据到期后，进行相应账务审核和处理
5.1.4 应收账款催收	• 由销售人员进行催款 • 将催款情况作为销售人员考核依据 • 财务人员依据账款催收情况开具发票，并进行财务登记	• 将应收账款催收状况与客户信用挂钩 • 对逾期不付款、催收沟通无效果的客户，考虑由法务部门提起法律诉讼

(续表)

流程层级		标准等级	
		基础管理流程标准	最佳实践流程标准
5.1.5	销售发票管理	• 销售发票的购买和领用须有专人负责 • 必须在国家法律要求下开具销售发票，严禁买卖、转借、转让和代理开具销售发票 • 销售发票的开具应与销售合同或订单、出货单内容保持一致 • 销售发票的领用须办理签收手续	• 根据客户需要，采取电子发票与纸质发票相结合的方式 • 主动向客户提供销售发票
5.1.6	坏账确认	• 财务年度终了对应收账款总账及明细账进行分析，分析内容包括应收账款的特性、金额、客户信用及经营情况等 • 对应收账款进行初步的坏账认定，并由销售人员进行确认 • 对认定的坏账进行分析，预计产生的损失，并由授权签字人签字	• 根据组织商业环境和高层要求，制定坏账政策、标准及坏账认定流程 • 按季度对应收账款总账及明细账进行分析，包括应收账款的特性、金额、信用期限、客户信用及经营情况等因素 • 根据坏账标准和认定流程，对应收账款进行初步的坏账认定 • 对认定的坏账进行分析，预计损失，由相关权限人员审批
5.1.7	坏账处理	• 为已经确认为坏账的账单设置提取比例，经相应审批后实施坏账计提 • 对后续又收回的坏账进行账务处理	• 制定计提坏账准备的政策，明确计提坏账准备的范围、提取方法、账龄划分和提取比例 • 坏账计提或冲减坏账准备审批及实施

5.2 应付管理

流程层级		基础管理流程标准	最佳实践流程标准
5.2.1	应付账款信息处理	• 应凭采购部门对外签订的有效经济合同或协议办理预付、应付款项 • 在采购业务发生后，财务部门应及时取得货物出入库单据并做账务处理	• 制定应付账款管理制度和办法，并严格按照制度执行，维护组织信誉
5.2.2	采购发票管理	• 采购发票应及时转交相应财务人员，并办理签收 • 必须辨别采购发票的真伪 • 审核采购发票的一致性(商品、供应商、数量、金额) • 发票录入后，将增值税专用发票抵扣联装订成册，编号并存档	• 将采购发票获取纳入采购流程 • 采购发票、采购货品入库信息、采购计划必须保持一致 • 杜绝未经采购人员的直接购买行为
5.2.3	付款审批	• 采购或用款部门提交下月付款计划，财务部门根据资金状况进行审核并将审核结果反馈给采购或用款部门 • 采购或用款部门根据审批后的付款计划提交具体的付款申请单，按照组织相应的权限进行审批	• 建立付款申请审批制度和流程，明确相应人员的权限和职责 • 对应付账款管理进行规范，严格执行合同付款条款，维护组织信誉 • 定期分析应付账款，制订付款计划，规定付款顺序，财务人员与业务人员配合，在资金许可的情况下，尽可能先付有折扣的货款

(续表)

流程层级		标准等级	
		基础管理流程标准	最佳实践流程标准
5.2.4	付款执行	• 财务部门通过采购部或用款部门，通知供应商提交发票 • 财务部门根据付款计划和付款申请单办理货款支付手续	• 严格按照付款计划执行付款，对付款及时性进行考核 • 根据组织需要，可申请商业承兑汇票用于付款 • 妥善保管所支付的款项单证
5.2.5	应付账户对账与账龄分析	• 安排与供应商的账务核对，双方应就对账结果予以书面确认 • 每月应做应付账款的账龄分析，重点关注优先供应商的应付账款	• 针对长期无人追索的款项制定应付账款清理计划，确属不需付的账款，应报批后及时进行相应账务处理 • 利用电脑工具，创建应付账款账龄自动分析表，为资金合理安排提供依据

5.3 固定资产管理

流程层级		基础管理流程标准	最佳实践流程标准
5.3.1	固定资产预算	• 制定固定资产预算制度 • 固定资产预算应以业务需要为基础 • 固定资产预算应详细列明物品、规格、数量及预算报价	• 固定资产的预算应由资产使用部门和财务部门共同制定
5.3.2	固定资产采购	• 在预算范围内进行固定资产申购 • 财务与采购部门进行询价、比价 • 固定资产采购应遵守组织采购流程	• 严格遵守组织采购制度及流程 • 将固定资产预算审批与固定资产采购审批严格区分开来
5.3.3	折旧	• 根据固定资产的使用情况，合理确定其使用年限和净残值 • 选择固定资产折旧方法，并经财务总监及总经理审批 • 固定资产折旧方法不得随意变更 • 根据会计制度，计提固定资产的折旧，并编制相应记账凭证	• 制定固定资产折旧管理办法，根据固定资产实现经济价值的方式，选择合适的折旧方法，包括平均年限法、工作量法、双倍余额递减法、年数总和法等 • 根据固定资产的性质，合理确定使用年限和净残值 • 按月计提固定资产折旧，编制折旧表，以进一步编制记账凭证 • 定期对固定资产的使用年限、预计净残值、折旧方法进行复核
5.3.4	租入	• 根据固定资产租入申请，讨论确定租入方案，并报批 • 依据租入要求，寻找合适出租方，并签订固定资产租入合同 • 财务部门依据会计制度进行账务处理	• 根据经营需要，选择合适的固定资产租入方式(经营租入、融资租入)，并选择适的出租方 • 与出租方签订固定资产租入合同 • 安装使用固定资产，并依据合同约定支付租金 • 依据组织固定资产管理办法进行登记管理，并进行账务处理

(续表)

流程层级		标准等级	
		基础管理流程标准	最佳实践流程标准
5.3.5	出租	• 定期盘点固定资产闲置情况，制定固定资产出租方案，并报批 • 对拟出租的固定资产进行估价，并以此作为签订出租合同的依据 • 寻找并选择合适的承租方，并签订固定资产出租合同 • 针对固定资产出租业务进行相应的账务处理，并定期收取租金	• 选取合适的固定资产出租方式，包括经营出租、融资出租 • 依据固定资产原始价值、重置价值和净值，合理确定出租计价 • 依据出租合同，并根据出租方式对固定资产进行租金收取及账务处理，或继续计提折旧
5.3.6	盘点	• 定期对固定资产进行盘点 • 盘点小组成员的设置应遵循职务分离原则，盘点和监盘同时进行 • 应对固定资产的名称、类别、编号、存放地、使用部门或人员、目前状态等清晰记录 • 对账实差异或非经常使用的固定资产应查明原因，盘点报告应经过批准	• 依据固定资产管理制度制订盘点计划，明确盘点时间、范围、人员等 • 检查固定资产增减变动的凭证是否齐全，资产是否及时入账 • 依据内控要求，组建固定资产盘点小组，对固定资产进行盘点 • 依据盘点结果，编制固定资产盘点报告，并对盘亏盘盈情况进行分析 • 依据审批后的盘点报告，对固定资产账务进行处理
5.3.7	减损	• 在财务年度终了，分析有可能使固定资产发生减值的情况，并重新计算固定资产的可回收金额 • 对可回收金额低于账面价值的固定资产，计提资产减值准备 • 对固定资产清理费用和收益进行核算	• 每半年分析有可能使固定资产发生减值的情况 • 对例外的使固定资产减值的情况进行分析，如果情况短期内不可恢复，则重新确定折旧率和折旧额
5.3.8	清查	• 财务部门应在会计年度终了组织对固定资产进行全面清查 • 对固定资产的账账、账实进行核对，并查明盘亏、盘盈的原因 • 财务部门汇总清查结果，编制固定资产盘存盈亏表，并报批 • 依据批准的处理方式进行期末账务处理	• 每半年对固定资产进行全面清查，并由财务部门以正式通知方式开展 • 清查至少应由财务部门、资产管理人员、资产使用人员或保管人员共同参与 • 对于因管理疏漏造成的损失，应对责任人追责
5.3.9	维修	• 与固定资产使用部门确定资产的可维修性 • 固定资产的维修应在权限范围内进行审批 • 将维修费用按照组织财务相关制度进行归结	• 与固定资产的使用部门例行开展维修费用预算编制 • 严格管理和控制维修预算资金，做到不超支，不挪用
5.3.10	报废	• 固定资产达到使用年限或无法继续使用的，可申请报废处理 • 固定资产的报废应通过相应的审批 • 固定资产的报废可采取直接报废、出售、捐赠等方式 • 财务部门对固定资产的报废进行相应账务处理	• 建立固定资产报废和处理的制度和流程 • 报废(达到使用年限的固定资产报废除外)应查明并核实原因，防止舞弊行为的发生 • 固定资产变卖出售应有相应的监督措施，并准确评估其价值，防止与购买者串通行为的发生

(续表)

流程层级		标准等级	
		基础管理流程标准	最佳实践流程标准
5.4 存货管理与核算			
5.4.1	存货成本核算	• 组织应根据自身特点，明确存货范围 • 组织应根据实际情况选择合适的存货成本核算方法： ◆ 材料出入库成本核算选择实际价格核算(先进先出法，后进先出法，移动平均，全月平均，个别计价等)或计划价格核算 ◆ 产成品、在产品的成本核算办法依照组织成本管理的相关规定	• 组织根据不同的产品仓库，可选择不同的计价方法 • 每个仓库只能设置一种计价方法
5.4.2	存货验收	• 依据存货验收方法和标准对存货进行验收 • 对验收结果进行明确标识，存储于指定区域 • 对"超交""短交"进行相应处理 • 对未通过验收的存货，知会业务部门进行处理	• 存货验收标准应由质量部门协调制定，并经权限人审批后实施 • 存货验收保持公正、客观
5.4.3	仓储管理	• 依据存货特点进行合理的储存与保管 • 遵循"先进先出"的原则 • 制定存货仓储巡查制度，定期巡查存货状态	• 仓储管理做到"6S" • 定期检查、发现和掌握存货的状态，对影响产品品质的问题，积极采取补救措施
5.4.4	存货收发	• 所有存货的收发必须办理出入库手续 • 出入库手续须由生产、销售部门负责人审批	• 财务部门应建立存货的收发稽核制度，定期对存货收发进行核查
5.4.5	存货盘点	• 至少每财务年度终了对存货库存进行盘点 • 仓库负责人组织各仓库初盘，财务部组织人员复盘，仓库负责人对盘盈盘亏情况进行确认、检查原因、申报差异 • 财务部门对盘盈、盘亏情况进行账务调整，确保实物与账面数据相符	• 至少每半年组织一次全范围存货盘点 • 对盘亏盘盈情况进行分析，寻找差异原因，并制订相应对策和改进计划 • 财务部门按经审批后的盘点差异进行账务调整
5.5 会计核算			
5.5.1	建立会计核算制度	• 建立组织的会计核算制度，对会计核算过程中的各项具体会计工作的操作原则和方法做出规定 • 真实、客观地记录、计量和确认经济交易，有效发挥监控职能 • 及时准确地进行核算，为财务报告制定提供输入	• 会计核算制度应包括如下规定： ◆ 会计凭证的取得、填制、审核和错误更正 ◆ 会计科目(账户)的设置和运用 ◆ 会计记账方法 ◆ 会计记录文字、会计期间和记账本位币 ◆ 会计账簿的设置、登记、错误更正、对账和结账 ◆ 会计处理方法的选择和运用

(续表)

流程层级		标准等级	
		基础管理流程标准	最佳实践流程标准
5.5.2	收入应收核算	• 依据会计核算制度，并根据业务实际发生情况，对收入进行确认 • 针对确认的收入，匹配对应的成本 • 在收入实现时，对应收账款进行确认、计量 • 对应收账款进行核算和账务处理	• 关注并分析应收账款风险，确保应收资产的安全 • 必要情况下，专门对应收账款进行清理，不排除法律途径
5.5.3	应付核算	• 对应付账款进行及时、准确的统计、核对 • 准确核对发票或付款文档与采购实际业务，确保应付账款的准确 • 依据付款审批单对应付账款进行支付，并及时对应付账款进行账务处理	• 严格执行"采购与付款业务"岗位职责分工控制制度 • 定期与供应商就应付账款进行对账 • 编制账龄分析表，对长期未付应付账款进行清理
5.5.4	存货成本核算	• 依据会计准则，选择先进先出法、个别计价法、加权平均法、全月平均法、计划成本法进行存货成本核算 • 依据是否具有所有权，对商品、产成品、半成品、在产品以及各种材料、燃料、包装物、低值易耗品等存货进行成本核算	• 组织的多个仓库可选取不同的核算方法，但每个仓库只能选取一种方法 • 基于谨慎性原则，采用存货成本与可变现净值孰低来进行计价 • 编制存货成本分析报告，支撑组织运营管理和成本管理工作
5.5.5	固定资产核算	• 依据固定资产管理制度和计算方法，对固定资产的取得、折旧、后续支出、租赁、报废、固定资产期末计价等进行核算 • 建立固定资产账簿核算系统，真实地反映和监督固定资产的增减变动和实际情况	• 利用计算机对固定资产管理和核算进行处理，并设置专职人员负责系统的运行维护 • 建立严格的固定资产管理与变动数据采集制度，并确保执行
5.5.6	无形资产核算	• 按照无形资产的取得方式，对其初始成本进行计量 • 对有使用期限的无形资产成本按月进行摊销，摊销方法包括直线法、生产总量法等，摊销额计入当期损益 • 按照会计制度对无形资产进行账务处理	• 对可能有明显减值的无形资产，应当确认其账面价值和可回收价值的差额，计入当期损益，同时计提相应的资产减值准备
5.5.7	费用核算	• 在预算范围内对各种费用发生的原始凭证进行审核处理 • 依据审批通过的费用报销凭证，编制记账凭证 • 按月对费用总账及明细账进行核对	• 建立并维护费用类别科目，按照月度进行费用预算编制 • 针对管理费用、财务费用、销售费用等类别，按照月度核算结果进行分析，查找费用突变或持续的同趋势变化的原因，为经营管理提供输入

(续表)

流程层级		标准等级	
		基础管理流程标准	最佳实践流程标准
5.5.8	投资核算	• 依据会计准则，并按照组织实际投资项目设置恰当的投资核算会计科目 • 对初始投资成本(包括买价和投资发生的相关费用)进行计量 • 根据权责发生制和配比原则，确认投资损益 • 设计并对投资结果进行披露，投资披露包括在会计报表或报表附注中	• 投资成本较初始投资成本发生重大差异时，投资成本应进行调整，通常情况有： ◆ 采用权益法核算长期股权投资时，持有期间对股权投资的账面价值变动进行调整 ◆ 用投资前累积盈余的分配额冲减投资成本 ◆ 减少被投资企业的股份，将长期股权投资核算由权益法改为成本法
5.5.9	融资核算	• 依据会计准则，并按照组织实际融资项目设置恰当的融资核算会计科目 • 对融资成本(包括融资本金和融资发生的相关费用)进行计量，并设计筹资业务原始凭证、账簿 • 根据融资协议，核算、确定会计期内融资需支付的成本和费用 • 对融资结果进行披露，融资披露包括在会计报表或报表附注中	• 对于筹资金额大的项目，最好委托独立的代理机构代为发行 • 对债券和股票的发行、收款、记录进行职务分离
5.5.10	税金核算	• 根据组织性质选择正确的计税办法 • 根据营业收入与实现的利润，按照权责发生制的原则对税金进行核算 • 对按规定向国家缴纳的各种税金进行预提处理 • 印花税、耕地占用税以及其他不需要预计应交数的税金不在"应交税费"中反映	• 设计税务解决方案，及时、准确地核算企业所得税(CIT)、递延所得税资产(DTA)、递延所得税负债(DTL)等，有效支撑纳税申报，并满足税金对外披露要求 • 对税金核算进行例行分析，揭示规则、数据源和执行的问题，对税金核算进一步规范

5.6 总账管理

| 5.6.1 | 明确会计政策 | • 组织应在国家统一的会计准则规定的会计政策范围内选择适用的会计政策，对组织采取的会计原则、会计基础和会计处理方法进行明确说明
• 在会计核算中所采用的会计政策，应在报表附注中加以披露
• 会计政策应当保持前后各期的一致性 | • 根据行业特点、组织生产经营规模、内部管理、经营业绩、现金流量、偿债能力等多种因素进行会计政策选择
• 每一会计期间会计政策应当保持一致，不得随意变更
• 当组织生产经营状况和理财环境的变化时，应重新选择会计政策
• 不得滥用会计政策进行会计操纵 |
| 5.6.2 | 建立账套 | • 建立账套，设置会计期间、账套名称、记账本位币、科目编码方案、账套存储地址等基础信息
• 初始化账套并启用 | • 以1个月为一个会计期间，1年为一个会计年度(起止时间通常是1月或12月)
• 账套一旦设置完成就不能更改 |

(续表)

流程层级		标准等级	
		基础管理流程标准	最佳实践流程标准
5.6.3	维护会计科目	• 会计科目的设定必须符合国家统一的会计准则的规定 • 根据组织形式、所处行业、经营内容、业务种类等自身特点,建立简单易懂、分类准确、界限清晰的会计科目,会计科目设定应满足对外报告与对内管理的要求 • 制定组织会计科目表	• 制定详细的会计科目使用说明,并对相关人员进行统一的培训 • 组织对会计科目的增设、分拆、合并,不得违反国家会计准则 • 根据需要设定会计科目编号,并在财务IT系统中进行设定,且有专人进行管理和维护
5.6.4	分类账处理	• 按照会计科目,根据业务发生实际及相关凭证,登记日记账 • 制定各分类账簿,根据业务发生的原始凭证编制记账凭证,及时准确地进行明细分类账登记 • 根据记账凭证逐笔登记总分类账,或把各种记账凭证汇总编制成科目汇总表或汇总记账凭证,再据以登记总分类账	• 根据组织需要,选择适合的明细账格式(三栏式、数量金额式、多栏式) • 尽可能减少记账凭证的数量 • 由不同人员,对日记账、明细分类账、总分类账进行核对,确保账务处理正确无误
5.6.5	折旧与摊销	• 明确固定资产、无形资产的折旧政策,在会计期末进行折旧或摊销 • 划定长期待摊费用界定范围,选择适合的分摊方法,在会计期末,依据分摊方法,对长期待摊费用进行分摊 • 保持折旧、分摊方法的一致	• 就需要分摊的费用种类分别制定分摊办法,并就分摊方法与相关业务部门沟通并达成一致 • 对实际分摊的结果进行验证,确保分摊的合理性,根据验证结果对分摊方法进行调整,应用在下一会计年度
5.6.6	期末计提	• 按照权责发生制原则,计提本期应得收入和应担费用,具体包括以下几项: ◆ 属于本期收入,尚未收到款项的账项 ◆ 属于本期费用,尚未支付款项的账项(房租、水电费、工资薪金等) ◆ 属于本期税费,尚未支付税金的账项	• 组织应遵循国家企业会计准则中关于计提及资产减值的相关规定
5.6.7	调节总分类账目	• 记账错误必须按规定的方法予以更正,不准涂改、挖补、刮擦或者用药水消除字迹,不准重新抄写 • 对凭证本身用错科目和凭证正确但登账时错记账户,分别采用"红字更正法"和"划线更正法"加以调整 • 同时涉及总账和所属明细账的,必须同时按以上方法进行更正	• 对记账错误的更正必须留有记录,以备追溯 • 分析记账错误的原因,针对性地制定防范措施

(续表)

流程层级		标准等级	
		基础管理流程标准	最佳实践流程标准
5.6.8	期末账目核对	• 总分类账、明细账核对一致 • 会计账簿与实物、款项的实有数定期核对 ◆ "现金日记账"余额与库存现金盘点相符 ◆ "银行存款日记账"余额与银行对账单余额核对相符 ◆ "固定资产""原材料""库存商品"等物资明细账与该物资的实际结存数核对相符 ◆ 各种应收、应付款的明细分类账余额与债权、债务人单位或个人核对相符 ◆ 本期增值税平台认证的进项税发票税额与进项税账目核对一致	• 于每个会计期间(月)结束日进行统计,会计主管监督出纳进行现金盘点 • 至少每年末向基本户银行申请出具一份"已开立银行结算账户清单",列明组织名下所有账户(包括临时账户),每月按照银行对账单编制银行存款余额调节表 • 至少每年一次对组织的资产、存货进行全部或部分清点,以确实掌握该期末组织存货的数量、价值 • 存货已产生减值的,应当计提减值准备 • 各种应收、应付款的明细分类账余额与债权、债务人单位或个人核对相符
5.6.9	暂估入账	• 按照会计准则实质重于形式、重要性以及谨慎性的质量要求,以下具体的会计业务处理中暂估负债: ◆ 对本期已验收入库但未收到发票的采购订单,期末按照订单价值暂估入账至相应存货科目,同时增加暂估应付债务 ◆ 对本期已完工的在建工程,资产已达到预定可使用状态,但尚未办理竣工决算的,自达到预定可使用状态之日起,根据工程预算、造价或者工程实际成本等,按估计的价值转入固定资产,并计提固定资产折旧,待办理竣工决算手续后再作调整	• 在本期初,冲销上期末存货暂估入账凭证
5.6.10	汇兑损益调整	• 期末按月末汇率对外币资金、外币往来科目进行重新评估,汇兑差异确认为当期损益	• 发生外币业务时,按实时汇率或月初汇率记账,以月末最后一天的汇率作为调整依据,汇率变动造成的汇兑损益计入当期损益
5.6.11	结转本期损益	• 将本期损益科目余额结转至本年利润科目,核算出本期利润	• 通过ERP系统,每月末结账时将损益科目余额自动结转至本年利润,并产生凭证
5.6.12	试算平衡表	• 计算出各账户本期借方发生额、贷方发生额和期末余额 • 编制"总分类账户"本期发生额及余额表 • 根据试算平衡结果判断账户记录和计算的正确性	• 试算平衡表设置"账户名称"栏及"期初余额""本期发生额""期末余额"三个金额栏 • 通过总分类账户本期发生额和余额对照表,分析该期间经济活动和预算执行概况 • 对试算平衡表进行必要的计算和调整,作为编制会计报表的重要依据
5.6.13	期末结账	• 审核过账所有本期凭证,关闭账期;已关闭的账期数据不允许修改	• 结账与反结账权限分离

(续表)

流程层级		标准等级	
		基础管理流程标准	最佳实践流程标准
5.6.14	出具单体报表/管理报表	• 根据会计准则设置报表模板,包括资产负债表、利润表、现金流量表,期末按各科目余额或发生额填报相应报表项目 • 核对报表之间的勾稽关系正确 • 根据组织内部管理要求,设置并出具其他管理类报表	• 根据报表项目设置报表计算公式,由科目余额表或试算平衡表计算出报表 • 自定义管理报表
5.6.15	合并报表	• 保持母子公司的会计报表决算日和会计期间的一致;不一致时,按照母公司会计报表决算日和会计期间,对子公司会计报表进行调整,并根据调整后的会计报表进行折算,或要求国外子公司按照母公司的要求编报相同会计期间的会计报表 • 保持母子公司会计政策和会计处理方法的一致;不一致时,按照母公司规定的会计政策和会计处理方法对子公司的会计报表进行必要的调整,根据调整后的会计报表进行折算 • 子公司记账本位币与集团记账本位币不一致的,明确外币折算汇率,将单体报表折算成母公司本位币再汇总 • 外币折算差额在资产负债表中所有者权益项目下单独列示 • 在会计期内对需要合并报表的内部交易进行抵消,包括: ♦ 内部商品交易 ♦ 内部债权债务 ♦ 内部固定资产交易 ♦ 内部无形资产交易 ♦ 特殊内部交易	• 外币折算汇率方法: ♦ 资产负债表中的资产和负债项目,采用资产负债表日的即期汇率折算,所有者权益项目除"未分配利润"项目外,其他项目采用发生时的即期汇率折算 ♦ 利润表中的收入和费用项目,采用交易发生日的即期汇率折算,或采用按照合理的方法确定的、与交易发生日即期汇率近似的汇率折算
5.6.16	凭证整理、装订与管理	• 组织对会计档案保管应符合财政部《会计档案管理办法》 • 会计凭证应当由会计机构按照归档要求,整理立卷,装订成册 • 凭证封面注明单位名称、年度、月份和起讫日期、凭证种类、起讫号码,由装订人在装订线封签处签名或者盖章 • 对于数量过多的原始凭证,可以单独装订保管 • 出纳人员不得兼管会计档案	• 会计档案的保管应遵循以下几点: ♦ 当年形成的会计档案,在会计年度终了,可暂由会计机构保管一年 ♦ 一年期满后,由会计机构编制移交清册,移交本组织档案机构统一保管 ♦ 未设立档案机构的,应在会计机构内部指定专人保管 • 在封面上注明记账凭证日期、编号、种类,同时在记账凭证上注明"附件另订"和原始凭证名称及编号 • 各种经济合同、存出保证金收据以及涉外文件等重要原始凭证,应当另编目录,单独登记保管,并在有关的记账凭证和原始凭证上相互注明日期和编号

(续表)

流程层级		标准等级	
		基础管理流程标准	最佳实践流程标准
5.7 财务报告管理			
5.7.1	财务报告编制准备	• 全面清查资产、核实债务，对有变动的资产和负债，按照确认和计量标准重新进行确认和计量 • 及时完成财务的对账和结账工作 • 依据国家统一的会计制度的规定，对清查中发现的问题进行处理 • 将清查核实结果向组织相应机构汇报	• 建立财务报告编制及发送流程，明确财务报告的编制要求和审批发送途径 • 核实会计核算对国家会计政策的遵从性 • 核实财务报告期内会计政策的调整是否需要对相关项目进行调整，并依据会计政策实施调整
5.7.2	编制财务报告	• 根据总账、明细账及其他财务资料，编制财务报表及附注 • 对投资占50%以上的分公司或拥有实际控制权的公司编制合并财务报表 • 编写财务状况说明书，并整合财务报表，形成财务报告	• 报表编制的完整性、合理性、正确性和真实性经过认真审核 • 保持财务报表项目的列报在各会计期间保持一致，不随意变更 • 向不同的使用者提供的财务报告，应保持编制依据、原则、方法的一致性
5.7.3	对内报送报告	• 按照财务负责人指定范围，发送财务报告	• 建立财务报告内部获取流程，并及时维护组织内部财务报告接收人员清单 • 非报告发送范围内人员，必须经过审批方可向其发送财务报告
5.7.4	对外披露报告	• 在国家会计制度规定的期限内，及时提供财务报告 • 财务报告对外披露必须经过财务负责人及总经理的审批后方可进行 • 对外提供的财务会计报告依次编订页数，加具封面，装订成册，加盖公章 • 对外提供的财务报告应由总裁、财务总监、会计事务所负责人签字、盖章	• 建立财务报告的对外披露制度和流程，并严格依据制度和流程实施 • 年度财务报告对外披露前，必须经过合格的会计事务所审计
6.0 财务分析			
6.1 财务分析设计			
6.1.1	建立财务分析制度	• 明确财务分析模型服务的层级、目标或对象 • 对组织当期的财务状况、经营情况、资金运用情况等进行评价 • 对组织未来财务绩效进行预测	• 建立清晰明确的财务分析制度和流程，对财务分析的模型、内容以及输出周期、汇报层级及路径进行明确的说明 • 明确财务分析输出要求，并定期向组织管理层进行财务分析汇报，支撑管理层的经营决策
6.1.2	财务分析模型	• 建立适合组织经营特点的财务分析模型，确定分析的重点、原则和方法 • 根据历史经营绩效分析和比较，了解影响组织绩效的各类因素、影响方式和影响程度 • 依据组织战略、发展规划、外界环境变化等因素对未来绩效水平进行预测	• 充分借助并熟练使用财务分析软件，建立适合组织特点的财务分析模型，例如借助Excel软件

(续表)

流程层级		标准等级	
		基础管理流程标准	最佳实践流程标准
6.1.2	财务分析模型	• 依据预测，分析组织的各类财务指标估值，选择适当的评价方法对企业当前的财务绩效做出判断	• 定期评估财务分析模型的有效性，及时对组织财务分析模型进行优化
6.2 财务分析实施			
6.2.1	实施财务分析	• 定期对资产负债表、现金流量表、利润表等财务报表进行分析 • 依照财务分析模型，输出财务分析报告 • 财务报告应明确财务分析的目的、方法、步骤，并对组织在生产经营中对财务绩效有重大影响的事项进行说明	• 选择合适的分析方法(回归分析法、比率分析法、因素分析法等)进行财务分析与计算 • 对比及预测在财务分析报告中被一贯使用 • 财务分析报告中应包括对组织运营调整的建议
6.2.2	财务分析结果运用	• 明确财务分析报告报送的内部程序和使用范围 • 经审批通过的财务分析报告，根据要求向相应部门传达 • 各业务单位应对财务分析报告中提及的问题进行整改和监控	• 按月度召开财务分析报告汇报专题会议，为组织经营决策提供输入 • 管理层对财务分析报告提及问题和建议进行讨论，并做出行动决策 • 设置专人、专岗对行动决策执行情况进行监控，并反馈实施效果 • 总结财务分析报告过程中的经验与教训，力求提升财务分析报告能力
7.0 税务管理			
7.1 税务筹划			
7.1.1	制定国内、国际纳税策略	• 结合组织自身经营特点、财务状况、纳税情况来制定税收筹划的重点 • 对组织经营区域的税法进行研究，合理利用税收优惠政策，制定符合组织特点及当地税法的税务筹划方案 • 跟踪税务环境的变化，从税务风险、节税等方面对税务筹划方案进行调整	• 建立并定期优化组织税务管理制度，对税务处理的内容、流程、工作周期、工作职责进行说明 • 制定整体的全球性最优税务策略和方案，实现组织整体税务方案最优 • 结合组织长期发展战略来制定税务策略，不局限于一时的税收减少
7.1.2	制订组织总体纳税计划	• 依据税收策略制订年度纳税计划 • 明确应纳税种和税率，并对各类税种的纳税时间和金额进行初步预算 • 按月度对纳税计划进行滚动刷新	• 根据纳税策略，结合资金调配计划制订纳税计划 • 保持与税务管理部门关于纳税计划的沟通，特别情况下，取得税务管理部门的理解和支持 • 围绕纳税策略，从规避税务风险和节税角度，获取组织相关节税、退税等资质
7.1.3	维护税务数据	• 依据税法及税务部门税务管理要求和程序，对组织税务进行登记、维护 • 设立税务账簿，并设定账簿的种类和权限，定期对账簿和凭证进行检查、保存 • 财务年度终了，对税务各种账簿、凭证等相关资料进行装订、编号并归档 • 按照税务部门要求，进行发票的申领、保管、使用和核验	• 及时跟踪国家和区域税务政策的变化，对组织的税务相关资质进行及时维护 • 根据组织税务资质的变化，及时向税务管理部门申请资质变更，并维护组织税务管理系统相关的税种和税率

(续表)

流程层级		标准等级	
		基础管理流程标准	最佳实践流程标准
7.2 税务处理			
7.2.1	纳税核算	• 依据应纳税种，准备相关科目的总账、明细账及会计凭证 • 明确纳税范围，核算可抵扣纳税的相关发票及其他凭证 • 明确本组织对应的各项税种税率，并初步核算纳税额 • 纳税核算需经过财务负责人及总经理审核、审批	• 依据国家会计准则，结合组织情况，制定纳税核算规则和纳税核算指导书，依据指导书开展组织纳税核算工作 • 纳税额核算应按照国家统一的会计制度规定进行，收入、费用、利润的核算规则应保持统一、稳定
7.2.2	纳税申报	• 按照税务部门规定的时间及方式，及时、准确地进行纳税申报 • 在向税务部门进行正式申报前，纳税申报表应经过财务负责人审核	• 保持与税务部门接口人的沟通，了解纳税相关新政策 • 对特殊原因的延期申报，应在规定的时间内向税务部门进行书面延期申请，经核准后，在核准的期限内进行申报
7.2.3	税款缴纳	• 在税务部门规定的期限内，及时、准确进行纳税额缴纳 • 对税费缴纳进行适度授权，确保资金安全	• 因特殊原因或不可抗力造成延期缴纳的，应在规定的时间内向税务部门进行书面延期申请，经核准后，在核准的期限内缴纳
7.2.4	退税	• 及时了解掌握国家关于退税的法规和政策 • 清晰了解组织可以享有的退税优惠及退税方式(出口退税、再投资退税、复出口退税、溢征退税) • 按照国家有关退税管理制度的规定，向税务部门申请退税 • 保持与税务部门的沟通，及时跟踪退税资金的到账情况	• 依据国家税法，结合组织实际情况，制定退税规划和方案 • 根据国家退税优惠政策，财务部门应在法律、法规允许下，积极申报组织的退税资质 • 依据退税规划和方案实施退税，并监控税收政策变化，及时修正退税方案
7.2.5	管理税务风险	• 保持与税务部门合理的沟通，确保正确遵循国家税收法律和法规 • 加强对政策的学习，准确把握税收政策 • 及时评估组织税务风险，制定风险应对措施	• 建立财务内部控制系统，依据内部控制系统，提高组织税务风险防范能力 • 定期对税务风险内控手段进行评估，保持税务风险控制措施的持续有效性
8.0 融资与投资			
8.1 融资			
8.1.1	融资需求	• 财务部门收集年度融资需求 • 各业务部门根据年度规划，制订资金使用需求计划 • 财务部门根据组织战略发展规划、生产经营状况以及资金状况，对资金需求进行预测	• 财务部制定组织融资管理制度，依据融资管理制度组织融资需求制定 • 融资需求不仅考虑组织生产经营的需要，也兼顾投资需要 • 融资需求既要关注年度经营规划，又要考虑组织长期发展战略目标

(续表)

流程层级		标准等级	
		基础管理流程标准	最佳实践流程标准
8.1.2	设计融资方案	• 根据资金需求预测，结合内部筹资情况，确定外部筹资金额 • 根据组织管理需要，结合风险，确定筹资渠道、方式以及筹资结构 • 制订具体筹资计划，并由相应权限人员进行审批	• 制定不同融资渠道的备选方案，并分别分析对应风险 • 对融资成本及收益进行分析 • 结合国际融资，对利率变化趋势进行分析预测
8.1.3	方案实施	• 财务部根据已经获得批准的融资方案执行融资计划，获得融资 • 与融资对象签订相应的融资合同，关注法律遵从 • 核实融资到账，处理相应账务	• 财务部应及时核实融资凭证，确保实际融资与合同约定相符，并符合国家法律要求 • 与出资方保持密切沟通，确保融资合同顺利执行
8.1.4	贷后管理	• 定期计算融资利息，并按照合同约定偿还本息 • 对非货币偿还方式的，需对偿还物进行价值评估 • 对融资效果进行分析、评价，并上报组织管理层	• 收集与融资相关资料，对融资效果进行客观评价、考核 • 必要情况下，引入专业机构对非货币方式的融资偿还进行第三方价值评估 • 对融资效果进行评估，总结经验教训，完善融资管理制度
8.2 投资			
8.2.1	选择投资项目	• 根据组织既定的投资战略进行投资项目选择 • 在组织核心竞争力范围内选择投资项目 • 基于组织投资能力(资金实力、现金流状况、融资能力)选择投资项目	• 建立投资管理流程及相应机制，对选择项目的标准和范围做出说明 • 成立投资管理部门，对投资项目选择、评估、过程监控负责 • 征求组织高层管理者的投资倾向，与组织投资战略进行结合
8.2.2	投资项目评估	• 依据初步选定的投资项目从以下方面对拟投资项目进行评估： ◆ 必要性评估，即投资项目对组织发展的作用及价值 ◆ 可行性评估，包括资源可行性、技术可行性、社会可接受度 ◆ 项目经济数据评估 ◆ 财务盈利能力评估 ◆ 风险评估 • 输出完成的投资项目评估报告	• 综合使用投资项目评估方法，包括费用效益分析法、成本效用分析法、多目标系统分析法 • 分析投资项目的就业效果和节能效果 • 评估投资项目对环境保护的影响 • 对投资项目所在国家的政治、经济和社会状况进行总体评价 • 必要情况下，引进专业评估机构对拟投资项目进行评估
8.2.3	投资项目审批	• 依据投资项目评估报告，并按照组织投资项目审批流程进行项目审批 • 对多个可能的投资项目优先级及对应的投资金额进行决策	• 采取专业投资委员会方式对投资项目进行集体决策 • 多个投资项目的审批应考虑项目之间的依赖关系 • 根据项目级别，上报董事会进行审批

(续表)

流程层级		标准等级	
		基础管理流程标准	最佳实践流程标准
8.2.4	制订投资计划	• 对审批通过项目制订详细投资计划,投资计划至少包括项目介绍、项目预测、项目资金到位步骤及计划等 • 关于投资计划应与财务部门、项目实施部门充分沟通,达成一致 • 投资计划应通过组织相应权限人员审核、审批	• 项目投资计划中应明确投资计划与其他事项的依赖关系,并对存在依赖关系的事项进行分析 • 投资计划应对投资风险控制进行详细说明 • 应指定专门部门负责跟踪项目投资计划的执行
8.2.5	执行并监控投资	• 严格按照投资计划实施项目投资活动 • 对项目投资计划实施过程进行监控,及时向管理层进行反馈 • 将项目投资进展与预测进行比较分析,针对问题制定改进方案并实施	• 建立投资项目进展监控及反馈机制 • 定期向管理层进行汇报,根据高层决策实施项目调整 • 必要时,由审计部门对项目实施进展进行审计
9.0 财务审计管理			
9.1 外部审计			
9.1.1	选择外审机构	• 考虑外审机构(会计师事务所)的专业能力、独立性、职业规范 • 选择的外审机构应遵守中国注册会计师审计准则 • 与外审机构签订业务约定书,明确委托目的、责任和义务	• 选择外审机构时,应对外审机构的声誉和业绩进行综合考虑 • 对外审机构审计过程的质量控制机制进行考察
9.1.2	协助实施外部审计	• 应设置专人负责外部审计的协调工作,并全程对外部审计工作进行监控 • 向外部审计机构提供的资料应经过组织内相应的审批 • 外审人员对组织内部人员的访谈,应经过外审协调人来预约安排	• 向外部审计机构提供的资料应注明时间、用途,并签章 • 外部审计机构进场前,应提供审计计划书,并经财务负责人及组织总经理审批
9.1.3	审计报告接收及改进	• 组织管理层应对审计报告中涉及的会计报表的真实性、完整性进行声明 • 外部审计发现的问题应由相应部门负责整改落实	• 外部审计发现的问题,应作为重点监控事项被纳入内部审计 • 外部审计发现问题应进行闭环处理 • 对外部审计机构服务满意度进行评估,作为后续合作的参考
9.2 内部审计			
9.2.1	建立内部审计制度和流程	• 组织应建立内部审计职能及内部审计制度 • 审计职能部门应根据组织内部审计制度制订年度审计计划 • 审计人员应保持相对的独立性,按照既有的审计流程实施审计,并有恰当的汇报途径 • 内部审计发现问题应及时进行闭环处理	• 组建审计部及审计委员会,负责组织内部审计工作 • 针对经营审计、管理审计、财务审计、岗位审计制定不同的制度和流程 • 具有稳定、有效的审计方法和工具,并借助IT技术实施审计

(续表)

流程层级		标准等级	
		基础管理流程标准	最佳实践流程标准
9.2.2	货币资金审计	• 现金审计应由内审人员、出纳人员、会计主管共同在现场对现金进行清点 • 抽查3个月现金日记账，对现金收付进行审查，审核原始凭证 • 对银行存款、其他货币资金进行审查	• 出纳应在现金审计前将全部现金暂时封存，并将全部凭证入账 • 抽查6个月现金日记账，对现金收付进行审查，审核原始凭证 • 依据审计报告发现的违纪问题要进行追责
9.2.3	存货审计	• 对材料采购过程进行审查，包括订货合同、采购成本、验收入库、采购成本计算方式、材料采购的账务处理 • 对库存材料进行盘点 • 审查生产用料计划及实际出库物料的真实性	• 审查材料采购成本的构成项目是否正确 • 审查采购费用的分配比例是否合理，采购成本是否合法、正确 • 重点关注库存物料出入库程序的合理性，要规避舞弊行为
9.2.4	长期借款审计	• 核实年内新增及减少的长期借款，审查借款合同的授权审批以及会计记录和原始凭证 • 检查逾期借款是否办理延期手续，并对一年内到期的长期借款的账务处理进行审查 • 审查长期借款利息的账务处理	• 如有非本币借款，审查折算汇率的账务处理 • 检查长期借款在资产负债表中的披露情况
9.2.5	产品成本审计	• 审查材料价格与直接材料费用的分配比例 • 审查人工费用、制造费用的项目合理性和正确性 • 审查制造辅料的费用分配情况 • 审查产品结存量及计价方法、产品成品量及成本的计算	• 审查产品成本构成比例的合理性 • 根据产品成本审计，提出降低产品成本的可能性及备选方向 • 向研发、制造部门反馈产品成本审计结果
9.2.6	利润审计	• 对销售过程(包含定价)进行审核，审查销售过程是否符合组织相关制度 • 审查销售发货明细是否正确，审查销售成本的结转是否合理 • 审查税费处理过程是否正确	• 审查销售业务账务处理是否符合会计准则 • 审查组织利润账户，核对与其他账户之间的一致性

第16章 人力资源管理流程标准

16.1 人力资源管理流程研究框架

人力资源管理流程分为8个部分(见图16-1)：人力资源战略与政策、组织管理、人力资源获取与配置、人才培养与发展、领导力与干部管理、薪酬福利与激励、员工关系管理、人力资源基础服务。人力资源战略与政策是人力资源工作的起点，为人力资源各项工作提供方向和输入；员工沟通与关系、人力资源基础服务则为基础和支撑工作，为人力资源核心业务正常运行提供保障。

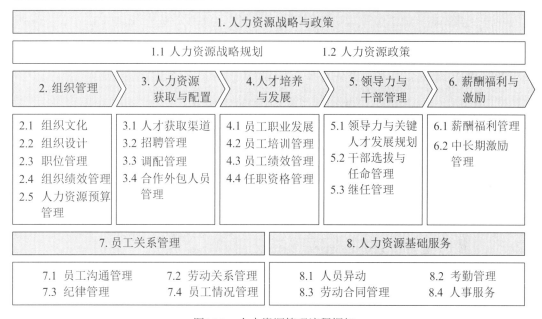

图16-1 人力资源管理流程框架

16.2 人力资源管理流程研究方法

人是生产力诸要素中最活跃的要素。当代企业管理是以人为中心的管理，人是知识、信息、技术等资源的载体。人力资源是企业最宝贵的资源，企业间的竞争归根结底表现为人才的竞争。

人力资源管理流程标准集成了多个行业的标杆组织的人力资源管理模式，以及多位人力资源专家及企业的实践经验，在编写过程中主要参考了如下内容。

(1) 国家法律法规，例如《中华人民共和国劳动法》《中华人民共和国劳动合同法》《职工带薪年休假条例》《劳动争议调解仲裁法》《违反和解除劳动合同的经济补偿办法》《社会保险费征缴暂行条例》等。

(2) 国内外人力资源管理标杆企业流程管理实践。

(3) PEST分析法、SWOT分析法、结构化面试法、360度绩效考核法、关键事件法、胜任特征模型、人才模型等。

(4) 人力资源领域的专业书籍及期刊，相关书籍包括美国雷蒙德·A.诺伊等所著的《人力资源管理》、中国就业培训技术指导中心所著的《企业人力资源管理师》(一二三级)、美国克雷曼所著的《人力资源管理：获取竞争优势的工具》，相关期刊包括《中国人力资源社会保障》、*Human Performance*(《人类绩效》)、*Research in Organizational Behavior*(《组织行为研究》)等。

16.3 人力资源管理流程标准指南

依据人力资源管理研究框架及方法，本指南将人力资源管理各层级流程关键要素按照"基础管理流程标准"和"最佳实践流程标准"进行呈现(见表16-1)。

表16-1　人力资源管理流程标准

流程层级		标准等级	
		基础管理流程标准	最佳实践流程标准
1.0 人力资源战略与政策			
1.1 人力资源战略规划			
1.1.1	内外部环境评估	• 解读组织战略，明确组织战略对人力资源战略规划的要求 • 对组织内部人力资源状况有直观判断和简单数据分析 • 对经济环境、社会政策、劳动政策和外部招聘市场进行简单分析	• 洞察行业发展与趋势、人力资源市场的情况，对内部人力资源需求与外部供给有充分的判断与预测 • 盘点现有人力资源，对组织内部人员供需、结构等状况进行分析，包括人员数量、能力、结构，评估现有人力资源与组织战略要求的匹配度 • 通过行业标杆人力资源实践研究与差异性分析，寻找自身优势，确定组织人力资源未来发展方向
1.1.2	制定人力资源战略	• 根据业务发展，确定组织中长期人力资源需求数量、素质和结构目标 • 根据内外部人才供给，明确人才获取渠道和比重 • 明确人员结构配置、培训开发战略，满足组织业务发展要求 • 关注业务与职位的匹配度	• 综合组织战略和人力资源盘点现状，明确人力资源愿景、使命和战略 • 预测人力资源供求情况，规划人力资源数量、素质与结构 • 制定组织长期的核心人才队伍规划 • 制订战略人力资源职能活动规划、重点工程与具体行动计划 • 对各功能模块(招聘、培训等)进行系统性分析及规划，以满足未来的人力资源战略要求及目标 • 识别人力资源相关风险，有充分的预案及应对措施

(续表)

流程层级		标准等级	
		基础管理流程标准	最佳实践流程标准
1.2 人力资源政策			
1.2.1	政策制定	• 为了保证开展业务所需人员，制定相应人员吸纳、发展和留持等政策	• 构建人力资源管理机制，包括管控模式、制度以及专项问题处理等 • 通过对政策的制定和分解，明确各职能模块可行的举措，确保其可执行 • 将举措整理成具体的制度，并文件化管理
1.2.2	政策执行与监控	• 有专门人员对政策落地进行跟踪，并按计划通报进展	• 建立政策运行与评估闭环，通过定期的审视，获取并分析政策的落实情况 • 通过对与目标的差距进行评估和分析，制定相应的改善方案并执行 • 关注组织及人力资源战略规划的变化，对政策进行调整
2.0 组织管理			
2.1 组织文化			
2.1.1	组织文化核心构建	• 理解组织战略，了解战略对组织文化的要求 • 收集组织发展过程中形成的宗旨、使命、愿景和组织一贯遵从的价值观的相关材料 • 了解组织创始人的创始理念和设想 • 了解组织各层级员工对文化的感受和期望 • 提炼文化核心理念，形成文件指导文化表层构建和文化贯彻	• 通过资料获取、问卷调查和访谈等方式，收集组织文化相关内外部信息 • 对组织核心价值观、经营理念、组织精神、主要文化问题和文化变革等因素及趋势进行分析，形成组织文化诊断报告 • 根据组织发展战略，选择最适宜的组织文化建设目标模式 • 对文化核心理念进行提炼和创新，形成核心理念的诠释文件(组织文化发展纲要)
2.1.2	组织文化表层构建	• 基于组织文化核心内容，在组织行为文化、形象文化方面进行构建和扩展 • 制定组织成员的行为规范，明确组织对成员的道德行为、日常工作行为等要求 • 通过组织文化的可视化窗口、标识来塑造组织形象，形成组织独特的形象标识	• 制度层：根据组织自身特点，梳理适配文化核心的配套管理制度 • 行为层：在不同维度制定相应的行为准则，形成组织行为文化，包括整体的道德行为准则、日常行为规范等，还包括适用某些范围的行为要求、商业道德规范等 • 形象层：形成组织的形象标识，形象标识简洁明确、符合一致性和传承性

(续表)

流程层级		标准等级	
		基础管理流程标准	最佳实践流程标准
2.1.3	组织文化贯彻与宣传	• 组织高层关注组织文化贯彻宣传工作，有相关人员负责这项工作 • 形成承载组织文化的实物，比如文化宣传手册、行为规范手册、印有形象标识的海报或日常用品等，便于组织文化的贯彻与宣传 • 在组织的不同范围内，不定期对组织文化的核心内容、行为文化和形象文化进行贯彻与宣传	• 制定组织文化贯彻宣传的方案和行动计划，以保证执行到位 • 有专门的部门或人员对组织文化的贯彻和宣传工作负责，负责推进组织文化会议、组织文化活动、组织文化实物规范等工作 • 规范管理组织文化运行 • 制定组织文化培训方案，分层级开展组织文化宣讲或会议 • 检查文化行为实施情况，规范处理违规情况 • 分析文化贯彻中的问题，调整贯彻方式和内容，必要时更新组织文化内容
2.1.4	组织文化活动开展	• 根据组织文化宣传和组织氛围需求，开展组织文化活动 • 在国家或组织重大节日组织必要的活动，遵从党团工青妇活动要求，开展活动时注意组织与人员安全 • 组织文化活动开展，遵从活动策划、活动准备、活动实施、活动总结工作步骤，对组织文化活动进行记录	• 在文化宣传、团队建设、员工关怀方面，按年度或季度制定明确的组织文化活动计划，组织给予相应的经费和人员支持 • 明确各部门承接组织文化活动的相应兼职人员 • 组织文化活动有延续性和传承性 • 定期评估各类文化活动的效果，取消或创新文化活动，保持组织良好氛围
2.2 组织设计			
2.2.1	组织架构设计	• 根据业务管理活动的性质与技能相似性，进行组织架构设计 • 管理幅度和层级符合组织现有的管理能力 • 矩阵化、扁平化的组织形态是组织发展的趋势	• 梳理组织价值创造过程，以主业务运作流程为基础设计组织架构 • 组织架构的设计考虑了组织发展战略，对战略及外部环境的变化能够快速灵活地反应 • 研究竞争对手和标杆组织架构，分析其对本组织架构优化的可借鉴之处 • 选择适配的组织架构模式 • 考虑组织资源和运作现状，设计出不断优化的组织架构，逐步达成理想架构
2.2.2	责权划分	• 有明确且经过组织内部正式颁布的职责与权力的描述 • 通过适当的授权，培养和提升下属的管理能力	• 对各部门使命及关键职责进行界定，规范阐述部门定位和主要职责 • 明确各部门在主要职责上的决策流程和汇报关系 • 根据组织发展的阶段，采用合理的集权与分权设计 • 确保权责对等，增加管理者的责任感，避免权力的滥用 • 避免过分的集权及过于分散化的分权，做到因事设职而非因人设职

(续表)

流程层级		标准等级	
		基础管理流程标准	最佳实践流程标准
2.3 职位管理			
2.3.1	职位筹划	• 将部门职责分解到具体职位 • 梳理部门内各职位相互关系，纵向考虑职位的晋升发展通道，形成以部门为单位的职位群 • 将职位群汇总成组织整体的职位体系，用于规范各部门职位设置	• 对组织战略、经营与业务运作模式进行分析，划分业务功能及子功能 • 梳理职位现状，划分职族、职类，经审批形成职位族类划分表 • 设计职业发展通道，分析每个职位的任职水平，将职位划分为不同的层级 • 设定各层级任职资格标准，对员工进行培训和定期评审，给予职位调整 • 设计职业通道转换规则，根据组织和个人发展意愿调整员工职业发展通道
2.3.2	职位分析	• 明确职位信息来源，基于任职者的主要活动及工作关系进行分析 • 研究职位对任职者的要求，明确合格任职者的业绩标准 • 通过规范的文档格式固化工作分析的结果(职位说明书)，为组织人力资源管理者提供有效的参考依据	• 运用定性或定量方法，收集与职位相关的三类信息：职位工作的外部环境信息、与工作相关的信息和与任职者相关的信息 • 整理职位相关信息，运用恰当的方法、工具进行分析与综合，形成职位说明书(包括职位描述和任职资格) • 针对职位分析的不同用途(组织优化、招聘甄选、培训开发、绩效考核与薪酬管理等)，对职位分析的信息有所侧重，形成职位分析报告
2.3.3	职位评估	• 对比分析职位内容、任职要求和在组织中的价值贡献 • 分析职位任职者在外部市场体现的价值 • 综合职位内外价值分析结果进行排序，确定职位相对价值	• 确定需评估的职位范围，选择有代表性的标杆职位 • 选择职位价值评估要素，界定要素指标和等级定义，并赋分 • 进行标杆职位的价值评估，横向比较评估结果的合理性，纵向比较不同层级职位价值评估结果是否真实反映差距 • 分析评估结果，对职位评估方案进行修正 • 将修正后的职位评估方案扩展至非标杆职位，完成对所有职位的评估，建立职位价值序列
2.3.4	职位体系维护	• 在组织中明确建立统一的职位体系 • 新员工录取定岗和职位晋升或调整时，使用职位体系 • 特殊情况造成职位增加、减少，或职位要求、职责变更时，分析评估并做出职位体系调整的决策	• 监控组织内职位体系的运行状况，及时对相关职位体系进行更新与维护 • 通过对组织一定时期内的职族、职类及职位的变化，分析组织人才结构的变化

(续表)

流程层级		标准等级	
		基础管理流程标准	最佳实践流程标准
2.4 组织绩效管理			
2.4.1	组织绩效指标与目标值设定	• 明确组织经营目标，找出业务要点，分析关键驱动因素，根据关键驱动因素确定组织级关键绩效指标 • 对组织关键绩效指标进行分解，确定相关的要素目标，结合部门职能分析关键结果领域(KRA)，确定部门关键绩效指标 • 通过设定指标权重，保持各指标间的均衡性 • 与绩效承接单元就绩效指标及目标达成一致，并形成书面承诺 • 绩效目标、指标及指标值的设定符合SMART原则	• 根据组织的战略与经营目标，将战略转化成企业自上而下各层级的目标，并设定短期及长期绩效目标 • 组织绩效指标突出战略关键因素，且指标数量精简可控，不采用成本过大且管理提升效果不明显的绩效指标 • 流程绩效在组织绩效分解过程中起到至关重要的作用
2.4.2	组织绩效实施、监控与评价	• 定期进行组织绩效考核 • 定期审视组织绩效的运行状况及目标达成情况，必要时进行适度的修正及调整 • 对差异原因进行分析并督促改进 • 通过年度考核，进行总体分析，并为下年度目标提供参考	• 建立针对性的组织绩效管理制度，确保组织绩效的顺利实施 • 各部门负责人以述职的方式对工作及绩效情况进行陈述和解答 • 将组织的各绩效承接单元的年度考核结果，作为绩效薪酬的依据
2.5 人力资源预算管理			
2.5.1	人力资源预算管理	• 根据价值量和工作量指标，确定各职位人员结构 • 在现有的业务、市场及产品状况的基础上，通过以往的经验、经营状况推测未来的岗位编制需求 • 将人力资源需求传递给招聘部门落实	• 将经验预测法、劳动效率定编法及业务流程分析法等方法结合起来，参照行业优秀案例来预测本组织的岗位编制需求 • 将岗位编制需求转化为具体的人力资源计划，即接替晋升计划、人员补充计划、素质提升计划、退出淘汰计划等，明确各级组织管理者的管控责任 • 人力资源部门人员随时监控组织变化，及时调整岗位编制

(续表)

流程层级		标准等级	
		基础管理流程标准	最佳实践流程标准
3.0 人力资源获取与配置			
3.1 人才获取渠道			
3.1.1	开发人才获取渠道	• 根据人才需求，分析并明确相应的招聘渠道，通常包括： ◆ 内部招聘 ◆ 外部机构/猎头 ◆ 招聘网站 ◆ 现场招聘会 ◆ 校园招聘 • 明确各种渠道的组织分工及职责	• 建立组织内部人才获取流程，保持组织稳定和支持员工职业生涯发展 • 开发外部招聘渠道(校园招聘、招聘网站和猎头招聘)，评估渠道的适用性 • 与目标学校建立良好的长期战略合作关系，提升人才获取的效率及质量 • 根据组织的业务战略及人力资源状况，采取人才和业务外包进行招聘替代 • 创新人才获取渠道： ◆ 社交招聘，即将员工和客户、合作方纳入推荐主体 ◆ 智能招聘，即采取AI程序，协助面试官开展人才招聘 • 分析岗位需求，建立渠道组合策略，增加渠道运用的灵活性
3.1.2	人才渠道维护	• 定期(年度)进行人才渠道的效果分析 • 依据分析结果进行不合格渠道的清退及新渠道的引进	• 建立人才渠道的效果评估标准，定期对现有渠道进行评估 • 定期与人才获取渠道进行交流与沟通，建立良好的合作关系 • 根据招聘效果定期评估渠道，并引进替代渠道或组合策略
3.1.3	人才库建设	• 建立组织的人力资源备选人才库 • 及时将暂时未录取的合格候选人信息录入人才库 • 人才库作为后续岗位需求的优先选项	• 根据人才的来源和价值差异，分类设立人才库 • 明确需求岗位，筛选候选人资格，将合格者信息及评估意见导入人才库 • 及时获取并维护入库人才信息 • 及时处理录取后的人才信息，并定期清理不符合组织需求的人才库信息 • 确保人才库信息安全、保密
3.2 招聘管理			
3.2.1	需求分析及计划	• 根据人力资源规划，用人部门根据实际业务情况提出用人需求 • 招聘负责人汇总用人需求，并进行沟通与分析，明确招聘人数及详细的招聘需求 • 招聘需求及计划由人力资源业务负责人批准，满足组织的战略	• 审视招聘职位工作说明书及工作规范，确保招聘需求信息的准确性及完备性 • 基于组织长期人才储备与发展要求，关注应届毕业生的招聘需求 • 通过详细的需求分析，明确招聘渠道，确保招聘效果及成本合理可控 • 高层管理者或其委托人负责招聘需求及计划的核准 • 优先利用人才库，满足重要岗位招聘需求，关注稀缺人才的招聘

(续表)

流程层级		标准等级	
		基础管理流程标准	最佳实践流程标准
3.2.2	人员招募	• 招聘负责人编写招募信息，保证招募信息的客观与真实 • 选择合适的渠道发布招募信息，收集求职者简历等材料 • 计划外的招聘需求由相关责任人批准	• 分析组织优劣势，明确组织自身在人才市场上的位置，支撑招募策略制定 • 确定招募策略，设计招募方案，测算招募成本，设计并发布招募广告 • 实施招募活动，提前宣传，及时准确解答求职者的疑问 • 收集候选人求职信息和资料，进行初步分类
3.2.3	甄选录取	• 相对固定的人才测试程序(含笔试及面试) • 评估候选人各项能力，确定与需求的匹配度 • 除了知识、技能的评估外，还应关注应聘者的态度、个性、内驱力等素质 • 通过恰当的背景调查方式核实候选人信息 • 综合评估并确定录取结果，沟通跟进候选人的意向	• 依据人才获取渠道及岗位类别设置不同的人才测评流程 • 设置科学的笔试及面试，确保真实反映候选人的能力 • 创新人才选拔模式和方法，包括模拟情境测试、心理测试等，确保候选人才与需求的匹配 • 将候选人对组织文化及价值观的认同作为关键测评要素 • 必要情况下，引进专业的人才测评机构协助进行关键岗位人才甄选 • 与拟录取者沟通录取意向，明确录取条件
3.2.4	内部竞聘	• 通过对候选人的调查，充分了解其个性及组织文化认同度 • 采用综合评判标准，对候选人专业能力、知识、态度及性格等方面进行考量	• 采用内部竞聘方式选拔优秀的中基层人才，充分调动员工的积极性及工作热情 • 建立真实、客观、公平的竞聘机制，确保竞聘的有效性 • 以岗位说明书的形式公开岗位信息，提高竞聘的效果及效率
3.2.5	校园招聘	• 针对校园招聘的需求制定有针对性的招聘策略 • 以项目方式开展校园招聘工作，具有详细的方案、合理明确的工作分工及计划安排	• 提前入校进行宣传，尽早让学生了解组织的影响力及优势 • 通过合理、高效的招聘会组织与协调，给优秀毕业生留下良好的形象 • 有针对性的宣讲内容，给优秀毕业生更大的吸引力 • 与有意向的优秀毕业生签订违约条款，规避双方的风险
3.2.6	社会招聘	• 更加关注应聘者的经验而非学历 • 设置合理的面试轮次，关注能力、经验、素质等要素 • 关注在职应聘者可到岗时间 • 实事求是回复应聘者的关切	• 除经验与能力外，还应将应聘者的稳定性和成就动机作为关键因素进行考察 • 客观评价应聘者与需求岗位的匹配度，不拔高或降低对应聘者的任用 • 用人部门与人力资源专家协商，综合评判应聘人员是否录用

(续表)

流程层级		标准等级	
		基础管理流程标准	最佳实践流程标准
3.2.7	试用考评	• 提出明确的试用期范围 • 评价试用期员工绩效，出具试用期考评意见，做出正式录用决定 • 特殊情况下适当延长试用期限	• 配备适合的引导人，对试用期员工进行专业和文化的融入指导 • 明确试用期工作目标和具体实施计划，并与员工达成一致 • 客观公正评价应聘人员试用期表现 • 采用流程规范试用期转正申请、评议及任用
3.2.8	招聘复盘	• 定期复盘招聘过程，评估人力资源获取的效果 • 分析效果不佳原因，进行策略和流程的优化，以便持续改进	• 每年定期进行人力资源获取的效益分析，定量分析新员工录取的质量 • 寻找影响招聘质量的原因，调整招募渠道、招募方案、甄选技术和流程等，持续提升人力资源获取效益

3.3 调配管理

3.3.1	员工调配	• 员工调配以各部门人力预算职级及人数为基准进行分析和评估 • 员工调配经过调入调出部门的同意 • 被调配员工积极完成工作交接、资产移交等手续，避免影响工作的正常开展	• 规范员工调动、晋升、降职、借调等员工调配流程 • 按照组织长远发展规划及人力资源结构的要求，结合员工个人意愿，对员工进行计划的调配和安排，提高人才的利用率 • 根据职位空缺，对绩效优秀且任职资格达到晋升标准者给予职位晋升，对于绩效不合格者予以降职或辞退 • 仔细分析调配对于组织和个人利益的影响，尽可能兼顾两者的利益 • 通过搭建平台、组织授权、资源整合等一系列手段，建立内部创业机制，实现在数字化技术背景下的新型人力资源配置方式
3.3.2	人员退出	• 组织人员的退出必须合法合规，包括： ◆ 因组织战略调整进行岗位削减时，需与原任职者协商，进行待岗培训或解除劳动关系 ◆ 严重违纪的，根据劳动合同法解除劳动关系 ◆ 达到法定退休年龄的，劳动关系正常解除，组织配合员工办理退休及领取养老金手续	• 组织人员退出建立在合法合规基础上 • 遵循自愿平等、友好协商的原则 • 未达法定退休年龄，经组织与员工自愿协商，员工退出工作岗位，组织根据员工工作年限支付一定的补偿金，双方解除劳动关系

3.4 合作外包人员管理

3.4.1	人员统筹	• 明确合作外包需求，评估并选择合作外包机构，签订合作协议 • 根据需要，适当地调整合作承包方人员	• 根据人力资源规划，确定外包岗位空缺，关注劳动合同法对外包人数占比的限制 • 关注合作外包业务的调整，对合作外包机构进行优胜劣汰，合理地配置合作外包人员，有效控制成本

(续表)

流程层级		标准等级	
		基础管理流程标准	最佳实践流程标准
3.4.2	人员日常管理	• 对合作承包方人员的出勤进行登记及记录 • 确保合作承包方遵守外包方的各项规章制度	• 建立合作外包人员管理流程及制度 • 根据合作外包工作性质及协议规定，对承包方人员的工作、绩效进行合理管控 • 及时处理合作承包过程中的问题 • 通过恰当的方式确保合作承包方派出人员的信息安全

4.0 人才培养与发展

4.1 员工职业发展

流程层级		基础管理流程标准	最佳实践流程标准
4.1.1	个人与环境分析	• 明确组织发展对人员发展的需求 • 关注有发展潜力的员工 • 根据员工个性、兴趣与意愿，与员工沟通并共同确定其职业锚	• 员工开展自身SWOT分析，了解个人优势、劣势，研究环境的机会和威胁 • 与员工充分沟通，就员工自身优势、劣势达成共识，向员工说明组织内部的职业生涯发展方向(纵向、横向或者核心方向)
4.1.2	职业生涯目标设定	• 协助员工开展职业生涯规划，让员工感觉到被尊重和重视，使员工能够发挥更大的作用，提高员工对组织的忠诚度 • 协助员工认清自己的强项和差距，重新认识自身的价值，并能够确定职业方向	• 员工职业生涯目标应结合个人能力、意愿与组织需求 • 员工清晰了解自身潜在的晋升机会、横向流动规划等是否与组织相符合 • 员工清晰设定自己的职业目标和方向，并为之而努力
4.1.3	职业发展路径设计	• 明确个人的短期和中长期职业发展目标 • 针对各阶段目标制定清晰、可执行的发展计划、措施和方案	• 引导员工分析职业现状与目标的差距，促使员工主动思考需提升的方面 • 系统设计短期职业发展目标，明确每个阶段应重点提升的能力素质及提升的程度 • 制定相关程序和方法，以支持和指导员工的职业发展
4.1.4	职业生涯管理	• 定期与员工沟通职业阶段目标的达成情况 • 根据员工发展给予必要的培训和实践机会以促进其成长	• 为员工职业生涯拟订发展计划 • 定期回顾员工职业发展实际状况，对职业发展目标、路径和措施进行及时修正，实现职业生涯规划的动态管理

4.2 管理员工培训

流程层级		基础管理流程标准	最佳实践流程标准
4.2.1	培训需求分析	• 培训需求由需求部门根据其需要提出 • 汇总组织各部门培训需求 • 培训需求由人力资源负责人批准	• 分析组织战略与环境、工作与任务、人员与绩效，明确培训目标和对象 • 分析现有培训资源(课程、教材、师资等)，明确培训内容和方式 • 关注应届生熟悉岗位工作流程及操作规范的情况，提升其专业知识和学习的能力 • 中高层管理者偏向于知识培训和素质培训，基层员工偏向于知识培训和技能培训

(续表)

流程层级		标准等级	
		基础管理流程标准	最佳实践流程标准
4.2.2	培训计划及预算	• 根据培训需求，制订详细的培训计划 • 根据培训计划预估培训费用，并由高层管理者审批 • 聘请外部机构或讲师培训要签订培训协议，通过费用审批	• 根据培训计划预测培训费用，分析培训与人力发展预算的匹配性 • 优先从组织内部挖掘和选择可供使用的培训资源 • 待开发的培训课程有明确的开发计划 • 已有培训课程优先选择评价高的授课讲师
4.2.3	培训组织实施	• 新员工培训时，应对组织的发展历程、宗旨、组织结构、各项人事制度等进行介绍 • 提前发出培训通知，并确保培训资料、场地、设备等安排妥当 • 关注培训现场管理，保证良好的培训出勤率及培训纪律 • 外送参训者遵守组织方的安排，维护好个人及组织形象 • 对培训资料进行统一的存档	• 组织的介绍着重于使新员工增强对组织文化及价值观的理解和认同 • 关注培训效果，采取灵活新颖的授课方式，避免"照本宣科"式讲授 • 外部培训开展前与讲师沟通培训需求和方式，确保培训目的达成 • 对高价值外部培训课程进行内化分享，使成果转化最大化
4.2.4	培训效果评估	• 培训完成后及时收集参训者的评估意见，包含课程的适用性、讲师授课的能力和培训组织工作满意度 • 外送培训后，除反馈培训效果外，还需提交学习心得 • 通过年度培训总结，关注培训计划符合度、培训计划安排的合理性和培训课程认可度，便于培训工作的持续优化	• 关注课程内容的适用性、受众获益情况 • 通过恰当方式(现场测评或考试、实战验证)检验培训效果 • 评估讲师专业能力及风格适应性，作为讲师成长(内部讲师)或后续讲师选择(外部讲师)的输入 • 重点考察参训者在培训前后行为的改变是否与预期一致 • 分析培训的成本收益情况，评估培训的经济性 • 利用数据分析、面谈及问卷等方式，深度分析培训工作的不足，并及时改进
4.2.5	培训课程开发	• 在组织内外部寻找相关课程，满足培训需求 • 明确课程开发费用及相关资源，确保课程合理、可控 • 简单有效的课程评审机制，确保课程的适用性 • 多种培训课件形式，包括语音、视频等，方便员工培训 • 通过建立课程库，便于课程的查找及获取	• 分析培训需求，评估课程开发的必要性与合理性 • 定制化地进行课程开发，使课程设计符合组织业务形态 • 通过课程试讲，关注受众的接受水平和感受，进行有针对性的优化和调整 • 通过定期和不定期对学员进行访谈，了解课程内容的适用性，持续优化课程

(续表)

流程层级		标准等级	
		基础管理流程标准	最佳实践流程标准
4.2.6	培训讲师开发	• 明确内部讲师的基本资格，界定讲师准入门槛 • 通过建立讲师数据库、设定讲师级别等，为讲师的管理提供基础 • 建立内外部讲师等级及对应的课酬标准 • 通过建立讲师级别升降、淘汰规则，更好地维护讲师资源 • 通过讲师的宣传，建立知识型、学习型的组织文化氛围	• 培训已经成为各级管理者尤其是高层管理者的重要工作内容 • 通过内部招聘、竞聘的方式开发讲师资源 • 匹配组织的战略与长远目标，规划并搜寻适合的外部培训讲师资源 • 定期组织讲师经验分享会，互相交流、促进，提升授课水平 • 制定讲师考核评估机制与标准，作为讲师晋级、课酬调整的依据
4.3 管理员工绩效			
4.3.1	绩效指标及目标制定	• 个人绩效指标来源于关键工作内容的提取 • 个人绩效指标要结合岗位职责，并能支撑部门绩效指标 • 绩效目标的设定满足SMART原则，具有一定的挑战性 • 与被考核者明确考核指标、目标及考核周期等	• 绩效指标由考评者与被考评者共同讨论制定 • 将战略转化成组织自上而下各层级流程绩效目标与计划，直到分解到岗位和个人 • 个人绩效目标从工作职责和内容中进行定量或定性提取 • 员工参与的流程活动和工作分析是个人绩效指标设定的基础 • 通过与被考核者签订个人绩效承诺责任书，提升其积极性及动力
4.3.2	绩效辅导	• 考核者关注被考核者绩效目标达成的结果胜过过程 • 考核者被动响应被考核者的工作求助	• 考核者更加注重对被考核者的绩效实现过程进行辅导 • 考核者主动与被考核者制订绩效目标达成计划 • 考核者及时关注被考核者工作过程，并给予恰当的辅导 • 考核者对被考核者工作的差错和问题进行及时的纠正，确保被考核者工作符合绩效目标方向
4.3.3	绩效考核方法及过程	• 根据职位层次、岗位职责，确定个人绩效考核方式、考核周期、考核方法、结果等级、考核权限等 • 制定规范的员工绩效考核流程 • 通过合理方式收集绩效指标数据，准确进行计算 • 设置明确的考核"关系树"，并定期更新 • 绩效考核客观、公正 • 对基层员工的考评更注重工作量化指标的达成情况	• 绩效考核流程规范、高效，适度采取IT技术来提高考核过程效率 • 依据绩效考评计划，借助IT技术收集考评数据 • 考核方式存在多种维度(工作结果、工作过程、周边配合、学习与成长等)，确保员工工作被合理评价 • 对管理层和基层员工在不同的考核维度权重设置上有所区别： ◆ 基层员工绩效考核主要应针对本职工作完成的情况 ◆ 管理层绩效考核注重工作业绩、管理能力、专业能力、职业操守

(续表)

流程层级		标准等级	
		基础管理流程标准	最佳实践流程标准
4.3.4	绩效结果反馈及应用	• 与被考核者进行正式沟通，告知考核过程及结果 • 肯定被考核者的能力及贡献，重点关注其不足 • 比对实际绩效与绩效目标，共同分析差距和原因 • 绩效结果作为员工收入、晋升等调整的重要依据 • 绩效结果作为组织优化的依据之一	• 与员工当面沟通绩效考核结果，并达成共识 • 建立申诉机制，保障员工合法权益，确保绩效考核公平、公正和客观 • 绩效辅导过程中关注员工可能的绩效结果，并充分沟通，避免绩效结果与员工认知产生较大偏离 • 合理利用绩效考核结果，协助员工制订改善措施和计划，实现员工绩效的持续改进 • 将员工绩效作为流程优化的输入
4.3.5	绩效改进	• 利用绩效考核结果，制定有针对性的改进方案 • 绩效改进方案具备实际操作性，有明确的"行动步骤" • 有针对性地开展员工绩效辅导，适时调整绩效改进方案 • 制定相应的培训方案，针对性地培养员工知识和能力	• 与员工共同分析其优势与不足，分析绩效差距的本因，并达成共识 • 结合绩效目标，协助员工制订绩效改进方案与计划，并辅导实施 • 创建宽容的氛围，鼓励员工创新和尝试新的工作模式和方法 • 关注流程优化，系统性改善员工绩效
4.4 管理任职资格			
4.4.1	建立职位体系	• 通过现有职位分析，建立职位信息及职类、职族的关系 • 对每个职类进行层级划分，分别为初做者、有经验者、骨干、专家和权威 • 明确各职类职业发展通道	• 基于工作分析的结果，确定工作职责，并形成职位信息 • 将工作性质、应负责任和知识技能要求相同或相似的职位归并在一起形成职类 • 将任职者职责和分工汇报关系相似的一组职位并入同一职族 • 对每个职类进行层级划分，分别为初做者、有经验者、骨干、专家和权威 • 除了初做者层级不细分职等，其他层级还可细分职等(如职业等、合格等、预备等)
4.4.2	任职资格标准开发	• 从各职类选取一定数量的标杆人物 • 访谈标杆人物获取其关键业务活动，并进行分析和提炼 • 定义各级任职位关键业务活动的知识、行为与技能 • 提炼出来的专业技能必须要有可操作性，能够用以评价判断 • 制定同一职类任职资格等级标准，相邻级别之间要有明显差异	• 通过各种渠道获取各职类关键业务活动(聚焦于业务目标的活动)，例如职位说明书、业务流程文件、问卷调查、人员访谈及业界先进经验等 • 对同职类业务活动进行归纳总结，形成该职类关键业务活动 • 基于关键业务活动提取标准的三项核心内容：知识、行为与技能 • 知识和技能要具有一定的前瞻性，不只是对现状的呈现 • 关键工作项要能反映业务能力的高低

(续表)

流程层级		标准等级	
		基础管理流程标准	最佳实践流程标准
4.4.3	任职资格定级评定	• 申请人对照相应等级的资格标准进行自评，并附以数据或关键事件进行证明 • 任职资格管理团队审核申请人专业经验，考核其知识、技能及行为标准是否达到 • 根据评定结果分配相应的职等 • 如果初次任职资格评定不通过，那么给予一次复评的机会	• 通过对任职资格的评定，确定职业发展起跑线 • 对较低的任职资格等级的评定，可放权，即业务部门自行开展 • 任职资格管理团队对每条行为准则逐条评议，关注证据或关键事件 • 根据评议意见，综合绩效、品德和素质等因素，确定评定结果 • 现职层的最高职等才有资格申报高一级职层认证
4.4.4	任职资格调整与管理	• 新员工在试用期后进行初次任职资格等级评价 • 关注多次未能升级的员工，制定针对性的改进方案 • 对初次直接申请认证管理类资格的员工，原则上进行低一级专业资格认证 • 按一定权重算出员工的任职资格总分，依据总分高低对员工进行排序，排序靠前的推荐升级，排序靠后的推荐降级 • 本组织符合"金字塔模型"人才结构，中高端人才偏少，基础人员较多	• 行为标准需要提供至少一年的工作成果，入职时间不满一年不能参加认证 • 已有多年本职位相关工作经历的员工，若其符合某职类任职资格标准要求，可以从对应职位要求的较高级别申请认证 • 员工在不同职类之间进行重新评定，通常从之前职类对等的等级开始 • 本组织符合"钻石模型"人才结构，骨干是组织的主力军，两端逐步递减

5.0 领导力与干部管理

5.1 领导力与关键人才发展规划

流程层级		基础管理流程标准	最佳实践流程标准
5.1.1	识别关键人才	• 通过岗位价值评估，识别关键岗位 • 对关键岗位的胜任员工进行胜任素质、业绩的评估，识别出关键人才	• 通过建立高贡献的关键人才标准，识别符合组织定位的关键人才，并建立档案 • 根据组织战略需求，明确关键人才的获取方式及渠道 • 优先选拔对组织忠诚度高的员工 • 建立关键人才身份的保密性措施，避免影响其他员工的心态和士气
5.1.2	培养和发展关键人才	• 建立详细的关键人才培养和发展计划，列明培养重点、内容、方式、激励及效果评估等，确保关键人才的培养有章可循 • 依据计划培养关键人才，为关键人才配备合适的高层管理者导师 • 及时对关键人才进行辅导，培养符合组织发展要求的人才	• 通过适时地授权和控制，增加关键人才的责任感和能力 • 通过导师制、轮岗、高校进修等多元化培育方式提高关键人才的综合能力 • 充分了解关键人才的个人诉求与发展意愿，为其提供施展才能的机会和发展通道 • 建立关键人才培养和发展保障机制，确保资源投入的持续性

(续表)

流程层级		标准等级	
		基础管理流程标准	最佳实践流程标准
5.1.3	激励和保留关键人才	• 定期进行考核与沟通，使关键人才能上能下，激发人才活力 • 了解并关注关键人才的需求和有效激励方式，制定向关键人才倾斜的留才政策和措施，避免关键人才外流	• 建立关键人才动态管理机制，明确关键人才的期限、入选条件及退出条件，让关键人才合理流动 • 对关键人才的考核关注其长远贡献 • 关键人才的薪酬具备外部竞争性 • 创造公正、公开、和谐、平等的工作环境和组织氛围，使关键人才对组织文化高度认同
5.2 干部选拔与任命管理			
5.2.1	干部选拔	• 定义明确的选拔条件 • 通过组织考察，确定合格的干部人员 • 建立规范的干部选拔程序，以指导干部选拔过程	• 通过组织推荐或个人自荐方式申请干部选拔资格 • 资格审查合格的多个优秀竞争者，通过考试、演讲、答辩等方式竞争上岗 • 通过民主测评、个别谈话、查询资料等方法对入选人员进行考察，并对考察结果进行综合评价 • 严格遵守亲属回避原则
5.2.2	干部任命	• 在一定范围和期限内进行干部任命公示 • 公示结束后，如无重大异议，发布任命通知 • 依据任命干部的不同级别，由相应的权签人签发任命通知	• 干部拟任人选需得到相应权限的高层管理者或管理团队的认可 • 公示期结束后对意见进行汇总，经高层管理者评估并形成决议 • 对于干部任命关键事件实行一票否决 • 发布任命通知，并归档干部任命文件
5.2.3	干部任职期间管理	• 通过定期考核，评估干部任职期间的绩效 • 任职干部主要通过述职，汇报任职期间的工作成果，由高层管理者给出评估意见 • 对于不能胜任的干部进行降职、免职处理 • 通过对干部的奖优罚劣，促进各级领导干部成长	• 通过定期的年度考核、任期届满考核及不定期的日常监督，评估干部任职期间的表现 • 通过述职、多层面民主测评等方式对干部进行考核，评估其胜任情况 • 建立后备干部资源池，激发在职干部活力
5.3 继任管理			
5.3.1	继任规划	• 与高层管理者沟通，为组织关键岗位规划继任者 • 确定继任者，结合组织发展需要提出能力发展要求	• 与组织战略规划进程相结合，确定组织必需的关键职位 • 对组织现在和未来的领导能力做出评估，预估关键岗位替代数量和替代周期 • 通过建立继任者能力素质模型，明确继任者能力要求及发展方向 • 继任者名单是经过高层管理者认可的
5.3.2	培养发展	• 根据行业特点、战略及业务需要，设计定制化继任者培养发展方案 • 资深领导者为继任者个人制定发展目标，使继任者对目标负责	• 围绕胜任力模型对继任者进行多种方式的测试，以明确继任者的能力及潜力 • 通过对继任者未来潜质和目前绩效之间差距的评估，制订个人发展计划 • 通过指定教练、岗位轮换等形式，帮助继任者有针对性地、迅速地提升

(续表)

流程层级		标准等级	
		基础管理流程标准	最佳实践流程标准
5.3.3	跟踪与考核	• 根据计划和路线图，对关键时间节点的目标进行监控和考核 • 在监控过程中，查找薄弱环节，分析原因，寻找改进方法，不断优化培养方案	• 通过定期或不定期的考核，根据评价结果及时调整培养方案 • 在外部环境与内部战略发生变化时，对继任者的培养计划进行相应的调整 • 在确定继任者确实无法胜任职位或继任者离职时，更换继任者 • 权衡能力、潜力、准备度与发展趋势，做出晋升决策

6.0 薪酬福利与激励

6.1 薪酬福利管理

流程层级		基础管理流程标准	最佳实践流程标准
6.1.1	制定工资/薪酬结构和规划	• 参考行业水平，结合组织发展阶段、经营战略、经济效益、支付能力，制定薪酬竞争策略、薪酬结构、薪酬水平、福利水平等 • 设计薪酬体系中不同级别员工的固定收入与浮动收入的比例 • 基于岗位薪酬水平和人数，对薪酬总额进行测算 • 设计调薪矩阵，确定薪资调整频率、调整依据及调整幅度等	• 通过有竞争力的薪酬水平吸引并留住优秀人才 • 建立基于岗位价值、人力资源价值、工作业绩的价值分配体系，使员工收入水平向岗位价值、人员素质、工作贡献方向倾斜 • 薪酬水平的设计能够体现公平性，包括外部竞争性和内部公平性 • 薪酬的调整综合考虑组织业务增长水平、劳动力市场供需状况及员工绩效评估结果 • 薪酬不是员工追求自身价值的唯一方式
6.1.2	制订福利和奖励计划	• 必须为员工提供国家法律规定的福利(常指五险一金) • 考虑组织经营状况，制定除法定福利外的福利 • 福利惠及全员(例如工作餐、节日礼物、健康体检、带薪年假、奖励礼品)，有利于员工对组织的认同 • 通过福利及奖励宣传，激发全体员工工作积极性	• 除法定福利外，组织要结合战略目标进行福利筹划，让员工更有归属感 • 关注特殊群体和关键人才福利，协助留住关键人才 • 制定灵活多样的福利方案，关注不同群体的特殊需求 • 福利已经成为组织吸引人才、留住人才的核心竞争力的一部分 • 奖励方案与组织文化是相吻合的 • 设立长期服务奖项，提升员工的忠诚度和使命感
6.1.3	薪酬福利成本预算	• 结合组织总体财务状况及员工个人薪酬水平，确定薪酬变动幅度及薪酬总额，编制薪酬年度预算 • 依据福利计划，编制福利年度预算 • 严格执行薪酬福利预算，优化成本控制	• 线上管理薪酬预算，实现相关数据联动，自动完成薪酬预算 • 动态监控预算执行情况，做好过程控制

(续表)

流程层级		标准等级	
		基础管理流程标准	最佳实践流程标准
6.1.4	工资福利核算与发放	• 工资福利发放时间严格遵守国家和地方的法律法规要求 • 工资福利发放数据经过审核和审批，确保数据准确 • 遵守政府主管部门对法定福利缴纳的程序和要求 • 以恰当的方式通知员工工资福利发放信息 • 建立人工成本统计报表，供管理决策使用	• 利用人工审查或信息化手段，确保工资核算的输入数据准确完整 • 工资福利的发放经过规范的审核审批流程 • 特别关注离职员工薪酬及时发放，把控法律风险，避免劳动纠纷
6.1.5	奖金核算与发放	• 奖金核算依托绩效考评结果，并与组织经营情况及部门业绩目标达成情况有关 • 关注公平的同时，适度拉大奖金差距，发挥激励作用 • 奖金发放数据经过审核和审批，确保数据的准确性 • 以恰当的方式通知员工奖金发放信息	• 设计符合组织人力资源战略的奖金激励政策，包括以时间为单位的奖项(例如年终奖、季度奖等)，以及以事件为前提的奖项(例如项目奖、团队奖等) • 根据细分组织/部门/项目绩效考评结果和目标达成情况，合理确定细分组织/部门/项目的奖金包 • 通过评估员工价值贡献确定其奖金额度 • 通过平衡部门内员工的绩效分布及奖金分配，以达到更好的激励 • 总结奖金包和个人奖金核算经验，形成组织的奖金核算办法
6.1.6	薪酬调整	• 综合考虑市场薪酬水平与组织发展情况制定薪酬调整方案，薪酬调整遵循以下原则： ◆ 薪酬调整与组织效益挂钩 ◆ 公平公正 ◆ 合法合规 ◆ 体现激励 • 考虑薪酬水平、薪酬结构和薪酬构成 • 及时更新员工薪酬标准管理报表	• 关注市场薪酬水平的变化，匹配组织的人力资源战略，对薪酬普遍调整做出决策 • 设计合理的薪酬普遍调整方案，既考虑工资的保障，又考虑奖金的激励 • 调整后的薪酬方案保持较强的竞争力 • 根据员工职位变动、个人业绩、个人能力等对员工个人的薪酬水平进行调整
6.1.7	个税管理	• 理解最新的个税管理政策，并对员工进行培训和宣传 • 协助员工进行个税专项扣除申报 • 按时、准确完成个人所得税申报 • 对属于减/免征个税的收入进行特殊处理	• 保持与税务机关沟通顺畅，积极配合税务机关落实个税政策和开展相关活动 • 协助员工进行个税年度申报

(续表)

流程层级		标准等级	
		基础管理流程标准	最佳实践流程标准
6.2 中长期激励管理			
6.2.1	中长期激励政策与方案	• 组织所有者依据组织发展战略开展中长期激励 • 设计中长期激励方案，确定激励模式(通常有利润分享计划、员工持股计划、股票期权计划)、激励对象、激励强度 • 中长期激励与短期激励相结合 • 中长期激励方案必须遵守法律法规要求 • 制订详细激励计划，包括激励计划的进入与退出标准 • 中长期激励仅涵盖组织核心层(中高层经营管理人员)	• 中长期激励模式的选择考虑了对组织未来发展的影响(例如组织治理结构、上市计划) • 聘请外部专业机构协助制订中长期激励方案和计划，对相关数据进行科学的、公平的测算 • 中长期激励计划建立在有效的绩效考核体系基础上(激励计划的启动与退出) • 逐步延展针对骨干层甚至是组织全员的中长期激励方案的设计
6.2.2	中长期激励方案实施	• 制订中长期激励计划实施程序，规范操作过程 • 依据中长期激励计划进入标准，确定激励名单 • 评定激励对象的激励数量或份额 • 按照规范签署相关文件，登记相关权益 • 依据规范办理退出激励人员手续，确保风险可控	• 建立薪酬与绩效管理委员会，对激励计划的实施进行指导 • 客观、公正评价激励对象绩效，中长期激励额度与绩效考核结果挂钩 • 评估中长期激励实施的法律法规遵从性风险与组织经营风险 • 监控中长期激励效果，适度调整后续期次激励方案与计划
7.0 员工关系管理			
7.1 员工沟通管理			
7.1.1	员工沟通计划	• 认识到良好的员工沟通对组织持续改进的重要性 • 通过识别员工沟通的情形，制订相应的策略与计划 • 明确各类沟通的目的与目标，了解员工的真实想法，解决员工的疑惑及困难	• 建立员工沟通机制，明确沟通职责、沟通方式、沟通频率、沟通层次、沟通重点信息跟进反馈规则、对策等，形成制度、流程、工具、模板，并固化实施 • 强化各级主管沟通职责，将员工沟通作为考核指标，并量化实施 • 明确详细的员工沟通计划，组织高层管理者也参与其中
7.1.2	沟通实施	• 通过正式或非正式的沟通，了解员工的问题、建议及诉求 • 积极响应员工的主动沟通，当场或一定时间内答复和解决 • 留存沟通记录(包括沟通要点，员工情绪，员工的问题、建议、诉求等)	• 主动利用多种员工沟通方式，直至能够达到预期的目的与目标 • 建立离职员工数据库，持续关注关键、优秀的技术及管理人员并建立友善的关系，使其能成为组织外部可供开发的人力资源，这些人员更是组织文化、组织形象的正面宣传窗口 • 将沟通的典型问题形成建议，反馈给组织相关部门分析并完善

(续表)

流程层级		标准等级	
		基础管理流程标准	最佳实践流程标准
7.1.3	员工沟通技巧	• 管理者了解沟通知识，参加了沟通技巧培训 • 真诚沟通，不隐瞒、不虚伪，对员工的反馈给予肯定与鼓励 • 注意请求和命令这两种指挥方法的灵活运用 • 除工作指导外，还经常关注及帮助员工解决生活上的困难	• 描绘组织发展宏图，给员工振奋和鼓舞，使员工保持积极的沟通态度 • 重视欣赏和肯定的作用，注重发现和寻找员工工作中的闪光点，经常肯定和欣赏员工的表现和行为 • 沟通中的问题应是开放性的，避免出现选择题 • 对员工提出的观点说出自己的理解，既可验证自己理解的准确程度，又加深对方的印象

7.2 劳动关系管理

流程层级		标准等级	
		基础管理流程标准	最佳实践流程标准
7.2.1	劳动争议及处理	• 关注并及时处理劳动关系争议 • 建立劳动争议处理流程，妥善处理劳动争议 • 优先通过协商方式解决劳动争议 • 积极配合劳动争议处理机构的调解，在劳动争议处理机构的主持下互谅互让，达成协议 • 尊重并及时履行仲裁、诉讼结果	• 建立劳动争议及冲突管理机制，明确劳动争议预防、协商、调解、仲裁、申诉程序及处理时效 • 共同遵守、认真履行经协商所达成的和解协议 • 在集体谈判中，认真听取员工代表的意见，积极响应并妥善处理问题 • 通过日常的沟通和关怀，获取员工之间、员工与组织之间的不满和矛盾，并采取有针对性的措施 • 为消除就业歧视做出努力
7.2.2	离职面谈	• 至少保证与自愿离职的员工进行面谈 • 依据离职面谈目的(挽留/发现问题以改进)，选择最佳的员工离职面谈时机 • 真诚对待离职面谈，杜绝形式主义 • 面谈人员代表组织，而非个人之间的沟通 • 恰当的面谈方法，真实获取员工离职原因 • 整理面谈纪录，分析原因并且提出改善建议，防范类似问题再次发生	• 将离职面谈作为提升组织管理水平的机会 • 代表组织的面谈人员经过相关的专业培训，掌握离职面谈沟通技巧，能合理把握离职面谈的分寸 • 真诚沟通，给员工充分的表达机会 • 对单独或多份离职面谈结果进行整理，验证问题，发现组织改进的方向 • 对离职面谈发现的问题，制定合理的机制并跟踪解决，促进组织持续改善
7.2.3	处理员工申诉	• 建立多种员工申诉方式和渠道，保持渠道畅通 • 组织应建立机制，规范员工在组织服务期间可以申诉的内容 • 明确员工申诉处理流程，保证员工申诉事项由上一级管理人员或部门进行处理，确保申诉事项能被公正对待 • 明确员工申诉处理的时限，并妥善解决申诉 • 对申诉员工信息进行保密，不得打击报复和歧视 • 建立申诉档案，以备查阅	• 建立员工申诉机制与流程，明确申诉类别、申诉方式、申诉渠道、申诉处理程序及处理时效 • 成立员工申诉处理委员会，负责最终的员工申诉处理 • 针对不同申诉内容、不同性质的申诉，设立受理权限，分层分级处理 • 严肃认真对待员工申诉事件，处理过程秉持客观、公正、实事求是原则 • 将申诉处理结果及时反馈至申诉人；对结果不满意的，可继续向上一级管理部门申诉，直至申诉处理委员会

(续表)

流程层级		标准等级	
		基础管理流程标准	最佳实践流程标准
7.2.4	退休管理	• 建立员工退休管理制度 • 协助满足国家政策规定退休条件的员工办理退休手续 • 依据退休种类的不同(正常退休、早期退休、延期退休等)，办理相应的手续，关注退休员工关注的退休事项(例如退休金办理) • 退休员工提前办理工作交接，确保工作交接顺利 • 设置退休管理岗位，向退休人员提供相应的咨询和服务	• 积极、主动帮助退休人员处理退休事宜 • 根据退休员工在本组织贡献的年限核算退休补助，体现对员工的认同和关怀 • 为退休员工举办欢送仪式 • 保持与退休员工适度的沟通
7.3 纪律管理			
7.3.1	纪律与行为规范	• 制定员工纪律与行为规范，明确鼓励及禁止的事项和行为 • 对遵守或违反纪律与规范的行为，设置相应奖惩措施 • 员工纪律与行为规范的制定符合相应的法律法规要求 • 从组织的管理与业务实际出发制定员工纪律与行为规范，保证规范的执行 • 以恰当的方式和方法确保全体员工获取并理解纪律与规范内容	• 员工纪律与行为规范符合组织价值观，获得全体员工的认同和支持 • 员工纪律与行为规范在组织范围内正式发布，并持续调整优化 • 设有明确、具体的奖罚措施 • 根据工作性质和岗位的不同，员工纪律与行为规范可进一步细化 • 尽可能地实现员工纪律与行为规范同业务流程的融合 • 通过各种技术和方法，在不同的场合反复培训及宣传纪律与行为规范
7.3.2	违纪违规处罚	• 以处罚引导员工遵守纪律与行为规范 • 违规违纪处罚是基于事实的 • 轻微的违纪违规处罚秉承教育的目的 • 违规违纪处罚不得违反国家相关的法律法规 • 配合国家执法机关调查员工严重的违纪违法行为	• 有明确的违纪违规处罚程序，监督执行责任明确，且决策机制清晰 • 保持处罚力度的一致性，避免时宽时严 • 处罚决定经过受处理员工确认，受处理员工有提出复议的权利 • 严重违纪涉及解除劳动合同的，严格遵守国家法律及法规
7.4 员工情况管理			
7.4.1	管理员工心态	• 打造组织内部公平的工作环境(工资发放、绩效评价、晋升机会、福利等) • 满足员工的基本要求，包括收入、工作安全、工作环境 • 创造良好轻松的工作环境，营造民主和谐的氛围 ◆ 重视员工的意见，让员工更多地参与工作设计和管理 ◆ 更多地关心员工的生活，创建和谐友爱的人际关系	• 员工对基本需求的提供感到满意 • 持续打造一种使员工认可的环境，包括工作本身对员工的价值、上司的赏识、职位的提升、成就感、责任感等

(续表)

流程层级		标准等级	
		基础管理流程标准	最佳实践流程标准
7.4.1	管理员工心态	◆ 为员工提供良好的成长、学习环境和培训机会 • 对员工获得的成就及时奖励 • 观察员工心态和情绪的变化，积极疏解员工情绪	• 设置相关课程协助员工缓解压力，协调工作与生活
7.4.2	组织氛围管理	• 认识到管理者在组织氛围中的重要性 • 管理者应该对自己的伙伴们坦诚相待 • 对优秀的员工经常给予肯定，对于工作失误的员工进行良性开导，多鼓励，减少过度批评，杜绝苛责 • 管理者以身作则，努力做好自己的工作，起到榜样作用 • 管理者学会并能够控制自己的情绪 • 关心下属的工作和生活，不定期开展有益于团队的活动	• 营造良好的组织氛围是管理者重要工作职责之一 • 了解员工，尤其是新一代员工对组织文化氛围的需求 • 除福利待遇的提升外，还应注重对业务流程的梳理和执行 • 通过适度的培训和学习，提升管理者的领导力水平，建立良好的组织氛围 • 定期的组织氛围测评 • 应用组织氛围测评结果改善组织氛围
7.4.3	员工满意度调查	• 重视员工满意度情况，每年定期开展员工满意度调查 • 设计合适的员工满意度调查问题，主要包括主管的公正性、组织沟通和工作环境等方面 • 视情况采取网络或纸质问卷开展满意度调查 • 分析满意度调查结果，总结需要改进的问题 • 实施改进，监控改进效果	• 委托第三方专业机构或者经过培训的组织内部人员实施员工满意度调查 • 满意度调查问卷设计合理，可以真实客观反映员工的满意度情况 • 员工满意度调查尽可能涵盖组织全员 • 满意度调查结果及时、如实向员工公开，以获取员工信任，积极探索调查结果背后问题的改进 • 将员工满意度调查与提高满意度措施进行结合 • 在管理者考核中适度运用满意度调查结果
7.4.4	员工援助	• 员工援助的对象不只是员工，还包括其家属 • 多种形式了解员工在心理方面的问题和需求，制订针对性计划 • 聘请兼职的外部专家定期对员工进行心理辅导 • 定期组织心理课程培训 • 通过维护和改善员工的职业心理健康状况，提高其工作积极性，起到提高组织绩效的作用 • 对员工的求助信息保密	• 引导员工接受援助，并使员工养成主动寻求心理疏导的习惯 • 聘请外部专家或培养内部专业人员，辅导员工解决工作、社会、心理、经济、健康及生活中的其他各类问题 • 提供心理健康调查、培训、讲座、电话咨询、网络咨询或其他形式的员工援助服务 • 通过内部刊物、邮件等方式对员工热点问题进行及时答复，提供组织层面的心理咨询服务 • 建立员工援助档案，向组织提供整体心理素质反馈报告

(续表)

流程层级		标准等级	
		基础管理流程标准	最佳实践流程标准
8.0 人力资源基础服务			
8.1 人员异动			
8.1.1	入职指引	• 整理员工入职信息(包括身份证、毕业证、职称证、离职证明、体检报告等) • 依据员工入职流程，办理入职手续，签订劳动合同及其他文件 • 协助员工阅读组织重要制度文件并签字确认 • 帮助新员工认识同事，熟悉工作环境，申领办公用品	• 入职指引有针对性，减少新员工的紧张情绪，让其体会到归属感 • 制定针对性强、简单明了的入职指引手册，使新员工融入更加高效，手册内容包括： ◆ 组织基本情况 ◆ 日常人事制度 ◆ 认识新同事 ◆ 了解工作性质 • 设置新员工导师制度，协助新员工尽快熟悉并进入状态
8.1.2	试用期管理	• 部门负责人与员工共同制订试用期培训计划，明确工作目标及考核要求，安排试用期工作 • 安排新员工入职培训、新员工试用期评估，跟进落实转正手续	• 建立新员工例行沟通机制，定期对试用期员工的工作进行检查和辅导 • 关怀试用期员工，让其更快融入新环境 • 组织试用期评估答辩会，全面考察新员工适配性
8.1.3	调动	• 员工调动时，调入调出部门需提前沟通，协商一致 • 员工积极完成工作交接、资产移交等手续 • 明确的调动生效日期(调动审批手续中签批的生效日期) • 辅导员工尽快熟悉新岗位工作 • 及时变更调动员工人事信息	• 实现员工有计划的调配，进行合理安排，提高人才的利用率 • 以部门编制职称及人数为基准进行分析和评估，作为能否调配的依据 • 仔细分析调配对于组织和个人利益的影响，尽可能兼顾两者的利益 • 及时了解员工新岗位适应情况，给予鼓励及指导
8.1.4	离职	• 积极准备与离职员工的沟通，做到情理相融，把控风险，协商双赢 • 离职手续完备，完成工作交接，确认离职结束后方可开具离职证明 • 及时变更离职人员人事信息	• 规范的员工离职手续办理流程，既控制相关风险，又照顾员工感受 • 建立离职员工回访机制，与优秀的离职员工保持联系，维护关系 • 建立离职员工回聘机制，恰当录用适配的离职员工
8.2 考勤管理			
8.2.1	考勤制度	• 对组织作息时间做出明确的规定 • 确定员工考勤方式，借助恰当工具采集员工出勤数据 • 确定因公外出、出差、加班等因公不在岗情形的申请程序 • 确定考勤排班、值班规则 • 确定加班申请程序及应用规则 • 制定相应的考勤奖惩措施，引导员工遵守考勤制度	• 依据不同的职能，安排不同的作息时间 • 考勤制度符合法律法规要求 • 组织全员经过考勤制度的相关培训，熟知考勤制度内容

(续表)

流程层级		标准等级	
		基础管理流程标准	最佳实践流程标准
8.2.2	加班及假期管理	• 明确各类假期休假时间、申请程序、审批权限、计薪方式 • 请假申请的审核需关注及收集相关证明材料 • 设置加班申请环节，经申请同意的加班为有效加班 • 设计年假动态管理机制，结合组织业务特点，统筹安排年休假	• 利用IT技术，实现请假、加班线上申请，提高申请审批效率 • 员工可利用IT技术，自助查询休假情况及剩余假期
8.2.3	考勤统计及应用	• 设置考勤员岗位，负责员工考勤数据的统计及分析 • 设计并固化考勤数据统计格式，按月统计 • 员工对考勤数据进行确认 • 员工出勤数据作为薪酬计发的依据	• 利用人工智能技术准确、高效采集考勤数据 • 采取自动化方式统计员工考勤结果，实现考勤情况线上确认、加班统计线上处理 • 薪酬计算与考勤系统实现联动，将考勤结果自动体现在薪酬发放上

8.3 劳动合同管理

流程层级		基础管理流程标准	最佳实践流程标准
8.3.1	劳动合同签订	• 通过签订劳动合同，明确劳动双方的权利和义务 • 劳动合同内容包括劳动合同期限、工作内容、劳动保护和劳动条件、劳动报酬、社会保险、劳动合同终止条件等 • 保持劳动合同文本的统一，及时修订、优化，规避风险 • 劳动合同的内容必须完备、准确、平等、自愿、真实、有效 • 在规定期限内，与新员工签订劳动合同 • 同一用人单位与同一劳动者试用期只能约定一次。试用期限包含在劳动合同期内，期限长短符合劳动合同法规定 • 设计劳动合同续签名单审批及员工个人反馈续签意见环节，保证程序的完整性 • 签署后的劳动合同返还员工签收并留档	• 劳资双方签订的劳动合同遵守国家政策和法规的规定，且满足平等自愿和协商一致的原则 • 劳动合同线上管理，同员工档案信息连接，自动形成劳动合同文本 • 明确不同岗位员工劳动合同内容规则，或制定必要的劳动合同补充协议
8.3.2	劳动合同变更	• 劳资双方在劳动合同履行期内均有权向另一方提出变更请求 • 被请求方及时向请求方做出答复 • 变更后的劳动合同存放到员工档案中 • 劳动合同变更时，双方协商后要形成书面协议，并补充到劳动合同中 • 及时修订、优化劳动合同变更协议模板，规避风险	• 劳动合同变更以双方约定为基础，不得单方随意变更 • 劳动合同变更内容必须合法 • 整理劳动合同变更情形的案例，形成操作模板

(续表)

流程层级		标准等级	
		基础管理流程标准	最佳实践流程标准
8.3.3	劳动合同的解除与终止	• 劳资双方有权提出劳动合同的解除和终止，但必须在合法合规的情况下实施 • 制定劳动合同解除/终止执行方案，并经过相应审批 • 进行劳动合同解除/终止面谈，就执行方案达成一致 • 解除/终止劳动合同应形成书面形式的通知书 • 劳动合同解除/终止前确保工作交接完成、款项结清及物品归还 • 修订并持续优化解除/终止劳动合同通知书模板，规避相应风险	• 劳动关系双方能以平和的心态和方式处理劳动合同的解除/终止事宜 • 劳动合同的终止须满足以下任一条件： ◆ 合同期限届满 ◆ 合同约定的终止条件出现 ◆ 当事人死亡 ◆ 劳动者退休 ◆ 组织不复存在 • 整理劳动合同解除/终止案例，形成案例库，用于指导操作
8.3.4	劳动合同档案管理	• 制定劳动合同编码规则，实施劳动合同编码管理 • 对劳动合同及与之相关的文件进行专项建档管理 • 建立劳动合同台账，及时准确记录劳动合同签订明细，实施动态管理	• 劳动合同进行线上管理，实现劳动合同到期提醒 • 遵循组织的人事档案管理规定
8.4 人事服务			
8.4.1	社保	• 结合组织的薪资结构，制定社保基数规则 • 按时完成新员工参保登记、员工社保补缴、员工社保停缴等事项 • 按时完成单位社保点绑定及变更、常驻异地就医备案登记、稳岗补贴申请、生育补贴申领、工伤认定、工伤补助申请、社保关系转入转出办理等事项 • 制定社保月报模板，定期完成统计，用于管理需要 • 指导员工办理退休手续	• 定期研究社保政策，根据政策变化，对组织社保规定提出优化意见 • 为有需要的员工提供社保方面的咨询和指导
8.4.2	公积金	• 结合组织的薪资结构，制定公积金基数规则 • 按时完成个人账户设立、同城转移、个人账户启封、个人账户封存、个人信息变更、单位缴存基数调整、缴存比例调整等业务 • 制定公积金月报模板，定期完成统计，用于管理需要	• 定期研究公积金政策，根据政策变化，对组织公积金规定提出优化意见 • 为有需要的员工提供购房贷款等方面的咨询和指导

(续表)

流程层级		标准等级	
		基础管理流程标准	最佳实践流程标准
8.4.3	职称申办	• 梳理各职称主管机构申报程序及要求，设立组织职称申报账户 • 指导员工按时完成职称信息申报、材料准备、面试准备	• 制定政策鼓励员工开展职称申报 • 熟知各职称申报程序和要求，提前梳理职称评定人员名单 • 引导员工提前准备相关考试、论文、项目资料
8.4.4	执业资格	• 梳理不同执业资格主管部门、网站、申报程序及要求，设立组织的注册执业资格账户 • 指导注册人员完成继续教育学时 • 协助完成注册人员初始注册、变更注册、延续注册等信息申报 • 及时更新组织人员信息库，保证人员充足且符合要求	• 提前规划组织资质所需人员资格，有计划地管理及补充
8.4.5	调户服务	• 明确组织的调户管理规定，检查与当地调户政策的符合性 • 员工调户申请按授权审批后，方可办理调户 • 依据当地户籍调动管理部门政策及流程，协助员工进行调户 • 及时知会调户员工准备材料，上报系统，办理手续，完成落户	• 详细了解并掌握当地调户政策 • 向员工宣传调户政策、方式、过程，并接受员工调户咨询 • 编写整理调户操作手册，组织培训，协助员工高效完成调户手续
8.4.6	证明开具	• 员工需提交开具证明申请，阐明开具相关证明理由 • 为不同证明设置不同的审批权限 • 遵循组织的印章使用管理流程 • 证明包括两联，员工领取证明并签收，第二联组织留档	• 研究各类证明规范性及法律风险，不断优化 • 证明内容客观真实，杜绝虚假信息，尽量明确证明的正式用途 • 实施证明线上管理，实现自动抓取数据，自动形成证明
8.4.7	人事档案管理	• 及时建立、更新、维护员工纸质档案及电子档案，制作档案清单，资料按清单归档，保持信息的有效性与准确性 • 员工档案中关键信息的变更需要提供相关证明资料 • 利用专属的物理空间存储纸质的员工档案，且有专人管理 • 通过明确的权限设定，有效管理档案的查阅和借用 • 详细记录档案信息变更，便于后续追溯 • 保持员工人事档案储存环境的安全可靠 • 及时处理离职人员的档案信息	• 设有规范的人事档案建立和保管制度，对人事档案的归档、保存、检查与核对、转递、借阅、保密等进行详细规范 • 及时处理人事档案的变更，确保其时效性与准确性 • 通过信息化系统管理员工档案信息，提升档案管理效率 • 分类保管员工档案并设置权限，避免机密信息泄露

第17章 内部控制管理流程标准

17.1 内部控制管理流程研究框架

本指南将内部控制管理流程分为三部分(见图17-1),分别是内部控制体系建设、内部控制因素、业务活动控制。第一、二部分将内部控制管理需要的基础条件以及内部控制的一般程序进行了规范。第三部分涵盖了组织内部需进行控制的关键业务领域,包括资金活动、采购业务、资产管理、生产与销售、研究与开发、基建工程管理、业务外包、财务报告编制与披露、合同管理、人力资源管理、信息系统。

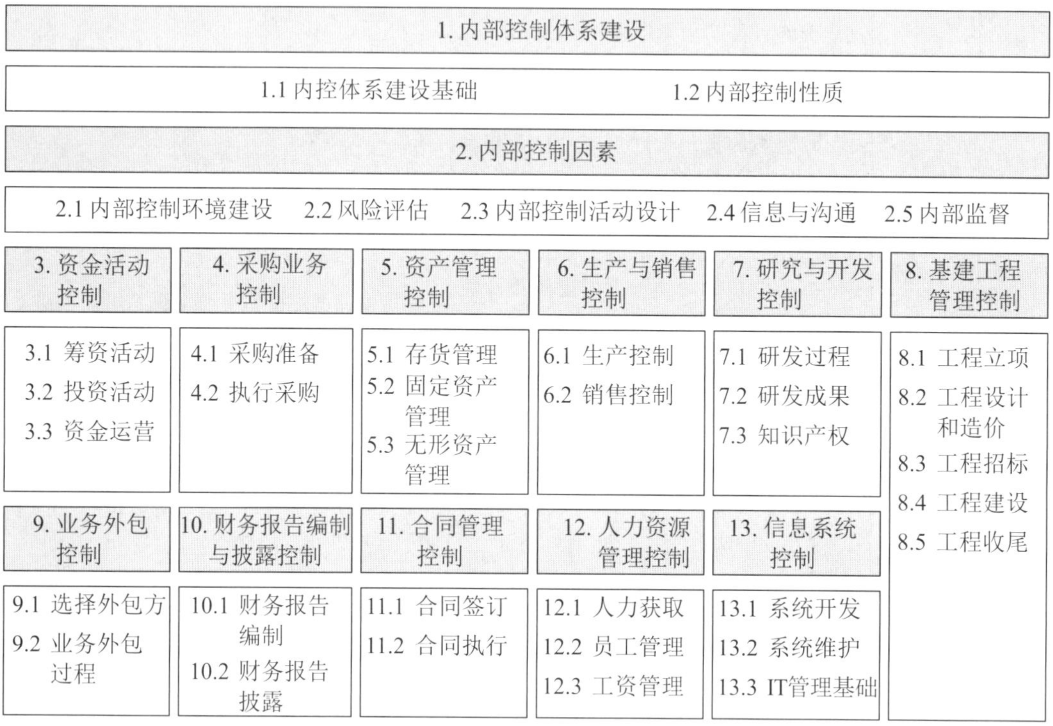

1. 内部控制体系建设					
1.1 内控体系建设基础			1.2 内部控制性质		
2. 内部控制因素					
2.1 内部控制环境建设	2.2 风险评估	2.3 内部控制活动设计	2.4 信息与沟通		2.5 内部监督
3. 资金活动控制	4. 采购业务控制	5. 资产管理控制	6. 生产与销售控制	7. 研究与开发控制	8. 基建工程管理控制
3.1 筹资活动 3.2 投资活动 3.3 资金运营	4.1 采购准备 4.2 执行采购	5.1 存货管理 5.2 固定资产管理 5.3 无形资产管理	6.1 生产控制 6.2 销售控制	7.1 研发过程 7.2 研发成果 7.3 知识产权	8.1 工程立项 8.2 工程设计和造价 8.3 工程招标 8.4 工程建设 8.5 工程收尾
9. 业务外包控制	10. 财务报告编制与披露控制	11. 合同管理控制	12. 人力资源管理控制	13. 信息系统控制	
9.1 选择外包方 9.2 业务外包过程	10.1 财务报告编制 10.2 财务报告披露	11.1 合同签订 11.2 合同执行	12.1 人力获取 12.2 员工管理 12.3 工资管理	13.1 系统开发 13.2 系统维护 13.3 IT管理基础	

图17-1 内部控制管理流程框架

17.2 内部控制管理流程研究方法

组织的有序经营与发展离不开业务活动的安全、可靠。内部控制是组织内部采取的自我调整、约束、规划、评价和控制的一系列方法、手段与措施,以确保组织顺利实现其经营目标。

本指南基于组织安全发展的目标要求,对内部控制流程标准进行研究与开发。除对组织的内部控制管理的环境和程序进行规范外,还针对影响组织发展的重要业务领域内部控制活动进行了研究。研究过程借鉴了国内外相关组织的内控管理思想和理论,参考了标杆企业的内部控制管理实践,具体如下。

(1) 财政部、证监会、审计署、银保监会联合制定的《企业内部控制基本规范》。

(2) 美国审计准则委员会(Auditing Standards Board)的《审计准则公告》。

(3) COSO委员会(The Committee of Sponsoring Organizations of the Treadway Commission)的《内部控制——整体框架》。

(4) 风险管理理论。

(5) 国内外内部控制管理标杆企业流程管理实践。

17.3 内部控制管理流程标准指南

依据内部控制管理研究框架及方法,本指南将内部控制管理各层级流程关键要素按照"基础管理流程标准"和"最佳实践流程标准"进行呈现(见表17-1)。

表17-1 内部控制管理流程标准

流程层级		标准等级	
		基础管理流程标准	最佳实践流程标准
1.0 内部控制体系建设			
1.1 内控体系建设基础			
1.1.1	内控机构设置	• 将内部控制的职责纳入组织设置 • 明确内控职责,编制内控人员预算	• 制定内部控制部门愿景、目标 • 设置专门的、独立的机构从事内部控制体系的建设、检查、评价和维护 • 明确内部控制部门的汇报程序
1.1.2	内控体系建设流程	• 制订完整的内控体系建设方案和计划,并经组织批准后实施 • 内控体系建设应以项目方式开展 • 内控体系建设应与组织的流程管理体系协作开展	• 建立内部控制体系运行规则,按照内部控制体系建设方法论进行体系建设 • 内控体系建设流程应至少包括风险识别和评估、控制活动设计、流程与机制的制定和优化、内控体系运行和监控、内控审计与优化 • 内控体系的建设可请具有丰富经验的第三方咨询公司协助进行
1.2 内部控制性质			
1.2.1	内部控制体系运行及有效性维护	• 根据组织日常运营出现的问题,对内部控制可能存在的漏洞进行优化 • 选择组织重点关注领域,进行年度有效性评估,评估报告经批准后发布 • 依据年度内控体系有效性评估报告,制订改进计划并监控实施	• 由内控管理部门对内控体系运行状况进行监控,并由内控管理部门或外聘事务所定期(1年)对组织所有业务领域的内部控制体系设计和运行的有效性进行评估和审计 • 采取访谈法、问卷调查、穿行测试、抽样、实地检查、比较分析、专题讨论等方法对内部控制的有效性进行评估 • 针对自评和审计结果对内部控制体系进行改进

(续表)

流程层级		标准等级	
		基础管理流程标准	最佳实践流程标准
1.2.2	规避内部控制体系的局限性	• 避免越权操作、权力集中、合谋串通、执行不力等导致的内部控制体系失效	• 内部控制的实施受制于成本与效益的权衡，当设计与执行一项控制带来的收益不能弥补其所耗费的成本时，就应放弃该项控制

2.0 内部控制因素

2.1 内部控制环境建设

流程层级		基础管理流程标准	最佳实践流程标准
2.1.1	职业道德和企业文化	• 制定员工职业道德规范 • 对职业道德规范进行有效的宣传推广，在组织范围内传达管理层对职业道德规范的要求，使员工知晓和理解这些规定 • 应建立相应政策对违反道德规范的行为采取恰当的惩戒行动 • 加强组织文化建设，采取切实有效措施，培育具有自身特色的组织文化，引导和规范员工行为，形成整体团队凝聚力，促进组织长远发展 • 建立有关社会责任履行的管理措施，包括严格的安全生产管理体系、操作规范和应急预案；建立质量管理体系；保护员工合法权益，签订劳动合同，参加社保，加强劳动保护	• 分别制定高级管理人员和员工的职业道德规范，并在关键岗位人员任职要求中明确道德或职业操守方面的要求 • 建立组织文化评估制度，明确评估的程序和方法，避免组织文化流于形式 • 建立与环境保护相关的制度与流程，形成环境保护管理体系并定期开展监督监察
2.1.2	治理结构	• 董事会参与所有重大决策，包括章程中规定的重大事项、投资决策、高层人员变动等，并对决议执行情况进行监督 • 董事及下属委员会成员能充分而适时地获知组织信息，以监控管理层的目标和战略、公司的财务状况和经营成果；能充分而适时地获知敏感信息、调查报告和违规行为	• 董事会及其下属委员会的规模、人员的组成、资历等与公司现状相适应 • 董事会应独立于管理层，对管理层的经营行为进行有效的监督 • 组织高层管理人员应由董事会遵循正式的选聘程序来进行选择和任命 • 董事会审计委员会与首席财务官、财务总监、内部审计负责人及外部审计师定期交流对内部控制体系和财务报告流程的监控情况
2.1.3	管理理念和经营风格	• 设定切合实际的经营目标 • 对业务风险应持较为谨慎的态度 • 确保关键岗位人员的稳定 • 管理层发挥财务职能的管控作用，并在财务报告方面体现谨慎性要求	• 经营目标的设定应结合长期规划目标、中期计划和短期目标，员工KPI的设定也应结合短期和长期目标 • 建立关键岗位人员稳定性管理系统 • 坚持不追求利润最高的财务原则
2.1.4	机构设置	• 建立有效的汇报机制，保证管理人员获得与其责任和权限有关的信息 • 根据业务环境的变化，评估组织机构的适应性，并进行适度调整	• 机构设置与组织运行环境、战略目标保持一致 • 组织机构设置应能为组织的管理运作提供必要的支撑
2.1.5	责权分配	• 对管理层和员工进行适度授权，以实现组织目标、经营职能 • 职责分配体系清晰，且不相容职务要分离	• 建立组织的授权体系，并实时监督体系运行的有效性，及时对无效的授权进行修正

(续表)

流程层级		标准等级	
		基础管理流程标准	最佳实践流程标准
2.1.6	内部审计	• 内部审计机构应具有独立性，以有效开展工作；内部审计人员必须有专业胜任能力 • 内部审计机构根据风险评估结果和管理需求确定年度审计计划和资源 • 建立常规的审计程序，开展各类审计；建立内部审计工作报告渠道；执行质量保证制度，保证审计质量	• 制定组织内部审计人员的道德规范，并严格遵守 • 审计委员会批准年度内部审计计划
2.1.7	人力资源政策与措施	• 制定招聘、培训、薪酬、绩效等政策和程序 • 描述非正式岗位的具体工作职责 • 通过培训与考核提升员工能力	• 建立完善的人力资源政策、标准和程序，并向公司员工传达 • 制定完善的任职资格体系，定义某一职位所需的知识和技能 • 通过招聘、培训、考核等方式提高员工的能力和水平 • 甄选管理层和关键岗位员工，并进行必要的背景调查 • 对关键岗位的异常保持适当关注
2.2 风险评估			
2.2.1	目标设定	• 制定组织经营目标，并以任务方式进行分解和承诺 • 关注经营目标完成情况，根据经营环境变化进行目标调整，并与承诺单位或个人进行沟通确认	• 制订组织战略目标、战略规划与业务计划，并在组织范围内进行充分沟通 • 保持组织战略目标、战略规划及业务计划的一致性 • 定期评估组织目标与业务计划，如需更新组织的目标与业务计划要获得相关管理层的复核与批准
2.2.2	风险识别	• 定期(每年至少一次)对组织的业务经营活动进行风险因素识别 • 结合风险因素与组织业务特性识别风险，并评价风险发生的可能性和影响程度	• 建立正式的风险识别机制，对组织内外部风险因素进行识别，建立并维护风险因素数据库，并依托数据库来识别和预警风险 • 定期或不定期查找和识别各项重要经营活动及业务流程中的风险，收集与组织战略发展、市场环境、生产运营、财务管理、法律合规等相关的各类风险信息，并对未来进行预测 • 明确风险管理职能，根据管理活动和经营特点，对风险发生的可能性和影响程度进行评价
2.2.3	风险评估	• 对组织面临的风险进行评估，并有选择地制订风险应对初步计划 • 风险应对初步计划应由具有相应权限的人员批准 • 风险评估过程应被记录并传递给组织对应管理层	• 建立风险评估机制，对组织面临的风险因素重要性程度及发生的可能性进行评估，形成风险应对初步计划 • 风险评估过程得到完整记录，并被恰当地反馈给相关责任人 • 建立风险评估反馈与信息沟通机制，管理层应对机制进行监控

(续表)

流程层级		标准等级	
		基础管理流程标准	最佳实践流程标准
2.2.4	风险应对	• 依据被批准的风险应对计划实施风险管控 • 设有例外事项处理程序 • 设置重大风险与例外事项向管理层汇报的通道	• 建立政策与程序，对在组织经营活动中识别的风险采取适当的应对措施，并对应对措施的实施情况进行监控 • 制定适当的管理程序，对识别的重大风险及可能的例外事项采取适当的应对措施 • 设置明确、规范的风险报告通道，对风险应对措施运行情况进行检查、监督和汇报
2.3 内部控制活动设计			
2.3.1	不相容职务分离	• 执行与审核监督职责分离 • 执行与审批职责分离 • 执行与财产保管职责分离	• 执行业务职责与记录业务职责分离 • 执行业务职责与财务物资使用主体职责分离 • 记录业务职责与财产保管业务分离
2.3.2	授权审批控制	• 根据常规授权和特殊授权的规定，明确各岗位办理业务和事项的权限范围、审批程序和承担的责任 • 编制常规授权的清单、权限指引，规范特别授权产生机制、范围、适用情形和责任，严格控制特别授权 • 结合公司现状，明确各业务线、各事项涉及权限的分配	• 根据常规授权和特殊授权的规定，明确各岗位办理业务和事项的权限范围、审批程序和承担的责任 • 编制常规授权的清单、权限指引，规范特别授权产生机制、范围、适用情形和责任，严格控制特别授权 • 对重大业务和事项，应实行集体决策审批或联签制度，不得个人单独进行决策或擅自改变集体决策
2.3.3	会计系统控制	• 严格执行国家统一的会计准则和制度 • 明确会计凭证、会计账簿、财务报告的处理程序，保证会计资料真实完整	• 建立财务预警及决策机制，对组织财务重大、紧急事项进行快速决策
2.3.4	财产保护控制	• 建立财产日常管理制度和定期清查制度，采取财产记录、实物保管、定期盘点、账实核对等措施，保证财产的安全完整 • 严格限制未经批准的人员接触和处置财产	• 采取资产管理系统(IT系统)对组织的财产进行管理
2.3.5	预算管理控制	• 实施全面预算管理制度 • 明确各责任单位在预算管理中的职责权限，规范预算的编制、审定、下达和执行程序	• 严格按照预算执行，对无预算或超预算项目进行严格控制 • 制定预测执行考核指标，定期检查预算执行情况并进行考核
2.3.6	运营分析控制	• 建立运营情况分析控制 • 综合运用生产、购销、投资、筹资、财务等方面的信息，定期开展运营情况分析，发现存在的问题，及时查明原因并加以改进	• 通过因素分析、对比分析、趋势分析等多种方法开展运营分析 • 预测技术被广泛应用在运营分析中 • 运营分析组织相对独立，保证运营分析的客观性

(续表)

流程层级		标准等级	
		基础管理流程标准	最佳实践流程标准
2.3.7	绩效考核控制	• 建立和实施绩效考评制度，科学设置考核指标体系，对企业内部各责任单位、企业和全体员工的业绩进行定期考核和客观评价 • 将考评结果作为员工薪酬及职务晋升、评优、降级、调岗、辞退的依据	• 建立完整的绩效考核体系，绩效指标的设置应支撑组织战略及组织年度目标 • 绩效考核应从组织层面向下分解，直至个人 • 流程绩效被组织接纳并广泛应用
2.4 信息与沟通			
2.4.1	内部和外部沟通	• 建立上下级之间的沟通机制，并根据业务内容不同，设置不同的沟通渠道 • 建立组织与外部其他组织的沟通渠道，注重与客户、供应商等的沟通，并定期审视沟通机制的有效性	• 建立组织内部预算及其他财务和经营方面目标执行情况的沟通渠道 • 建立组织分散地域办公员工的沟通机制和流程 • 建立开放的、有效的双向外部沟通渠道(如客户投诉处理程序、供应商投诉处理程序、建立对外网站宣扬公司文化等) • 从外部收到的信息能得到及时和恰当的总结和反馈 • 利用IT系统来实现上述沟通机制和渠道的运行
2.4.2	决策信息支持	• 影响组织经营的重要内部与外部信息能被及时地专递至管理层 • 信息传递过程中保持客观、准确，没有发生隐报、瞒报、漏报的行为	• 设置专有的机构，定期收集、核实和报告影响组织目标的重要内部与外部信息 • IT系统可以根据管理层的需要提供信息 • 信息能被及时传递 • 决策信息提供机制不断完善，管理层鼓励员工提出合理化建议
2.4.3	反舞弊措施	• 建立预防、识别组织舞弊风险的内部控制措施与程序 • 对舞弊或违法行为采取必要的措施，并建立报告渠道	• 与外部组织(含供应商、客户)就商业舞弊控制目标及信息通报达成一致 • 建立专门的机构，对组织中可能的舞弊行为进行调查 • 建立明确的舞弊处理政策和程序，并在组织广泛宣传 • 定期评估反舞弊措施和程序的有效性
2.5 内部监督			
2.5.1	持续监控	• 定期开展内部控制检查内审，评估内部控制的有效性 • 针对内控问题应制订改进计划，并落实 • 管理层清晰知晓内控运行管理状况，并对内控进行指导	• 核对人工获取的数据与IT系统产生的数据 • 定期或根据需要临时核对账面记录与实物资产，保证资产的安全性 • 邀请外部评审机构定期对组织内控有效性进行评审，并完善内控机制 • 通过专题会议或其他方式向管理层提供内部控制是否有效的反馈

(续表)

流程层级		标准等级	
		基础管理流程标准	最佳实践流程标准
2.5.2	缺陷报告	• 对内控持续监控结果进行文字总结，明确内控缺陷及改进方向 • 缺陷报告应能及时传递至组织相应的管理层 • 缺陷报告作为缺陷改进复查的检验依据	• 明确重要缺陷、重大缺陷、一般缺陷范围及标准 • 建立及时向管理层及董事会报告重大内部控制缺陷的渠道 • 对持续监控、内部审计和第三方独立评估中发现的内部控制缺陷及时改正
3.0 资金活动控制			
3.1 筹资活动			
3.1.1	筹资方案	• 根据经营战略，确定筹资目标和规划，结合年度预算与资金现状，拟定筹资方案 • 对筹资方案的成本和风险做出充分估计 • 按照分级授权审批的原则对筹资方案进行审批，关注筹资用途的可行性和相应的偿债能力	• 筹资方案应明确筹资用途、规模、结构、方式、期限，对筹资方案是否符合组织战略和筹资方案的经济性进行评估 • 方案发生重大变化的，应重新进行可行性研究并履行审批程序
3.1.2	筹资计划	• 根据批准的筹资方案制订筹资计划(银行借款、发行债券、发行股票) • 必须签订筹资协议，明确双方的权利和义务	• 根据金融形势正确选择筹资方式和筹资数量 • 应对偿还本息和支付股利进行适当安排 • 依据岗位分离原则，实施严格的筹资流程控制
3.1.3	筹资活动及评价	• 保管好筹资业务的记录、凭证和账簿，按照正确用途使用资金 • 正确核算和监督资金筹集、本息偿还、股利支付等业务 • 妥善保管筹资合同与协议、收款凭证等资料	• 保持与资金提供方良好的沟通，定期与资金提供方进行账务核对 • 评价筹资及资金使用过程，总结经验教训，追究违规责任
3.2 投资活动			
3.2.1	投资方案	• 根据发展战略、投资目标和规划安排合理的投放结构，确定投资项目，拟订投资方案，合理确定投资规模，权衡投资项目的收益和风险 • 采用并购方式进行投资的，应严格控制并购风险，关注并购对象的隐形债务、承诺事项、可持续发展能力、员工状况、与本组织治理层及管理层的关系，确定合理的支付价格 • 对投资方案进行可行性研究，重点评价方案是否符合组织发展战略、规模和方式是否适当、资金来源的可靠性、风险是否处于可承担范围、收益是否稳定 • 按职责分工、审批权限和程序对投资项目进行决策审批	• 选择投资项目应突出主业 • 境外投资时考虑政治、经济、法律、市场等因素的影响 • 对重大投资项目，委托有资质的专业机构独立进行可行性研究 • 对重大投资项目，应实行集体决策或联签制度

(续表)

流程层级		标准等级	
		基础管理流程标准	最佳实践流程标准
3.2.2	投资计划	• 根据审批的投资方案编制详细的投资计划，确定不同阶段的资金投入数量、项目进度、完成时间、质量要求等 • 与被投资方签订投资合同或协议，明确出资时间、金额、方式、双方权利义务、违约责任等	• 根据投资计划进度，适度投放资金，控制资金的流量和时间 • 按照职务分离权限审批投资计划的实施，进行严谨的会计记录和控制 • 适时评价投资计划进展，及时将评价结果反馈给管理层决策
3.2.3	投资后管理	• 指定专门机构或人员对投资项目进行跟踪管理 • 关注投资合同的履行情况，包括投资项目的会计记录和处理、收集被投资方经审计的财务报告等资料、定期进行投资效益分析、关注被投资方的财务状况、经营成果等	• 建立投资项目运营分析制度，定期对投资效果进行分析，并汇报至管理层
3.2.4	投资项目到期处置	• 组织应重视投资到期本金的回收，对投资的收回、转让、核销等决策和审批程序做出明确规定 • 转让投资时应由相关机构合理确定转让价格并上报授权部门审批 • 核销投资时应取得不能收回投资的法律文书和证明文件	• 投资资产的处置须经过董事会批准 • 对到期不能收回的投资，应建立责任追究制度
3.2.5	会计系统控制	• 根据对被投资方的影响程度，确定投资会计政策 • 建立投资管理台账，详细记录投资对象、金额、持股比例、期限、收益等事项，妥善保管投资合同与协议、出资证明等资料 • 被投资方出现财务状况恶化、市价大幅下跌等现象时，应按国家制度规定，计提减值准备、确认减值损失	• 关注被投资方业务状况，对可能的运营结果进行预警 • 建立投资预警决策机制，对投资可能出现的不理想状况进行汇报，并依据决策进行处置

3.3 资金营运

流程层级		基础管理流程标准	最佳实践流程标准
3.3.1	资金平衡	• 对资金营运全程进行管理，协调内部各机构在业务开展中的资金需求 • 平衡资金在投资、研发、采购、生产、销售各环节的流量，关注资金流量在时间和数量上的合理配置	• 建立适当的运作机制，保证资金调配和平衡
3.3.2	预算管理	• 按照年度预算组织协调资金，保证资金及时收付，实现营运良性循环 • 严禁资金的体外循环	• 采取资金年度预算基础上的使用审批制度 • 建立合适的资金使用流程，并严格执行
3.3.3	有效调度	• 定期组织召开资金调度会议或资金安全检查，对资金预算的执行情况进行分析 • 及时妥善处理异常情况，避免资金冗余或资金链断裂	• 建立恰当的机构及机制，对资金的使用和调度进行决策

(续表)

流程层级		标准等级	
		基础管理流程标准	最佳实践流程标准
3.3.4	会计系统控制	• 严格规范资金的收支范围、程序和审批权限 • 营运资金应及时入账，不得账外设账 • 办理资金收付业务，应明确支出款项的用途、金额、预算、限额、支付方式等，并附原始单据或证明 • 履行相应授权审批程序后才能安排资金支出	• 严格控制资金业务事后审批，杜绝人为因素的资金审批漏洞 • 采取IT技术，对资金支付进行控制

4.0 采购业务控制

4.1 采购准备

流程层级		基础管理流程标准	最佳实践流程标准
4.1.1	预算	• 建立采购预算决策机制和流程 • 需求部门根据实际生产需要，准确及时编制需求预算，且不能在提出需求时指定供应商 • 采购部门根据需求预算和现有库存，安排采购预算，按规定程序审批后执行	• 根据组织年度业务目标，制定年度采购预算 • 采购年度预算必须经过评审，并由具有相应权限的部门或人员批准
4.1.2	采购申请与审批	• 建立采购申请制度，依据购买物资或接受劳务类型，确定归口管理部门，明确相关部门和人员的职责权限、请购和审批程序 • 具有请购权的部门应按预算执行进度办理预算内采购项目的请购手续	• 设置专门采购部门，对各部门的采购需求进行审核、归类汇总，统筹安排组织的采购计划 • 对于超预算和预算外采购项目，应先履行预算调节程序，再办理请购手续
4.1.3	选择供应商	• 建立科学的供应商评估和准入流程，确定合规供应商标准 • 择优选择供应商，与选定的供应商签订质量保证协议 • 选择供应商时不仅只有采购部门参与 • 供应商选择评估过程文件必须存档，妥善保管 • 建立年度供应商审查机制，及时更新供应商清单	• 建立供应商管理信息系统和管理制度 • 供应商选择与采购执行职责分离 • 对供应商提供物资或劳务的质量、价格、及时性、资信、经营状况等进行定期的了解、调查、评价，并根据评价结果进行选择和调整 • 定期监控供应商绩效，保证实际绩效与期望相符合
4.1.4	确定采购方式和价格	• 根据市场情况和采购计划选择合适的采购方式，包括招标采购、协议采购、询比价采购、动态竞价、直接购买等 • 根据采购方式，建立采购物资定价机制，努力实现最佳性价比采购 • 必须保持采购人员与供应商的互相独立	• 建立采购价格市场调查及跟踪机制，分析采购物资的成本构成和市场价格变化，建立实时更新的采购价格数据库 • 对市场价格趋势进行预测，支撑采购方式和采购策略的调整

(续表)

流程层级		标准等级	
		基础管理流程标准	最佳实践流程标准
4.2 执行采购			
4.2.1	订立采购合同	• 拟定采购合同,特别是对影响重大、涉及较高专业技术的合同,应组织法律、技术、财务等人员参与谈判 • 对采购合同进行备案、归档 • 采购订单必须送至收货部门(进货核对)和财务付款部门(账单核对)	• 必要时,与长期战略合作供应商签订采购框架协议,以分批订单(PO)方式执行采购 • 建立合同签订评审及审批流程,采购合同(含框架协议)必须经过相关专业人士评审方能签订
4.2.2	供应	• 建立采购合同跟踪机制,及时发现供应的异常情况,并解决 • 根据生产进度和物资特性,选择运输方式和工具,办理运输保险,尽可能降低采购物资损失,保证物资供应 • 对采购过程进行全程登记	• 实时评价供应商供货情况,并建立与供应商的信息沟通和反馈机制 • 采取IT系统对供应过程进行管理,确保采购供应的准确性和可追溯性
4.2.3	验收	• 建立采购验收制度,明确验收程序和标准,确定检验方式,验收人员对采购项目的品种、规格、质量、数量等进行验收,出具验收证明 • 验收中发现异常情况,应立即向管理部门报告,并查明原因,及时处理 • 对不合格物资,根据检验结果选择降级使用、挑选使用、返工使用、退货、索赔等处理方式 • 验收资料妥善保管,并及时传递至采购需求部门和采购付款部门	• 对涉及关键技术、性能的采购设备进行专业测试,必要时委托具有专业资质的机构和专家协助验收 • 建立采购验收与供应商管理的联动机制,验收结果将纳入供应商评价体系
4.2.4	付款	• 制定付款流程,明确付款审核人的责任和权力 • 审核采购预算、合同、单据、审批程序等,无误后按合同及时付款 • 审查发票的真实性、合法性、有效性 • 无订单或发票的采购付款需经过有权限的管理层审批后执行	• 合理选择付款方式,并遵循合同规定,防范付款方式不当带来的风险,保证资金安全 • 重视预付款和定金的管理,定期进行清理;对长期、大额的预付款,要综合分析预付账款期限、占用款项的合理性、不可收回风险等方面,发现疑问应及时采取措施 • 采用IT系统进行付款申请的,必须控制IT系统的有效性,防止出现重复付款
4.2.5	退货	• 建立退货管理制度和流程,对退货条件、退货手续、货物出库、退货汇款等做出明确规定 • 与供应商签订的合同中要明确退货事宜 • 涉及符合索赔条件的退货,应在索赔期内及时办理	• 保持与供应商的合作关系,明确供应商在退货中的职责 • 关注退货后续采购情况,避免因质量等方面的缺陷再次导致退货

(续表)

流程层级		标准等级	
		基础管理流程标准	最佳实践流程标准
4.2.6	会计系统控制	• 及时对购买、验收、付款业务进行账务处理，详细记录供应商情况、请购申请、采购合同、采购通知、验收证明、入库单据、支付票据、发票等，做到会计记录与采购记录、仓储记录一致 • 所有支付必须在负债发生或付款期间准确地记入会计账册 • 必须对空白支票妥善保管，未经审核不得使用，定期核对空白支票使用、作废和剩余情况	• 组织有专门人员以询证函方式定期与供应商核对预付账款、应付账款、应付票据等情况，并将函件妥善保管 • 采购付款后有效地注销证明单据，防止有意或无意的重复使用

5.0 资产管理控制

5.1 存货管理

5.1.1	取得	• 根据各种存货采购间隔期和当前库存，考虑生产计划、市场供求等因素，合理确定存货采购日期和数量，使存货处于最佳库存状态 • 考虑成本效益原则，对不同的存货确定不同的取得方式	• 采用IT系统，实现存货消耗与补货联动，并与供应商共享存货消耗信息 • 建立存货预测机制，依据预测制订生产计划、备货计划，并依据计划确定采购计划
5.1.2	验收	• 外购存货：关注合同、发票等原始单据，与存货数量、质量、规格核对一致 • 自制存货：重点关注产品质量 • 其他方式取得存货：关注存货来源、质量状况、实际价值是否符合合同或协议的约定	• 规范存货验收的程序和方法，并不断探索验收新方法 • 对技术含量高的货物，可委托有检验资质的机构协助验收
5.1.3	保管	• 建立存货保管制度，定期对存货进行检查 • 组织内部除存货管理、监督部门及仓储人员外，其他部门人员接触存货，需经过特别授权 • 存货在不同仓库之间流动时应办理出入库手续 • 按物资特性提供适当的储存条件，并健全防火、防洪、防盗、防潮、防病虫害、防变质的质量管理 • 加强对生产现场的材料、周转材料、半成品的管理，使用台账或登记手段，防止存货浪费、被盗、流失	• 对代管代销、暂存、受托加工的存货，应单独存放和记录 • 结合实际，可为存货投保，保证存货安全，降低存货意外损失风险 • 仓储管理人员应对库存物资进行每日巡查和定期抽检，并记录结果；出现异常情况时及时向相关部门及人员反馈

(续表)

流程层级		标准等级	
		基础管理流程标准	最佳实践流程标准
5.1.4	领用	• 明确存货发出、领用的审批权限；贵重商品、大批存货、危险品的发出应实行特别授权 • 仓储部门应根据经审批的出库通知单发出货物 • 仓储部门应详细记录存货入库、出库及库存情况，做到存货记录与实际库存相符 • 相应权限人员在仓储部门留有签字样签	• 严格按照明确的物料领用程序执行 • 采用IT系统，对仓储物料领用进行管理，及时处理IT系统中的人员异动导致的权限变更 • 仓储部门应及时将领用记录定期与财务部门核对
5.1.5	盘点清查	• 至少每年年底进行一次全面盘点清查 • 存货盘点前应拟订详细的盘点计划，确定盘点方法、时间、人员及分工 • 严格按盘点计划进行盘点清查，核查存货数量，及时发现存货减值现象、异常现象 • 盘点清查应形成书面报告 • 对盘点清查中发现的存货盘盈、盘亏、毁损、闲置情况，应查明原因，上报相应层级，经审批后对账务及实物进行处置	• 建立存货盘点清查制度，结合组织情况、存货特性确定盘点周期、方法，制定盘点流程 • 定期盘点与不定期盘点相结合，根据组织行业和存货的特性，可每季度、每月进行盘点
5.1.6	存货处置	• 定期对存货进行检查，及时了解存货状态，对存货变质、毁损、报废或流失等情况，应分析原因，查明责任，编制存货处置申请，经批准后及时处置	• 处置存货应采取岗位职责分离原则，多岗位共同确认存货状态

5.2 固定资产管理

流程层级		基础管理流程标准	最佳实践流程标准
5.2.1	取得	• 建立固定资产预算制度，编制固定资产支出预算，并通过审批 • 固定资产的购建应符合组织的发展战略和投资计划	• 编制年度固定资产预算，考虑投资预算额、资本成本、机会成本、预计收益等因素 • 对固定资产建造项目应开展可行性研究 • 对重大固定资产的购建应进行集体决策和审批
5.2.2	验收	• 外购固定资产时关注固定资产品质、数量、质量、规格等是否与合同、供应商发货单一致，并出具验收单或验收报告 • 需安装的固定资产，经初步验收后进行安装调试，安装完成后需进行二次验收 • 不得接收未通过验收的固定资产，应按合同有关规定办理退货或采取其他弥补措施 • 对验收合格的固定资产应及时办理入库、编号、建卡、调配等手续	• 自行建造固定资产时，应由建造部门、固定资产管理部门、固定资产使用部门联合验收，编制验收报告；验收合格后填制固定资产移交使用单，再投入使用 • 对具有权属证明的资产，取得时必须要有合法的权属证书

(续表)

流程层级		标准等级	
		基础管理流程标准	最佳实践流程标准
5.2.3	登记造册	• 编制固定资产目录，对每项固定资产进行编号 • 建立固定资产卡片，详细记录各项固定资产来源、验收结果、使用地点、责任部门、责任人、运转、维修、改造、折旧、盘点、处置等内容 • 固定资产必须粘贴识别标签或者条形码，但特殊固定资产除外(例如标准的办公家具)	• 固定资产信息应及时录入IT资产管理系统，并由专人对IT资产管理系统进行维护和管理
5.2.4	资产投保	• 建立固定资产投保制度，确定固定资产投保范围和政策 • 严格执行固定资产投保政策，对应投保的固定资产按程序进行审批，及时办理投保手续 • 投保资产发生损失的，及时调查原因，办理索赔手续	• 对重大投保项目，采取招标方式确定保险人
5.2.5	运行维护	• 对固定资产实行归口管理和分级管理，采用"谁使用、谁管理、谁负责"的原则 • 内部调配时，应由固定资产调出部门和调入部门办理相应调配手续，并将调配记录单据送财务部门进行账务处理，在固定资产卡片中进行记录	• 强化对关键设备运转的监控，严格执行操作流程，实行岗前培训和岗位许可制，保证设备安全运转 • 严格执行固定资产日常维修和大修理计划，定期对固定资产进行维护保养，消除安全隐患
5.2.6	更新改造	• 定期对固定资产的技术先进性进行评估，结合实际需要，经批准后进行技术改造	• 关注固定资产技术发展趋势，淘汰落后设备，确保设备与技术领先 • 管理部门应对技改方案实施监督或进行专项资金审计
5.2.7	盘点清查	• 建立固定资产清查制度，至少每年进行一次全面清查 • 清查后编制清查报告 • 对发现的问题查明原因后处理	• 分析盘点清查出现问题的原因，对固定资产管理制度进行完善
5.2.8	抵押质押	• 明确固定资产质押、抵押流程，规定固定资产质押、抵押审批权限 • 应为抵押资产编制目录	• 对固定资产抵押质押的风险进行评估、跟踪和管理 • 视需要委托专业中介机构对抵押资产进行鉴定和评估
5.2.9	淘汰处置	• 建立固定资产处置(含报废、转让、变卖、调配等)制度和流程 • 对使用期满、正常报废的固定资产，应由固定资产使用部门或管理部门填制固定资产报废单，经本部门授权审批后进行报废清理	• 对拟出售或投资转出的固定资产，组织应对该固定资产进行评估，出具评估报告，报经授权部门批准后予以出售或转让

(续表)

流程层级		标准等级	
		基础管理流程标准	最佳实践流程标准
5.2.9	淘汰处置	• 对使用期未满、非正常报废的固定资产，由固定资产使用部门提出报废申请，并经有关部门进行技术鉴定，按规定程序审批后进行报废清理 • 固定资产的淘汰与处置须经过财务部门批准	• 应关注固定资产处置中的关联交易和处置定价，采取集体审批方式，避免舞弊行为
5.2.10	财务核算控制	• 统一固定资产的会计政策和会计科目，明确固定资产的会计凭证、账簿和财务报告的处理流程 • 财务部门及时对固定资产的增加、处置、调配等情况进行账务处理 • 确定固定资产分类，按照统一的方法计提固定资产折旧	• 定期对固定资产进行减值分析，减值准备经批准后，对固定资产价值进行调整

5.3 无形资产管理

流程层级		基础管理流程标准	最佳实践流程标准
5.3.1	取得与验收	• 购建无形资产应符合组织的发展战略，并进行可行性研究 • 建立无形资产交付验收制度，对外购、自行开发及其他方式取得的无形资产的权属关系，办理产权登记手续；权属变动时，办理转移手续 • 购入或以支付土地出让金等方式取得的土地使用权，应取得有效证明文件	• 重大无形资产的取得，采取招标方式进行 • 在未明确组织的专属所有权前，应对无形资产的取得过程采取保密措施
5.3.2	使用与保护	• 分类制定无形资产管理办法，尤其重视对品牌、商标、专利、专有技术、土地使用权的管理 • 加强对无形资产所有权的保护，无形资产具有保密性质的，应采取严格的保密措施	• 对无形资产的重要信息进行备份，并采取IT技术协助对无形资产进行保护 • 建立无形资产使用管理制度，经权签人批准后方可使用 • 设置专门的部门监控组织无形资产使用情况，关注对组织核心竞争力有重要影响的专利、专有技术被侵权行为，通过法律保护组织合法权益
5.3.3	升级与更新	• 定期对专利、专有技术等无形资产的先进性进行评估，加大研发力度，促进技术更新换代	• 持续通过提供高品质的产品/服务，提升客户满意度，维护社会、市场对组织品牌、形象以及商誉的认可
5.3.4	处置	• 建立无形资产处置的相关制度，明确处置程序、审批权限 • 合理确定处置价格，按规定程序对处置进行严格审批	• 经批准后，签订无形资产的出租、出借合同，对无形资产的维护、税负、租金、期限、商业秘密保护进行约定 • 重大无形资产的处置应委托有资质的中介机构进行资产评估，并集体审批

(续表)

流程层级		标准等级	
		基础管理流程标准	最佳实践流程标准
5.3.5	核算控制	• 对无形资产增加、摊销、处置等及时进行账务处理	• 每半年对无形资产进行减值分析，对审批通过的减值准备及时进行处理
6.0 生产与销售控制			
6.1 生产控制			
6.1.1	生产计划	• 生产计划必须依据销售预测制订 • 生产计划经批准后方可进行产品生产 • 生产计划的调整必须经过相应的批准	• 生产进度计划、物料采购计划、存货预算、生产人员需求依销售预测制订 • 生产计划必须依据销售预测周期及时更新
6.1.2	生产环节	• 生产指令、领料单、工资的分配等得到适当的授权审批 • 成本核算的方法以经过审批的生产通知单、领料凭证、产量和工时记录、人工费用分配表、制造费用分配表等为依据 • 必须妥善保管产成品，避免变质和失窃现象发生 • 产成品必须经过质量检验才能发货	• 定期根据市场价格对标准成本进行调整 • 协作配合财务部门处理生产账户的材料和人工成本会计业务
6.1.3	生产环节会计控制	• 生产通知单、领料凭证、产量和工时记录、人工费用分配表、制造费用分配表等均经过连续编号并登记入账 • 采取适当的成本计算方法，保持前后各期方法一致。如需要变更，应经过适当的授权 • 每年对制造费用计算方法进行审查，所用方法符合组织政策	• 建立成本核算流程和账务处理流程 • 标准成本的核算方法经过内部审查，成本差异经过合理的分摊 • 根据生产和财务管理需要，建立统一的月度结账流程，明确结账日期
6.2 销售控制			
6.2.1	销售计划	• 根据发展战略，结合销售预测、生产能力及客户订单，制订年度、月度销售计划，并按程序进行审批 • 根据实际情况调整销售计划，并按程序进行审批	• 成立销售管理部门，及时跟踪销售计划的落实，对计划与实际销售情况进行分析，及时调整销售计划
6.2.2	客户信用管理	• 建立和不断更新、维护客户信用档案，关注重要客户的资信变动情况，防范风险 • 对新开发的客户，应建立信用保证制度	• 建立独立于销售部门的信用管理部门，对客户信用进行动态管理 • 销售合同签订前应通过信用管理部门的风险评估 • 建立客户赊销管理制度，对客户的赊销进行严格评审，通过相应权限批准后才能给予发货

(续表)

流程层级		标准等级	
		基础管理流程标准	最佳实践流程标准
6.2.3	销售定价和折扣	• 产品基础定价、销售折扣、销售折让等政策的制定应按程序和权限进行审批 • 根据市场变化及时调整销售策略，运用销售折扣、销售折让、信用销售、代销、广告宣传等多种策略和方式，促进销售目标的实现，提高市场占有率 • 对于部分产品，可以授予销售部门一定限度的价格浮动权，将权力逐级分配并明确权限执行人	• 根据销售策略、成本分析和竞争分析，由定价委员会确定产品/服务的基准定价，并定期更新 • 对销售中的折扣进行记录并归档，控制销售行为中折扣销售的比例
6.2.4	签订销售合同	• 签订销售合同前，关注客户的信用情况、销售定价、结算方式等内容 • 销售合同应明确双方权利和义务，审批人员应对合同草案进行严格审核 • 销售合同草案经审批同意，授权有关人员与客户签订正式合同	• 建立合同评审及签订程序，按照不同岗位权限进行合同评审及签订 • 合同谈判过程应采取团队方式进行，杜绝一人单独与客户进行合同谈判的情况 • 重大销售业务谈判及合同签订要有财务、法律人员参与
6.2.5	发货	• 按批准的销售合同开具发货通知，发货和仓储部门按通知进行发货 • 按发票管理规定开具销售发票，严禁开具虚假发票 • 以运输合同形式明确运输方式，商品短缺、毁损或变质的责任，到货验收的方式，运输费用承担，保险等内容。货物交接环节要做好装卸和检验工作，由客户验收确认	• 采取IT系统，由销售合同或订单匹配发货条件，自动生成发货通知 • 与货物承运方IT管理系统进行对接，实时监控货物运输状态，确保货物运输安全
6.2.6	收款	• 结合销售政策和信用政策，选择适当的结算方式 • 完善应收款项管理制度，销售部门负责应收账款的催收，妥善保管催收记录(包括往来函电)；财务部门负责办理资金结算并监督款项回收 • 明确商业票据的受理范围，严格审查商业票据的真实性与合法性，防止票据欺诈，关注票据的取得、贴现、背书，对逾期票据应当进行追索	• 禁止销售人员收取现金货款，尽可能要求客户采取票据或转账结算 • 定期由财务部门与销售部门检查销售回款执行情况，核实与客户往来账款的真实性 • 建立组织管理层对客户的定期访问制度，了解客户信息，分析回款风险
6.2.7	会计系统控制	• 会计记录详细记载销售客户、销售合同、销售通知、发货凭证、商业票据、款项回收等情况，做到会计记录与销售记录、仓储记录一致 • 建立应收账款清收核查制度，指定专人以询证函方式定期与客户核对应收账款、应收票据、预收账款等往来款项	• 重视应收账款的坏账管理。根据行业和组织经营特点、实际款项回收可能性，制定计提坏账准备的比例，报相应层级审批后进行计提 • 财务部应收账款中全部无法收回的，应查明原因、追究责任，并按财务制度规定的程序审批后，按国家统一准则和制度及时进行账务处理

(续表)

流程层级		标准等级	
		基础管理流程标准	最佳实践流程标准
7.0 研究与开发控制			
7.1 研发过程			
7.1.1	立项	• 结合发展战略、实际需要及技术现状，制订研发计划，提出研发项目立项申请，开展可行性研究，编制可行性研究报告 • 以独立于申请之外的团队对立项申请进行评估论证 • 按规定的权限和程序进行审批，对重大研发项目应报董事会或类似机构集体审议。审批侧重于研发项目促进组织发展的必要性、技术的先进性、成果转化的可行性	• 研发项目立项基于研发战略与产品规划(长期的研发产品路标) • 基于对市场与客户的理解，以满足客户需求为中心制定产品研发方向 • 研发项目立项应由研发、市场、生产、服务、财务、人力资源、质量等职能部门的人员集体评议并决策
7.1.2	自主研发过程管理	• 合理配备专业人员，落实岗位责任制，保证研究过程高效、可控 • 跟踪检查研究项目进展情况，评估各阶段研究成果 • 为研发项目分配单独财务编码，建立研发项目费用报销制度 • 建立变更控制机制，对于研发过程中的变更，经批准后方可实施	• 以跨职能(包括研发、市场、生产、服务、财务、人力资源、质量等)团队方式形成产品/服务开发团队 • 采取阶段式开发过程进行产品/服务开发 • 研发过程分阶段进行，阶段末由组织决策团队进行评审决策
7.1.3	研发外部过程管理	• 遵循技术互补性原则、成本最低原则、诚信原则甄选合作伙伴 • 对于委托研发的情况，应签订外包合同，要约定研究成果的产权归属、研究进度、质量标准等内容 • 对于合作研发的情况应与合作方签订合作研究合同，明确双方投资、分工、权利义务、研究成果归属等	• 对合作方研发模式和研发团队进行考察和认证 • 设置专门人员，实时负责监控外包项目的进展，关注进度、质量、风险等要素 • 保持与合作方高层的经常性互动，及时发现与解决外包/合作项目中的各类问题
7.1.4	核心研发人员管理	• 明确界定核心研发人员范围和名册，签署有关法律、法规要求的保密协议 • 实施有效、合理的研发绩效管理 • 与核心研发人员签订合同，特别约定研究成果归属、离职移交程序、离职后的保密义务、离职后竞业年限、违约责任等	• 制定研发人员保密协议，与所有研发人员签署协议 • 对核心研发人员进行中长期激励
7.1.5	研发活动评估	• 建立研发活动评估制度，对研发过程全面评估 • 在研发活动评估人员和经费方面给予保证	• 研发团队进行经验教训总结，分析薄弱环节，不断改进和提升研发活动的管理水平 • PQA(指产品质量管理人员)对研发过程进行评估，根据不同类型的项目分别构建评估指标体系 • 增强管理层对评估作用的认可

(续表)

流程层级		标准等级	
		基础管理流程标准	最佳实践流程标准
7.2 研发成果			
7.2.1	验收	• 建立研发成果验收制度，组织专业人员对研发成果进行评审和验收 • 加大测试和鉴定阶段的投入，降低技术失败风险 • 通过验收的研发成果，应确认该项研究成果是否申请专利或作为非专利技术、商业秘密。对于需要申请专利的研发成果，应及时办理专利申请	• 依据产品/服务开发阶段，设置各阶段通过验收的质量标准，并严格按照标准进行评审验收 • 采取渐增测试模式对产品/服务的开发过程进行测试，并在产品开发过程中开始介入测试 • 需由专业机构进行测试认证的产品/服务，应委托有资质的机构进行认证
7.2.2	技术成果转化	• 加大技术开发/预研开发投入，形成市场、研发、生产、服务一体的创新机制 • 技术开发成果应分步推进，通过市场认可后，逐步转化为产品	• 技术开发与产品开发分离，技术开发以产品开发作为客户 • 制定完善的技术开发流程，与产品开发流程完美衔接
7.2.3	研发成果保护	• 制定信息安全制度，防止研发成果泄露 • 合作研发合同中明确成果产权归属	• 研发立项及方案设计阶段应详细检索专利信息，防止侵权 • 加强对专利权、商业秘密、研发过程中形成的各类信息和资料的管理，按制度规定借阅和使用，禁止无关人员接触研发成果，依靠法律保护研发成果 • 采取技术手段对研发成果进行保护，防止蓄意泄露与黑客攻击
7.3 知识产权			
7.3.1	购买和转让	• 知识产权的购买、转让、使用许可必须由知识产权管理最高负责人批准 • 每年进行一次知识产权(包含专利、商标和版权)的盘点 • 所有的许可和授权协议必须经过法务部门人员审核 • 研发部门相关人员必须进行知识产权相关知识的培训	• 知识产权的购买、转让、使用许可必须符合流程的规定 • 组织的所有部门都应该为需要的人员进行知识产权相关知识的培训
7.3.2	版权	• 为所有受到版权保护的材料(包含软件)设置版权保护标识 • 制定流程规范软件版权保护注册 • 制定研发过程控制环节，评估研发过程是否需要使用外部资料，使用外部资料必须得到授权许可	• 保持组织的版权保护标识醒目和格式统一 • 为非组织开发但版权属于组织的软件制定获取书面的版权转让协议的流程 • 对嵌入式软件、伴随产品销售的软件和开发外包制作的软件进行版权注册登记
7.3.3	专利	• 制定规范的专利保护流程和控制环节，包括是否申请专利、申请范围判断、组织内部专利申请流程、产品开发过程中的专利检索	• 在专利方面组织有明确的规定，并确保专利发明过程证据(专利发明思路文件、专利发明思路形成的日期、专利发明过程中的工作及相关活动记录、参与专利发明的人员等)的收集和保存

(续表)

流程层级		标准等级	
		基础管理流程标准	最佳实践流程标准
8.0 基建工程管理控制			
8.1 工程立项			
8.1.1	编制项目建议书	• 有专门的机构管理工程项目，根据组织发展战略和年度投资机会，提出项目建议书 • 明确规定项目建议书的主要内容和编制要求	• 组织相关部门对项目建议书进行分析论证 • 项目建议书应参考国家、区域的产业政策，并与组织发展方向一致
8.1.2	可行性研究	• 明确可行性研究报告的内容和编制要求，对项目可行性进行深入分析	• 委托有相应资质的专业机构开展可行性研究
8.1.3	立项评审	• 重点关注项目投资方案、投资规模、资金筹措、生产规模、投资效益、布局选址、技术、安全、设备、环境保护等方面，核实相关资料的来源和取得途径是否真实、可靠、完整	• 委托有相应资质的专业机构(与可行性研究报告的出具单位不存在关联关系)对可行性研究报告进行评审，并出具评审意见 • 从事项目可行性研究的专业机构不得再从事可行性研究报告的评审
8.1.4	立项决策	• 按规定权限和程序对工程项目进行决策，决策过程应有书面记录 • 财务总监或总会计师、分管会计工作的负责人应参与项目决策 • 应在工程项目立项后、正式施工前，依法取得建设用地、城市规划、环境保护、安全、施工等许可	• 重点工程项目的立项应报经董事会或类似权力机构集体审批 • 任何人不得单独决策或擅自改变集体决策意见 • 工程项目决策失误应当实行责任追究制度
8.2 工程设计和造价			
8.2.1	初步设计	• 选择有资质、有经验的设计单位 • 向招标确定的设计单位提供详细的设计要求和基础资料，进行有效的技术、经济交流 • 建立严格的初步设计审查和批准制度，保证评审质量	• 选聘合适的外部审计单位，对项目设计进行监控 • 采用先进的设计管理实务技术，进行方案对比
8.2.2	施工图设计	• 建立概预算编制与审核制度，组织工程、技术、财务等部门的专业人员或委托有资质的中介机构对编制的概预算进行审核，重点审查编制依据、项目内容、工程量的计算、定额套用等是否真实、完整、准确，保证概预算的科学合理 • 建立施工图设计管理制度和交底制度，按项目要求的进度交付施工图设计深度及图纸，提高设计质量，防止设计深度不足或设计缺陷带来的问题	• 建立设计变更管理制度；设计单位应提供全面、及时的现场服务，避免设计与施工脱节现象 • 因过失造成设计变更的，应追究责任

(续表)

流程层级		标准等级	
		基础管理流程标准	最佳实践流程标准
8.3 工程招标			
8.3.1	招标	• 遵循公开、公正、公平竞争的原则，发布招标公告，提供包含招标工程的主要技术要求、主要合同条款、评标标准和方法，以及开标、评标、定标的程序等内容的招标文件 • 按项目特点确定投标人的资格要求，做到公平合理 • 可根据项目特点决定是否编制标底；需要编制标底的，标底编制过程和标底应严格保密	• 不得违背工程施工组织设计和招标设计计划，将应由一个承包单位完成的工程拆分为若干部分，以规避招标 • 经审定的标底应密封保存 • 招标文件中包括经适当审核的合同样本
8.3.2	投标	• 确定中标人前，不得与投标人就投标价格、方案等实质性内容进行谈判 • 对投标人的信息采取严格的保密措施，防止投标人之间串通舞弊 • 按照招标公告或资格预审文件中的投标人资格条件对投标人进行严格的审查，预防假资质中标或借资质串标	• 发生串标或标底泄露时，必须终止或延迟开标，重新制定标底后再组织开标 • 对泄露情况进行调查，追究责任
8.3.3	开标、评标和定标	• 依法组织工程招标的开标、评标、定标，接受有关部门的监督 • 评标小组应由发标方代表和技术、经济方面专家组成，客观公正地提出评审意见，并对评审意见承担责任 • 评标委员会成员和参与评标的工作人员不得透露对投标文件的评审和比较、中标候选人的推荐情况以及与评标有关的其他情况，不得私下接触投标人，不得收受投标人的财物或其他利益	• 评标小组应采用招标文件规定的评标标准和方法，对投标文件进行评审和比较 • 应对评标过程进行记录，评标结果应有充分的评标记录作为支撑
8.3.4	签订施工合同	• 按照规定的权限和程序从中标候选人中确定中标人，及时向中标人发出中标通知书 • 在规定的期限内与中标人订立书面合同，明确双方的权利、义务和违约责任，如质量、进度、结算方式等	• 施工合同签订前应由各领域专业人员进行充分评审，确保合同内容完整、无漏洞
8.4 工程建设			
8.4.1	工程物资采购	• 自行采购工程物资应参照采购业务控制要点；重大设备和大宗材料的采购应根据招标采购的规定执行 • 由承包单位采购工程物资的，组织应加强监督，严禁不合格工程物资流入工程项目建设	• 建立工程物料采购验收制度，对技术性、专业性要求较高的物料采取专业的检验检测仪器，由专业的机构和人员进行监控

(续表)

流程层级		标准等级	
		基础管理流程标准	最佳实践流程标准
8.4.2	工程监理	• 工程监理单位应依照国家法律、法规和相关技术标准、设计文件和工程承包合同，对承包单位的施工质量、工期、进度、安全和资金使用等方面进行监督 • 工程监理人员应客观公正地执行监理任务。发现工程施工不符合设计要求、施工技术标准和合同约定的，应要求承包单位改正；发现工程设计不符合建筑工程质量标准或合同约定的质量要求的，应及时报告发包方 • 未经工程监理人员签字，工程物资不得在工程上使用、安装，不得进入下一道施工工序，不得拨付工程价款，不得进行竣工验收	• 根据建设工程的规模、性质以及对监理的要求，委派工程总监理师 • 建立符合工程项目特点的项目监理团队，配备专业的项目监理工程师 • 依据监理程序，规范开展监理工作 • 形成完整的工程监理档案，并在工程监理工作结束后向发包方移交
8.4.3	工程价款结算	• 建立成本费用支出审批制度，对建设资金的使用进行管理 • 掌握工程进度，开展工程项目核算，并根据合同约定，按照规定的审批权限和程序办理工程价款结算，不无故拖欠 • 施工过程中，如果工程的实际成本突破了工程项目预算，建设单位应及时分析原因，按规定的程序进行处理	• 精确掌握工程进度，与施工方就工程完成程度的确定方法达成一致 • 资金筹集应与工程进度协调一致，以免影响工程进度
8.4.4	工程变更	• 建立严格的工程变更审批制度，严格控制工程变更。确实需要变更的，按照规定的权限和程序进行审批后才能实施	• 项目重大的变更应按照项目决策和概预算控制的程序和要求重新履行审批手续 • 因工程变更造价款支付方式、金额和进度变化的，应提供书面文件和资料，并进行严格审核 • 因人为原因导致的工程变更，应追究责任

8.5 工程收尾

8.5.1	工程验收	• 组织审核竣工决算，重点审查决算依据是否完备、相关文件资料是否齐全、竣工清理是否完成、决算编制是否正确 • 未实施竣工决算审计的工程项目，不得办理竣工验收手续 • 交付竣工验收的工程项目，应符合规定的质量标准，有完整的工程技术经济资料，具备国家规定的其他竣工条件 • 按照国家有关档案管理的规定，及时收集、整理工程建设各环节的文件资料，建立完整的工程项目档案	• 工程验收档案除保存工程全过程的纸质资料外，还应进行电子资料的整理和归档工作

(续表)

流程层级		标准等级	
		基础管理流程标准	最佳实践流程标准
8.5.2	项目后评估	• 建立项目评估制度，在项目完成并运行一段时间后，对项目执行过程、效益进行系统、客观的分析，重点评价工程项目预期目标的实效和项目投资效益等，作为绩效考核和责任追究的依据	• 项目全过程经验教训总结应形成书面化资料，并作为项目过程资料进行归档，同时作为后续项目的参考资料

9.0 业务外包控制

9.1 选择外包方

流程层级		基础管理流程标准	最佳实践流程标准
9.1.1	制定业务外包实施方案	• 根据组织核心能力、业务进度和成本，参考业界常用做法及专家的意见，制定业务外包方案 • 明确业务外包方式、合同期限、员工培训等内容，确保方案可行	• 建立业务外包管理制度，规定外包业务的范围、方式、条件、程序，明确相关部门和岗位的职责权限 • 严格按照外包制度，制定业务外包方案，避免核心业务外包 • 结合年度生产经营计划，拟订实施方案，对外包业务成本和风险、外包方式等方面进行深入评估，保证方案的可行性
9.1.2	审核批准	• 根据外包业务金额、重要程度、风险等因素，设置相应的审批权限 • 对比外包与自营的优缺点、风险和收益，确定外包方案的合理性和可行性	• 建立业务外包审批制度，明确审批的权限、程序等 • 不越权审批 • 总会计师、财务总监或分管财务工作的负责人应参与重大业务外包决策 • 必要情况下，组织集中开展业务外包评审会议，集体讨论决定
9.1.3	选择承包方	• 对备选承包方进行背景调查 • 采取合适的方式，公平选择承包方 • 对承包方选择过程进行监督，避免出现商业贿赂行为；对发现的贿赂行为进行惩处	• 调查备选承包方的合法性，包括成立合法、经营范围合法以及经营场所合法 • 核实备选承包方相应的专业资质、从业人员相应的专业技术资格 • 考察备选承包方业绩，了解业界评价 • 综合考虑内外部因素，合理确定外包价格，控制业务外包成本 • 遵循公开、公平、公正原则，引入竞争机制，择优选择外包业务的承包方 • 建立回避制度和监督处罚制度，避免关联交易和贿赂
9.1.4	签订业务外包合同	• 与承包方签订业务外包合同，明确外包业务的内容、范围、双方权利、义务、服务、质量标准、保密事项、费用结算标准、违约责任等 • 外包业务需要保密的，应在外包合同中或另行签订的保密协议中明确规定承包方的保密义务和责任	• 外包合同中应明确承包方，实时向发包方汇报项目进展，并对存在的问题进行有效沟通 • 必要情况下，合同中应明确未能达成承包合同要求的补救措施 • 违约责任规定应保持一定的灵活性，以适应技术、环境及业务的变化

(续表)

流程层级		标准等级	
		基础管理流程标准	最佳实践流程标准
9.2 业务外包过程			
9.2.1	外包合同执行与监控	• 按外包制度、工作流程及要求组织开展业务外包，采取有效控制措施，保证承包方严格履行外包合同 • 做好与承包方的对接，加强双方沟通协调，及时收集信息，发现和解决外包业务日常管理中存在的问题 • 承包方违约并带来损失的，应按合同对承包方进行索赔，并追究责任	• 对承包方的履约能力进行持续评估，有确凿证据表明承包方存在重大违约行为、导致业务外包合同无法履行的，应及时终止合同 • 对重大业务的外包，要建立应急机制及替代方案，避免外包业务失败导致本组织生产经营活动中断或受到严重影响 • 重视业务外部执行过程中商业资料的整理和保管
9.2.2	验收	• 依据业务外包合同约定，关注质量及其他要求，确定验收标准 • 组织相关部门对业务外包进行验收，并出具验收证明 • 对验收过程中出现的问题及时处理	• 根据业务特点制定验收方案，可制定整体验收方案和标准，也可制定阶段的验收方案和标准 • 对验收中出现的问题制定补救措施，降低组织业务风险 • 根据验收结果对外包做总体评价，并对相应外包业务制度和流程进行优化
9.2.3	会计控制	• 按国家会计准则，对外包业务进行会计记录 • 按合同约定的条件、方式和标准，做好外包费用结算	• 对外部业务资产变动进行核算和监督，必要时对外包诉讼提供专业支持 • 建立和完善外包成本核算方法，并适时进行数据披露，为外包业务管控提供财务支持
10.0 财务报告编制与披露控制			
10.1 财务报告编制			
10.1.1	一般会计处理及关账	• 按职责分工审核单据、编制记账凭证，由独立于制单人的财务人员复核记账凭证；经审核的凭证进入总账生成财务报表 • 结账前总账人员对所有已审核凭证进行过账，保证所有明细账和总账核对一致、各模块与子模块核对一致 • 关账后，财务系统应拒绝对已关闭会计期间进行任何操作；特殊调账需经审批后方可进行 • 建立总账科目变更管理制度，对总账科目的变更经审批后方可进行	• 采用专业的财务IT系统进行会计业务处理，在系统设置中凭证经过审核后不能进行任何修改 • 财务人员进行月度结账、关账，系统检查无误后自动生成财务报表 • 财务报表由系统通过报表取账公式自动生成，除非特殊情况(如调整年初数)，不允许手工改表
10.1.2	制定财务报告编制方案	• 明确财务报告的编制过程、职责分工和进度安排 • 制定统一的财务报告编制格式及标准要求	• 按国家会计准则和制度，结合组织实际情况，选择适当的会计政策和会计估计方法 • 重要会计政策和会计估计的调整要按规定的权限审批 • 明确财务报告编制人员分工，合理安排总部与分属单位编制时间，保证编制进度

第17章 内部控制管理流程标准

(续表)

流程层级		标准等级	
		基础管理流程标准	最佳实践流程标准
10.1.3	特殊事项会计处理	• 对财务报告产生重大影响的交易和事项的处理应按照规定的权限和程序先进行审批，然后按照审批意见执行	• 制定特殊事项处理政策，并按年度进行更新 • 特殊事项的会计处理应符合国家会计准则及相应监管部门的要求 • 集中讨论，并经董事会或相应的授权人员审批
10.1.4	核查资产和负债	• 对组织资产、负债进行核查，确保资产与负债的信息准确 • 输出资产和负债核查报告	• 制订资产、负债核实计划，明确人员配备、时间进度、方法等 • 采取银行对账、现金盘点、固定资产盘点方法明确资产权属，采取询证函等方式与债权债务单位进行资产和负债核查 • 对清查中发现的问题，分析原因，提出处理意见，经审批后输出核查报告
10.1.5	财务报告编制	• 制定财务报告编制流程，明确相应权限和责任 • 按照组织遵循的会计准则确认资产、负债、收入、费用和成本，编制财务报告 • 对财务报告进行审核、审批	• 保持各项资产计价、负债确认方法的统一，不得随意变更。如有变更，需按照相应权限进行审批，并报监管机构备案 • 按照会计准则进行收入确认，不虚列或隐瞒收入，不推迟或提前确认收入 • 真实确认各项费用、成本，不得随意改变费用、成本的确认标准或计量方法，不得虚列、多列、不列或少列成本、费用 • 准确计算当期利润，不得随意调整会计利润、编造虚假利润 • 按规定划清各种现金流量的界限，正确填报现金流量 • 按国家统一的会计准则和制度编制附注
10.1.6	合并财务报告	• 根据会计准则，明确合并财务报表的范围 • 核对财务周期内的内部交易，编制合并抵消分录，并提交复核人审核	• 编制并定期维护合并和汇总报表的单位清单，合并清单的变化，需经审批后将其纳入合并程序 • 根据核对一致的内部往来明细，编制合并报表内部往来抵消分录，并由财务部门的独立人员进行复核 • 合并抵消分录的编制有相应的文件和证据支持
10.2 财务报告披露			
10.2.1	财务报告对外提供	• 财务报告应由财务部负责人或分管财务工作的负责人、组织负责人审核后签名盖章 • 财务报告须经注册会计师审计的，应聘请符合资质的会计师事务所对财务报告进行审计，并出具审计报告，并将其与财务报告一起对外提供	• 制定财务信息对外披露管理办法，明确信息披露的审查及审批程序和权限 • 对于财务报告中重要的假设、调整、重大非经常性事项进行集体讨论，获得许可后才能披露 • 需要向社会进行披露的财务报告，应该按照监管机构的统一格式和程序要求来制定

(续表)

流程层级		标准等级	
		基础管理流程标准	最佳实践流程标准
10.2.2	财务分析	• 每季度召开财务分析会议，分析组织的经营管理状况和存在问题 • 财务分析报告结果应及时传递至管理层，并根据分析报告的意见，明确各部门职责，予以落实	• 月度召开财务分析会议，分析主要的财务指标完成情况以及指标的发展变化情况，并做出预测 • 财务分析作为组织经营分析会议的输入

11.0 合同管理控制

11.1 合同签订

流程层级		基础管理流程标准	最佳实践流程标准
11.1.1	合同调查	• 审查被调查对象的法人登记证书、资质证明、授权委托书及身份信息 • 获取调查对象经审计的财务报告及非财务信息，分析其财务状况和信用状况 • 对被调查对象进行现场调查，分析其履约能力	• 通过被调查对象的主要客户、供应商、开户银行、税务机关、工商管理部门以及政府的其他监管机构(证监会、银保监会等)，了解其经营、商誉等信息 • 在合同履行过程中持续关注被调查对象的资信变化，建立对方信用档案
11.1.2	合同谈判	• 至少三人以上参与合同谈判 • 制定合同谈判底限，明确组织重点关注的核心内容 • 谈判过程要有记录	• 组建合同谈判小组，研究相关法规和政策，收集对手资料，制定谈判策略 • 关注合同核心内容、条款和关键细节 • 对重大、涉及较高级专业技术的合同或法律关系复杂的合同，组织法律、技术、财务人员参与谈判，必要时可聘请外部专家参与 • 重视保密工作，建立问责机制 • 对谈判过程中的重要事项和参与谈判人员的主要意见予以记录，并妥善保存
11.1.3	合同文本拟定	• 合同文本应由业务部门负责起草，并有组织内部专家进行审核 • 组织应制定统一格式的合同文本格式 • 认真审查由对方拟定的合同，特别需留意"其他约定事项"等需要补充的栏目，不存在其他约定时要进行标注	• 对外发生经济行为的，除即时结清外，应订立书面合同 • 审核合同是否以生产经营计划为依据，合同需求与国家法规、产业政策是否一致 • 合同文本应有法律部门审核，重大合同或法律关系复杂的特殊合同由法务部门参与起草 • 统一归口管理和授权审批制度，严格合同管理 • 合同文本须报经国家有关部门审查或备案的，应当履行程序
11.1.4	合同审核	• 审核合同的主体、内容、形式是否合法，合同内容是否符合组织利益，对方的履约能力、合同权利和义务、违约责任和争议解决条款是否明确	• 建立合同专家会审制度，对重大或法律关系复杂的合同文本，组织财务部门、内部审计部、法务部门、业务部门进行审核 • 认真分析审核意见，必要时对合同条款做出修改，并重新审核

(续表)

流程层级		标准等级	
		基础管理流程标准	最佳实践流程标准
11.1.5	合同签署	• 由组织法定代表人或其授权人签名或加盖相关印章 • 由专人保管合同章，对合同章的使用应进行登记 • 合同盖章应由专门保管人进行，严禁合同章外借	• 按照规定的权限和程序与对方签订合同；授权进行合同签署的，应签署授权委托书 • 建立合同专用章的保管制度，保管人应记录合同专用章的使用情况；如发现遗失合同专用章，应立即采取妥善措施，最大限度消除可能的负面影响 • 采取适当措施，防止已签署的合同被篡改 • 按国家法律、行政法规规定，对于需办理批准、登记手续之后方可生效的合同，应及时办理相关手续

11.2 合同执行

流程层级		基础管理流程标准	最佳实践流程标准
11.2.1	合同履行	• 依据合同条款对合同履行方进行监控 • 控制合同变更，重点关注影响合同交付的质量、进度和成本的变更 • 保持与履行方的沟通，积极处理合同履行过程中的纠纷	• 检查、分析和验收合同交付，执行本组织义务，敦促对方积极执行合同 • 对合同履约情况进行有效监控，及时提示风险，采取相应措施降低损失 • 根据需要及时补充、变更、解除合同，并按照程序进行审批 • 依据国家法律、法规，在规定时效内处理合同纠纷。合同纠纷经协商一致的，双方应签订书面协议；经协商无法解决的，根据合同约定选择仲裁或诉讼方式来解决
11.2.2	合同结算	• 合同结算应由业务部门负责发起，经相应权限人审批后执行 • 应以合同条款和合同实际履行情况进行结算 • 合同提前付款，应由更高权限人员进行特批，特批人员应承担因此可能造成损失的责任	• 建立合同结算制度和流程，依据相应的流程和权限进行合同结算 • 财务部门应在审核合同履行情况后办理结算业务，按合同规定收付款 • 未按合同条款履约或应签订书面合同而未签订的，财务部门应拒绝付款，并及时向组织相应负责人汇报
11.2.3	合同登记	• 合同登记、归档和管理应由专人负责，保存合同的环境要适宜，保证合同文本的安全 • 对合同的借阅和归还进行登记 • 遵循相关性原则，对不相关人员不得借阅	• 建立合同登记、管理制度，利用信息化手段定期对合同进行统计、分类、归档，详细登记合同的订立、履行、变更和终结等 • 加强合同信息安全保密工作，保护组织商业机密 • 明确合同流转、借阅、归还的职责权限和审批程序等制度 • 建立合同履行情况评估制度，定期对合同履行的总体情况进行评估分析

(续表)

流程层级		标准等级	
		基础管理流程标准	最佳实践流程标准
12.0 人力资源管理控制			
12.1 人力获取			
12.1.1	人力资源规划授权	• 业务部门负责人应对部门的人力需求与业务规划的匹配负责 • 人力资源部门统筹组织的人力规划工作，对组织整体的发展、人力需求以及市场人力资源供给进行分析，形成人力资源规划报告 • 总经理负责对组织的人力资源规划报告进行审批	• 人力资源规划过程中使用的战略规划、组织结构、财务规划、各部门年度规划、人力需求等数据需经各部门负责人审核签字后使用 • 成立人力资源供需平衡决策团队，负责组织人力资源的供需平衡工作 • 由专人对组织人力资源需求和供给趋势进行分析，形成分析报告 • 根据经批准的供需平衡决策信息，制定年度人力资源规划报告，经各部门负责人审定后，报总经理批准 • 人力资源部门负责组织实施年度人力资源规划报告有关内容，并在组织内部做好沟通工作
12.1.2	保密控制	• 非相关人员不得参与和接触组织的人力规划重要会议和工作 • 人力规划文档严格保密，未经批准，不得外借	• 组织的人力规划重要会议，应进行记录和存档 • 人力资源规划作为重要文件存档，应控制借阅 • 人力资源部负责人应在HR管理信息系统设定相关人员对各种文件的使用权限，不得越权查阅和使用
12.1.3	员工招聘	• 在人员预算范围内进行人员招聘，超出预算的招聘需特殊审批 • 有明确的招聘面试流程，面试过程应有记录，并经相关负责人签字 • 招聘需求部门应对应聘人员的专业技能进行评估，人力资源部门评估应聘人员基本素质	• 结合定岗定编方案、发展规划、人才需求、职责分析、专业要求、需求的紧迫程度、成本效益原则，制订招聘计划 • 根据工作类型、紧迫程度、招聘成本等，结合各种招聘方式的优势和局限，选择不同的招聘方式(内部招聘、校园招聘、社会招聘等) • 根据招聘方式以及招聘专业和岗位的不同，制定适当的人员甄选程序 • 建立面试官资源池，合理安排面试专家
12.2 员工管理			
12.2.1	人才测评	• 依据组织需求，对关键岗位人员进行测评 • 对测评程序和方法应充分讨论和论证，努力做到客观公正、科学规范、可行性与实用性相结合	• 建立人才测评政策和流程，考虑行业性质、技术特点、组织规模等因素 • 对测评方案、工具和方法进行模拟验证，结合实际情况对方案、工具和方法进行修正 • 对测评人员进行测评技能培训，消除测评过程中的偏见现象 • 做好测评沟通，消除被测评对象顾虑

(续表)

流程层级		标准等级	
		基础管理流程标准	最佳实践流程标准
12.2.2	绩效考核	• 设有明确的考核周期，制定明确的考核"关系树"，并定期维护 • 绩效目标应与被考核人协商确定 • 考核应公正客观，结果应反馈至被考核人，考核结果与奖金和晋升挂钩	• 考核指标应与组织战略相结合，目标值的设定应客观，遵循SMART原则 • 采取组织绩效、流程绩效、个人/岗位绩效的逻辑来设置绩效目标 • 明确考核目的在于改进，做到考核客观公正，并建立适当的申诉机制 • 分析考核结果背后原因，持续改善绩效 • 与被考核者进行沟通，共同协商绩效改善方法，将考核结果与薪酬、培训、晋升相结合
12.2.3	员工离职	• 制定员工离职管理流程，评估离职员工接触的信息的机密程度，归还工作期间使用的组织资产，做好离职交接 • 与关键岗位人员签订"竞业协议" • 实施团队工作模式，避免"个人英雄"离职给组织带来的损失	• 与专业技术人员签订关键技术/发明或商业秘密所属权协议，明确员工在职期间的技术和发明属于组织 • 与关键岗位和人才签订"竞业禁止"协定 • 实施干部储备制度 • 做好离职面谈，进行经验教训总结
12.2.4	商业机密	• 与关键岗位员工签署商业机密保密协议 • 制定必要的政策，进行宣传，培养全员的商业机密保密意识 • 对外信息发布的内容要进行控制，发布的方式包括互联网、传统媒体、公开的演讲等	• 新员工入职时签订商业机密保密协议 • 遵守从竞争对手离职后入职组织的员工对原有雇主的保密承诺 • 建立组织新闻发言人制度，规范对外信息发布
12.3 工资管理			
12.3.1	薪酬与福利	• 薪酬及福利政策和详细构成必须经过有权限的管理层批准，并以书面文件形式发布 • 员工薪酬按照批准的比例结构进行发放 • 员工薪酬的调整必须经过权签人批准 • 福利的发放和使用必须通过批准 • 员工离职，薪酬结算支付前，必须保证员工的借款、费用报销已经处理完成，组织财产和物品已经归还，信息系统账号和密码已经收回	• 薪酬福利政策和结构经过薪酬管理委员会批准 • 采用规范的流程对员工薪酬调整过程进行控制 • 按照批准后的福利计划支付员工福利 • 薪酬的核准与发放应职责分离
12.3.2	工资编制	• 将员工工资支付比例、个税扣除、税率等信息形成文件并保存 • 设置工资文件保密机制，仅限于有权限人员查看 • 将员工的离职、岗位调动、工资调整第一时间通知人力资源部门 • 遵守国家对工资代扣项目的规定，及时向政府机构缴纳代扣并核对 • 工资编制、审核、发放职责分离，若无法分开，制定恰当的弥补控制措施	• 对工资编制资料的真实性进行审核，确保工资编制准确 • 比较工资预算与实际工资成本，核对工资的合理性 • 按年度向员工提供工资和代扣项目汇总表

(续表)

流程层级		标准等级	
		基础管理流程标准	最佳实践流程标准
12.3.3	工资发放	• 避免以现金形式发放工资；无法避免的，员工应在领取工资时签字确认 • 工资转账申请、审核/审批职责分离 • 财务人员在工资发放前，进行必要的工资信息的审核 • 对工资发放信息进行保密，工资资料信息保持最小范围知晓原则 • 定期对工资发放名单进行核查，防止出现发放名单虚假情况	• 建立适当的制度，对工资信息进行保密 • 及时维护员工信息系统，实现工资发放名单的自动更新，并辅助各部门人工核查 • 专门的工资发放账号，向该账号拨入的金额与工资发放金额保持一致 • 工资发放信息在规定的时间内以邮件或其他恰当的方式通知员工

13.0 信息系统控制

13.1 系统开发

流程层级		基础管理流程标准	最佳实践流程标准
13.1.1	制定IT规划	• 由IT部门负责牵头制定和实施组织的信息系统战略规划 • 根据业务需求，制定信息系统3年规划，每年更新 • 根据组织发展现状，制订可行的IT系统建设计划，并经过组织相关权限人员审批	• 根据组织战略规划确定信息系统的远景目标 • 根据IT最新发展趋势，设定信息系统整体架构，如技术架构、信息架构等 • 制定信息系统的中长期规划(5年)，并根据业务战略规划进行年度更新 • 对信息系统的投资、人员配备、时间等进行分析，并制订实施计划
13.1.2	识别功能需求	• 开发/购买新的IT系统前，必须对系统功能需求进行分析、识别 • 业务部门根据业务开展需要，描述系统应实现的功能，IT部门获取业务部门需求，形成软件需求规格 • 系统功能需求应分优先级进行实现	• IT部门与需求部门共同完成对信息系统的功能需求调研 • 具有足够代表性的人员参与需求收集，并对收集到的需求进行分析和提炼，确定需求的优先级顺序，形成业务需求说明书 • IT部门对需求部门的需求进行验证，理解用户需求后，制定软件需求规格说明书，并编制需求跟踪矩阵 • 制定IT系统需求变更控制流程，对发生的需求变更进行分析、评估、审批与实施
13.1.3	设计方案	• IT部门根据系统需求制定系统设计方案，设计系统流程图和实体关系图模型 • 设计方案经项目组充分评审，并经IT部门负责人审批后方可进行开发	• 系统开发项目组根据需求规格，结合最新IT技术，对系统进行概要设计(包括系统架构、功能模块、数据库、输入输出、处理流程及配套硬件)，形成概要设计说明书 • 根据概要设计进行系统的详细设计，细化开发方案和系统功能要求，形成详细设计说明书 • 由独立的质量管理部门组织对概要设计和详细设计进行技术评审

(续表)

流程层级		标准等级	
		基础管理流程标准	最佳实践流程标准
13.1.4	系统开发、测试过程管理	• 项目组采取可靠的开发工具进行系统开发 • 系统开发项目组必须包含用户、系统管理员 • 为开发过程制订了清晰的项目管理计划 • 测试人员按照需求进行测试，并反馈测试问题给开发人员解决 • 业务部门进行验收测试，并由开发人员编写《用户手册》	• 严格按照软件开发规范进行IT系统软件开发 • 建立软件系统测试流程，按照构建模块功能验证(BBFV)模式进行单元测试、集成测试、系统测试、验收测试，并会同需求部门进行安全测试、压力测试、性能测试 • 开发项目组编写系统《用户操作手册》和《安装维护手册》 • PQA对系统开发过程进行监控
13.1.5	系统基础设施配置	• 按照组织采购管理制度和流程，由IT部门提出系统基础设施的采购需求，并由采购部门负责采购	• IT部门根据系统功能及性能需求，结合IT规划的系统可扩展性，制定系统基础设施采购需求 • 采购部门根据采购管理制度和流程，执行系统设施采购，并协助IT部门进行设备验收 • IT部门建立系统验证环境，支持系统的集成测试
13.1.6	上线实施	• 系统必须经过测试人员认可才能上线实施 • 系统上线方案和计划应由IT负责人审批通过 • 制定系统应急恢复方案，确保系统安全、业务运行稳定	• 系统开发团队与系统运维团队共同制定系统上线方案，开发团队整理系统测试报告，并经运维部门验收 • 根据上线方案，将系统由测试环境切换至生产环境，并将业务数据导入信息系统 • 必须制定系统应急恢复方案，为上线过程中可能出现的状况制定预案 • 新旧系统并行运行一段时间，最终评估系统上线结果

13.2 系统维护

流程层级		基础管理流程标准	最佳实践流程标准
13.2.1	运营控制	• 建立日常系统维护和检查制度，并由专人负责实施 • 对信息系统和相关基础设施进行监控，并形成书面文件 • 定期与系统开发人员或软件供应商进行系统运营状况的沟通	• 制定、实施和维护信息系统运营流程、信息管理制度以及操作规范，及时跟踪、发现和解决系统运行中存在的问题 • 做好系统运行记录(运行日志)，进行异常日志分析，并保证日志文件的安全 • 建立并实施基础设施维护流程，减少硬件失效或性能下降的频率和影响 • 由专人负责处理系统运行突发事件，建立与系统开发人员或软件供应商的例行/例外沟通机制
13.2.2	系统变更控制	• 未经审批(由系统对应的业务主管进行审批)，不得对系统进行变更 • 信息系统管理员应严格遵守系统管理制度，不得随意操作	• 建立系统变更控制流程，对系统变更进行审批控制，对实施过程进行指导 • 系统变更应严格按照流程进行，不得擅自进行系统软件的删除、修改和操作

(续表)

流程层级		标准等级	
		基础管理流程标准	最佳实践流程标准
13.2.2	系统变更控制	• 正式运行系统的变更(包括硬件、软件的变更)必须通过测试 • 系统变更应有详细的记录，并将记录归档保存	• 系统变更应进行验证和测试 • 紧急变更应严格受控 • 系统变更后，应及时对系统的访问权限、数据传输进行修正，并及时进行用户培训
13.2.3	安全管理控制	• 建立信息安全管理制度，并向组织全员进行宣讲 • 采取适度的软硬件技术手段，防范恶意软件的攻击 • 对信息系统数据定期进行备份 • 及时发现信息安全问题，并对相关制度进行修订	• 建立信息系统相关的资产管理制度，保证系统及设施的安全 • 成立专门的信息安全管理机构，对组织的信息安全工作进行总体规划，并制定信息安全管理细则 • 采取有效的IT手段，对软硬件的修改进行控制 • 采购合适的安全管理软件，防范病毒等恶意软件的攻击以及人为的信息泄露行为 • 建立系统数据定期备份制度，根据业务频率和数据重要程度，定期做好备份，并考虑容灾备份、异地备份 • 对系统开发和运行维护人员进行岗位分离，防止采用IT手段进行舞弊 • 定期进行信息系统风险评估，及时发现问题并加以整改
13.2.4	故障恢复	• 存在备用系统或替代的处理方法以应对系统故障 • 必须预先制订系统故障的恢复计划，并确保可以实现系统恢复 • 故障恢复计划应该每年进行检查和更新，包括对硬件和软件方面的更新	• 详细的系统故障恢复计划必须形成书面的正式文件 • 系统恢复计划应包括相应的测试计划，适当测试确保恢复计划有效
13.3 IT管理基础			
13.3.1	IT环境控制	• IT机房作为限制进入区域，除非员工获得授权 • 在员工岗位发生变化时，对可进入限制区域的员工权限进行及时更新 • IT设备、系统、网络的控制操作必须获得授权，并记录操作过程 • IT机房必须选择满足IT设备运行条件的场所 • 建立定期的IT设备和场所巡查机制 • IT设备场所(存在硬件的区域)配备恰当的消防监控和灭火设施，并定期测试，保证有效 • IT设备场所必须保持清洁 • IT问题(包含硬件、软件)必须准确记录并分析，以便及时改进	• 根据需要，限制外部人员进入核心区域，可能包括研发中心、财务中心、数据中心等 • 采用相关的技术和手段，避免组织信息在未经授权情况下通过IT渠道流出 • 所有IT设备有适当的保护措施(例如异地容灾备份)，避免自然灾害和突发状况造成损失

(续表)

流程层级		标准等级	
		基础管理流程标准	最佳实践流程标准
13.3.2	IT信息存取控制	• IT系统和设备上必须安装存取安全的软件 • 建立IT权限申请、变更、取消流程，为用户分配相应的账户权限 • IT用户必须设置相应的密码，并且符合对密码设置的要求 • 将IT信息进行分类控制(保密、读者权限、取用权限、存储权限等) • 设置IT信息存取监控措施，对所有的存取行为进行记录 • 必须安装防病毒软件，并保证可靠、有效	• 对高度机密信息采取直接在服务器上查看操作的方式，杜绝高度机密信息保留于个人电脑中 • 如果允许组织外部人员接入IT系统，必须签署保密协议，并设置相关措施保证机密信息不被泄露 • 收回IT系统开发者永久的所有权限
13.3.3	网络控制	• 组织网络必须由专人负责监控 • 组织网络的地址和名称必须及时维护 • 组织内部员工使用网络必须采用相应的鉴定措施进行控制，例如唯一的用户ID、密码等	• 通过网络进行信息传送时可使用加密功能，确保对密码实行加密 • 采取先进的保密系统软件，对网络传送的文件实施有效期控制，文件仅能在组织内部IT环境下打开使用

参考资料

[1] APQC(American Productivity and Quality Center). Cross Industry Process Classification Framework (v7.05)，compared to the version 6.11，From：www.apqc.org/pcf，2016.

[2] Yvonne Lederer Antonucci，Martin Bariff，Tony Benedict. Business Process Management Common Body of Knowledge. CreateSpace，2009.

[3] Michael E. McGrath，Michael T. Anthony，Amram R. Shapiro. Setting the PACE in product development: a guide to product and cycle-time excellence. Washington: Library of Congress Caraloging，1996.

[4] Geary A. Rummler，Alan P. Brache. Improving Performance: How to manage the white space on the organization chart (the third edition). San Francisco: Jossey-Bass，2012.

[5] 迈克尔·哈默，詹姆斯·钱皮. 企业再造：企业革命的宣言书[M]. 王珊珊，等，译. 上海：上海译文出版社，2007.

[6] 迈克尔·哈默，丽莎·赫什曼. 再造奇迹：企业成功转型的9大关键[M]. 陈汝曦，译. 北京：科学出版社，2012.

[7] 吉尔里·A. 拉姆勒，艾伦·P. 布拉奇. 流程圣经：让流程自动管理绩效[M]. 王翔，杜颖，译. 3版. 北京：东方出版社，2014.

[8] 克拉耶夫斯基. 运营管理：流程与价值链[M]. 刘晋，向佐春，译. 7版. 北京：人民邮电出版社，2007.

[9] 约翰·P. 科特. 变革之心[M]. 徐中，译. 北京：机械工业出版社，2016.

[10] 胡云峰. 流程管理与变革实践[M]. 武汉：华中科技大学出版社，2013.

[11] 郭士纳. 谁说大象不能跳舞？[M]. 北京：中信出版社，2015.

[12] 珍妮·丹尼尔·德克. 变革之魂：波士顿咨询公司组织变革理念[M]. 刘晋，王胜利，译. 北京：机械工业出版社，2002.

[13] 王玉荣，葛新红，等. 流程管理[M]. 5版. 北京：北京大学出版社，2016.

[14] 陈立云，罗均丽. 跟我们学流程体系[M]. 北京：中华工商联合出版社，2014.

[15] 国际开放组织. TOGAF 标准9.1版[M]. 张新国，等，译. 北京：机械工业出版社，2017.

[16] 弗雷德·R. 戴维. 战略管理[M]. 李克宁，译. 10版. 北京：经济科学出版社，2006.

[17] 刘平，等. 企业战略管理：规划理论、流程、方法与实践[M]. 2版. 北京：清华大学出版社，2015.

[18] 菲利普·科特勒.营销管理：分析、计划、执行和控制[M]. 梅汝和，梅清豪，张

桁，译. 9版. 上海：上海人民出版社，1999.

[19] 菲利普·科特勒，凯文·莱恩·凯勒. 营销管理[M]. 梅清豪，译. 12版. 上海：上海人民出版社，2006.

[20] 罗伯特·G. 库珀. 新产品开发流程管理：以市场为驱动[M]. 青铜器软件公司，译. 4版. 北京：电子工业出版社，2013.

[21] 尹元元，朱艳春. 渠道管理[M]. 北京：人民邮电出版社，2017.

[22] 道格拉斯·M. 兰伯特. 供应链管理：流程、伙伴和业绩(第3版)[M]. 王平，译. 北京：电子工业出版社，2012.

[23] 理查德·B. 蔡斯，F. 罗伯特·雅各布斯，尼古拉斯·J. 阿奎拉诺. 运营管理[M]. 任建标，等，译. 11版. 北京：机械工业出版社，2007.

[24] 美国供应链管理专业协会(CSCMP). 供应链管理流程标准[M]. 王国文，佟文立，等，译. 北京：清华大学出版社，2007.

[25] 詹姆斯·A. 菲茨西蒙斯，莫娜·J. 菲茨西蒙斯. 服务管理：运作、战略与信息技术[M]. 张金成，范秀成，杨坤，译. 7版. 北京：机械工业出版社，2013.

[26] 洪冬星. 客户服务管理体系设计全案[M]. 北京：人民邮电出版社，2012.

[27] 王淑敏. 财务管理流程设计与工作标准[M]. 2版. 北京：人民邮电出版社，2012.

[28] 孙宗虎，郑卿. 财务管理流程设计与工作标准[M]. 北京：人民邮电出版社，2007.

[29] 斯蒂芬·P. 罗宾斯，蒂莫西·A. 贾奇. 组织行为学[M]. 李原，孙建敏，译. 12版. 北京：中国人民大学出版社，2008.

[30] 周安华. 公共关系：理论、实务与技巧[M]. 5版. 北京：中国人民大学出版社，2016.

[31] 蒲家彬. 外资企业公共关系[M]. 上海：上海交通大学出版社，2016.

[32] 王悦. 企业信息管理与知识管理系统构建研究[M]. 北京：中国人民大学出版社，2014.

[33] 袁清文，张策. 企业信息管理与应用[M]. 北京：机械工业出版社，2012.

[34] 王永挺. 行政管理流程设计与工作标准[M]. 2版. 北京：人民邮电出版社，2012.

[35] 肖文键. 一本书读懂行政管理[M]. 天津：天津科学技术出版社，2017.

[36] 企业内部控制编审委员会. 企业内部控制：主要风险点、关键控制点与案例解析[M]. 上海：立信会计出版社，2017.

[37] 方红星，池国华. 内部控制[M]. 大连：东北财经大学出版社，2017.

[38] 约翰·P. 科特. 领导变革[M]. 徐中，译. 北京：机械工业出版社，2014.

附录A 《流程管理标准指南》的编制过程

深圳市格物流程研究院于2015年3月12日正式启动《流程管理标准指南》编写项目，前后历时6年多，数十位专家和从业者参与其中，经过反复推敲与评审，《流程管理标准指南》得以完成。

本指南是对国内流程管理现状的总结和存在问题的剖析，是流程管理者管理经验和知识的沉淀，是流程管理理论、模式、方法与实践相结合的一次系统化的深耕与升华。

A.1 构建框架，保证指南的专业性和实用性

流程管理领域的书籍不胜枚举，如何为广大的流程管理从业者和业务主管提供具有一定的行业通用性、操作的实用性和贯穿流程管理全程的工具，成了编写委员会成员讨论的焦点。

经过反复论证，编写委员会最终确定了以"一套基本的流程管理体系框架和完整的业务流程管理过程，以及涵盖了组织多个专业领域的流程标准"的"1+N"模式作为流程管理标准指南的框架。

在"1(流程管理框架、流程管理过程组)"部分阐述流程及流程管理通用知识，详细系统地描述流程基本知识以及流程管理过程，提升读者对流程管理的认知和对通用工具的掌握。在"N(业务领域流程标准)"部分将流程管理知识与各领域的专业知识和实践进行融合，形成了各个领域具备统一指导性的"流程标准"，业务主管和流程管理从业者无须再面临流程知识与专业领域实践脱节的问题，读者可将"流程标准"直接应用在业务管理过程中。

A.2 来源于实践，并不断地被实践检验和丰富

本指南的出发点是"来源于实践，最终指导实践"。编写委员会及专家团队成员均为我国各行业标杆组织的专家和从业者，长期从事流程管理及专业领域管理的实践和研究。本指南从实际应用的角度出发，本着理论为实践服务的原则重点介绍了流程及流程管理的过程和方法。同时，我们邀请了众多行业专家对指南内容进行了业务实践校验，保证指南的业务实践的通用性和权威性。

A.3 精益求精，打造流程管理经典之作

本指南的编写是一个"集思广益，反复评审"的过程，共经历了整体架构评审、各

模块思路评审、各模块内容全面性和逻辑性评审、各模块内容正确性评审、模块衔接性评审、全方位评审6个阶段，共经过超过百次的反复评审。

为实现指南和标准对不同类别组织和行业的通用性，在业务管理知识、管理过程、管理方法、管理工具等方面的描述上努力增强适用性。本指南的布局谋篇、过渡衔接和字斟句酌间体现了一代流程管理者的工匠精神，力求为各类业务管理者和广大流程管理从业者打磨出精益求精的经典之作。

A.4 集思广益，可成长的流程管理标准指南

时代在发展、科技在进步，市场环境、行业环境、客户环境均在不断变化中，流程管理知识体系也必将紧跟时代步伐，不断地推陈出新。深圳市格物流程研究院将以本指南的出版发行为契机，持续监测指南在我国各行业、各组织的运用情况，并不断补充、增强编写专家团队力量，实现对流程管理标准指南的持续更新和优化。

秉承"来源于实践，最终指导实践"的出发点，阅读者和使用者发现的本指南的任何疏漏和错误，请反馈至研究院或出版社，被采纳的意见将被后续版本收录其中。反馈邮箱：Gewu_process@163.com，或者通过"深圳市格物流程研究院"公众号进行反馈。

不忘初心，方得始终。打造可供流程管理从业人员或爱好者讨论的平台，建立开放、包容、可成长的流程管理标准指南，始终是深圳市格物流程研究院追求的目标。

附录B 《流程管理标准指南》编写团队与贡献者

B.1 《流程管理标准指南》编写委员会

深圳市格物流程研究院组成了项目组,负责《流程管理标准指南》的策划和编写。下列人员是《流程管理标准指南》编写委员会的核心成员。

编写委员会主任:王立中

编写委员会成员:刘文杰、周凯、刘垒

B.2 《流程管理标准指南》内容贡献者

除编写团队核心成员外,下列人员为各专业业务领域的流程标准提供了关键概念和重要的内容。

李爱军(第10章 市场管理流程标准)

欧江艳(第13章 交付管理流程标准)

张　庆(第15章 财务管理流程标准)

钱　雷(第16章 人力资源管理流程标准)

江春梅(第16章 人力资源管理流程标准)

李新宏(第16章 人力资源管理流程标准)

胡剑琴(第17章 内部控制管理流程标准)

国　佳(《行政与后勤管理流程标准》,参见附录C二维码显示文件)

B.3 《流程管理标准指南》内容建议者

以下人员对专业业务领域流程标准内容提出了建议,使得业务领域流程标准更加准确和完善。

卢柱强(第10章 市场管理流程标准)

杨斯羽(第10章 市场管理流程标准)

秦张波(第11章 研发管理流程标准)

　　　(《环境健康安全管理流程标准》,参见附录C二维码显示文件)

薛长龙(第12章 销售管理流程标准)

朱丽娜(第13章 交付管理流程标准)

王何成(第15章　财务管理流程标准)
王　茜(第15章　财务管理流程标准)
冯海兰(第16章　人力资源管理流程标准)
袁龙坤(第17章　内部控制管理流程标准)
田　敏(《信息技术与知识管理流程标准》，参见附录C二维码显示文件)

附录C 《流程管理标准指南》适用范围说明

《流程管理标准指南》在策划编写初期，本着"通用性"的原则，期望通过流程管理指南以及业务领域流程管理的"标准化"，为认同流程管理的各类组织提供参考和帮助，减少"人"的因素对组织流程管理带来的偏差。

受限于编写团队和专家的从业经验以及选取的标杆组织的行业覆盖程度，指南和标准难免在适用性上存在一定的局限。

C.1 组织类别适用范围说明

本指南和标准形成过程的主要输入信息和实践来源于企业，但经过编写团队的努力，并结合其他类型组织的运营特点，提炼业务共同属性，使得指南和标准具备了更广泛的适用性。通常情况下，我国各类组织，包括企业、事业单位、政府机构、非营利性机构，均可以借鉴和参考本指南和标准开展流程管理工作。

标准涵盖几乎所有类型组织的业务领域，包括战略、市场、研发、销售、交付、服务、财务、人力资源、内部控制。受篇幅所限，另有行政与后勤管理、公共关系管理、信息技术与知识管理、环境健康与安全管理、流程与变革管理5个领域流程标准未收入书中，感兴趣的读者可扫描下面二维码查看。

本指南中涵盖的各业务领域流程标准高度精练，组织可整体借鉴所有业务领域流程管理标准，亦可根据组织的行业属性，借鉴与组织业务模式相同或相似的业务领域流程标准，甚至可以在某个业务领域中仅针对性地借鉴个别具体业务流程标准。

行政与后勤管理流程标准

公共关系管理流程标准

信息技术与知识管理流程标准

环境健康与安全管理流程标准

流程与变革管理流程标准

C.2　流程标准适用范围说明

本指南中各业务领域流程标准按照价值链划分标准分为两类：
- 业务运营流程：战略、市场、研发、销售、交付、服务
- 管理支撑流程：财务、人力资源、内部控制、行政与后勤、公共关系、信息技术与知识管理、环境健康与安全、流程与变革

业务运营流程中的战略、市场、销售、服务流程管理标准具备较好的通用性，而研发、交付两类业务流程标准更适合向客户提供"产品"的组织，向客户提供"服务"的组织对研发和交付业务流程管理标准则参考使用。

管理支撑流程因为业务共性的存在，所以流程标准对不同类型的组织、不同规模的组织、不同行业的企业都有较好的适用性。

附录D 术语表

💡 D.1 缩略语

$APPEALS：$Price/Availability/Packaging/Performance/Easy to use/Assurances/Life cycle of cost/Social acceptance，价格/可获得性/包装/性能/易用性/保证/生命周期成本/社会接受程度

5S：Seiri/Seiton/Seiso/Seiketsu/Shitsuke，整顿/整理/清扫/清洁/素养，5S现场管理法

5W1H：Who/When/Where/What/Why/How，谁/什么时候/在哪儿/做什么/为什么要做/怎么做

ABC：ABC method of stores control，ABC库存分类控制法

ABPMP：Association of Business Process Management Professionals，业务流程管理专业人员协会

ADM：Architecture Development Method，架构开发方法

AI：Artificial Intelligence，人工智能

APQC：American Productivity and Quality Center，美国生产力与质量中心

ARIS：Architecture of Integrated Information Systems，集成化信息系统架构方法

ASME：American Society of Mechanical Engineers，美国机械工程师协会

ATO：Assemble to Order，按单装配

ATP：Available to Promise，订单的可承诺量

B2B：Business to Business，企业对企业

B2C：Business to Customer，企业对个人

BBFV：Building Block Functional Validation，构建模块功能验证

BBIT：Building Block Integrated Test，渐增集成测试

BCG：Boston Consulting Group，波士顿矩阵

BLM：Business Leadership Model，业务领先模型

BLOVM：Business Logic of Visibility Modeling，业务逻辑可视化建模

BOM：Bill of Material，物料清单

BPAI：Business Process Activity Improvement，流程活动改善

BPI：Business Process Improvement，流程优化

BPO：Business Process Owner，业务流程所有者

BPR：Business Process Reengineering，流程再造

BSC：Balanced Score Card，平衡计分卡

C2C：Customer to Customer，个人对个人

CBM：Component Business Model，IBM开发的组件化业务模块架构方法

CCB：Configuration Control Board，配置控制委员会

CEO：Chief Executive Officer，首席执行官

CIM-OSA：Computer Integrated Manufacturing - Openness System Architecture，计算机集成制造开放体系结构

CIO：Chief Information Officer，首席信息官

CIT：Corporate Income Tax，企业所得税

CKO：Chief Knowledge Officer，首席知识官

CMM：Capacity Maturity Model，软件能力成熟度模型

CMMI：Capability Maturity Model Integration，软件能力成熟度集成模型

CMO：Chief Marketing Officer，首席营销官

COO：Chief Operating Officer，首席运营官

COPC：Customer Operations Performance Center，客户运营绩效中心

COSO：The Committee of Sponsoring Organizations of the Treadway Commission，特雷德韦委员会赞助组织委员会

CPFR：Collaborative Planning Forecasting and Replenishment，协同规划预测与补货技术

CRM：Customer Relationship Management，客户关系管理

CSF：Critical Success Factors，关键成功因素法

CTO：Chief Technology Officer，首席技术官

DAS：Digital Assorting System，播种式电子标签分拣系统

DDMRP：Demand Driven Materials Requirement Planning，需求驱动补货法

DEM：Dynamic Enterprise Modelling，动态企业建模

DMADV：Define/Measure/Analyze/Design/Verify，六西格玛设计过程

DMAIC：Define/Measrue/Analyze/Improve/Control，六西格玛改进过程

DPS：Digital Picking System，摘取式电子标签拣货系统

DTA：Deferred Tax Asset，递延所得税资产

DTL：Deferred Tax Liability，递延所得税负债

ECERA：Eliminate/Combine/Enhance/Rearrange/Automation，清除/合并/增加/调序/自动化

EDI：Electronic Data Interchange，电子数据交换

EFE：External Factor Evaluation Matrix，外部因素评价矩阵

EHS：Environment/Health/Safety，EHS管理体系

EMC：Electro Magnetic Compatibility，电磁兼容性

EOM：End of Marketing，停止销售

EOP：End of Production，停止生产

EOS：End of Service，停止服务

ERP：Enterprise Resource Planning，企业资源计划

ESOP：Employee Stock Ownership Plans，员工持股计划

ETO：Engineer to Order，按单设计

FAN：Financial Analysis，财务分析

FDA：Food and Drug Administration，美国食品药品监督管理局

FFBD：Functional Flow Block Diagram，功能流图法

FRT：Fix Response Time，修复响应时间

GERAM：Generalised Enterprise Reference Architecture and Methodology，通用企业参考架构和方法

GSCF：Global Supply Chain Forum，全球供应链论坛

HCMM：Hardware Capacity Maturity Model，硬件能力成熟度模型

HD：Hierarchical Diagram，层次图法

HQA：Hardware Quality Assurance，硬件质量保证

IC：Integrated Circuit，集成电路卡

IE：Internal-External Matrix，内部-外部矩阵

IFE：Internal Factor Evaluation Matrix，内部因素评价矩阵

IFS：Integrated Financial Services，集成财经服务

IPD：Integrated Product Development，集成产品开发

IPR：Intellectual Property Rights，知识产权

IRS：Intelligent Replenishment System，智能补货法

ISC：Integrated Supply Chain，集成供应链

ISO：International Standards Organization，国际标准组织

IT：Information Technology，信息技术

ITR：Issue to Resolution，客户问题到解决

JIT：Just in Time，准时制

KCP：Key Control Point，关键控制点

KLOC：Thousand Lines of Code，千行代码数

KNOC：Kilo-Number of Connections，千连接数

KPI：Key Performance Indicator，关键绩效指标

KRA：Key Result Areas，关键结果领域

KSF：Key Successful Factor，关键成功因素

LMT：Lifecycle Management Team，生命周期管理团队

LOVEM：Line of Visibility Enterprise Modeling，可视性企业建模

MECE：Mutually Exclusive Collectively Exhaustive，相互独立，完全穷尽分析法

MES：Manufacturing Execution System，生产过程执行管理系统

MRO：Maintenance，Repair & Operations，只用于维护、维修、运行设备的物料和

服务

    MRP：Material Requirement Planning，物料需求计划

    MTBF：Mean Time Between Failure，平均故障间隔时间

    MTO：Make to Order，按单生产

    MTS：Make to Stock，按库存生产

    MTTR：Mean Time to Repair，平均修复时间

    NPI：New Product Introduction，新品导入

    NPV：Net Present Value，净现值

    O2O：Online to Offline，线上对线下

    ODM：Original Design Manufacture，原始设计制造商

    OEM：Original Equipment Manufacturer，原始设备制造商

    OSHA：Occupational Safety and Health Administration，职业安全与健康管理标准

    OHSAS：Occupational Health and Safety Assessment Series，职业健康安全管理体系

    PA：Problem Area，问题区域

    PACE：Product and Cycle-time Excellence，产品及周期优化法

    PCB：Printed Circuit Board，印刷电路板

    PCBA：Printed Circuit Board Assembly，印刷电路板装配

    PDCA：Plan/Do/Check/Action，计划/执行/检查/处理循环法

    PDT：Product Development Team，产品开发团队

    PERA：Purdue Enterprise Reference Architecture，普渡企业参考架构

    PEST：Politics/Economy/Society/Technology，政治/经济/社会/技术分析法

    PMBOK：Project Management Body of Knowledge，项目管理知识体系指南

    PMI：Project Management Institute，美国项目管理协会

    PMO：Project Management Office，项目管理办公室

    PO：Purchase Order，订单

    PQA：Product Quality Assurance，产品质量保证

    PSA：Product and Service Agreement，产品与服务协议

    QA：Quality Assurance，质量保证

    QC：Quality Control，质量控制

    QSPM：Quantitative Strategic Planning Matrix，定量战略计划矩阵

    RFDC：Radio Frequency Data Collection，无线数据采集技术

    RFI：Request for Information，信息邀请书

    RFID：Radio Frequency Identification，射频识别技术

    RFP：Request for Proposal，建议邀请书

    RMA：Return Marerial Authorization，物料退回授权

    RTM：Route to Market，上市通路

S-I：Satisfaction-Importance，满意度评价模型

S&OP：Sales & Operations Planning，销售与运营计划

SCOR：Supply-Chain Operations Reference model，供应链运营参考模型

SECI：Socialization/Externalization/Combination/Internalization，社会化/外部化/组合/内部化，SECI知识转化模型

SEM：Search Engine Marketing，搜索引擎营销

SEO：Search Engine Optimization，搜索引擎优化

SGS：Stage-Gate System，门径管理系统

SKU：Stock Keeping Unit，库存单位

SLA：Service-Level Agreement，服务等级协议

SMART：Specific/Measurable/Attainable/Realistic/Time bound，具体的/可衡量的/可达成/相关性/有时间限制

SMARTC：Specific/Measurable/Attainable/Realistic/Time bound/Challenge，销售目标设定原则

SPACE：Strategic Position and Action Evaluation Matrix，战略地位与行动评价矩阵

SPAN：Strategy Positioning Analysis，战略定位分析

SPC：Statistical Process Control，统计流程控制

SQA：Software Quality Assurance，软件质量保证

STRST：Simplify/Template/Responsibilities/Skill/Tool，简化内容/输出标准化/明晰职责/提升技能/更新工具

SWOT：Strengths/Weaknesses/Opportunities/Threats，优势/劣势/机会/威胁态势分析法

TMT：Technology Management Team，技术管理团队

TOGAF：The Open Group Architecture Framework，开放组体系结构框架

TRIZ：Theory of the Solution of Inventive Problems，萃思理论

UAT：User Acceptance Test，用户验收测试

UCD：User Centered Design，以用户为中心的设计

VMI：Vendor Managed Inventory，供应商管理库存法

WBS：Work Breakdown Structure，工作分解结构

WIP：Work in Progress，在制品

Zachman：Zachman Framework for Enterprise Architecture and Information Systems Architecture，Zachman企业架构和信息系统架构框架

💡 D.2 定义

(1) 流程管理标准指南：指本书的全部内容，包括流程管理框架、流程管理过程、各

专业领域流程管理标准，以及本书的附录部分。

(2) 流程标准：指本书第三部分内容，包括战略、市场、研发、销售、交付、服务、财务、人力资源、内部控制9个领域的业务流程标准以及附录C中通过二维码扫描查看的行政与后勤管理、公共关系管理、信息技术与知识管理、环境健康与安全管理、流程与变革管理5个领域的业务流程标准。

(3) 流程：为使一项工作或任务更好地被完成，而采取的由一系列具有逻辑关系的活动组成的，能为事情的结果产生价值的过程。

(4) 流程的输入：启动或触发流程开始执行的事物。

(5) 流程的角色：执行流程活动的个人或团队。

(6) 流程的活动：为完成业务而开展的一系列的动作，称为流程中的活动。

(7) 流程的输出：流程活动执行完成后，最终的交付。

(8) 流程管理：运用知识、技能、工具和技术，以规范化地构造端到端的卓越业务流程为中心，以持续地提高组织业务绩效为目的的系统化方法。

(9) 业务流：组织为实现价值创造，从输入客户/用户需求开始到提供产品或服务给客户/用户，获得客户/用户满意并实现组织自身价值的业务过程。

(10) 流程生命周期：流程从产生至废止的过程，包括流程产生、流程运行、流程废止。

(11) 流程所有者(Business Process Owner，BPO)：是最重要的流程关系人，是流程的所有者，对流程整体负责，包括流程的规划、建设、执行以及生命周期管理。

(12) 流程客户：指通过流程获取有价值的产品或服务的人或团队。流程的客户分为内部客户(组织内部的人或团队)和外部客户(组织外部的人或团队)。

(13) 流程执行人：流程活动的执行角色，是流程具体活动的承担者和实施者。

(14) 流程赞助人(Sponsor)：为某个流程管理过程(建设、优化等)付出资金和其他支出的人员。流程赞助人通常由组织的高层管理者担任。

(15) 流程管理过程组：按照流程管理过程中各项工作不同的目的和特性，把流程管理工作划分为不同的过程，每个过程由多个步骤和活动组成，称为一个过程组。

(16) 流程规划：根据组织战略目标构建流程体系架构，对流程进行分层、分类梳理，理顺业务流程之间的接口关系，明确流程所有者及建设优先级的过程。

(17) 流程建设：依据规划过程的输出，按照标准的呈现形式，科学合理地对流程进行制定的过程。

(18) 流程推行：运用一定的步骤、方法、技术，完成新流程的上线或新旧流程的切换，确保新流程能够在组织内顺利运行的过程。

(19) 流程运营：实时监测流程绩效指标达成情况、流程角色执行情况、流程与业务契合情况，并对出现的偏差给予纠正和控制的过程。

(20) 流程优化：对现有流程进行不同程度的改造(流程再造、流程优化、流程活动改善)的过程。

(21) 价值链：企业价值创造过程中一系列不相同但相互联系的价值活动的总和。

(22) 流程总体框架：运用价值链模型呈现的组织业务全景图，是组织最高阶的业务流程图。

(23) 流程地图：依据流程分层、分级管理原则，将组织的业务流程全景图继续细化，并且表明细化业务的逻辑关系的业务流程图呈现方式。

(24) 流程关系人：所有受业务流程运行而影响的人员或组织。

(25) 流程建模：运用标准化技术及绘制工具，展现业务运行逻辑的过程。

(26) 流程活动逻辑：流程中的活动与其他活动的依赖关系。

(27) 流程KPI(Key Performance Indication)：是指通过对某一流程的输入、输出的关键参数进行设置、取样、计算、分析，来衡量流程绩效的目标式量化管理指标。

(28) 流程可视化：通过流程建模，采用统一的要素符号，并借助适当的软件或工具，将流程图呈现的过程。

(29) 流程文件：承载业务流程信息的所有文档，包括流程图、流程说明文件、模板及相应操作指导书。

(30) 流程图：通过流程建模呈现的可视化的业务逻辑图。

(31) 流程说明文件：对流程图的进一步细化和说明。

(32) 流程模板：承载流程活动信息及数据的表单、报告、操作指导书等文件。

(33) 流程发布：对新建或优化后的业务流程通过正式的途径公布生效的过程。

(34) 流程演练(Dry Run)：模拟业务情景，在短时间内使得流程走完一个虚拟的业务过程的流程推行方法。

(35) 流程试运行：通过在小范围(组织范围或业务范围)内对流程的试用，对流程进行实践和验证。

(36) 流程绩效：流程整体要实现的业务目标以及业务目标实现的程度。

(37) 流程审计：是对流程运作现状进行的客观检查，并依据组织设定的流程标准对实际执行效果进行评价的一种流程监控方式。

(38) 流程再造(Business Process Reengineering，BPR)：针对业务流程的基本问题进行反思，并对它进行彻底的重新设计，以便在成本、质量、服务和速度等衡量组织绩效的重要尺度上取得显著的进展。

(39) 流程优化(Business Process Improvement，BPI)：对现有业务流程梳理、完善和改进的过程。

(40) 流程活动改善(Business Process Activity Improvement，BPAI)：对现有业务流程中的活动，从成本、效率、质量上的改善。